序

党的十七大报告提出了推动社会主义文化大发展大繁荣，兴起社会主义文化建设新高潮，提高国家文化软实力的新要求。出版业是社会主义文化建设的重要组成部分，在积累传承文化、推动社会发展进步、满足人们精神文化需求、保障人民基本文化权益、扩大中华文化影响、提高国家文化软实力方面发挥着重要作用。新时期的出版工作要遵循党对宣传思想文化工作的总要求，高举旗帜、围绕大局、服务人民、改革创新，以出版业的繁荣发展坚持社会主义先进文化的前进方向，以改革创新精神推动出版内容形式、体制机制、传播手段创新，解放和发展出版生产力。

党的十六大以来，我国出版产业的发展取得了显著的成绩，突出表现为“六个明显增强”，即出版的市场化程度提高，行业的竞争意识明显增强；产业规模扩大，综合实力明显增强；经济实力提升，资源整合能力明显增强；经营水平提高，品牌建设能力明显增强；国际视野扩大，资本运营能力明显增强；人才建设水平提高，领军人物的引领作用明显增强。这一时期是我国出版业发展得既快又好的时期，出版在文化产业中的核心地位作用得到了进一步的巩固和提升。当前，我们正处于一个大发展、大变革的时代，经济社会发展呈现出一系列新的阶段性特征，出版赖以生存发展的体制环境和社会条件发生着深刻的变化，在经济全球化、市场化和信息技术快速发展的情况下，传统的出版业面临着转型，无论是在出版理念、出版产业布局、出版增长方式都会发生深刻的变化，现代出版业体系将会在一个不太长的时期建立起来。依靠科技进步、自主创新、科学发展，做强主业，多媒体、多形式的出版将会成为未来出版业内在规律的要求。

这一现象，在传统的图书出版领域表现得尤其明显，纸介质的出版进入了“多媒体时代”，各种媒体互动，声、光、电、磁等新媒介出版物大量涌现，改变着我们的阅读习惯，人们的阅读方式发生了深刻的变化。多媒体出版格局的形成，对传统的纸质书出版提出了挑战；出版的市场环境也在变化，国家已经放开了对出版物分销的限制，各种经济成分的出版物发行企业成为市场竞争的主体，促进了物流、信息流、资金流的快速流转，有利于打破市场壁垒，形成统一、有序的全国大市场。

我们要看到，当代出版一个重要的事件是互联网出版的兴起，推动了传统出版的数字化进程不断加速。网络出版提升了人们对出版功能的再认识，对内容资源的遴选、加工，甚至集成，体现了出版产业的核心价值。内容创新成为出版产业发展争夺的制高点。有人将网络出版看做是继造纸术、印刷术之后的第三次出版革命，与传统出版相比，网络出版拓展和革新了出版的理念和传播的模式，它更具有交互性、开放性、即时性、多媒体性特点。交互性包含“一人对一人、一人对多人、多人对一人、多人对多人”的传播方式，较之传统出版的“一对多”模式有很大的不同。交互性的形成正是时间层面、空间层面上的开放性带来的。即时性是由高技术带来的，互联网可以不受印刷、运输、发行等因素的限制，实现信息的“瞬间”传输，传播速度快、时效强。此外，互联网出版实现了“文字、声音、图像、动画”等多种手段组合的多媒体传播，这正是技术开放性带来的直接成果。技术的开放增强了网络本身的容纳力，技术的开放延伸并调动了

出版通论

◎主编　汪启明
◎副主编　陈国弟　张晓舟

四川大学出版社

责任编辑:赵　琼
责任校对:敬铃凌
封面设计:米茄设计工作室
责任印制:李　平

图书在版编目(CIP)数据

出版通论／汪启明主编. —成都：四川大学出版社，2008.4

ISBN 978－7－5614－4003－2

Ⅰ.出…　Ⅱ.汪…　Ⅲ.出版工作－研究　Ⅳ.G230

中国版本图书馆 CIP 数据核字（2008）第 053782 号

书名　CHU BAN TONG LUN
出　版　通　论

主　　编　汪启明
副 主 编　陈国弟　张晓舟
出　　版　四川大学出版社
地　　址　成都市一环路南一段 24 号 (610065)
发　　行　四川大学出版社
书　　号　ISBN 978－7－5614－4003－2/G·959
印　　刷　四川锦祝印务有限公司
成品尺寸　140 mm×202 mm
印　　张　17.75
字　　数　446 千字
版　　次　2008 年 4 月第 1 版
印　　次　2008 年 4 月第 1 次印刷
印　　数　0 001～3 000 册
定　　价　36.00 元

版权所有◆侵权必究

◆读者邮购本书,请与本社发行科联系。电 话:85408408/85401670/85408023　邮政编码:610065
◆本社图书如有印装质量问题,请寄回出版社调换。
◆网址:www.scupress.com.cn

人类的各个感觉系统。一位英国的出版评论家曾说："我相信在未来的网络型经济中，出版社还是需要的，只是不再会是原来的模样。横亘于作者与读者之间的出版社，必须证明自己的存在是添加了价值的。出版社可以起的作用有五种：选择作用、融资作用、组织作用、集散作用和营销作用。"要实现这五种作用，出版产业必须适应新变化，依据新的游戏规则出牌。出版产业以内容创新为主、依靠高科技实现又好又快发展将会是必由之路。

人才兴事业兴。完成传统出版向现代出版的转型，必须要有一批高素质的出版专业人才。专业人才缺乏，这是制约当前我国出版业发展的一个"瓶颈"。中国的出版业要发展壮大，要参与国际竞争，就必须有一大批懂得出版规律、洞悉国际国内出版发展趋势、善经营、会管理的出版专门人才。培养政治敏锐、创新精神和创新能力强，适应市场经济竞争的出版家队伍，不仅具有重要的现实意义，而且有着长远的战略意义。

为了适应出版专业人才培养的需要，我省一些在出版战线长期工作的同志，编写了这部《出版通论》。这批同志既有丰富的实践经验，又有较高的理论水平。书中的内容结合了出版专业职业资格考试的要求，合乎实际，深入浅出，做到了理论性和实践性的较好结合。希望这部书能够为培养出版业所需要的人才发挥应有的作用。

是为序。

王　伟

2008年4月于蓉城

目　录

第一章　出版和出版学

在人类文明的发展过程中，出版占据着重要的地位，推动着人类文明的发展，丰富着人们的生活。出版作为一种经济活动，正成为社会中重要的产业。出版物是出版活动的直接产物，是精神内容和物质形式的有机统一。出版物的生产和流通构成了出版活动，出版活动在本质上是一种文化活动。随着出版业的发展，人们开始进行出版研究，总结出版过程中的经验、规律等，试图对出版业的发展提供指导，因而形成了独立的学科——出版学。而出版学的兴起，又为出版业提供了理论指导，推动了出版业的发展。

第一节　出版和出版物

一、出　版

出版是人类文明发展到一定阶段的产物，既是人类文明发展的重要成果，又是促进人类文明发展的有力工具，对人类文明的发展有着重要的作用。

（一）出版的词源和概念

出版是编辑、复制作品并向公众发行的活动。我国很早就有出版活动。在我国古代，人们把出版活动称为“梓行”“雕印”“版印”等。当时还没有使用“出版”这个词，而“梓行”“雕印”“版印”这些用语，一般只涵盖印刷的含义，尽管有时候也兼及发行，但有关编辑的内容，往往不在其中。

1. 出版的词源

雕版印刷术的发明，正式拉开了出版的序幕。据王振铎的研究，最早在我国使用“出版”一词的，是1833年创办于广州的中文月刊《东西洋考每月统计传》，其编辑序言中曾两次使用了“出版”这个词。在我国古代，出版工作的概念，一般只反映印制的内容，或反映印制和发行的内容，似乎没有反映编辑工作的内容。因此，还不能算是涵盖出版各项活动的概念。1879年，黄遵宪在同日本学者的笔谈中使用了“出版”这个词。1880年至1887年他写了《日本国志》中的《学术志》：“明治五年（1872年），仿西法设出版条例，著书者给以版权，许之专卖，于是士大夫多以著书谋利益者。”此后，梁启超等学者在译著和论著中也相继使用了“出版”这个概念。清光绪三十二年（1906年），清朝颁布《大清印物专律》，使用了“出版”一词，从此“出版”一词就作为法定用语开始使用。1930年，国民政府公布的《出版法》则比较明确地指出：“本法称出版品者，谓用机械或化学之方法所印刷，而供出售或散布之文书图画。”但是其中却没有对“出版”下明确的定义。给“出版”作出明确的定义，是在中华人民共和国成立之后。

日本文字中最早出现“出版”是在1756年。据大正元年（1912年）出版的《德川幕府时代书籍考——附关系事项及出版史》所载资料有：宝历六年（1756 年）年 11 月，版元[①]前川六左卫门为处理《篆书唐诗选》与“五言绝句……”等句。此后，《德川幕府时代书籍考》引用的其他原始资料中，还一再出现这个词。“出板”中的“板”与“版”意通。因为在木板印刷时代，使用的是板木，所以当时写作“出板”，而不用“出版”。

在西方，“出版”一词在法语中出现较早。根据 1975 年在巴黎出版的法语辞典《Lexis》，现代法语 publier 一词产生于 1175 年，源自拉丁语 publicare（本义是“公于众”）。在法语中，publier一词在 1330 年获得“出版”的意义，即“把一种书、一种作品公于众，使问世”。在英语中，1450 年就有了表示“出版”的词语，据第 4 版《美国传统词典》的解释，这一词语来自于中古英语 publicen，publishen，古法语 publier 以及拉丁语，意思是“使被公开地知道”。

2. **出版的概念**

现在使用“出版”一词，多指出版工作或出版活动，但有多层次的含义。广义的出版，指图书、报纸、刊物、缩微、音像、电子、网络等出版物的编辑、制作和传播。狭义的出版，指图书、刊物等纸介质出版物的编、印、发工作。本书讨论的出版范围，介于二者之间，即指编辑、复制作品并向公众发行的活动，也就是说既包括纸介质出版物，也涉及其他介质（如音像、网络等）出版物。

3. **出版的三要素**

出版的三要素是编辑、复制和发行，由这些要素构成了出版行为。出版的前提是作品。没有作品，出版就是“无米之炊”，出版三要素就没有作用的对象。

编辑是指策划、组织、审读、选择和加工作品的活动，是出

---

① 版元，在《日汉辞典》（商务印书馆）中译为“藏版的商家、出版社”。

版物复制和发行的前提。

复制是指以各种方式，根据作品内容制成一份或多份与其内容信息相同的物件的活动。出版活动中作品的复制，是为了使已经编辑加工好的作品形成若干复本，并使其中包含的精神文化信息具有能够供消费者阅读或使用的某种载体形式。具体的出版物的复制方式有印刷、翻录、光盘压制、集成电路卡制作、网络下载等。总之，只有经过复制，作品中所含有的精神文化信息才能向消费者广泛传播。

发行是出版单位通过商品交换将出版物传送给消费者的活动。通过各种方式，将出版物向公众广泛发行，是出版活动的内在动机与目的。

出版过程这三个阶段相互依存，成为一个紧密联结的整体。

4. **传统意义的出版**

传统意义的出版在编辑、复制、发行方面都具有分工明确、性质单一的特点。

首先，传统意义的出版中，图书编辑的工作可以说是“一切围绕稿件转”。大多数出版社给编辑规定的年工作量都很小，编辑们非常重视书稿的文字编校工作而不注重市场，像选题的确定、图书的装帧设计、出版成本、发行情况、投资回报率等方面，都几乎不予考虑，即使有所涉及，但在整个出版过程中也不占有重要地位。

其次，在传统意义的出版中，复制是以各种物理、化学的工艺方式，根据作品内容制成一份或多份与其内容信息相同的物件。在出版物生产中最常用的复制方式有印刷和翻录、光盘压制、集成电路卡制作等。另外，在传统出版业中，因为一些资源的稀缺和成本的问题（例如，每个出版社的书号是有限的，不可能无所顾忌地给每一个想出书的人；印刷成本也会让每个出版社考虑出版后的销售情况，从而不能出版所有的书等等），只有少数我们称之为作家的人才能出版自己的作品。还有，传统意义出版的最终成品是实物，这决定了其印刷过程中将有大量的环节用以处理出版物的载体。

再次，传统出版物的发行是一个周期极长的过程。传统发行渠道分为直接和间接两种，都是从出版社到读者终端。传统发行的价格，不可避免地要受到编辑、印刷和发行过程中的一系列成本的影响，其销售价格低于定价很多。其计划性的出版特征有效地避免了出版资源的浪费和重复出版的现象。此外，有限的出版资源，让每个出版社都精心地编辑策划每一本要出版的作品；同时，出版业所特有的使命感又赋予自身一种文化传播的责任。这使得传统出版业至少在某种程度上保证了“两个效益”的兼顾。

5. **现代意义的出版**

从传统出版向现代出版的转变，是新闻出版业随科学技术进步和市场经济开拓而产生的转变。

现代意义的出版从内容、形式到方式、方法，都发生了变化：

首先，出版的外延在扩大，领域在拓展，载体在发展。其广泛性、多样性、开放性与过去不可同日而语，例如网络出版就具有这样的特征。

其次，出版通过各种媒体，多方位地、深刻地、有力地影响着公众。其特征是以市场经济为基本前提，以高新技术作为物质基础，以大出版、大市场为生产形态，以多媒体的共同发展为运行载体，以知识管理为产业原则，以国际规则为发展参照。它与相关行业如信息业越来越接近，大众传媒和小众传媒的界限越来越难以分清。但是，它的宣传思想工具的本质没有变，作为传播、积累文明成果的文化性与作为产业发展的商业性相统一的特点没有变，它的规律也没有变。

再次，伴随着新技术的应用，信息的编辑和传播方式将和以往有很大的不同，光盘版、网络版期刊将和印刷版出版物并存。在复制和发行方式上，复制和发行并没有明显的界限，是交织在一起的。复制是在发行的过程中进行的，发行是全面电子化的，没有物流配送过程。这也将使传统出版中的“绝版”成为历史。

（二）出版的基本规律

规律是事物内部固有的、本质的、必然的联系。出版物、出版业和出版物市场的矛盾运动，构成了出版活动的基本规律。

在具体的出版活动中，我们要遵循出版的基本规律。这就是：坚持党的出版方针；坚持将社会效益放在首位，实现社会效益与经济效益相结合；坚持出版行业各个环节的协调发展；坚持质量并重；出版应面向未来，开放式地发展。还要在此基础上总结从古至今出版活动、出版事业发展的基本规律和各个历史阶段的发展规律，作为一种社会规模性活动的出版过程的运营、管理规律，出版物的编辑、制作或复制的规律，出版物向全社会传播、发行的规律，以及出版活动、出版事业对全社会发生各种影响的规律等。

（三）出版过程的特点

出版活动的一般过程由精神产品生产、物质产品生产和产品流通这三个基本阶段构成。

出版物从原稿到成品再到读者手中，要经过一个复杂的过程，包含各个不同的、必要的环节。

第一，出版是对已有的作品进行深层次开发的社会活动。

出版不是对原始信息进行开发，而是对现成的作品进行开发。作者提供原始信息，形成知识产品。已有作品的形成过程属于作者的劳动过程，不归属于出版活动。

第二，出版是对原作品进行编辑加工，使其具有适合读者消费的出版物内容的过程。

这一过程是按照出版的表达标准和要求对所选定的作品里的知识信息进行整理、修正、补充、完善。这就要通过编辑工作对原作品进行编辑加工。

第三，出版是对加工好的已有作品进行大量复制，使其具有能供读者消费的一定载体形式的过程。

无论采用何种方式对作品进行复制，都是使加工好的知识信息具有能方便读者消费的载体形式的过程。在商品社会中，作品大量复制的过程也是出版物的商品生产过程。

第四，出版包括将出版物“公之于众”的过程。通过各种方式将经过加工整理并大量复制的原作品广泛向读者传播，是出版活动的内在动机与根本目的。

出版是一个由编辑、复制和发行三个阶段连接而成的有序过程，每个阶段又包含了许多紧密相连的环节。一般说来，在编辑阶段都有信息采集、选题策划、组稿、审稿、加工整理、整体设计、发稿检查、读校样、看样品等环节（音像制品、电子出版物等的制作通常也放在编辑阶段）；在复制阶段，由于载体的不同和复制技术的差异，不同的出版物会有不同的要求，但制作母本（印刷或母盘等）、成批复制和包装等环节是不可缺少的；在发行阶段，各类出版物都需要有进货、储运、宣传、销售、结算货款等环节。

在所有这些环节中，出版过程都带有明显的整体性：出版过程把不同过程、不同环节中的不同性质和特点的劳动有机结合在一起，按照各自的发展规律互相连接在出版这个共同体内。

（四）出版与社会的关系

作为文化活动之一的出版，既是人类文明发展的重要成果，又是促进人类文明发展的有力工具，在其发展历程中，出版对人类社会有着积极的影响，出版活动也无时无刻不受到它所处的社会环境的影响。从根本上说，出版与社会的关系主要表现在两个方面：

（1）社会发展对出版活动有决定性的影响，即社会的政治、经济、科技、文化等作为出版活动的社会基础，对出版活动发展的方向、规模和水平具有决定性的制约作用。国家政权常常介入到出版活动中来，特别是在出版活动的早期，在独立的出版业尚未产生之前，国家政权常常是图书生产的主要力量。国家对出版施加影响的最常见方式是制定各种法律、法规，通过这些体现国家意志的法律、法规来管理出版活动，使之符合自身的利益。

（2）出版活动作为意识形态和国民经济的组成部分，对社会的政治、经济、科技、文化等的发展，具有重大的推动作用。出版活动在受制于社会的同时，也反过来影响社会的发展。这种能动作用是通过出版物对人们的思想、观念、行为所施加的影响来实现的，这种影响相当广泛、深刻。在政治上，它坚持正确的舆论导向，促进社会生活的整合，通过各种途径对人们进行深刻的思想教育。在经济方面，出版作为社会经济活动的一个重要组成部分，不仅自身的发展能为社会经济作出贡献，而且还会对社会经济的发展起能动的反作用。在科技和文化方面，出版主要通过其技术和意识形态方面的优势引导先进科技的发展和推广，以及增进文化积累、推进文化创新、优化文化选择、促进文化交流。

二、出版物

出版物是出版活动的成果，是出版活动作用于社会的主要手段。了解出版物知识，是对出版专业技术人员的基本要求。

（一）出版物的概念及构成要素

1. 概念及其历史演变

出版物包括图书、期刊、报纸、音像制品、电子出版物以及互联网出版物。在我国，按照新闻出版总署的规定，只有经国家批准设立的出版单位所公开出版的出版物，才能进入出版物市场，成为合法流通的商品。

出版物的概念和定义，在中国是到了近代才出现的。1906年，清朝政府颁布的《大清印刷物件专律》，只出现“印刷物件”和“记载物件”的概念，并没有使用“出版物”概念，对“印刷物件”也没有作解释，只对“记载物件”作了解释：“所谓记载物件者，或定期出版或不定期出版，即新闻丛录等，依本律名目谓之记载物件。”1914年，民国时期的北洋政府颁布《出版法》，使用了“出版物”的概念，但也未直接对“出版物”做解释，只是解释了“出版”，“用机械或印版及其他化学材料印刷之文书图画出售或散布者，均为出版”。其中实际上包含了对出版物的解释，即用各种材料印刷的并用于出售和散布的文书图画。而北洋政府在1914年公布的《报纸条例》中，也作了类似规定，“用机械或印版及其他化学材料印刷之文字图画，以一定名称继续发行者，均为报纸”。1930年国民政府公布的《出版法》，未使用“出版物”的概念而用“出版品”的概念，但意思是一样的。它指出：“本法称出版品者。谓用机械或化学之方法所印刷，而供出售或散布之文书图画。”并指出，出版品分列为新闻纸、杂志、书籍和其他出版品。这个定义，包括了出版物的内涵、外延、制作方法和制作目的。应当说，这是历史上一个比较完备的出版物的定义。

中华人民共和国成立后，尤其是改革开放以来，国内许多学者纷纷发表自己的观点。中国大百科全书编委会编的《中国大百科全书·新闻出版》的“出版物”条目认为：“出版物是出版工作的成果和产品，是积累文化的重要工具，又是传播思想、知识、信息的重要媒介。出版物有广义和狭义之分。”

国务院于2001年12月颁布、从2002年2月1日起施行的

《出版管理条例》中指出："本条例所称出版物，是指报纸、期刊、图书、音像制品、电子出版物等。"

综上所述，出版物就是已经出版的作品，包括报纸、期刊、图书、音像制品、电子出版物和互联网出版物。作为已经出版的作品，出版物必须是某种思想文化的成果。但是，并不是所有的思想文化成果都是出版物，因为出版物只是思想文化成果中经过编辑加工、复制并在一定的物质载体上、通过发行在社会上传播的作品。

2. 构成要素

出版物必须具备以下 5 个要素：

(1) 具有经过编辑加工的，以文字、图形、图像、声音或者其他符号形式表现的思想文化内容，可以供消费者阅读、欣赏；

(2) 具有承载这些思想文化内容的物质载体；

(3) 具有一定的复本，从而有可能向公众发行传播；

(4) 以读者所需要的知识信息构成内容，这些信息知识是经过加工提炼而系统化了的信息知识，而不是杂乱无章的原始信息；

(5) 以一定的外观形态呈现出来，印刷出版物，唱片、录音带、录像带、激光视盘等声像出版物，缩微平片、缩微胶卷等缩微出版物，磁盘、光盘等电子出版物等等，是出版物目前常见的呈现形态。

这些基本要素体现了出版物的基本特征，可以作为我们识别出版物的主要依据。概括起来，思想内容、编辑加工、物质形式和社会传播是出版物得以确立的要素。

(二) 出版物的类型

根据载体、内容、表现形式、生产方式等方面的总体特征，可以将出版物分为以下 6 大种类：图书、报纸、期刊、音像制品、电子出版物和互联网出版物。其中，图书、报纸和期刊通常是以纸介质为载体、以印刷方式复制后发行的，被称为纸质出版物或印刷型出版物。

社会的进步，科学技术的发展，常常促成出版物种类的新陈代谢。所以，这6大类出版物并不是同时产生的，而是在不同的历史条件下先后产生的。最早出现的出版物是图书，在图书以后出现的是报纸、期刊，随着科学技术的发展，又陆续出现了后面几种出版物。

在出版实践中，除了按总体特征作的出版物的分类外，还有以下几种特殊类型的出版物，在出版业的具体运作中也会经常接触。

（1）正式出版物与非正式出版物

这是以出版物流通的性质为标准划分出的一种类型，是指经国家批准设立、具有法人资格的出版单位正式出版，并以商品交换方式广泛发行的出版物。与此相对应的概念是非正式出版物，是指经一定审批手续而印制出版，并以非贸易形式发送与交换的出版物，如供交换用的内部报刊、纪念性文集等。

（2）内部出版物

这是以出版物流通的范围为标准划分出的一种类型，是指正式出版物中其流通范围有所限定的出版物，包括在出版物上标明“内部发行”“限国内发行”等字样的出版物。

（3）非法出版物

这是以出版行为的性质为标准划分出来的一种类型，是指以不合法的行为制作的出版物。

（4）淫秽出版物

这是以出版物内容性质为依据划分出来的一种类型，是指内容上宣扬淫秽行为，直接描写性器官，具体描写性行为，挑动人们的性欲，足以导致普通人腐化堕落，而又没有艺术价值或科学价值的出版物。

（三）各类出版物的具体结构

1. **图　书**

图书是主要以印刷方式复制的，以纸介质为载体的非连续出版物。图书至今在我国出版物市场上仍占主体地位。图书绝大部分是装订成册的书籍，也有散装的图片。

图书可以从多种角度划分类型。按学科知识内容分，有政治读物、经济读物、文学读物、艺术读物、科技读物等；按功能分，有专著、论文集、教科书、工具书、资料书等。此外，还可以从读者对象、装帧形式等其他各种角度进行分类。

2. **报　纸**

报纸是有固定名称，用期或年月日顺序编号，以印刷方式复制的散页连续出版物。它以刊载新闻和时事评论为主，是反映和引导舆论的宣传工具，同时也传播知识，为人们的娱乐和生活提供服务。

报纸的种类可以做多种划分。可以按出版行业领域、专业区别、地域区划等进行分类。

3. **期　刊**

期刊也称“杂志”，是有固定名称，用卷、期或年月顺序编号，以印刷方式复制、以纸介质为载体、成册的连续出版物。

期刊与报纸都是连续出版物，所以期刊也可以从报纸分类的相关角度划分。期刊与报纸的不同在于，期刊是装订成册的、有封面、开本一般比报纸小、出版周期通常比报纸长等。

4. **音像制品**

音像制品是以电、光、磁介质为载体，用数字或模拟信号将图、文、声、像等记录下来并经编辑加工后，通过视听设备播放使用的出版物。

音像制品一般分为录音制品和录像制品两大类。此外，音像制品还可以按照载体和信息记录方式的不同进行分类。

音像制品与图书、报纸、期刊等出版物的区别主要在于表达内容的手段不同，音像制品大量运用声音、图像、活动影像等媒体形式。

5. **电子出版物**

电子出版物是以数字代码方式，将图、文、声、像等信息编辑加工后，存储在电、光、磁介质上，通过计算机或具有类似功能的设备读取使用的出版物。

电子出版物也可以从多种角度作多种划分，具有与音像制品类似的特点。

6. **互联网出版物**

互联网出版物是指经过选择和编辑加工，登载在互联网上或者通过互联网发送到用户端，供公众浏览、阅读、使用或者下载的作品。

互联网出版物在出版方式上区别于以上 5 种出版物。它的出版和发行并没有明显的界限，是交织在一起的。它的复制是在发行的过程中进行的，发行是全面电子化的。

随着出版业和科学技术的发展，不仅互联网出版物与其他几种出版物互有联系、互有交叉，就是另外几种出版物本身，也呈现出相互交叉的趋势。

（四）出版物的属性

出版物是精神生产活动的成果，承载着一定的思想文化内容，具有精神产品的属性；同时它们又是物质生产活动的成果，有一定的物质载体形式，具有物质产品的属性。这种既是精神产品又是物质产品的两重性，是出版物特有的属性。

1. **出版物的基本属性**

由于出版物的内容是知识和信息，所以出版物具有精神产品属性。出版物物质载体形式表现其内容的，具有物质产品的属性。因此，出版物具有精神产品和物质产品的两重属性。同时，出版物的大多数或绝大多数要作为商品出售，因此它又具有精神产品和商品的两重属性。

在出版物的三种属性中，精神产品属性是主要的，是处于支配地位的，它是规定出版物本质的东西；而物质产品属性和商品属性则是次要的，是从属于精神产品属性的，是处于被支配地位的，是不能改变出版物本质的属性。

在精神产品属性与物质产品属性之间，精神产品属性又居于主导的、支配的地位，规定着出版物的本质特征。这是因为，精神内容是出版物构成要素中的核心要素，出版物生产、传播的目的，是为了让记载在各种物质形式上的知识信息等精神内容为更多的人所了解、所接受。这是出版物与其他物质产品的本质区别所在。既是精神产品又是物质产品的两重性，是出版物最基本的属性，在相当程度上决定了出版物的其他几种特殊性。

2. 出版物的特殊性

（1）使用价值与社会效用关系上的特殊性

出版物和其他商品一样，也具有使用价值和价值，商品的使用价值是指其能够满足人们某一特定消费需求。在正常使用的情况下，一般商品的使用价值都是能够产生正面社会效用的。但出版物在使用价值与社会效用的关系上则具有不同于一般商品的特殊性。在正常使用条件下，出版物的使用价值既可能产生正面社会效用，也可能产生负面社会效用。优秀出版物能够陶冶人们的情操，满足人们娱乐、审美、学习等需要，而荒诞、淫秽的出版物，则把人们引向堕落，腐蚀人们的灵魂。

（2）社会效益与经济效益上的特殊性

一般商品，在让渡使用价值的同时实现了价值，在商品的消费过程中产生了社会效益。出版物却不尽相同。出版物承载着一定的精神文化内涵，原则上承担着传播社会主义先进生产力和先进文化、满足人民群众日益增长的精神文化的需求的任务。在现实工作中，出版的经济效益与社会效益既可能一致，也可能对立或相互抗衡。针对出版物的这一特殊性，《出版管理条例》第四条规定："从事出版活动，应当将社会效益放在首位，实现经济效益与社会效益相结合。"

（3）出版物生产数量与成本、利润关系上的特殊性

商品价值由生产资料成本和劳动力成本构成。在一般商品的生产过程中，生产资料成本和劳动力成本所占比重基本上是固定的，随着产量的增减而增减。但出版物却不同，在图书成本中，涉及的精神劳动成本和物质材料成本及复制数量成本的复杂计算问题。其中精神劳动成本难以量化。另外，出版物还应以销定产，应考虑销售环节变化的成本，因此定价很复杂也很困难，所以出版物的成本难以计算，从而容易造成价值规律的失真。单是生产量的变化，便会导致利润率的大起大落（当然，收益的真正实现要以产品都能销售为前提），这也是出版物与一般商品明显不同的特殊性。这就要求在出版活动中要有选择地出版，要在保证社会效益的前提下，多生产能够产生更大经济效益的优秀出版物，努力使社会效益与经济效益达到双赢。

3．出版物的商品性及其理由

出版物是劳动者使用劳动工具作用于劳动对象而获得的劳动产品，也具有使用价值，能够满足消费者的消费需求，其中凝结着的劳动的价值只有在出版物进入市场并销售出去之后，才能得到实现。因此，以交换为目的而进行生产的出版物具有商品属性。

第二节 出版活动与出版工作

出版活动是人类文明发展的产物，对人类的政治、经济、文化、社会环境诸方面的影响不可估量。

一、出版活动

出版是人类交流、传播思想和积累文明成果的重要媒介，是社会政治、经济、文化发展到一定阶段的产物，也是科学技术发展到一定阶段的产物。纸张和印刷术的发明，促进了古代手工印刷出版业的产生；蒸汽机技术的推广，使近代机械印刷出版臻于兴盛；而多媒体、数字技术和互联网的出现，使当代出版业迅速成长为国民经济的支柱产业。同时，出版也以其传播、积累的科学文明成果，启发和教育着一代又一代人在继承前人的基础上，实现一个又一个新的科学文化突破，并且将科学技术转化为现实生产力。

（一）出版活动的起源

判断出版活动起源的两条标准是：通过一定手段对原作品进行复制而形成产品；以一定的方式将产品公之于众，使其具有向社会传播的功能。这两个条件同时具备，即可判定为出版活动的出现。

（二）出版活动、出版物与出版学的关系

出版活动在本质上是一种文化活动，但它同时又是需要通过商品交换来进行的一种经济活动。这种性质是由构成出版活动的主要因素如出版物、出版业、出版市场等决定的，也集中表现在

出版物、出版业、出版市场的特殊性上。出版活动的任务是要在拥护社会主义的基础上，弘扬民族优秀文化、促进国际交流、丰富和提高人民群众的精神生活。出版活动受制于社会的政治、经济、文化科技的发展状况，同时又反过来对这些因素产生影响。

出版物是已经出版的作品，它必须是某种精神文化的成果，是精神文化成果中经过编辑加工、复制在一定的物质载体上，通过发行在社会上传播的作品。明确出版工作、出版活动的性质、功能、规律、原则等等，是建立出版学的基本构件、基本理论。因此，阐明出版与出版活动的关系，也是出版学研究的重要课题。

出版学就是研究包括出版活动和出版物在内的一门应用性社会学科。明确出版工作、出版活动的性质、功能、规律、原则等等，是建立出版学的基本构件、基本理论。因此阐明出版与出版活动的关系，也是出版学研究的重要课题。

（三）出版活动的基本内容

构成出版活动的三大因素是出版物、出版业、出版市场。出版物的生产与流通构成了出版活动的基本内容。出版物的生产使社会知识信息变成适合于广泛传播的产品，为出版物的流通创造物质条件。出版物的流通使这些产品在社会成员中广泛传播，使出版物的生产目的得以实现。在出版活动中，出版物的生产处于主导地位，生产为流通提供物质基础，对流通起着决定作用。参与出版物生产的各生产要素构成出版业，各要素之间会因为生产而发生各种交换关系，这些交换关系的总和，便构成出版市场。

二、出版工作

出版工作是指有关组织出版物生产和传播的活动，它不断地把作品转化为出版物，进而通过出版物影响文化建设。

（一）出版工作的内容

出版工作包括编辑出版、印制、发行以及出版物质供应、出版管理等各项工作。其思想文化生产的属性决定了它包括调查信息、制订选题策划、物色和培养作者、支持作者进行创作、审阅和加工书稿、装帧设计和校对工作等。我国出版工作承担着先进文化的建设和传播的任务，起着创造先进生产力、促进经济增长、加强综合国力、参与国际竞争、培育民族精神、提高人们素质、推动社会全面进步的作用。

（二）出版工作的性质

出版工作的一般特性表现为两重性——文化性质和经济性质。这种两重性在两个层次上反映出来：精神生产是出版工作的主要部分，属于文化范畴的活动，具有文化性质；出版工作的另一部分是物资生产和流通销售，属于经济范畴的活动，具有经济性质。

在出版工作中，文化性质是主要的，处于支配地位的，是出版工作的本质属性。经济性质是次要的，处于被支配地位，是出版工作的非本质属性。精神生产和文化属性是出版工作的重要构成成分，离开这两部分，出版工作就只是一般的经济工作。

出版工作作为一种文化工作，具有意识形态属性。在我国，出版工作是宣传党的方针政策的重要思想阵地，与现代化建设全局、国家意识形态安全和社会安定有着十分密切的关系。因此，从事出版工作的从业人员要牢固树立政治意识、大局意识和责任意识。

（三）我国出版业的构成

与出版工作相对应，我国的出版业主要由出版单位、印刷复制单位、发行单位、制作单位、出版专业教育单位和出版专业科研单位构成。它们各有不同的职能，又共同为出版物的生产和流通服务。

三、出版与出版活动的关系

出版活动和出版工作是同样性质的范畴，出版则是出版活动、出版工作的简称。

出版是一项由生活在社会中的人在特定的社会环境中进行的服务于社会中的人的活动。出版活动在本质上是一种文化活动，但同时又是需要通过商品交换来进行的一种经济活动。出版活动包括出版物的出版、印刷或者复制、进口、发行，出版物的生产与流通构成了出版活动的基本内容。出版活动的任务是要在拥护社会主义的基础上，弘扬民族优秀文化、促进国际交流、丰富和提高人民群众的精神生活。

四、我国出版工作的指导思想、方针、原则

我国的出版工作是中国特色社会主义事业的重要组成部分。根据我国出版业社会主义性质，坚持正确的指导思想，坚持正确的方向和方针原则，并完成由此规定的各项任务，是我们做好出版工作的先决条件和关键所在。

（一）指导思想

出版工作是文化工作的一部分。我国文化工作的指导思想，当然也就是我国出版工作的指导思想。

中共十七大指出，“建设社会主义核心价值体系，增强社会主义意识形态的吸引力和凝聚力。社会主义核心价值体系是社会主义意识形态的本质体现。要巩固马克思主义指导地位，坚持不懈地用马克思主义中国化最新成果武装全党、教育人民，用中国

特色社会主义共同理想凝聚力量，用以爱国主义为核心的民族精神和以改革创新为核心的时代精神鼓舞斗志，用社会主义荣辱观引领风尚，巩固全党全国各族人民团结奋斗的共同思想基础。”2006年9月，中共中央办公厅、国务院办公厅公布了《国家“十一五”时期文化发展规划纲要》，首次明确规定了我国文化工作的指导思想：“以马克思列宁主义、毛泽东思想、邓小平理论和‘三个代表’重要思想为指导，以科学发展观为统领，牢牢把握社会主义先进文化的前进方向，紧紧围绕实现全面建设小康社会宏伟目标和构建社会主义和谐社会的要求，弘扬以爱国主义为核心的民族精神和以改革创新为核心的时代精神，树立新的文化发展观，解放思想、实事求是、与时俱进、开拓创新，发展面向现代化、面向世界、面向未来的民族的科学的大众的社会主义文化，不断满足人民群众日益增长的精神文化需求，努力培育有理想、有道德、有文化、有纪律的社会主义公民，提高全民族的思想道德和科学文化素质，促进人的全面发展和社会全面进步。”其中，“以马克思列宁主义、毛泽东思想、邓小平理论和‘三个代表’重要思想为指导，以科学发展观为统领”是根本，是核心，其余的内容都是由此生发出来的较具体的要求。

总之，以人为本，全面、协调、可持续发展的科学发展观，是中共十六大以来，以胡锦涛为总书记的党中央坚持以马克思列宁主义、毛泽东思想、邓小平理论和“三个代表”重要思想为指导，贯彻落实科学发展观，在准确把握世界发展形势、认真总结我国发展经验、深入分析我国发展阶段特征的基础上提出的重大战略思想，是对经济社会发展一般规律认识的深化，是马克思主义关于发展的世界观和方法论的集中体现，是推进社会主义经济建设、政治建设、文化建设、社会建设全面发展必须长期坚持的指导思想。

（二）方　针

为充分发挥出版工作正确影响社会的作用，我国的出版业从业人员应该在工作实践中坚持贯彻、执行一系列十分重要的方针。

1. 为人民服务、为社会主义服务

毛泽东在1942年5月召开的延安文艺座谈会上明确指出："我们的文学艺术都是为人民大众服务的，首先是为工农兵的，为工农兵而创作，为工农兵所利用"，文艺工作者"必须到群众中去，必须长期地无条件地全心全意地到工农兵群众中去，到火热的斗争中去，到唯一的最广大最丰富的源泉中去"。我国宪法规定："国家发展为人民服务、为社会主义服务的文学艺术事业、新闻广播电视事业、出版发行事业……"国务院颁布的《出版管理条例》规定："出版事业必须坚持为人民服务、为社会主义服务的方向。"出版工作要坚持为人民服务，就必须不断满足人民群众日益增长的文化生活的需要，同时要坚持正确的导向作用，出版多样化的精神文化产品，以满足各个层次需求。坚持以正确的理论引导人，以高尚的精神塑造人，以优秀的作品鼓舞人。

2. 百花齐放、百家争鸣，古为今用、洋为中用

毛泽东指出："百花齐放、百家争鸣的方针，是促进艺术发展和科学进步的方针，是促进我国的社会主义文化繁荣的方针。"此外，他还提出了"古为今用、洋为中用"的方针。1983年6月，《中共中央、国务院关于加强出版工作的决定》指出："出版部门应当自觉地贯彻党的百花齐放、百家争鸣、古为今用、洋为中用、推陈出新的方针，促进科学文化事业的繁荣，培养和造就现代化建设所需要的各种人才，提高全民族的科学文化水平。""百花齐放、百家争鸣"的方针反映了科学和文化艺术的发

展规律。实施这一方针有利于调动广大文学、艺术和科学工作者的积极性。坚持这一方针，对于出版业自身的繁荣和发展，乃至整个科学文化事业的繁荣，都具有激励争鸣和探索的良好的环境的作用。需要注意的是，在贯彻这一方针进行编辑出版时，也要考虑到出版物的性质和阅读对象。“古为今用、洋为中用”反映了文化发展的客观规律，解决了在建设新文化中怎样正确处理中外文化遗产批判与继承的关系问题。“百花齐放、百家争鸣”的方针与“古为今用、洋为中用”的方针共同构成了繁荣我国社会主义文化事业、繁荣我国社会主义出版事业的基本方针。

（三）原　则

《出版管理条例》第四条规定：“从事出版活动，应当将社会效益放在首位，实现经济效益与社会效益相结合。”因此，社会主义的出版事业必须将社会效益放在首位，实现社会效益与经济效益相结合的原则。

坚持质量第一的原则。《中共中央、国务院关于加强出版工作的决定》指出：“出版部门要坚持质量第一，尽最大努力，把最好的精神文化食粮供给人民。各类图书都要力求做到选题对路，内容充实，都要力求有尽可能高的思想性、科学性或艺术性，反对粗制滥造。”坚持质量第一，是“为人民服务、为社会主义服务”的要求，也是我国出版工作将社会效益放在首位、实现社会效益和经济效益相结合的必然要求。

第三节　出版学

出版活动实践的不断发展，必然导致有关出版的理论的产生，也必然呼唤相应理论的指导，出版学就是在这样的条件下应运而生的。现有的出版学研究成果和学科建设表明它已经具有自己特有的研究对象、概念、原理和体系，成为一门独立的学科。

一、出版学的词源、含义、研究对象及意义

（一）出版学的词源

“出版学”并没有在全世界得到广泛的运用。除中国、日本和韩国外，其他国家很少用“出版学”这个术语。1982 年，美国出版的《出版辞典》中没有收入“出版学”这一词汇就是明证。美国的一些学者认为：“直到最近，无论是专业学者还是出版业从业人员都还没有意识到要把图书出版当作一个研究对象进行考察。”当然，美国没有使用“出版学”这一词汇，并不是说美国就没有关于出版方面的研究著作。但这也说明，“出版学”这个术语仍有待普及。

长期以来，学术界都认为日本是世界上最早提出建立“出版学”的国家，时间在 20 世纪 50 年代以后。1950 年，日本人美作太郎提出要建立出版学会。1967 年夏，日本人清水英夫为书评杂志《读书人》撰写了《建立出版学的可能性与必要性》一文。该文认为，作为传播科学，“出版学”的建立既有可能，也有必要，希望能有出版学会将出版研究者、相关学科的专家和出版实业家组织到一起来共同研究。在清水英夫的倡议下，1969 年 3 月，日本出版学会成立并开始开展活动。

最早在文章中使用“出版学”这个词的是中国人杨家骆。1931 年 11 月，在他的著作《图书年鉴》中，就已经出现了“出版学”一词。杨家骆专门就“图书年鉴之理想与现实”发表了自己的看法。在该书“出版事业志”中，杨家骆提出要专门设立一个“出版学研究概况”，这是目前现有文献中最早出现的“出版学”词汇。

（二）出版学的含义

有关出版学的定义问题，自 20 世纪 80 年代以来，随着我国学者对出版学研究的日益重视，也开始对“出版学”进行了界定。

出版学是研究出版活动规律的科学，是在概括和总结出版物的生产与流通实践经验的基础上形成的科学认识。它是一门应用科学，研究编辑、出版的理论知识与技能、培养书刊出版、新闻宣传和文化教育部门从事编辑、出版、发行的业务与管理工作以及教学科研的专门人才。

（三）出版学的研究对象及内容

关于出版学的研究对象，学者们从不同的思考角度出发，曾有各种不同的归纳。现在比较一致的看法是：出版学的研究对象是出版活动，包括出版活动的性质、任务、作用及其发展规律。出版活动在本质上是一种文化活动，同时又是需要通过商品交换来进行的一种经济活动。这种性质是由构成出版活动的主要因素——出版物、出版业和出版市场决定的，也集中表现在出版物、出版业和出版市场的特殊性上。出版活动的任务是要在拥护社会主义的基础上，弘扬民族优秀文化、促进国际交流、丰富和提高人民群众的精神生活。出版活动受制于社会的政治、经济、文化科技的发展状况，同时又反过来对这些因素产生反作用。因此，出版学要研究这一活动的作用，进而研究它给予人们的影响。研究出版活动的发展规律，能够更好地按照出版规律办事，对做好出版工作具有极其重要的影响。

从总体上讲，出版学的研究内容由基础研究和应用研究两大部分组成。基础研究是以揭示出版发行学研究对象的运动规律为基本任务的研究，包括学科基本理论研究、书刊生产流通基本规律研究、出版发行活动的基本特征及其事业组织规律的研究等；应用研究即探讨出版发行实践中各环节、各因素之间合理配合、科学运行的理想机制，并寻求理想机制得以实现的具体方式方法的研究，其基本任务是运用从实践中归纳出来的理论去指导出版发行实践朝着科学化方向发展。

出版学研究的内容大致有以下几点：

（1）出版学学科基本理论研究。

这是对出版学知识体系的构成规律进行探讨。如：研究出版学的学科性质与特点，探讨出版学的研究目的、对象与内容，总结出版学理论产生与发展的背景与规律，考察出版学与其他学科的联系与区别，探索出版学的研究方法，展望出版学的研究方向及发展趋势等等。

（2）书刊生产流通基本规律研究。

这是对出版物生产流通活动中各环节、各因素之间本质联系的研究。如：产销平衡规律研究、投入产出规律研究、需求规律研究、出版活动两个效益的关系及其处理原则研究、出版资源优化配置规律研究等等。

（3）出版发行事业的组织与建设规律研究。

这是对全国或某个地区出版发行事业的组织管理问题进行宏观上的探讨。如：出版发行事业发展规模的合理性研究、出版管理体制的优化模式研究、出版发行活动的方针政策研究、发行网建设规律研究、出版发行队伍建设研究等等。

（4）出版物市场营销规律研究。

这是对出版发行企业的经营销售的规律性进行探讨。如：图书市场购销机制的特点研究、书刊购销形式改革研究、市场策划与开发策略研究、读者类型与结构研究等等。

（5）出版发行事业史的研究。

这是对出版发行事业发展的历史轨迹及其规律性进行探讨。

如：各个历史时期出版业发展的特点研究，各个时期政治、经济、文化对出版活动所产生的影响研究等等。

(6) 现代化的技术手段在出版发行活动中的应用研究。

这是对出版发行活动中运用先进技术的特点与规律性进行探讨。如：电子出版技术的应用研究、出版发行信息网络建设研究、仓储管理自动化研究等等。

出版学的研究对象、内容及定义三者既有联系，又有区别。研究对象是指人们从事科学研究时作为认识目标的事物与客体；研究内容是指研究对象的内部构造和外部联系；科学定义是对学科概念的内涵与外延所进行的确切而简要的说明。研究内容是研究对象的具体表现，科学定义也与研究对象密切相关。

(四) 出版学的研究意义

虽然出版学正处于不断发展的过程之中，而且出版学的学科建设开始不久，但作为一门应用性的社会科学学科，出版学已经取得的研究成果及其已产生的社会作用，足以证明出版学所具有的生命活力。总的说来，出版学具有下列几个研究意义：

第一，总结出版工作的规律，为出版业提供理论指导。只有对出版学有足够的理论兴趣，才能更加热爱出版工作，自觉地献身出版工作。理论是实践的总结，同时又能对实践起着指导作用。作为对出版工作规律进行总结的出版学，同样具有这方面的作用。在具体的出版工作中，选题的制订与策划、组稿的技巧与方法、审稿的尺度与方式、装帧的形式与美感、印刷或复制的质量与控制、出版物的发行与销售等，都需要出版工作者的经验与智慧。

第二，加强对出版学科的建设力度，从根本上满足各方面对出版人才的迫切需求，并使出版人才素质能够与时俱进，在不断发展中提高与时代和新技术发展相适应的人才素质。

第三，总结出版历史，揭示人类文明发展的历程，为出版业的发展提供借鉴，预测出版业的未来发展，为出版业提供决策指导。出版业的历史是人类文明史的折射，是与人类文明的发展交融在一起的。长期以来，出版物在启迪民智、保存文化、提供娱乐等方面发挥了重要作用。出版业在长期的历史发展过程中，积累了丰富的经验，这些经验能为当今的出版工作与出版业提供理论经验指导。随着出版技术的逐步发展，出版业也不断向前发展。近年来，随着网络技术在出版业中不断得到应用，网络出版、网上书店、即时印刷等竞相出现。出版研究对出版业的未来发展进行预测和分析，有助于出版业在未来的发展中运筹帷幄，更好地促进出版业的发展。

二、出版学的学科性质、相关学科、分支学科

出版要遵循社会政治、经济、文化发展的普遍规律，又要掌握自身发展的特殊规律。

（一）学科性质

像所有独立学科一样，出版学的研究内容十分丰富。因此，它并不是单一的存在，而是由许多分支学科共同构成的。每一门分支学科都承担着出版学某一部分的研究内容及其探讨任务，这些分支学科的研究成果共同构成对出版活动规律的整体认识。出版学众多学科的存在，形成了反映出版物生产流通客观规律的出版学知识体系。

出版学是一门独立的应用性的社会学科，它具有特定的研究领域与研究对象，并具有雄厚的实践基础。出版学的研究对象是出版系统及其出版活动的过程、规律、特点和方法。

（二）相关学科

人类科学体系由各个学科范畴的各类专门学科共同组成。每门学科都有自己独特的位置，都有着自己特定的研究对象，都担负着专门的研究任务。但每门学科又不是单一存在的，各门学科之间普遍存在着千丝万缕的联系。而出版学的分支学科则有：一是为出版学的建立提供理论基础的基础学科，这类学科主要有：传播学、文化学、经济学等；二是出版学的交叉学科，即与出版学在研究内容上有某些相通性的学科，这类学科主要有：新闻学、图书馆学、文献信息管理学等。

（三）分支学科

出版学的分支学科按照研究内容的侧重点不同，有如下几种：

• 研究出版活动的组织技术与方法的学科：出版财务学、出版统计学、出版业计算机应用、出版物的分类与编目、出版网络技术等。

• 研究出版物生产与流通过程的学科：编辑学、发行学、出版物制作学、市场营销学、书刊储运学、书评学等。

• 研究出版活动基本规律与一般规律的学科：出版概论、出版美学、出版经济学、出版文化学、出版社会学、比较出版学、中外出版史。

• 研究出版活动构成要素的学科：图书学、出版单位管理学、出版信息学、读者学等。

• 研究出版活动环境的学科：出版物市场学、出版法学、出版业宏观管理学。

三、出版学的研究方法

（一）掌握出版学科学研究方法的意义

在掌握了出版学的含义，理解了出版学的研究对象，明确了出版学的任务和研究内容后，我们还必须了解出版学的研究方法，以便利用这些方法去开展出版学的研究，正确地指导出版工作的实践。科学方法是达到科学研究的目的的必备手段，学习和研究出版学，也只有采取科学的正确的方法，才能达到既定的目标。没有科学的正确的方法，学习和研究出版学就会多走弯路，难以达到预期的目的。

（二）出版学的具体研究方法

人们在进行科学研究、探索事物运动规律时，总是要运用一定的方法，从事出版学研究也不例外。出版学方法论的重要性在于，研究方法为学科研究起着选择研究途径、确定研究程序、提供研究手段的作用。选择科学的研究方法，就是选择认识研究对象的正确途径。具体的研究方法有以下几种：

1. 坚持马克思列宁主义的哲学方法

坚持在出版学科研中全面地探讨问题。世界上任何事物都不是孤立存在的，总是同周围其他事物相互联系、相互制约的，出版活动也是如此。因此，探讨出版活动的规律必须从出版活动与周围其他现象的密切联系、相互制约的关系中去进行。对出版活动中的任何一种现象，都必须全面地去进行分析，防止片面性。

坚持马克思列宁主义的哲学方法，还要求在出版学科研中贯彻理论联系实际的原则。实践是检验真理的唯一标准。只有坚持理论联系实际，才能使出版学研究活动更好地促进出版事业的发展，才能使出版学自身的发展具有良好的实践基础。贯彻理论联系实际的原则，要求出版科研选题要从实际需要出发，论证材料要扎扎实实地深入实践之中去获取，形成的理论要有实用价值，坚决反对那些脱离实践的学究式的研究。

坚持马克思列宁主义的哲学方法，还要求在出版学研究中坚持用发展的观点看问题。坚持用发展的观点来探讨出版领域的各种规律，才能不断地发现新情况、研究新问题、提出新见解，才能使出版科研活动始终处于朝气蓬勃的状态。

2. **出版学研究课题的选择方法**

这是决定科研工作是否有意义的方法，它关系到科研工作进展的快慢和成果的大小，是衡量科研工作水平高低的重要标志。在出版学领域，未被认识和未获解决而又具有一定认识与解决价值的问题有很多，但并不是每一个问题都能成为出版学研究的课题。一个科学问题的提出，需要满足以下几个条件：问题能够归纳入该学科体系中加以研究和处理；问题不应该是笼统的，而应该是具体的、有明确限定的；问题是有答案的；问题的解决具有一定的科学价值。

鉴于此，具体到选题中就要注意选题的创新性。而选择方法有：空白填补法、旧题新作法、零说系统法、小题大做法。

3. **论证材料的获取方法**

在科研课题确定之后，就必须通过各种方法收集论证材料，获取与研究课题有关的信息。这类方法主要有如下三种：（1）调查法：通过对调查对象进行接触、询问和现场考察，以了解调查对象的有关情况，从而获取丰富的事实材料。（2）观察法：通过感官或借助科学仪器对有关事物的情况进行感知、记载和描述，以获取与研究对象有关的资料与信息。（3）统计法：对事物所表现出来的量的特征进行记录与分析，以获取与研究对象有关的量化材料。

出版活动作为一项经济活动，其基本状况与所涉及的各种经济关系都可通过有关数据反映出来。因此，许多出版科研课题的研究，都需要利用数量关系对研究对象的规律加以描述，由此使统计方法在出版学研究中具有广泛的用武之地。诸如出版结构的分析、读者需求规律的探讨、经济效益的预测、市场占有率的把握等等课题的研究，都要运用统计方法。运用统计方法要坚持真实性原则，统计数据不能随意涂改，数量关系的计算要准确。

此外，还有出版科研课题的综合论证方法，大致有：分析归纳法（也称定性分析法）、系统分析法、比较研究法、定量分析法。

四、出版学的发展概况

（一）国内出版学的建立和发展概况

中国出版的历史悠久，但直到20世纪前后才真正开始对出版进行研究。在中国漫长的图书出版历史中，先后形成了目录学、版本学、校雠学等与出版学相关的学科，但它们还不是真正意义上的出版学研究。

早在古代的出版活动中，从事出版工作的人就不断总结出各种出版经验，并逐步形成有关出版工作的许多观念和理论。我国古代的一些典籍的序和跋中，已经有许多介绍某部书籍的著述、刊刻的目的和经过，还有一些资料是关于古代出版理论的简单记录；在专业性的古籍整理、图书管理、版本校雠等的整理中，也包含不少有关出版学研究的专业性知识。从汉代刘向的《别录》到清代人纪昀的《四库全书总目提要》，都给人们提供了丰富的出版学研究资料。

进入20世纪20年代，我国开始出现专门的研究图书和出版的刊物，如《出版周刊》《出版月刊》。1930年9月，我国出现了最早的研究出版的著作《版权考》。中华人民共和国成立后，党和政府根据各个时代发展的不同要求，制定了大量与出版工作相关的方针政策。在改革开放和加入 WTO 的两个历史性关键时刻，我国先后出台了一系列有关出版管理的法律法规。它们是中国特色社会主义出版工作的理论和实践的结晶，要建设我国的出版学，必须对其加以学习和研究。

（二）外国的出版研究以及学科建设

对出版研究开始的比较早的西方国家是英国。1644 年，英国诗人约翰·弥尔顿发表了《论出版自由》，对出版业产生了深远影响。但是直到 1926 年，英国才出现了真正意义上的出版学理论著作，这就是被西方国家称誉为“出版圣经”的《出版实况》（英国出版家斯坦利·昂温著，后来被日本版译名为《出版概论》）。

在日本，1950 年下半年提出建立出版学会的构想，1967 年，又提出“出版学是一门独立学科”的主张。1969 年，日本出版学会正式成立，开始了对出版学的专门性研究以及学科建设。此外，在亚洲，韩国也较早开始了出版学的研究。

美国是目前世界上出版业最发达的国家。1931 年，O. H. 切尼受美国书商协会的委托，发表了《图书业经济状况调查》，又称《切尼报告》，对出版业进行了系统的分析研究。在 1970 年，小赫伯特·S. 贝利的《图书出版的艺术和科学》问世了，该书就出版业中的理性与非理性、出版工作的外部环境与内部环境、出版的微观经济学等做了介绍，它对美国的出版研究起了很大影响。J. P. 德索尔于 1974 年出版了《图书出版概论》（*Book Publishing*：*What It Is*，*What It Does*），这本书在对出版业的历史进行回顾的基础上，对出版者应具备的素质、图书生产的各个环节、图书市场及图书销售、出版社的财务、计划和管理等内容进行了介绍。但书中仍没有出版学这一名词。美国的一些学者也认为："直到最近，无论是专业学者还是出版业从业人员都还没有意识到要把图书出版当作一个研究对象进行考察。"直到1982年美国都没有正式提出"出版学"一词。

（三）面向新世纪的出版学研究

面向新世纪，出版学研究将主要集中在四大领域：出版学学科体系的构建、出版学应用性研究、出版学战略性研究和出版学借鉴性研究。

出版学学科体系的构建是未来出版学研究最基本的研究领域。从出版学理论研究的历史与现状来看，出版学学科体系的构建大致可从学科的整合和学科的分化两方面来讲。目前，我国出版学研究领域中，规范的核心概念体系尚未形成，存在着大量不规范的概念。对于这些不规范的概念，首先应该进行规范，接下来就要对每个概念加以界定。出版学学科的分化要从出版物属性、出版工作的各个方面和出版过程的各个环节加以展开。

出版学应用性研究要围绕中国书业改革的课题进行，加强应用研究的时代性，与时俱进。

出版学战略性研究要认真探讨21世纪出版业的基本特征和发展趋势，做出正确的判断。在出版学的课题研究方面，未来出版战略性研究应从出版业可持续发展、出版业高新技术发展战略研究等方面进行。

根据时代要求，出版学借鉴性研究应该从出版史研究和国外书业研究两个大的方面着手，同时贯彻"古为今用、洋为中用"的方针，广泛吸取各种优秀成果，促进我国社会主义出版事业的快速、健康发展。

思考题

1. 什么是出版？有哪些构成因素，其相互关系如何？
2. 什么是出版物？有哪些要素？出版物的种类有哪些？其具体结构如何？
3. 出版物有哪些特殊性？
4. 我国出版工作必须贯彻执行哪些方针原则？
5. 我国出版工作的指导思想是什么？
6. 出版学是什么性质的学科？其相关学科有哪些？研究对象是什么？
7. 出版学研究的重要意义是什么？
8. 出版活动产生的条件有哪些？出版工作的性质及其本质是什么？
9. 简述出版学的发展状况。
10. 简述出版活动、出版物与出版学的关系。
11. 简述出版物的商品性，出版物商品的特殊性。

第二章　中国出版简史

第一节　出版的起源

“出版”一词源自日语，19 世纪机械印刷工业兴起时才被引入我国。中国最早关于出版内涵的言论产生于 10 世纪的后唐长兴年间，后唐宰相冯道向明宗建言：“如经典校定，雕摹流行，深益与文教矣。”冯道所言“雕摹流行”，后固定为“版行”“刊行”或“梓行”，其义与“出版”同。

唐代雕版印刷术广泛应用于图书生产后，产生大量与出版相关的术语，如“镂版”“刻版”“雕版”“付梓”等，虽然如此，中国的出版活动并非始于唐朝，在雕版印刷术诞生之前，中国的图书传播经历过一个漫长而辉煌的传抄时代，正是因为传抄的相对低效难以满足日趋旺盛的社会需求，所以寻求生产制作技术的创新成为一种历史的选择。

“惟殷先人，有册有典。”（《尚书·多士》）这说明传抄时代的起始，不晚于殷周，春秋战国时期，诸子并起、百家争鸣，文化学术事业空前发展，其标志之一就是学术著作大量问世。书籍经传抄流入民间，成为私人藏品而产生了重大社会影响，致使秦孝公采取挟书禁令，禁止民间藏书。

春秋战国时期产生了中国历史上大量的文化元典，传抄活动使书籍中的思想得到广泛传播，形成了中国历史上第一个出版活动的高峰。

根据历史文献和地下出土文物的双重证据，中国历史上的出版活动应始于殷商时代。

一、先秦古籍编辑概况

先秦时期是我国历史上各类典籍的孕育期和文化元典的创造期。图书文献的编辑工作取得巨大成绩，许多创新的编辑体例首现于先秦，如编年体、国别体、纪事本末体、谱录，以及语录体、专题、汇编等。先秦时期编辑活动的主要成果大致分为三块：儒家六经、诸子著述、历史书籍。代表性的编撰活动有：春秋中期楚庄王大夫申叔时论太子教育时提及的九类典籍，孔子编订六经，创新的编辑体例，战国末秦相吕不韦编纂《吕氏春秋》。

（一）九类典籍

春秋晚期至战国时期，随着史官职守在各诸侯国得到落实和强化，史书得到较大发展。《国语·楚语上》记载了楚庄王大夫申叔时论太子教育时提及的九类典籍：《春秋》是各国编年史，名称不一，但多以《春秋》为名；《世》或《经世》是关于历代帝王世系的典籍，是古代王侯贵族十分重视的文献记载；《诗》为上古歌谣总籍；《乐》是上古音乐、舞蹈的曲谱；《令》即当时王朝政令的汇编本；《语》即古代圣王的言论，贤明君王去世，后人回忆其生前言论，加以写定辑集；《故志》记前世成败之书，包括远古的历史追忆和近世的掌故材料；《训典》系先王、贤臣教导下属的告诫性辞章。上述九类典籍，除《诗》《礼》《乐》以外，都是以记言记事为主的史书。

这些丰富的图书文献品种，体现了当时学术下移后编辑活动的发展，孔子在此基础上，整理编订了六经。

（二）孔子编订六经

身处春秋晚期的孔子，推崇西周的政治秩序和典章制度。孔子在自己的政治理想破灭、游说各国诸侯失败后，转而以整理古代文化典籍为业。其整理成果为《易》《诗》《书》《礼》《乐》《春秋》，当时称为“六艺”，后世尊为“六经”。《易》又名《周易》，是上古一部卜筮之书，书中通过卦的排列、卦形的变化，以及卦辞来喻示哲理。《诗》是上古歌谣总集，春秋时期，诗在各国诸侯、公卿、大夫中非常流行。《书》又名《尚书》，是中国现存最早的一部史料汇编集。《礼》是古代有关礼仪的书，现在流传有“三礼”，即《礼记》《仪礼》和《周礼》。《乐》，在古代，乐是与礼表里为用的，正如《礼记·乐记》中所说：“乐也者，动于内者也；礼也者，动于外者也。”所以古代文献中往往礼乐并称。《春秋》为编年体史书，原为鲁国的编年史，孔子深感于世道衰微，选取鲁史编次而成。孔子编订六经是我国历史上有成果保留下来而且影响巨大的最早的编辑活动，孔子在编辑实践中贯彻了去除重复、述而不作、无征不信、多闻阙疑的编辑思想和原则。

（三）创新的编辑体例

随着社会的发展，以及史学和编纂学的进步，在春秋战国时期产生了新的可称之为正式体裁的史书。

1. 编年体史书

《春秋》是我国现存最早的一部编年体史书，编年体例最早现于殷商时代的甲骨文和铜器铭文中，但当时的史官们时间意识尚不健全。孔子编次《春秋》，首次严格按照史事发生时间的年、月、日排列展开，准确地记录了自鲁隐公元年（公元前 722 年）至鲁哀公十四年（公元前 481 年）共 242 年的历史，开创了以注意时间的准确性和连贯性为特色的编年体史书编纂体例。由于《春秋》作为史书过于简略，于是出现了专门以解经为目的的经传体著述，编年体史书《左传》被尊奉为对《春秋》经义的标准解释。

2. **国别体史书**

国别体史书的代表为《国语》和《战国策》。《国语》为国别史，记录了春秋八国的人物、事迹、言论，为春秋末鲁国人左丘明撰。《战国策》以记战国时游士书信说辞为主，相传为当时各国史官或策士辑集，现今的传本由西汉刘向编定并命名。《国语》和《战国策》都是以记言为主兼以记事的史书，采用以国别为纲的体例编辑成书。秦汉以后，中国进入了大一统中央集权的时代，国别体史书逐渐退出历史的舞台，这说明编辑活动受到时代、环境和内容的影响和限制。

3. **纪事本末体史书**

春秋时期，因当时史事往往前后绵延数年，牵连多国，读史者一时难以从多国编年史中观览始末，所以楚国大夫铎椒著有《铎氏微》一书，将分书于《春秋》中的有关史事的记载分类采录出来，使其首尾完整，便观始末。这种按照新的利用方式或阅读要求对史料进行重新组合排列的史体，就是纪事本末体。此外，还出现了以《论语》为代表的“语录体”。所谓“语录体”，是指一种以问答之语为主要内容，采用摘字名篇的标题方式而无严格的篇章结构的图书编辑体例，今传诸子著述，多在作者离世后由弟子和门人整理成书。而相对于个人著述的不足，先秦时期汇编类著述的编辑则比较出色。如《诗经》，全书在编次上，先按照作品性质，将 305 篇诗歌分为风、雅、颂三大类，再按照地域、时代、对象，分为十五国风，大雅、小雅和周、鲁、商三颂，井然有序。

（四）《吕氏春秋》

《吕氏春秋》又名《吕览》，成书于秦始皇八年，即公元前239年，为秦相吕不韦组织宾客集体编著而成。全书分十二纪、八览、六论，总计160篇。《吕氏春秋》一向被视作杂家类的著作，据现代学者刘汝霖的分析，在全书160篇中，宣扬儒家学说的有26篇，道家学说的有17篇，阴阳家学说的有17篇，法家学说的有43篇，名家学说的有5篇，墨家学说的有10篇，纵横家学说有10篇，农家学说的有4篇，小说家学说的有1篇，兵家学说的有16篇。《吕氏春秋》内容丰富，编次严谨有序，达到了战国时期书籍编纂的最高水平，它的出现，标志着我国的书记编辑事业即将迎来新的发展阶段。

二、先秦古籍的抄录与传播特点

自西周初年起，便有了劝学传统，这在相当程度上促使古代形成了诗书教子的优良传统，推动社会逐渐产生了对书籍的规模要求，从而引导了先秦古籍的抄录和传播。先秦时期，由于长期处于战争状态，社会发展缓慢，书写材料笨重，加之各国文字存在差异，图书需求的市场一直未能形成，图书文献的传播是在一定范围内通过抄录的方式进行的。根据余嘉锡先生在《古书通例·论编次第三》中的归纳总结，先秦古书在编次和传播方面有如下两个特点：首先，当时的著述文字大多单篇或数篇抄录传世；其次，这种抄录具有随意性，可能包含阅读趣味的选择。这说明当时的抄录是一种个人行为，尚未有社会性的传播行为，或者说是社会性的编辑行为。这种现象一直到汉成帝时刘向、刘歆父子大规模整理图书以后才得以好转。

三、战国的简牍制度

（一）目前已经出土的简策和帛书

两汉以来，史书上有许多发现先秦古书的记载，但关于简策的形制失载，其中最有影响的是西汉武帝时孔宅壁中发现的一批先秦古书的记载。20 世纪以来，我国出土大量简牍，如曾侯乙墓、江陵望山楚墓、天星观 1 号楚墓、江陵秦家嘴楚墓、九店楚墓、荆门包山 2 号楚墓，以及郭店 1 号楚墓、睡虎地秦简、上博简等战国竹简，内容涵盖儒家、兵家、道家、杂家等先秦诸子著作。这为深入研究先秦时期图书文献的编辑活动提供了极其珍贵的实物资料。

（二）战国时期的简策

无论是竹简的加工、尺寸，还是字体、书写形式、编连方式，以及用途各方面，战国时期的简策都已经形成了比较成熟的书籍形制，成为研究古代简策制度确立问题的标准物。自晋武帝太康二年，汲郡人盗发魏襄王墓，得竹书数十车并由朝廷组织进行校次缮写后，历代出土简策的发现者或整理者都较注意记录其形制状况。上海博物馆所存楚国竹简，最长为 57.1cm，最短为 24.6cm。郭店战国楚简，按古尺约 23.1cm 计算，最长的有一尺三寸，最短的有一尺一寸。由上可见，战国时期竹简在长度尺寸上并无规律可循。郭店楚简，发现其简文已有编辑符号：篇号，作钩形；章号，作墨钉或粗短线；句读，作短横、短撇或小点；重文、合文，作两短横或一短横。这是迄今首次发现的编辑符号，其作用在于突出简文的结构，意义重大。从战国竹简的内容看，主要集中在各类书籍，司法文书以及记载随葬物品的遗策，简牍已经成为先秦时期社会上广泛使用的书写材料，简策已是当时社会交流的主要媒介。

第二节　秦汉时期的出版活动

公元前221年，秦始皇统一中国，为维护中央集权，在思想学术方面采取严厉的抑制政策，焚书坑儒使中国文化教育事业和图书编纂传播活动遭到极大打击。至公元前207年秦国灭亡，短暂的秦王朝在图书编纂和文化传播方面没有太多建树。公元前202年，刘邦建立了新的统一政权的西汉王朝，至220年东汉灭亡，汉王朝统治中国的四百多年间，重建藏书之室，广开献书之路，图书的编纂出版活动相对繁荣，涌现出一批著名的文献编纂学者，开创了一批图书编辑的新体例，出版了一批历史文化巨著。

一、两汉时期的图书编校机构和编撰成就

（一）编校机构

汉高祖刘邦定都长安后，丞相萧何在未央宫督建了石渠阁、天禄阁、麒麟阁，作为皇家藏书和图书编校场所。当时的官方编校机构不仅有着典藏、讲习和校理等诸多功能，同时还是朝廷储备人才的地方。汉桓帝延熹二年，东汉创立了我国历史上第一个主持图书编校工作的专门机构——秘书监，其对图书编辑活动的发展意义重大。

（二）编校活动

两汉时期，由朝廷编校机构承担的图书编校活动，以成帝时刘向、刘歆父子的编辑成就最高，刘向在学术上属今文经学派，但也不排斥古文，他一生著述丰富，传世之作主要有《烈女传》

《说苑》《新序》等。汉成帝河平三年，刘歆受命与父亲刘向同理校书，主持完成了《七略》的编纂工作。刘氏父子的图书整理工作，是我国文化史上首次对先秦以来流传的文化典籍所进行的大规模整理、编校活动；从目录学上讲，造就了我国历史上第一部系统目录《七略》，创立了古代图书六分法分类体系和叙录体图书解题形式；从编纂学上讲，从此先秦以来流传无序的古书以新貌面世，并在编纂体例上给后世的编辑出版活动提供了范本。

除刘氏父子的编校成就外，其他有代表性的编校活动还有：(1) 汉安帝永初年间，东汉史学家刘珍奉召续撰《东观汉纪》，并参与了官修史书的编纂工作，还分著《建武以来名臣传》以及光武帝至安帝的帝纪、年表等。(2) 汉安帝元初四年，《后汉书·蔡伦传》记载：安帝以经传之文多不正定，乃选通儒谒者刘珍及博士良史诣东观，各校雠家法。(3) 汉顺帝永和元年，东汉史学家，时任侍中屯骑校尉伏无忌与黄景等共撰《东观汉记》。这样有计划地修撰《东观汉记》，开创了朝廷设立史官修撰国史之先例。(4) 汉灵帝熹平四年，灵帝许博学之士蔡邕等人之请，校正六经文字。熹平六经的校订工作结束后，蔡邕以小字八分将校正的经文书于石碑，后世称为："熹平石经"。熹平石经的镌刻开创了以刻石的方式公布经文的标准文本做法。

(三) 古今文经之争

汉武帝初年，由于经书古写本的陆续发现，思想学术界开始出现古今文经学的学派之争。关于古文经的两次重要发现是：孔子旧宅壁中发现古文《尚书》《礼记》《春秋》《论语》《孝经》和民间发现《周官》《孟子》和《左传》等。发现的古文经，与今文经相比，存在书写字体不同、文字语句相异、篇章分合不一的现象。更为重要的是其对经文的解说与今文经不同，这是古今文学派的根本分歧所在。今文经学家认为六经皆孔子所作，其中蕴涵着孔子的政治理想和思想精华；古文经学家则认为“六经皆史”，六经是孔子将前代史料加以整理而成。东汉的古今文之争，今文经学始终占据着官学的地位，但是古文经学名家辈出，如郑众、马融、许慎等，尤为重要的是，出现了以郑玄为代表的古今文经学兼容的现象。郑玄著作达十多种，其所注经籍《周礼注》《仪礼注》《礼记注》《毛诗笺》四种完整保存至今。

（四）字书和科技著作的编纂成就

在我国传统学术领域，素有“读经要自识字始”的观点。字书在中国古代是指解说文字形、音、义的著作，其产生的历史可追溯到西周时代。在汉代成书的典籍包括：开古代训诂、字书先河的《尔雅》，我国古代第一部字书《说文解字》，以及《方言》《通俗文》《释名》等。《尔雅》首创按内容、性质分类释辞的体例，全书共三卷，十九篇，较全面地分类汇编了先秦至西汉出现的大量训诂材料，开古代词典之先河。《说文解字》为东汉经学家、文字学家许慎编撰。全书将收录的 9 353 个汉字，按部首、形体分为 540 部，这是许慎在文字编纂学上的一个创造性发明，这种以偏旁分部的方法，成为后世字典编纂的一种主要体例。书中保存了大量先秦字体以及汉代和汉以前的训诂材料。《方言》是我国历史上第一部方言词典，为西汉哲学家扬雄编纂。我国古代科技体系大致在汉代基本形成。数学以《九章算术》为代表，天文学以《周髀算经》的盖天说等为代表，地学以班固《汉书·地理志》为代表，医学以《黄帝内经》及《神农本草经》《伤寒杂病论》为代表。

二、纸的发明和书籍的传播

纸是书籍这一精神文化产品得以发展的基本的、关键的条件。中国科技史研究专家英国人李约瑟博士曾经说过：在所有人类文化史上，没有比纸与印刷术的发明更重要的题目了。关于纸的发明权，根据史料记载，当归之于中国东汉的蔡伦。但东汉时期，书写材料仍以简帛为主，纸虽然已经进入社会生活，但尚未取代简帛成为书写材料的主体。两汉书籍的传播受到费用和政治因素的影响，仍以传抄为主。

三、两汉图书市场的萌芽

图书市场的形成必须具备两个条件：一是社会形成对图书的大规模需求；二是图书作为商品进入社会流通渠道。西汉景帝、武帝时期，河间献王刘德以“加进金帛赐以招之”的办法，从民间得到大量善本。以财物奖励献书之人，说明当时人们对书籍具备交换价值已经有了初步的认识。

（一）社会对书籍的需求

武帝时期确定了“独尊儒术”的国策，急需培养大批能够推广儒学的人才，其措施就是兴学。朝廷官学的兴盛，使求学者对教科书的需求激增；而从官学方面讲，应当及时提供标准的经学文本，以宣扬官方思想。这种双向需求在某种程度上促进了朝廷组织的编纂活动不断发展。

（二）图书生产量扩大

自汉初解除秦代对私学的禁令起，私人著述渐成风气。“立言传世”的观念使古代文人争相将自己的学说传留给后人。大量官私著述问世，使社会积聚了大量关于各类学科的书籍，为图书的社会流通提供了来源。

（三）图书交换中介机构的出现

据史料记载，早在西汉已经形成了自发的图书交换场所，至迟在西汉末年已出现了以图书买卖为主要经营业务的书肆。“书肆”一词，最早现于扬雄《法言·吾子》：“好书而不要诸仲尼，市肆也。”意为如果博览群书而不能按照圣人的学说去理解文义，就犹如开设杂陈群书的书铺，多读无益。书肆的出现，催生了专职的抄书职业，古代称为“佣书”。抄书一职有史料可考的记载现于东汉《后汉书·班超传》。从事佣书职业者是古代的专业出版人员，越来越多的抄书人进入佣书业，奠定了两汉图书编辑出版事业不断发展的基础。

第三节　魏晋南北朝时期的出版活动

魏晋南北朝时期自220年逐渐形成魏、蜀、吴三国鼎立的局面始，到589年隋文帝杨坚灭陈止。这一时期社会动荡，战火蜂起，文化建设和图书编辑出版事业遭受重大损失，其中以“永嘉之乱”和梁元帝焚书最为惨烈。但图书编辑事业在乱世中还是有所成果，主要表现在：纸的普及和书籍装帧形式的发展，以及图书抄写发行的兴盛；文学和文艺书籍及类书先后出现；图书分类法由六分法过渡到四分法。

一、魏晋南北朝时期朝廷编纂机构及其编校活动

（一）朝廷编纂机构

魏晋南北朝时期的朝廷图书编纂机构主要是秘书监。东汉末年，曹操封王，下令设置秘书令和秘书丞，掌管上书奏事事宜。魏文帝在位时复改秘书令为秘书监，负责艺文图书事务，同时设立中书令。魏明帝时期，诏令设置著作郎，隶属中书省。晋秘书郎掌中外三阁经书，并校勘脱误，西晋时期，朝廷设置秘书郎四

人分别掌管国家藏书甲、乙、丙、丁四部。南朝刘宋、南齐设秘书监。梁武帝天监年间设立秘书省，置秘书监、秘书丞各一人。陈因梁制。北朝北魏、北周都设置了秘书监，监掌国史。魏晋南北朝时期秘书监制度的确立及其编校活动推动了图书编纂活动的发展，并促使了图书四分法的确立。

（二）朝廷编校活动

1. 朝廷编修史书

晋以后，朝廷编修史书的职责主要由秘书监著作局承担，秘书监的主要编纂活动是整理国家藏书并承担朝廷的编修任务。魏晋南北朝时期史书数量剧增，且私家修史成风。晋初，著作郎陈寿著有《三国志》，全书分《魏书》30卷，《蜀书》15卷，《吴书》20卷。此外，东晋、南朝时期由秘书监主持编纂的纪传体史书代表作还包括：东晋秘书郎王隐著有《晋书》93卷，刘宋秘书监谢灵运著有《晋书》36卷，刘宋著作郎何承天、徐爰的《宋书》，齐著作郎沈约的《宋书》100卷，陈国大著作郎许亨的《梁史》53卷等。北魏开始，朝廷设置起居史令，记录帝王的言论和行事，以便修撰国史。此举促使形成了一种新的书体——实录体。这是一种编年体大事记，记录各朝帝王在位时的史事，南朝梁周兴嗣撰写《梁皇帝实录》3卷，是实录体文献的创始之作。

2. 类书编纂兴盛

类书又有中国“古代百科全书”之称。是指根据一定的意图，辑录群书同有参考价值的文献资料，按类别或韵目编排，供寻检查考的图书品种。类书以求全为宗旨，汇集前人著述，是反映一定历史时期和一定文献范围的知识总汇。据文献记载，类书起源于三国曹魏时期，已知最早的类书是《皇览》。此书的编纂工作由秘书监王象领撰，编纂目的是为了方便帝王和皇族了解封建文化的全部知识。全书共40余部，1 000余卷。稍后见于记载的类书代表作还有《寿光书苑》《类苑》《华林遍略》等。

二、图书四分法的确立和社会传播活动的发展

(一) 图书四分法的确立和纸的广泛使用

魏晋南北朝时期图书品种日益丰富。史书大量出现，继《史记》和《汉书》以后，朝廷编纂纪传体史书成为常例，历代共修著完成五部正史：西晋陈寿编纂的《三国志》，南朝宋范晔的《后汉书》，南朝梁沈约的《宋书》，南朝梁萧子显的《南齐书》和北齐魏收的《魏书》。此外，人物传记、家族谱系类书籍和医书也大量出现，图书门类和数量的激增，使整理编目者切实感到改造图书分类法的迫切性。

西晋初年，秘书监荀勖在主持朝廷校编工作的过程中，根据典籍品种增减变化情况，首次革新了六分法，采用甲、乙、丙、丁四部分类法，据《隋书·经籍志》记载，四分法具体内容为："一曰甲部，纪六艺及小学等书；二曰乙部，有古诸子家、近世子家、兵书、兵家、术数；三曰丙部，有史记、旧事、皇览簿、杂事；四曰丁部，有诗赋、图赞、《汲冢书》。"东晋著作郎李充在编目中沿用并改进了荀勖的四分法，经、史、子、集四部的顺序自此确立并成为后世所遵循的范例。晋代，简策制度废除，纸作为书写材料得到了广泛使用，随着纸的普遍使用，开始出现大量纸写本书籍，由此带来了图书形制的变化。晋代，图书从染纸、抄写到装帧形成了一定的制度，为后代图书装帧形制的成熟奠定了基础。

(二) 图书体例的创新和名家注经的兴起

1. 文学总集及各类书籍的编纂

魏晋以来文学编纂工作开始具有社会引导性。出现了以《文

选》为代表的文学选集性总集的编纂范例。总集是指汇集两人以上作品编纂而成的出版物，包括全集和选集两种，全集求全，选集取精。《文选》由南朝梁萧统编著。全书共63卷，选录了先秦至梁130位作家的各类作品，是现存最早的古代诗文选集性总集，《文选》对后世产生了巨大影响，形成了专学——文选学。

魏晋时期另一图书体例的创新是韵书的编辑。韵书是指按照声、韵、调相互关系来编次汉字的字书。据史料记载，古代最早的韵书是曹魏时期李登所编的《声类》和西晋吕静所编的《韵集》。《韵集》在《声类》的编辑方法上做了些改进。全书共分5卷，宫、商、角、徵、羽，分韵编排，为后代韵书的编纂奠定了基本体例，是古代字书编纂的成功创新。

魏晋南北朝时期也是各领域专业论著百花齐放的时期。著述领域涉及文艺批评、农学、医学等各个方面。南朝齐梁间刘勰所著的《文心雕龙》是我国现存最早的文学评论专著。与《文心雕龙》同一时期的文学著作还有成书于梁天监年间，专论五言诗穿凿的诗论著作《诗品》。与此同时，书画艺术批评专著也纷纷涌现，代表作有南朝齐谢赫的《古画品录》和齐梁间庾肩吾的《书品》。此外，农书的编纂也出现了总结性著作，东魏贾思勰编著的《齐民要术》是我国现存最早的综合性农书。同时，晋代也是我国历史上医学著作出版的活跃时期。代表著作有西晋王叔和的《脉经》，这是我国第一部脉学专著。此外还有现存最早的一部外科学专著——刘涓子所著《刘涓子鬼遗方》等。这些医学著作都是作者吸取前人经验整理编撰而成的，对中国医学史的发展具有开创性意义。

2. **名家注经的兴起**

魏晋南北朝时期玄学的兴起和史书的大量修纂导致学者注书的重点开始由经书转移到史学名著，这一时期，出现了三大名注：我国第一部记述河道水系的专著——郦道元的《水经注》；

记述汉魏以来人物的言语和事迹，古代第一部志人笔记小说集——刘孝标的《世说新语注》；博采群书，保存了大量史料，开创了史书做注的新例——裴松之的《三国志注》。

魏晋南北朝时期，各家集解性注书的体式兴起，集解性注书以采集详备为宗旨，有两种体制：一是采撷众说，择善而从；一是列举各家之说，记录姓名但不作选择。代表作品有三国吴韦昭的《国语》注本，其中搜集了东汉郑众、贾逵，三国虞翻、唐固等注本的内容。

三、书籍社会传播的扩大

魏晋南北朝时期，随着纸的广泛运用，书籍的社会传播得到有效发展，表现为社会藏书量的扩大、佛经翻译和传播活动的加强，以及佣书业的兴盛。

（一）私人藏书量增大

我国古代私人藏书的记载自先秦始，至南北朝时期私人藏书量和种类创历史新高，出现了万卷以上的藏书之家，而私人藏书量是衡量社会图书出版、传播状况的一个重要指标。魏晋南北朝时期私人藏书量的增大说明当时社会书籍的抄录条件和传播环境相对优越。

（二）佛经翻译和传播的兴盛

佛经翻译是我国古代书籍编辑出版事业的重要组成部分，同时也是古代文化传播的重要内容。魏晋时期，随着纸的广泛使用和宣教求经活动逐渐频繁，佛经翻译事业初露繁荣之势，三国吴黄武元年，僧支谦开始译经，30 年间译出《菩萨本缘》等数十种，开江南佛经翻译之风。现存最早、最完整的佛典目录是南朝梁释僧祐编撰的《出三藏记集》15 卷。全书翻译佛教经律共

2 162部，4 328 卷，反映了魏晋南北朝时期佛经翻译的总体面貌。佛经翻译事业的繁荣同时带动了传抄业的发达，写经逐渐变成商业活动，出现了以此为生的写经生。

（三）图书的贸易活动

纸的广泛使用使得魏晋南北朝时期佣书业取得了重大发展。北朝秘书省还专设了专职抄书人员，以保证国家抄书传录任务的完成，同时，民间抄书活动日益兴盛。魏晋南北朝时期书铺业取得重大发展，书贾已经开始走南闯北，主动推销图书。这对书籍的社会传播起到了极大的推动作用。

第四节　唐宋时期的出版机构与出版活动

唐的大一统局面使国家的政治、经济、文化发展进入新时期。统治者为了维护大一统的政治局面，加强了对书籍编纂出版活动的控制。编辑出版事业在这一时期取得了重大成效，首要表现是唐初印刷术的发明促使图书的社会传播和贸易活动扩大，编辑出版活动进入崭新的历史时期。960 年，赵匡胤结束了唐末农民起义后五代十国封建割据的局面，建立了新的大一统政权，史称“北宋”。“靖康之乱”后，宋王室南迁，史称“南宋”。辽和金是两个分别与北宋、南宋对峙的少数民族政权。其中，北宋开国之初统治者十分重视图书编辑出版事业，社会出版业空前繁荣，形成了官刻、私刻和坊刻三大系统。

一、唐代的朝廷编纂机构及活动

（一）唐代的图书编纂机构

唐代，朝廷设立了完善的图书编校机构。为图书整理编纂事业的发展奠定了基础。唐秘书省，下辖著作局、太史局。秘书省由秘书丞负责主持工作，下设秘书郎四人、校书郎八人、典书四人，另设其他技术人员若干。受命官员皆为学识渊博、德高望重的儒士，如颜师古、虞世南等。封建帝王为便于校书撰史，开设了专门供学士撰书训徒的场所，此类机构最早设立于魏晋南北朝时期，包括：曹魏的崇文馆，南朝宋、齐时期的总明馆，萧梁的士林馆，北齐的文林馆。唐代高祖时期设立弘文馆，其主要职责是校正图籍、参政议事和讲学训徒。贞观年间，唐太宗设立了太子学馆——崇文馆，其体制类似弘文馆。此后，唐玄宗时期成立了唐朝最大的图书编校机构——集贤院。该机构建制完备，设院士四人，执掌刊集各类典籍。设学士四人及直学士十人、侍讲学士四人，合称“十八学士”。

（二）唐代的图书编纂活动

唐代，朝廷编纂活动取得了可喜成绩，出现了新的书籍种类——政书。这一时期，儒学呈现出一派繁荣景象，唐太宗即位后，组织了大规模的文人学士对五经文字及注疏进行校订，取得重大成效。贞观年间，创立了孔子庙堂，同时增筑学舍 1 200 间，增置生员至 3 260 名，同时招募博学儒士为学官。唐代考订五经最显著的成果当推唐代著名学者、文献学家颜师古和孔颖达考编的《五经定本》和《五经义疏》。与此同时，唐代类书编纂也卓有成效。出现了影响深远的唐代“三大类书”，包括欧阳询的《艺文类聚》、徐坚的《初学记》和白居易的《白氏六帖事类集》。

唐代产生了新的编纂体例——政书体制。政书是一种专记历代典章制度沿革的典志体史书。唐玄宗开元十年，下诏撰修“六典”，亲定六类名目为：理典、教典、礼典、政典、刑典、事典，体例上要求分类撰写。《唐六典》成书于开元二十七年，全书以注文形式追述历代沿革源流，兼以开元间职官制度为纲，是一部全面记述唐代官制的典志类职官专书。其他唐代成书的代表性政书还包括：集贤院学士萧嵩监修的《大唐开元礼》，详尽地记载了唐代的礼仪制度；著名史学家刘知己之子刘秩所撰通述古今典章制度的《政典》和我国历史上第一部有关典章制度的通史——《通典》。《通典》系唐代中期著名政治家、经学家、史学家杜佑编纂，记载上古至唐天宝年间典章制度的沿革。《通典》与南宋郑樵的《通志》和元初马端临的《文献通考》合称“三通”。

二、雕版印刷术的发明及图书编辑出版事业的发展

（一）雕版印刷术的发明

雕版印刷术是我国古代书籍印刷出版的主要形式，它的发明对文化知识的传播和社会的进步具有重大意义。雕版印刷术的发明需要多方面条件的成熟，其中包括物质基础和技术条件。纸的发明和使用为雕版印刷术的发明提供了物质基础，而摹拓方法和印章形式的结合则是雕版印刷术发明的技术条件。摹拓是一种把石碑或器物表面上刻写的文字或图形复印到纸张上的一种方法，而印章是古代封发公文信件的信验标志，也用于书画、藏书的题识。目前，根据历史文献记载和出土印刷实物，学术界通常认为雕版印刷术的发明时间为唐代贞观年间。1899 年，甘肃敦煌莫高窟第十七窟的石室中发现了大批六朝和唐代的文献资料，包括部分抄本和少量印本，其中包括世界上现存题有日期的最早的印刷品——《金刚经》。1966 年，韩国南部庆州佛国寺释迦塔内出

土的雕版印刷品《无垢净光大陀罗尼经》是唐代武周时期的长安印本，该书的雕印比《金刚经》早 160 多年，是世界上现存印刷时间最早的雕版印刷品，这部印刷品的出土为雕版印刷术起源于唐代贞观年间提供了有力证据。

（二）雕版印刷术发明的意义

印刷术的发明和推广，对人类文明的传播和书籍的编辑出版产生了深远影响，这标志着人类的文化知识传播进入了印刷新时代。人类的传播活动在手写传播时代由于人工抄写的方式费时耗力，且容易出现错漏，书籍的复制量有限，以致难以形成大规模的社会传播局面。人类文化知识的传承没有理想的传播途径，而印刷术的推广应用，使书籍的复制传播情况得到了有效改善，图书出版业逐步发展起来，图书贸易的规模不断扩大，带动了书籍编辑及装帧样式的进步。

三、唐代的出版情况和图书贸易活动

（一）唐代的编辑出版事业取得重大发展

从历朝朝廷组织的大规模图书抄录编修活动看来，唐代仍处于写本时代。但随着雕版印刷术的发明和使用以及五代时期刻书业的发展，出版业正式发展起来。据史料记载，唐初雕版印刷术发明后，首先应用于民间书坊刻印佛经、日历等印售活动，此后官府和豪门才逐渐开始应用该技术进行书籍的刻印活动。唐代中后期，蜀地因其先天的地理优势和远离战火的太平环境，形成了以成都为中心的全国刻书要地。1944 年，成都一座唐墓中出土了《陀罗尼经咒》的刻印本，上刻“成都府成都县龙池坊卞家印卖咒本”。除成都外，唐代民间雕版印刷业分布的范围遍及各地，包括洛阳、扬州、苏州、福州等。

（二）晚唐民间书坊的兴起

晚唐民间书坊的发展为五代官刻和私刻的兴起奠定了基础。官刻活动始于后唐长兴三年，明宗令国子监校正并开始雕刻的“九经三传”，史称“五代监本”。“九经三传”的刻编工作历时22年，王国维在《五代北宋监本考》中统计了实际刻印的经典，即《周易》《尚书》《诗经》《周礼》《仪礼》《礼记》《左传》《公羊传》《穀梁传》《孝经》《论语》《尔雅》，并附有《五经文字》和《九经字样》。

（三）唐代的图书贸易状况

唐代，科举制度促使书籍编辑出版量的增大和编辑活动的规范化、系统化。随着经济文化事业的发展以及雕版印刷术的发明和使用，图书流通和贸易事业逐步发展起来。唐代私人藏书家增多，有富豪之家还雇专人佣书。这一时期书籍交流和贸易活动以雇人佣书和书肆买卖两种方式同时进行。前者主要是针对四部书的誊抄，而后者以杂书和通俗文学读物为主。唐代是我国古代中外文化交流的鼎盛时期，与日本、印度、朝鲜的交流尤其密切。日本多次遣使入唐，并将中国图书携带回国，唐代诗人白居易的诗在唐朝就传入日本。日本阳成天皇在位期间，学者藤原佐世奉命编纂《日本国见在书目》，纪录了日本9世纪后半期公藏汉籍的数量，共1 568部，足见唐代流传入日本的书籍量很庞大。唐代图书贸易十分活跃，其以实物交换和直接售卖两种方式进行，雕版印刷术的发明，使图书的生产由低效的手写方式转变为相对高效的批量化生产，从而降低了生产成本，书价较之手写本显示出明显优势。

四、宋朝的图书编纂机构及其编纂活动

（一）图书编纂机构

北宋初，统治者对编辑出版事业的重视和印刷术的普及带来的有利因素使图书编辑出版活动硕果累累。宋初，以史馆、昭文馆、集贤院为三馆，三馆藏书各分经、史、子、集四库，总量达八万卷。次年，太宗赐名崇文院。崇文院、三馆受命校勘典籍并奉诏雕印图书。北宋初，秘书省和崇文馆互不统属。秘书省的主要职责是掌管祭祀祝版的撰书，宋神宗时期恢复秘书省职能，统领三馆，兼掌古今经籍图书、国史实录、天文历数之事。南宋绍兴元年恢复秘书省建制，但职官人数有所减少。南宋时，秘书省的下属机构中还有印历所，掌管雕印历书。

（二）两宋时期的校书编目活动

北宋建国之初三馆仅有万余藏书，但是从各地征得的图书运抵京师，充实了三馆藏书。同时朝廷及时遣使购求民间藏书，三馆之书得到了较大的增长。太祖开宝年间，朝廷藏书已经达到8万册。随着藏书的逐渐丰富，朝廷开始不断指令馆阁组织抄写分藏，整理编目。在馆阁主持的朝廷图书事业中，编目与整理、征集、校勘、缮写一样，是不可或缺的重要环节。两宋时期，馆阁编制了多种阙书目录，另外就是国家的藏书目录。景祐元年（1034年）新建崇文院，仁宗命翰林学士张观等勘察三馆及密阁藏书，同时诏令翰林学士王尧臣、馆阁校勘欧阳修等仿《开元四部录》的体例，编制新的国家藏书目录。编目工作历时7年，至庆历元年（1041年）完成，赐名《崇文总目》，后来因为增补万卷图书而更名为《秘书总目》。宋室南渡后，重建秘书省，搜访遗阙，整理旧藏，朝廷馆阁藏书日益富足。到孝宗时藏书达到

59 429 卷，经过百年努力，南宋的国家藏书终于基本恢复了北宋徽宗时的盛况。

两宋馆阁曾多次校勘四部书，其中以经部、史部书居多。经部典籍的校勘，规模较大的有太宗端拱元年（988 年）孔维等校正《五经正义》180 卷。真宗咸平四年（1001 年），刑昺、李维重校《周礼》《仪礼》等七经及《七经疏义》163 卷，并募印颁行。北宋馆阁校勘史书 12 次，其中 9 次校勘正史。大多数情况下，校勘完毕即送雕印。南宋馆阁校史 9 次，主要为会要、实录、日历三类史书，同时南宋馆阁校书已经制定了严格的条例。

（三）图书编纂的重要成果

1. 北宋初年的四部大书

976 年，宋太宗赵匡义继位，朝廷开始组织大规模的编辑活动。太宗诏命儒臣编纂了百科类图书《太平御览》1 000 卷，这是现存古类书中保存五代以前文献最多的一部。真宗赵恒又诏令编成反映政事历史的专门性类书《册府元龟》1 000 卷，“册府”指书籍的府库，“元龟”即大龟，后世遂以“龟鉴”之称，取其借鉴的意思。

太平兴国二年（977 年），太宗复命李昉、扈蒙、徐铉等人取《道藏》《佛藏》及汉以降的野史、笔记、小说等，分类汇编其中的文言小说故事，赐名《太平广记》。太平兴国七年（982 年），李昉、扈蒙、徐弦、宋白等奉敕总揽前代文章，采撮精华，总为一编。编辑活动持续到雍熙三年（986 年），书成后取名《文苑英华》，保存了大量不见于他书的唐人作品。由于宋朝雕版印刷业发达，这四种卷帙浩繁的御修大书完整地流传于世，史称“宋朝四大书”。

2. 司马光与《资治通鉴》

北宋中叶，著名史学家司马光编纂完成了我国历史上第一部编年体通史《资治通鉴》，在我国史书编辑出版史上具有重大意义。《资治通鉴》始修于英宗治平三年（1066 年）。神宗继位，听司马光进读，认为“鉴于往事，有资于治道”，于是定名《资治通鉴》并赐序文。《资治通鉴》凡 354 卷，分为 16 纪。全书所记史实以政治、军事为主，通史涉及社会、经济、文化、制度等，兼顾社会历史的各个方面。《四库全书总目》评论该书谓：“网罗宏富，体大思精，为前古之所未有。而名物训诂，浩博奥衍，亦非浅学所能通。”司马光在正式编纂前，已经制定出严密的体例，就记时、叙人、书事三大类一一作出原则性规定。编纂中要收集甄别大量史料，必须分步进行：首先，编制丛目，即将全书涵盖时空范围内的主要历史事件和人物活动按年代顺序列出详细的标题。其次，把所有比较重要的史料，按丛目排比起来。最后，统摄全稿，以长编为基础，删繁去重，考异甄别，润色熔裁，最终由司马光笔削成编。

3. **史书与地志**

正史和地志也是宋朝馆阁编纂活动的重要内容，比较重要的成果有欧阳修的《新唐书》、乐史的《太平寰宇记》、王存的《元丰九域志》等。《新唐书》的纪、表、志、传齐备，在编纂学上，体现了纪传体裁的完整性。宋朝，地理学十分发达。地志，尤其是地理总志的编纂是一个具体的标志。现存宋朝总志以《太平寰宇志》编纂最早，影响最大。编纂中，乐史征引古籍多达2 000种，搜索范围除了正史之外，还包括历朝地志、杂记、碑刻、文集等，为后世保存了大量珍贵的史料。该书更增加了风俗、姓氏、人物、四夷等项，并将“贡赋”改为“土产”。

五、宋朝的图书出版事业

朝廷利用先进的雕版印刷技术，强势介入图书的出版发行业，对印刷术的普及和出版业的发展产生了重大的影响。宋朝的图书出版事业，逐渐形成官刻、私刻和坊刻三足鼎立的社会生产格局，呈现出热闹繁荣的大好景象。

（一）官　刻

官刻，是指由国家机构出资或主持的图书刻印活动。具体分为中央和地方两大系统，所刻图书统称为官刻本，又可冠以具体刻书机构的名称，如中央的国子监刻本、地方的茶盐司刻本等。

1. 中央官刻

宋朝的中央官刻涉及很多文化管理机构，如国子监、崇文院、密阁、秘书监等，其中主要为国子监、崇文院。

国子监是宋朝中央政府主要的刻书发行机构，内设印书钱物所，主管刻印书籍和发行出售事务。后因名称近俗，改为书库监官。其所刻之书，史称“监本”。

两宋监本，据王国维《五代两宋监本考》的梳理考证，多达数百种。宋朝监本以校勘雕造精审而素为世重。

2. 地方官刻

宋朝实行路、州、县三级行政建制。衙门及州、府、军、监等州级官府，都从事出版活动，迄今皆有刻本存世。其所刻书籍，在流通中习惯上都冠以官署名，如运转使本、提刑司本、茶盐司本、安抚司本等。

（二）私　刻

私刻，是指由私人出资校刻书籍的出版活动，所刻书籍又称为“家刻本”或“家塾本”。私刻源于五代毋昭裔雕造《文选》《初学记》《九经》等，至宋形成与官刻、坊刻三家鼎足之势。

（三）坊　刻

坊刻，是指古代书坊的刻书活动，所刻图书称为“坊刻本”。

古代书坊是指由个人经营、以生产兼及销售印本书为主的手工业作坊。福建建阳余氏是我国古代经营时间最长、最著名的民间书坊世家。

（四）寺观刻书

寺观刻书，是指佛寺道观刊印典籍的出版活动，所刻称为《佛藏》或《道藏》。

六、民间书坊的演进

（一）宋朝民间书坊的发展

“书坊”之名已知最早见于北宋，这与雕版印刷术广泛运用于社会书籍生产的时间基本一致。

南宋是我国古代雕版印刷事业发展的兴盛时期，迄今见存的宋版善本绝大部分是这一时期的产物。

民间书坊及其刻本呈现出两个显著的特点：其一，出现了名振全国、影响后世的著名坊肆，如淳熙、绍熙年间刊行九经的建阳余仁仲万卷堂，宁宗、李宗时期遍刊唐人、宋人小集的临安陈起陈宅书铺，以刊行笔记小说为主的临安府太庙前尹家书籍铺等。其二，自行刊印百卷以上大部书籍。

南宋的坊刻本品种遍及经、史、子、集，尤以科举、医术和文集为盛。琳琅满目的坊刻本，充分显示了南宋民间书坊刻书事业的兴盛。

（二）两宋坊刻本的特色

北宋书坊的刻书出版活动，见于历史记载的主要集中在四大刻书中心：汴梁、临安、建阳和蜀地。汴梁是北宋王朝的政治、文化中心；临安被叶梦得誉为印本天下第一；蜀地在唐五代时期就是全国的雕版刻印中心。宋初，朝廷在成都开雕卷帙浩繁的《大藏经》，进一步提升了蜀本的名声；福建刻书以建阳为盛，著名的余氏勤有堂就创建于北宋。

南宋都城临安在北宋时期就是全国的刻书中心，宋室南渡后，中原地区，尤其是汴梁的雕版良工，纷纷随书坊迁移至临安，中原的官宦大族、文人士子亦结伴南下，云集新都。工匠队伍的壮大和书籍需求者的增加，为雕版印刷业的进一步发展创造了良好的条件。

（三）宋朝坊刻本的文化影响

南宋以来，书坊刻书业应社会潮流而起，两相互动，规模不断扩大，坊刻本开始在社会文化传播体系中发挥重要作用。宋朝坊刻本多为科举应试书籍。读书讲学都离不开书籍，巨大的读者群形成了旺盛的市场需求，有力地促进了当地出版业的崛起和发展。南宋建阳书坊的崛起，在当地很快形成了一个影响全国的书市。

七、宋朝图书编辑出版特色

（一）宋朝图书形制的进步和活字印刷术的发明

宋朝的雕版印刷书籍是现存最早的雕版印刷品，在书艺刀法、选纸用墨、版式形制方面形成了自己的特色，同时较好地保存了古书的原貌。随着雕版印刷术的普及和发展，宋朝出现了册页制度和新的书籍装帧形式。所谓册页制度，就是合理地将单面散页装订成册，使之牢固而便于翻阅。宋朝，由于书页折叠和粘装方法的改进，产生了蝴蝶装和包背装两种新的书籍装帧形式。北宋仁宗庆历年间，临安毕昇在雕印实践中意识到雕版印刷耗时耗财，发明了活字印刷术，为大批量地雕印图书提供了高效的印刷方式。

（二）两宋图书的出版发行特色

1. 两宋时期图书出版发行呈现繁荣局面

两宋时期，国家机构和民间书坊的图书贸易遍及全国。同时，国家机构加强了对图书出版流通环节的管理：严禁在出版书籍中出现涉及国家机密的内容和与统治者的政治意愿相违背的思想内容。

2. 书籍商业广告和版权声明开始出现

上海博物馆所藏北宋“济南刘家工夫针铺”商标的铜印版是目前已知最早的商业广告。已知我国最早的版权声明出现于南宋光宗绍熙年间，四川眉山程舍人宅刻王偁《东都事略》，上刻：“眉山程舍人刊行，已申上司，不许覆板。”

八、辽国的编辑出版事业

916年，契丹首领耶律阿保机在北方建立辽国，参照唐朝的国家模式建立了政权。他令文臣仿照汉字创制了契丹文字，建立了“望海楼”作为国家藏书之所，并遣人从幽州采购了万卷汉文图书。同时，还设立了秘书监负责管理国家图书，并设有秘书郎，秘书郎正字等属官，下辖著作局，设著作郎、著作佐郎、校书郎。据史料记载，辽在建国后，推行汉化政策，修著国史、刊行五经、编制实录、大兴科举，在涿州云居寺（今北京房山石经山）凿刻石经，并雕印《契丹藏》。辽代雕版印刷品的刊刻时间和雕印特色都与北宋相仿，编辑出版事业取得一定成就。

九、金国的编辑出版事业

1115年，北方女真族首领完颜旻在东北地区建立金国。金朝立国，得到了许多北宋皇家及民间所藏的文化典籍，同时，统治者在治国方略方面借鉴宋朝的体例，沿袭北宋旧制，设立秘书监，下辖著作局、笔砚局、书画司、司天台。金朝在倡导汉文化的过程中，意识到书籍对文化传播事业的重要性，十分重视刻书，官刻、私刻、坊刻事业继续发展，且在平阳设局置官，开雕经籍，形成了新的雕版印刷中心。金代出版事业的最大成就便是佛教《大藏经》的雕印。

第五节　元明清时期的出版机构与出版活动

元朝是在消灭金和南宋政权后建立起来的统一的蒙古族政权，在政治制度和文化政策上多沿袭宋朝定制。明清两朝是中国历史上最后两个封建集权的统一王朝。明清建国初期的统治者为强化统治，传播封建思想和伦理道德，大量刊刻颁行官版书籍，出版事业尽显风骚，产生了《永乐大典》和《四库全书》两部写本巨典。明朝中期以后，城市和商品经济发展迅速，戏曲、小说等通俗文学作品逐渐被社会广泛接受。这为编辑出版业的兴盛提供了巨大力量，民间书坊编刻的通俗文学作品广泛流通。

一、元代的图书编辑出版情况

元朝是北方蒙古族灭南宋后建立起来的统一政权。受汉化政策的影响，元太宗八年（1236 年），于燕京设立编修所，在平阳设立经籍所，编辑经史、传扬儒术、兴学荐贤。元朝廷的藏书地点名曰“奎章阁”，坐落于元宫中兴圣殿西侧。馆中藏书主要来自于南宋和金国。元世祖中统二年（1261 年）设立翰林国史院，纂修国史。至元九年（1272 年），元设立秘书监，掌管图书文化事业。文宗天历二年（1329 年），始设奎章阁学士院，典书校经。

元代图书编辑硕果累累，代表作品有：正史类《宋史》《辽史》《金史》；会要体史籍《经世大典》《元典章》；地志《元一统志》和农书《农桑辑要》。元代学者马端临所著《文献通考》是我国历史上第一部以“文献”命名的著作，作者采取叙事、论事、按语三结合的编辑体例，以贯通古今为宗旨，与杜佑的《通典》、郑樵的《通志》合称“三通”。

在编辑事业取得成就的同时，元代的出版事业也取得长足进步。官刻、私刻和坊刻在统一和平的社会环境中共同发展，官府刻书机构在中央先后有兴文署、广成局等。而书院刻书在历史上享有盛名，尤以西湖书院为最。西湖书院是元朝在南宋国子监的基础上组建而成，是元朝江南官方的最高学府。西湖书院刻书精于校勘，质量考究。金元时期，随着社会文化生活的丰富和刻书业的发展，金诸宫调、元杂剧、平话作为新的文学创作形式兴起。由于通俗文学作品拥有大量读者，民间书坊抓住这个商机刊行说唱文学作品，金诸宫调流传至今者有源于唐传奇《莺莺传》、董解元的《西厢记诸宫调》，以及《刘知远诸宫调》。元刻本多用简字、俗字，在技术和版式上继承了南宋的遗风。元代印刷技术的发展主要表现在王祯创新采用木活字印刷术雕印了自己编纂的《旌德县志》，一部 6 万字的著作，1 个月内就印成了 100 部，效率大大高于雕版印刷。

二、明清时期的编纂机构及其编纂活动

（一）编纂机构

明清两代，主要的编纂机构为翰林院。明代设翰林院，总领著作、修史、图书编纂事业，清沿明制，仍设翰林院，掌管编史等事务。清朝常设的编纂机构还有起居注馆，馆内设日讲起居注官，日讲官掌侍直起居，记言记动。听取圣训谕旨，作为记注材料。此外，明清还专设书馆修书，如四库全书馆等。

（二）编纂成就

1.《永乐大典》的编纂

《永乐大典》成书于明永乐年间，是我国历史上篇幅最大的类书，全书共 22 877 卷，约 3.7 亿字。书中汇集了明代以前政治、经济、军事、教育、史学、哲学、文化、宗教、科学各方面的丰富史料。全书以韵统字，文字皆用端楷精抄，选纸精良，排版有序，在编辑上体现了古代写本书的最高水平。该书抄清后，分装成 11 095 册，使用包背装，包装材料精美，体现出皇家书籍的气派。

2.《古今图书集成》的编纂

《古今图书集成》主要成于清代康熙间学者陈梦雷之手，又有“康熙百科全书”的美誉，是我国现存篇幅最大的类书，也是编纂体例最完善的类书之一。全书分历象、方舆、明伦、博物、理学、经济六汇编，下辖 32 典。典以下复分 6 109 部，各部分项排列资料，首汇考、次总论、图、表、列传、艺文、造句、纪事、杂录、外编诸目，内容丰富，分类缜密，排列有序，引文忠实于原著，并注明出处和征引文献详细信息，在编辑手法上具有创新性。

3. 丛书《四库全书》的编纂

《四库全书》基本上囊括了清初以前的各类重要文化典籍，是我国古代规模最大的一部丛书，该书的编纂过程共有4 200多名学者和专业人员参加，全书自乾隆三十八年（1773 年）成立四库全书书馆开始，至乾隆五十二年（1787 年）《四库全书》校写完毕止，历时 14 年，全书的卷册总数是《永乐大典》的 3 倍，堪称我国文化史上工程最浩大的编辑活动。全书系统地保存了古代重要文化典籍，并对传统学术进行了总结评价。《四库全书》在抄录过程中，选纸精良，用墨考究，全部采用绢面包背装，并选用樟木书匣分函珍藏，美观精巧，气势恢弘。

（三）明清时期的刻书成就

1. 明代的刻书情况

明代嘉靖以后，随着资本主义的萌芽和社会文化生活的多元化，小说、戏曲等通俗读物大量出版，这成为明代出版业的最大特点。《明代传奇全目》著录明代传奇950种，《中国通俗小说总目纲要》共著录明清小说1 600余部。明代的刻书业仍沿袭宋朝的三大系统并逐渐发展。其中以官府刻书为盛，明代坊刻专业性强，传统的四部典籍和新兴的通俗文学类书籍是明代坊刻的两大系列，并形成了三大坊刻中心：以金陵为中心的吴地，以杭州为中心的越地，以建阳为中心的闽中。私家刻书主要集中在资本主义经济率先发展的江南地区，汲古阁主毛晋是明代乃至中国古代版刻史上最负盛名的民间出版家，其所刻书籍校勘精善、雕刻美观，史称“毛刻本”。明代通俗文艺读物的大量面世，对社会文化的传播、古代图书市场的兴旺、雕版印刷技术的提高和中外文化的交流和保存做出了重大贡献。

2. 清代前期的刻书情况

清初，康熙、雍正、乾隆三朝，国力强盛，统治者为了巩固自身统治，推行“文字狱”，文人学者面对残酷的文学禁锢，都潜心于整理旧籍、考究古学，大批优秀的校勘学家、版本学家加入官府和私家的刻书活动，使清朝的官刻和私刻取得了较高的学术价值。康熙以来，官府刻书机构主要以武英殿为最，武英殿刻书多为皇帝钦定之书，通过赏赐、颁行、发卖等多种方式流通，称“殿本”。清代私刻业繁荣，涌现出鲍廷博、黄丕烈等名刻家，清代私刻以丛书为盛，张之洞《书目答问》附录清代著名丛书达120部，可见私刻的规模之大。清代民间书坊刻书也影响深远，其中最著名的当数学者席启寓及其后人经营的席氏扫叶山房。该坊所刻书籍以史部为主，同治、光绪年间，扫叶山房引进西方石印、铅印新技术，在印刷版式和规模上取得重大突破。

（四）明清印刷技术的提高和图书发行业的创立

1. 明清时期印刷技术的成就

明末的彩色套印和拱花技术首屈一指。所谓套印是指多种颜色同印于一个版面的印刷技术，通过对套印技术进行改进，一页书按照颜色不同的部分分别刻版，然后逐版加印在一张纸上，这一技术大大提高了彩印的艺术效果，因需要多块雕版精密吻合印刷而成，故称“套版”。现存最早的套版印刷本为明万历四十四年（1616 年）浙江湖州闵齐汲刻本的《春秋·左传》15 卷。拱花是一种利用凹凸两版嵌合，使中间的纸面产生凹凸图形，从而表现画面立体感的无墨印刷方法。代表作品有《十竹斋画谱》和《十竹斋笺谱》。与此同时，活字印刷术在明清也取得长足发展，我国的金属活字印刷始于明代弘治、正德年间的铜活字印刷，明清两代遗存铜活字印本共 20 多种，以北京国家藏书馆收藏最多。此外，明清两代见于记载的金属活字还有锡活字和铅活字。清代，木活字印书得到普及，乾隆年间，武英殿在编修《四库全书》的过程中，乾隆皇帝要求刊行从《永乐大典》中辑出的宋元古本，并采纳承办人金简谏言，采用木活字印刷。与此同时，泥活字印刷技术也得到创新和发展，产生了磁泥活字，这是由泥活字上磁釉烧炼而成的，排成的书版又称“磁版”。

2. 明清时期图书市场的兴盛

明永乐十九年，成祖迁都北京，朝廷着力把都城建设成为全国的经济文化中心，新的刻书机构在北京建立起来，官刻本大量刊行，北京迅速成为全国最大的书籍贸易集散地。宋室南渡以来，杭州逐渐成为东南地区的文化和书籍贸易中心，出现了随节庆人流的趋向而迁徙的书市。清代是中国历史上图书出版最多的封建王朝，据杨家骆统计，清代出版的著作达 126 649 部，170 万卷。

第六节　近代以来的出版机构与出版活动

1840年鸦片战争爆发，掀开了中国近代史的序幕。西学东渐、洋务运动、维新变法、共和民主，无不对中国近代出版产生深刻的影响，各类出版机构也应运而生。上海作为第一批开放的通商口岸之一，在近代出版史上有着重要的地位。而随着科学社会主义思想的传播，中国共产党领导下的编辑出版事业也应运而生并取得发展。

一、外国人在华创办的出版机构

中国近代的外资出版机构主要由外国传教士开办。在中国开办的第一个近代出版印刷机构，是英国传教士麦都思于清道光年间在上海成立的墨海书馆。该书馆先后由麦都思、伟烈亚力主持，聘王韬为编辑，翻译出版了《几何原理》《代微积拾级》《谈天》《博物新编》《大英国志》等自然科学、社会历史以及宗教书籍。书馆首次在中国引进了西方印刷机械和铅活字排版技术。1843年后，在上海兴起一批由外国传教士主持的教会出版机构或外商出版机构，如土山湾印书馆、美华书馆、申昌书局、点石斋书局、益智书会、图书集成局、广学会等。

这些出版机构在宣传宗教教义的同时，译印出版西方自然科学著作，把许多自然科学知识首次介绍到中国，并出版社会科学著作，向中国人介绍西方政治和历史。此外，还出版了一些报纸、期刊，这在客观上促进了中国近代科学的发展和社会政治的变革。

二、官办出版机构

（一）地方官书局

同治二年（1863年）在南昌设江西书局。同治三年，曾国藩攻下太平天国天京（今南京）后，以重兴文化为名，奏请设立书局，刊印古籍。随之成立的有江南书局、浙江官书局、湖南官书局、湖北官书局、广雅书局等。这些书局多仍用雕版印刷，刻印传统古籍。

（二）洋务派创办的出版机构

洋务派创办的出版机构，多附设于洋务派创办的学校和工厂内，其代表机构有成立于同治元年的京师同文馆、成立于同治二年的上海同文馆。同治五年，海关税务司在上海设置印务所，出版物多用中英文对照，所设印刷厂是我国最早具有外文排字能力的印刷机构。光绪二十三年，上海南洋公学正式成立，南洋公学所附译书院自编出版新式教科书，打破了西学教育以使用教会出版物为主的局面。

三、民办出版机构

民办出版机构大多出现在上海。

（一）商务印书馆

商务印书馆在1897年成立于上海，是同时期民办出版机构中最具影响的。商务印书馆的出版物大多与中国社会的文化需求相适应，该馆发展迅速，很快成为我国最具规模，集编、印、发为一体，涉足出版、教育、制造等方面业务的综合性大型出版机构。

商务印书馆的编译所人才济济，在这里工作过的有蔡元培、高梦旦、蒋维乔、沈雁冰等。

（二）扫叶山房

杭州、苏州、南京、扬州的刻书机构，在上海出版机构迅猛发展的影响下，相形萎缩，其中有的便到上海来寻求继续发展的机会。中国出版史上存在时间最长的民间书坊——扫叶山房，就是这种适应市场需求变化典型事例。

扫叶山房，成立于明末，清初得汲古阁毛晋书版，翻刻流传。先于松江（今属上海市）设书坊刻书，后移至苏州。所印经、史、子、集及小说、笔记、通俗读本行销全国。随着上海成为全国的出版中心，扫叶山房将其重心转至上海，成为上海最著名的以古籍出版为主的出版机构之一。

（三）其他民办出版机构

上海相继出现了一批以出版传统文化书籍为主，用石印技术印刷的民间出版机构，如文瑞楼、同文书馆、拜石山房、中西书局等等。

四、中国共产党的出版机构

（一）1921 年到 1927 年先后设立的四个出版机构

1. 新青年社

1920 年成立于上海，出版《新青年》杂志和《新青年丛书》等，1921 年底迁往广州继续从事党的出版工作。

2. 人民出版社

1921 年 7 月中国共产党成立，同年 9 月在上海成立了人民出版社，由李达同志任主编。并恢复了《共产党》月刊和《新青年》杂志，《新青年丛书》也继续出版。在一年多时间里，人民出版社先后出版了《马克思全书》3 种，《列宁全书》4 种，《康明尼斯特丛书》4种，及其他宣传手册，在传播马克思主义方面起到了重要作用。1923年，人民出版社并入广州新青年社。

3. **上海书店**

1923年11月1日上海书店成立，负责出版、发行党内所有对外宣传刊物。1925年“五卅运动”中，建立了党的第一个印刷所——崇文堂印务局，承印各类党内刊物。至1925年12月，上海书店先后出版了30多种革命书籍，在宣传马克思主义方面发挥了重要作用。1926年，上海书店被军阀以“煽动工团，妨碍治安”的罪名予以封闭。

4. **长江书店**

1926年11月成立于武汉，是继承上海书店的党的公开出版发行机构。在短时间内出版和重版了《中国青年社丛书》《马克思全书》以及毛泽东的《湖南农民革命》等著作。1927年，长江书店在反革命政变中遭到扼杀。

（二）战争环境下党的出版事业在曲折中发展

在十年内战、抗日战争和解放战争中，中国共产党的出版事业在困难重重的环境下顽强发展着。

第一次国内革命战争时期，中央苏区设有出版局和发行所，负责苏区书刊的出版发行工作。苏区出版图书以小部头的马列主义著作、党和政府文件以及通俗教育材料为主。

抗日战争时期，党中央在延安建立了中共中央出版发行部，统筹党的出版、印刷、发行工作。1939年，在中共中央出版发行部的直接领导下，新华书店单独建制，主要出版一般社会科学读物，而革命性著作用解放社的名义出版。

解放战争中，党的出版事业进入了新的历史发展时期。出版编辑事业的发展以1945年建立的东北解放区最为突出。先后出版了影响深远的《毛泽东选集》、反映东北解放区斗争生活的

《暴风骤雨》《政治委员》等图书 592 种。

1949 年 2 月 23 日，中共中央宣传部成立了出版委员会。我国的编辑出版事业进入了新的历史发展时期。

五、近代的出版物和印刷业的发展

（一）近代的出版物

近代，传统出版物渐趋衰退，国外新的出版物形态逐渐被社会接受并成为主要出版形式。国内最早创办的具有现代意义的中文期刊，是 1857 年在上海创刊的教会刊物《六合众谈》。这一时期的主要刊物还有：1868 年教会创办的《中国教会新报》，1874 年改名《万国公报》，是外国传教士所办最具影响力的一种刊物；1872 年，英商《申报》馆创办的《瀛寰琐记》，是中国第一种文艺刊物；1896 年创刊，由梁启超任主笔的《时务报》是国人创办的第一种以时事政治为主的综合性刊物；1900 年由杜亚泉创办的《亚泉杂志》，是国人创办的第一种自然科学杂志；1904 年由商务印书馆创办的《东方杂志》，是中国近代出版时间最长、最具影响的综合性杂志；1906 年上海书业商会创办的《图书月报》，是中国第一种出版专业杂志。在 20 世纪初短短的 10 年中，上海地区陆续创刊 160 余种。

报纸在中国大量出版发行，也是近代出版的一大特点。如 1861 年于上海创办的《上海新报》；而 1872 年于上海创办的《申报》是近代中国历史最久，最有影响力的一份中文报纸；此外还有于天津创办的《时报》，于厦门创办的《全闽新报》，于广州创办的《岭南新报》等等。

图书出版方面，倡导救亡图存、维新变法和民主共和是近代出版物的主流。代表作家有林则徐、魏源、郑观应、康有为、梁启超等。中国近代出版业忠实记录了中国近代史的演进。随着科举制度的改革和新式学校的兴起，教科书的需求量大增，成为各出版机构经营的重点。商务印书馆的教材最具影响，逐渐成为国内各学校的首选。

19世纪初，西方传教士在传教的过程中，首先在中国引进用铅活字排版的机械印刷。第一部用机械印刷汉字的图书，是英国传教士马礼逊在澳门编著的《华英字典》六卷。随着对西方印刷技术认识的不断加深，国人也开始重视采用这些先进的技术与设备。1881年出现了国人自办的石印局——同文书局和拜石山房。

随着印刷技术的进步，国人自营的机械印刷业迅速发展起来。民国时期，一些大型出版机构都自办印刷厂，如商务印书馆、中华书局、大东书局的印刷厂均设备齐全，技术先进。其中商务印书馆配备的印刷设备已大体与西方同步，而中华书局是仅次于商务印书馆的全国第二大出版机构。

（二）近代出版业的发展

辛亥革命起至新中国成立止，我国的现代出版业经历了快速的发展。

上海作为中国共产党的诞生地，也是党最早的出版机构所在地。1920年9月，陈独秀在上海设立新青年社，出版《新青年》杂志。中国共产党成立后，《新青年》一度成为党的机关刊物。

1921年9月1日，中国共产党决定在上海成立正式的出版机构——人民出版社。此外还有由毛泽民同志负责，成立于1923年11月的上海书店；由瞿秋白同志负责，1926年11月成立于武汉的长江书店等等，由于反动派的镇压，中国共产党的出版机构往往不能正常开展业务，存在时间也较短，但他们的出版物因宣传新思想而在群众中广为传播。

1927年大革命失败之后，中国共产党在苏区和解放区大力发展出版事业。1933年8月，在川陕革命根据地成立了12家出版局和工农书店，出版《共产党》《斧头》《红旗》等报刊。“西安事变”后，党中央为适应新形势的需要，于1937年1月组成了由总书记张闻天等人负责的中央党报委员会，统一领导新闻宣传工作。党的新闻出版工作在陕北根据地得到迅速发展。1937年4月，中央党报委员会创办解放周刊社，该社的发行科以新华书店名义对外联系，并发行《解放》周刊。此外，八路军、新四军、各抗日民主根据地，都有各自的书报出版机构，如战时出版社、大众日报社、江淮通讯社等。

解放区的出版机构在条件十分艰苦的情况下，出版了大量革命书刊，以宣传党的方针政策，传播马列主义、毛泽东思想，为中国的革命事业做出卓越贡献。中国共产党领导的民营进步出版机构中，最有影响的是生活书店、新知书店和读书生活出版社。三家出版机构于1948年在香港合并，成立生活·读书·新知三联书店。

国民党办的出版机构，早期有1922年创办的民智书局，出版有孙中山的《建国方略》《三民主义》等宣传民主政治的图书。1928年后相继成立了新生命书局、独立出版社、正中书局等，其中正中书局在国民党的扶持下，经营规模较大，成为中国六大出版社之一。

六、现代图书出版的特点

（一）反映时代进步的脉搏

“五四运动”前后，中国的进步知识分子从马克思的科学社会主义理论中找到了中国革命的方向，他们注重翻译和传播国外的社会科学著作，为马克思主义在中国的早期传播作出了贡献，代表人物有陈独秀、瞿秋白、李达等，而代表作品有《共产党宣言》《社会主义从空想到科学的发展》等。

（二）文学作品的出版空前繁荣

“五四运动”后涌现了一批“文化新军”，推出了中国第一批白话文作品。如郁达夫大短篇小说集《沉沦》，胡适的诗集《尝试集》，以及郭沫若、汪静之、冰心、闻一多、叶圣陶、茅盾等的作品。左翼作家联盟成立后，相继出版了鲁迅的杂文集《而已集》《坟》《二心集》等，郭沫若的诗集《前茅》，叶圣陶的小说《倪焕之》，茅盾的长篇小说《子夜》，巴金的长篇小说《家》等经典文学作品。

（三）丛书、工具书的出版蔚然成风

辛亥革命后，商务印书馆、中华书局等引进西方的辞书理论和编纂方式，出版了一批新式辞书。代表作品有《中华大字典》《四角号码词典》《辞源》《辞海》《植物学大辞典》《动物学大辞典》《中国古今地名大辞典》等。丛书的出版也成为一大特色。如商务印书馆出有《四部丛刊》《丛书集成》，中华书局出有《四部备要》《新文化丛书》等等。

（四）教科书成为出版机构的重要出版品种

由于新式学校的兴起，教科书的需求量日益增大。各出版机构充分重视，聘请各方专家编纂，且各具特色。1943 年，国民政府教育部通令中小学统一使用国立编辑馆的“国定本教科书”，并由商务印书馆、中华书局、正中书局、世界书局、大东书局、开明书局和文通书局联合供应，形成了七家出版社独占市场的局面。新式教科书出版活动的迅速发展，为传播文化、普及教育和提高国民素质作出了一定贡献，同时又促进了出版业自身的发展。

第七节　出版物形制的演变

出版物的形制随着出版介质的进步和文化传播事业的发展经历了长时期的演变。

一、简　策

在造纸技术发明之前，我国最早出现的正式书籍是写在竹木简上的简策，古人把竹木劈成狭长的细条，经过刮削整治后在上面书写文字。单独的竹片叫做“简”，木片叫“牍”，编连起来的简或牍叫简策。编连简片的材料是丝和革。简的编连一般有二道编、三道编，间或也有四道编的。

据古籍载，简策的长短有定制，战国两汉的简最长为 2 尺 4 寸，其次为 1 尺 2 寸，最短的只有 8 寸。（均为汉尺）长的用以写重要的法律，短的用以写诸子、传记等一般著作。

简策的使用从商代到东汉末年，东汉以后逐步为纸所代替，到东晋后才告绝迹。

二、缣　帛

竹木简书写笨重，且占地面积太大，阅读起来很不方便，并且简与简中间有缝，很不适于绘图或谱牒一类的使用，在简策盛行的同时就出现了帛书。先秦古籍提到书写时，常常是竹帛并称。

春秋时期已用缣帛作为书写材料。缣帛质地轻软，书写起来可以自由剪裁、舒卷，能够弥补笨重的竹简的缺陷。当时的织物一般有帛、素、缯、缣等，写在帛上的称“帛书”，写在素上的为“素书”。并将一卷帛书称为一“卷”。因此，“卷”便成了书的数量单位，至今仍沿用。

帛书流行的时期，大约在公元前 4 世纪到公元 3 世纪之间，即战国到三国之间，约有六七百年的历史。

三、纸书及装帧技术演变

（一）卷轴书

东汉中期（公元 100 年前后），便出现了纸，纸张作为书写材料出现以后，到东晋已经代替了简帛而成为书籍的唯一材料。人们用纸作为书籍的抄写材料以后，因为纸和帛一样，容易舒卷，所以把帛书的卷轴形式保留下来，改良使用。纸书的卷轴一般为一尺左右，卷的长短不定。卷上用铅或墨画有垂线，分成许多行，叫“边准”或“界行”。上下画横线叫“边栏”。

我国古籍都是竖写的，写时由右到左，右端是开头。为便于阅读，把左端的纸粘连在轴上，把纸书从左到右卷起来。纸书左端卷入轴内，右端的开头露在卷外，容易污损破裂。因此，人们便在右端的前面留下一段空白或粘上一段白纸，讲究的则另用绫罗绢绵等丝织品裱糊卷端，用来保护卷子，这叫做“褾”，俗称“包头”。在褾的中间再系上一根带子，用来捆扎卷子，叫做“带”。为了便于识别图书内容，在卷头上挂上一个小牌子。写上书名、卷次，这种牌子叫“签”。有些多卷本的书，为了避免和其他书混杂，还用布或其他材料包裹起来，这些包书的材料叫做“帙”。

卷子的轴通常用一根涂漆或不涂漆的细木棒做成，帝王贵族和豪门、富户家的藏书常用不同颜色的琉璃、象牙、珊瑚、玳瑁、紫檀、雕漆，甚至金、玉等贵重材料制成。轴比卷子的宽度稍长，两头露出卷外，以便舒卷。

卷轴书籍制度到了唐代已经非常完善，但是卷轴若太长，卷舒则不便。古人为了改善书籍的形式，减少使用时的麻烦，便对卷轴装加以改进，把已抄好的一幅长卷按照一定的行数，均匀地一反一正地折叠成长方形，折子的前面和后面用厚纸或布帛裱上一层，作为书的封面和封底，以防破损。这样就把原来的一卷书改为一册书，查阅方便，从头翻到尾也快如"旋风"，故称"旋风装"又称"旋风叶"。还曾被称为"梵"和"经折"。

（二）册页书

"旋风装""经折装"是卷轴书向册页书的过渡形式。当唐代雕版印刷术发明并普及以后，书籍的形式才正式变为册页式。把卷子折叠成册子虽便利许多，但仍有缺点，长时间的翻阅，折痕就会断裂，成为零星的散页。而且雕版印刷术发明以后，版片太长了不便印刷，印刷品既是一叶一叶的，就不如干脆把印刷叶子积累起来，直接装订成册，把叶子解开，不相粘连，累集成册的办法演变到现在又有三种形式，即蝴蝶装、包背装和线装。

1. **蝴蝶装**

把有文字的一面对折起来，将对折好的一叠单页的折叠处粘连在一张纸上，外面包上硬纸，也有的用布或绫锦裱背，外表很像现在的精装书。因其打开后各页左右对称，状如蝴蝶，故而得名蝴蝶装，简称"蝶装"。蝴蝶装在宋朝最流行，元代沿用，到明代被淘汰。在蝴蝶装中，包在书前后的硬纸叫"书衣"，书衣正面左边贴着写有书名、册次的狭长纸条叫"书签"，书册上端切齐处叫"书头"，下端切齐处叫"书根"，翻阅的一边（即左边）叫"书口"，另一边叫"书背"或"书脊"。

2. **包背装**

由于蝴蝶装书页后半页的背面和第二页的前半页的背面不相连接，读完一面必须连翻两页，打开书时常遇上空白无字的背面，于是到南宋后期，人们把书页有字的一面折在外面，让书页的两个外边粘在书背上，再包上书衣，就成为“包背装”，也叫“裹背装”。由于包背装用糨糊逐页粘连，费时费力，于是逐渐改用在边上打两个或三个小孔，用纸捻穿进小孔把书订牢，再包上书衣。穿纸捻处称为“书脑”，包背装在元代和明代最为流行，明中叶后渐少，清代不多见。

3. **线　装**

线装是明清时期的主要书籍装帧形式。这是一种在包背装基础上改进的更加简易牢固的方法。将书页沿版心的中线对折，排序完成后在前后各加书衣，然后在书脑处打孔穿线，装订成册。明清时期还爱给线装书做“书套”，也称之为“函”，用硬纸衬里，外面裱糊蓝布。讲究的还用锦把书的四边包起来，用两枚骨签插紧，只空出书根和书头；还有的连书根、书头也包起来，叫“四合套”。更讲究的把包书根、书头的相接处挖成云纹镶嵌，叫“云字套”。还有的用两块和书册一样大小的木板，上下两头各穿上一根布带把书册夹住扎牢。此外，珍贵的书还常用精致的木匣或小木箱装起来，匣面、箱面刻上书名、版本和册次。

线装书出现于明中期，很快就取代了包背装，成为中国古籍最后的也是最通行的形式，因此，今天常把古籍称作线装书。

四、古籍的版别

从总体看来，历代流传下来的古籍分为抄写本、刻印本两类，抄写本即人工抄写的图书，刻印本即采用雕版印刷或活字印刷的图书。但具体区分，又有种种不同的版本名称。

按照写刻的不同，可分为写本、影写本、抄本、精抄本、稿本、彩绘本、原刻本、重刻本、精刻本、修补本、递修本、配本、百衲本、邋遢本、活字本、套印本、巾箱本、袖珍本、两截本、石印本、铅印本等等。

按照刊刻时间的不同，可分为唐刻本、五代刻本、宋刻本、辽刻本、西夏刻本、金刻本、蒙古刻本、元刻本、明刻本、清刻本、民国刻本等等。

按照刻书地域划分，则有浙本、建本、蜀本、平阳本、外国本（日本本、高丽本）等。

根据刻书者不同，又可分为官刻本、私刻本和坊刻本。

根据流传情况和珍贵程度，又可分为足本、节本、残本、通行本、稀见本、孤本、珍本、善本等等。

第八节　出版介质与印刷技术的演变

在纸发明以前，供书写的材料多种多样，除了甲骨、竹木、帛以外，从一些记载和已得的实物来考察，在世界范围内，至少还有下面一些：石头、铅、人皮、兽皮、草、树皮、贝叶、铁等。

一、纸的发明和发展

自东汉蔡伦发明造纸后，纸很快便取代了竹帛，广泛应用于书写或印刷。我国古代的纸张种类繁多，但用于书写和印刷的，主要是麻纸、竹纸和皮纸。

麻纸分白麻纸和黄麻纸两种。白麻纸正面洁白有光泽，背面略为粗糙；黄麻纸微呈黄色，纸张亦比白麻纸略厚。这两种纸皆宜于书写或印刷，并且经久耐用，很受人们看重。

宋朝开始用竹造纸，称为竹纸。竹纸质地较脆，颜色微黄，故又称作“黄纸”。我国南方产竹，故竹纸多产于南方。福建的麻沙镇，印刷业和造纸业同样发达，所生产的纸称为“麻沙纸”，多为当地印书所采用，故宋麻沙本多竹纸。吴、越和蜀地的竹纸质地较好。

以树皮为原料所造的纸称为皮纸，也称棉纸，常见的主要是楮皮纸和桑皮纸，质地平滑、细白，南宋廖莹中世采堂所刻《昌黎先生集》，就是用桑皮纸印刷，是现存宋刻的珍品。

明清以来，造纸技术不断改进，纸的质量不断提高，宣纸就是一种皮纸。这种纸洁白，质地绵韧、细腻，且有韧性，特别是其受墨性极好，故印书、绘画广为采用。后来的“棉连纸”“料半纸”“玉版纸”，都是宣纸的不同品种。

明人毛晋汲古阁印书用竹纸，“所用纸，岁从江西特造之，厚者曰‘毛边’，薄者曰‘毛太’……”（《常昭合志稿》）毛边纸或毛太纸略呈米黄色，正面光洁，质地较脆，清乾隆以后的印本，多用毛边纸。

由于造纸技术的提高，明清之际出现了不少纸的新品种，如产于浙江开化县的开化纸，又称桃花纸，质地细白，有较强的韧性，清初内府及武英殿刻书，多用这种纸印刷。再如太史连纸，只是颜色略比开化纸微黄，质地则很相近，清雍正间用铜活字印《古今图书集成》，即采用了开化纸和太史连纸。

二、印刷术的发明及传播

随着时间的推移和社会文化事业的发展，在中国新石器时期出现并用于文字符号和图案的刻画、拍印，以及树皮布印花工艺的手工雕刻技术，逐渐由简陋、粗糙的刻画，向复杂、精致、规范的镌刻方向发展。尔后出现的拓印术和进一步发展了的织物印刷，实质上已经是雏形中的印刷术了。

（一）印刷术的发明

印刷术是由拓石和盖印两种方法逐步发展而合成的，从现存最早的文献和最早的印刷实物来看，我国雕版印刷术是在 7 世纪出现的，即唐朝初期，它的形成是拓石和盖印的完美结合。

早在公元前4世纪（战国时代）时，已经有了印章。先秦及秦、汉的印章多用作封发物件，而官印又是权力的象征。印章创造了从反刻的文字取得正写文字的方法，阳文印章的作用，就提供了一种从阳文反写的文字取得正写的文字的复制技术。印章的面积本来很小，仅能容纳姓名或官衔等几个字。4世纪（东晋时代）时的道教徒，扩大了印章的面积，使之容纳比较长的符咒，曾有刻过120个字的符咒，可见当时已经能用盖印的方法复制一篇短文了。

在公元前7世纪，我国就有了石刻文字。为了免去从石刻上抄写的劳动，至4世纪左右，就发明了以湿纸紧覆在石碑上，用墨打拓其文字或图形的方法，叫做“拓石”。后来，又将刻在石碑上的文字，刻在木板上，再进行传拓。石刻文字是阴文正写，这就提供了从阴文正写取得正字的复制技术。

使用印章的方法是盖印，是印章先蘸色，再印到纸上面，如使用阳文印章时，印在纸上是白底黑字，明显易读。拓石的方法是刷印，把柔软的薄纸浸湿铺在石碑上，轻轻敲使纸嵌入石碑刻字的凹陷部分，待纸完全干燥后，用刷子蘸墨均匀地刷在纸上，由于凹下的文字部分刷不到墨，仍为纸的白色，将纸揭下来后，就得到黑底白字的拓本。黑底白字不如白底黑字醒目。因此，如果将碑上的阴文正写的字，仿照印章的办法，换成阳文反写的字，在版上刷墨再转印到纸上，或者扩大印章的面积，成为一块小木板，在版上刷墨铺纸，仿照拓石方法来拓印，就能得到清楚的白底黑字了，这就是雕刻印刷。

雕刻印刷是我国的印刷术的最早形式，是印章盖印和拓石两种方法的结合和逐步演变，所以印章和拓石为印刷技术的发明准备了技术条件，是印刷术发明的先驱。

（二）印刷术与佛教印刷物的关系

中国印刷术的起源与佛教有密切关系。历史的记载和实物的发现，都证明了佛教僧侣对印刷术的发明和发展是有贡献的。

唐代的佛教十分发达，统治阶级笃信佛教，曾派高僧玄奘西游印度 17 年，取回 25 匹马驮的大小乘经律论 252 夹，657 部。各地寺院林立，僧侣人数众多，对佛教宣传品需求量也很大，因此，他们是印刷术的积极使用者。在这个时期，出现了许多佛教印刷物，这些即是早期的印刷物。

早期的佛教印刷品，只是将佛像雕在木版上，进行大批量印刷。唐末冯贽在《云仙散录》中，记载了贞观十九年（645 年）之后，“玄奘以回锋纸印普贤像，施于四众，每岁五驮无余”。这是最早关于佛教印刷的记载，印刷品只是一张佛像，但每年的印量都很大。

现存最早的印刷品，是 1966 年在韩国庆州发现的“无垢净光大陀罗尼经”。根据国内外学者的研究证明，这件印刷品应为我国唐朝之物，印刷年代约为武后神龙元年（705 年）至唐玄宗天宝十年（751 年）之间。

1974 年在西安郊区出土了为现在最早的印刷品实物梵文《陀罗尼经咒》，印刷时期初步确认为唐初时期。

现存最早有明确日期记载和精美扉画的唐代佛教印刷品，是雕版印刷、卷轴装订的《金刚经》。该印刷品于 20 世纪初发现于敦煌莫高窟石室，得益于这里的干燥气候，虽经千年存放，发现时仍完整如新，现藏于英国伦敦博物馆。这幅印刷品有明确的年代记载，是至今存于世的中国早期印刷品实物中唯一的一份本身留有明确、完整的刻印年代的印品。

思考题

1. 在纸张发明并应用之前，文献载体有哪些种类？文献的传播方式是什么？
2. 造纸术的发明对社会文化活动产生了什么影响？
3. 雕版印刷术的发明时间和意义是什么？
4. 活字印刷术的发明时间和意义是什么？
5. 中国古代不同时期的图书贸易各有何特点？
6. 中国近代的出版物内容有哪些特点？
7. 从辛亥革命起至新中国建立前我国有影响的出版机构有哪些？
8. 试述新中国建立前中国共产党领导的出版活动概况。
9. 从辛亥革命起至新中国建立前我国的出版有哪些特点？

第三章　出版系统

第一节　系统论与出版体系

一、系统论的知识

（一）系统科学的概念

系统论是研究一切综合系统或子系统的一般模式、原则和规律的理论体系。包括系统的概念、一般系统理论分析、系统方法论及系统论方法的应用。系统是由一定部分（要素）组成的具有一定层次和结构，并与环境发生关系的整体。一个系统就是一个复杂的整体，其功能取决于它的组成部分，以及这些部分之间的相互联系。

（二）系统的分类

按系统组成要素的性质，分为自然系统、人工系统和复合系统。自然系统指原始的系统，如天体、海洋、生态系统等；人工系统则是由人创立的系统，如交通系统、商业系统、金融系统等；复合系统既包含人工系统，又包含自然系统。

按系统与环境的关系，系统可分为开放系统、封闭系统和孤立系统。封闭系统是一个与外界无明显联系的系统，环境仅仅为系统提供了一个边界，不管外部环境有什么变化，封闭系统仍表现为其内部稳定的均衡特性。开放系统是指在系统边界上与其他外部系统有信息、物质和能量交互作用的系统。在外部系统发生变化时，开放系统通过系统中要素与环境的交互作用以及系统本身的调节作用，使系统达到某一稳定状态。因此，开放系统通常应是自调整或自适应的系统。孤立系统是指一个完全不与外界交换能量或质量的系统。任何能量或质量都不能进入或者离开一个孤立系统，只能在系统内移动。

（三）系统的基本特征

不论对系统如何分类，也不论系统是属于自然系统、人工系统或复合系统，它们都具有以下基本特征：

1. **整体性**

系统不是各部分的简单组合，而是一个有机的整体。不能只重视其中的某一个或某几个子系统或部分，而忽视其他子系统或部分。只有各子系统或各组成部分充分协调和连接，才能提高系统的有序性和整体的运行效果。

2. **相关性**

系统中相互关联的部分或部件形成“部件集”，也可以称为子系统。“集”中各部分的特性和行为相互制约和影响，这种相关性确定了系统整体的性质和形态。

3. **功能性**

大多数系统的活动或行为可以完成一定的功能，例如太阳系或某些生物系统。

4. **有序性**

由于系统的结构、功能和层次的动态演变有某种方向性，因而系统具有有序性的特点。一般系统论的一个重要成果，就是把生物和生命现象的有序性和目的性同系统的结构稳定性联系起来，也就是说，有序能使系统趋于稳定。

5. **复杂性和随机性**

物质和运动是密不可分的，各种物质的特性、形态、结构、功能及其规律性，都是通过运动表现出来的。要认识物质，首先要研究物质的运动。系统的动态性使其具有生命周期。开放系统与外界环境有物质、能量和信息的交换，系统内部结构也可能因相互的影响和变化而发生变化。物质在运动过程中，受系统内外因素的影响，进行信息和能量的交换，呈现出复杂的状态，而且这种运动及能量交换是随机的。

6. **适应性**

一个系统和包围该系统的环境之间通常都有物质、能量和信息的交换，外界环境的变化会引起系统特性的改变，进而相应的引起系统内各部分相互关系和功能的变化。为了保持和恢复系统原有特性，系统必须具有对环境的适应能力，例如反馈系统、自适应系统和自学习系统等。

另外，系统中的人工系统或复合系统，都有一定的目标性。人们根据系统的目标来设定系统的功能，有目标才能使系统走向期望的稳定系统结构，系统的发展是一个有方向性的动态的不断完善的过程。系统动力学的目标是为系统的管理者提供对复杂系统结构的理解，使他们可以采取干预行动，以保证系统行为与他们的目标相适应。要想完善一个系统，必须正确界定系统的边界，使其包括所有重要相互作用的成分，绝不可以舍弃，甚至是忽视任何一个重要的子集。

二、出版系统

出版系统，又叫出版体系，通常是指一个国家的所有出版规范，以及依照一定的原则和要求分为不同的出版部门而形成的有机联系的统一整体，覆盖了出版业各个方面。

从大的方面来说，这个出版体系分为5个出版门类：出版行政管理门类；出版物生产门类；出版物流通门类；出版方针、政策与法规门类；版权贸易门类。

进行这样的划分，尽管有种种不足，但是，从出版适用和出版实施的角度看，涵盖了这个体系的主要部分。

出版体系是一个开放的、复杂的人工系统，受到国内、国际的政治、经济、文化等外部系统环境的影响和制约。特别是在网络环境下的今天，任何国家的出版体系都不可能脱离国际环境、国际出版体系等影响而孤立地存在和运行。因此，应该把国家出版体系纳入全球出版体系中去研究和思考，纳入现代出版业发展的大背景下思考，与时俱进，发展和完善我国的出版体系，才能实现历史赋予中国出版业的重任。

第二节　出版系统的特征、结构和功能

一、出版系统的特征

（一）出版系统最重要的特征是开放性

1. 出版系统的开放性

出版系统是一个完全开放的系统，是与系统内外部环境密切相关的。也可以说，围绕出版系统有一个外环境系统，自身又有一个内结构系统。

从外环境系统而言，出版系统隶属于社会思想宣传系统。社会思想宣传系统是出版系统的上位系统，出版系统是社会思想宣

传系统的下位系统。社会思想宣传系统的性质，规定着出版系统的性质，控制着出版系统的方向。

内结构系统包括出版业的各个方面，受到外环境系统的多方面影响，与之进行能量的交换，并在这种运动中发展。

2. **出版系统开放性的表现**

出版系统是一个开放的系统，主要表现在：社会的自然条件和政治、技术、文化、宗教等方面都对出版的发展产生深刻的影响。在某种意义上说，它们是出版系统的上位系统，出版系统成为它们的子系统。它们规定和影响着出版这个子系统的发展方向和过程。

（1）自然条件系统对出版的影响

社会大系统对出版子系统的影响，首先应该注意到的便是出版系统所处的自然条件。这包括一个出版系统所处的地理位置、气候、物产等先天形成的条件。

例如，从符号层面上，不同的自然环境决定了出版的方式，也决定了载体的选择。古代巴比伦的泥版文书突出地体现了早期文明在文字载体上的选择，在缺乏相应的技术条件、对自然资源认识有限的情况下，选择随处可取的泥土作为文字载体，自然是最为简便的办法。虽然这种载体沉重且不易携带，但它来源丰富，处理方便，几乎不需要多少技术手段加入其中，显然是当时条件下最好的选择。而在中国古代，不论是渔猎社会还是农耕社会，人们都容易得到龟板和兽骨，于是，用甲骨作为载体的基本材料就显得尤为合适。后来人们发现竹简、木板制作更为简便，于是这些又渐渐发展成为最方便的出版物载体。

（2）国家政治制度系统对出版系统的影响

不同的国家有不同的政治制度，这个制度是当时当地人民的选择，也是历史的选择。因而，出版这个子系统，不可避免地受到它的上位系统的影响。这种影响有时是决定性的。例如，在中国古代，当历史选择了专制主义中央集权制度的时候，历史也就选择了对百家争鸣时期文化成果大规模毁坏。秦始皇为了巩固中央集权，进行“焚书坑儒”，希望统一人们的思想。英国都铎王朝时期的国王亨利八世在 1515 年便指使议会通过一项法案，规定除非经过“被指定的明智、谨慎的人阅读、讨论和通过”，否则，不得印刷和出版任何拉丁文和英文图书、民谣、歌本和悲剧作品。除了通过对出版进行有效的控制外，国家政权常常还大规模介入出版活动，以实现对人民的思想控制。例如中国汉代有所谓的“熹平石经”，曹魏有“正始石经”，唐代有“开成石经”。这些都是统治者进行的大规模的出版活动。五代时期，后唐宰相冯道奏请依石经文字刻九经印版。这是儒家经典的第一次开刻，也是统治阶级对印刷术的第一次利用。此后的所谓“监本”“内府本”“藩刻本”“经厂本”“殿本”“局本”等，都是各种国家机构刻印的图书。到了清代，由国家政权进行的一次最大的出版活动，即《四库全书》的编纂，它大量禁绝所谓具有反满思想的著作，把一些优秀的作品销毁或以存目的形式进行保留。可见，国家政权对出版的控制是非常严厉的。

（3）技术手段系统对出版的影响

在出版的外部环境系统中，技术手段对出版有着深刻而深远的影响。出版业的发展，有赖于造纸术和印刷术的产生。我国最早发明了造纸术，后来这种技术传到欧洲，最终引起西方出版载体从羊皮纸到印刷纸的转变。羊皮纸价格昂贵，制作工艺复杂，仅用于修道院抄写经卷，不利于思想和文化的传播，限制了欧洲出版业的发展。印刷术在中国发明以后，1465 年，德国古登堡吸收中国印刷术的长处，把原来用于制酒的压榨机改装成第一台手摇式印刷机，这为现代印刷术奠定了基础。后来又出现了滚筒式印刷机和轮转式印刷机。有了这些出版业的物质基础，才有了现代出版业的产生与发展。马克思评价说印刷术“总的来说变成科学复兴的手段，变成精神发展创造必要前提的最强大杠杆”。这以后，印刷机械不断地发展，印刷工艺不断地革新，到今天，人们都在谈论激光照排，谈论电子书，谈论网络出版，这时出版已经不是原来的概念了。技术手段的进步，对出版方式、出版产品、出版人才、出版周期产生着深刻的影响。

(4) 文化积淀系统对出版的影响

每一个国家、每一个民族都对出版活动十分重视。出版是使人类文明得以延续，使人类文化得以传承的基本手段之一，也可以说是决定人类进步的最重要的手段之一。在不同的历史时期，出版有着不同的作用，但这些作用，都受其所处的文化积淀系统的深刻影响。一国有一国的文化，一个民族有一个民族的文化。从某种意义上说，文化决定出版：一方面，文化系统是出版的资源系统和上位系统；另一方面，出版的内容子系统是由文化建构的；再一方面，出版物载体子系统、受体子系统也需要以文化作为基础。出版是民族、国家文化的传递者，出版活动、出版物应该而且必须反映国家、民族的文化系统。这个文化系统，既是出版的资源系统，也是出版的控制系统。当然，我们说的文化积淀系统，主要是指一个国家、民族的优秀传统文化。对于已经不合时宜的传统文化的糟粕，则应该批判地继承，有所扬弃，有所为有所不为。出版的文化含量是出版的本质属性，出版为社会主义服务必须落实在提供的文化内容上。

(5) 宗教思想系统对出版的影响

无论在中国的出版史，抑或是世界的出版史，出版系统往往受到宗教思想系统的影响。这主要是因为，宗教是思想的，出版也是思想的，宗教要利用出版，力图从各方面影响和控制出版，反过来，出版也会影响宗教的传播和发展。这一点，在欧洲中世纪的出版业中表现十分明显。欧洲中世纪时，基督教的修道院是图书抄写的重要场所。教士们掌握着欧洲古老的拉丁文，为了传播基督教的精神，他们阅读《圣经》，解释教义，宣扬基督教精神，他们在修道院的抄写室里，抄写了大量的宗教书籍，修道院的抄书室同时也是当时的宗教出版机构。在中国，佛经翻译影响着魏晋南北朝以来的出版业，不少的佛经因为出版的兴盛而传播开来。我国最早的印刷出版物是佛教《金刚经》，就是最好的证明。除了通过出版宣传宗教的教义外，宗教对出版的控制（即对思想的控制）也从来没有停止过。1497 年，乔万尼·薄伽丘的《十日谈》因描写了僧尼的虚假、贪婪等假道学品质，其原稿和已付印的部分在意大利天主教会发动的宗教狂热运动中被付之一炬；伽利略因为写作《论太阳黑子的信》和《关于托勒密和哥白尼两大体系的对话》，颠覆了教会所宣扬的地心说，于 1633 年遭到罗马宗教审判所的审判；布鲁诺更被教皇克力门八世以宣扬异端的罪名于 1600 年处以火刑；1559 年，罗马教皇亲自颁布“禁书目录”，所列禁书数以千计。其后被禁止的有雨果的《悲惨世界》《巴黎圣母院》这样的世界名著，也有左拉、大仲马和小仲马等优秀作家的著作。

（二）出版系统的另一个基本特征是动态性

系统虽然是以稳态作为常态，但不是绝对的。系统的各个子系统会不断变化，各个子系统的构成要素也会不断变化。最终，由于子系统中的某个单元的变化（例如系统构成的变化、系统结构的变化、系统控制器的变化等等），会引起系统本身的变化。出版系统也不例外。

出版系统既是一个对外开放的系统，也是一个完全动态的系统。在甲骨文时代，出版手段被少数巫师垄断，出版是贵族的特权。这种情况延续了很长的时间。到了战国时期，出版物是由竹简和木版作为载体的，相应的，书写工具也以笔代替了刻刀。东汉时期，由于纸的发明，出版变得较为容易。到唐五代以后，印刷术的发明使得大量复制成为可能。宋朝，中国人毕昇发明了泥活字印刷术。再往后，在泥活字的基础上出现了木活字、金属活字，印刷业的变革让出版手段越来越丰富。而欧洲的情况大体类似，1292年，意大利人马可·波罗将雕版印刷术带到欧洲，但一开始并没有被广泛使用，直到15世纪40年代前后，德国人古登堡发明了活字印刷和机械印刷机，才给欧洲的图书出版业带来了根本性的变化。

从出版的内容系统看，随着时代的不同，出版的内容也有所变化。从中国出版史来看，先秦时期，思想解放，各种学说自由发展，诸子百家自由争鸣，其出版物反映的内容，正是新兴地主阶级的要求；秦始皇“焚书坑儒”，只保留农书等，体现出他要统一思想；汉代“罢黜百家，独尊儒术”，从石经到写本，都是以儒家的经书为主；魏晋南北朝时期，思想活跃，提倡“三玄”，出版物则充满哲学的意味；唐代出版，儒释道三者并举，尤倡诗体，出现了大量优秀的诗作。由此可见，社会的发展必然引起出版内容的变化。

（三）出版系统的第三个特征是具有层次性

出版系统的层次性，突出体现在它有三个层面：一个是符号层面，一个是内容层面，一个是价值观层面。

在符号层面，出版物以其外观，如装帧形式、封面设计、内文设计、图文编排、文字符号表达等形式，来适应和引导人们的审美需要。这是浅层或表层的表现，在实现出版物的经济效益与社会效益，尤其是经济效益过程中，发挥着十分重要的作用。

在内容层面，出版物要求有正确的舆论导向，有健康向上的审美追求。

核心层面即价值观层面，它控制着出版物的内容，也控制着整个出版活动的根本属性。在西方国家，其价值观的核心是利己的，其宣传内容也以利己主义为基本特色。在我国，其价值观是利他的，是为人民服务，为社会主义服务的，其宣传导向也就以“二为”作为自己的基本方针。

具体地说，任何出版都是，并且首先是民族的出版。越是民族的出版，也就越是世界的出版。每个民族都有自己特定的价值观，价值观是人类文明中最深层的部分，是人们对人生、对社会的一种评判体系，是人们判断事物重要性的依据和行为活动的取舍标准，它影响人们做事的行为方式、手段及其对结果的选择。价值观涉及人们生活的方方面面，是洞察、主导人们生活方式的重要参数。无论出版系统的表层要素如何变化，如出版形式变化、出版手段变化、出版内容变化，对核心价值观的遵从是不变的。任何出版物，总会宣扬或者批判一定的价值观体系，因而，价值观是出版系统的核心层和总控制器。

二、出版系统的结构

系统内部各要素相互关联的方式和组织形式称为系统的结构。大凡系统都有结构，这反映着系统内部各个要素之间的联系。对于相同的要素，如果关联方式不同，就会组成不同的系统。

（一）出版过程系统的简介

出版业创造价值的过程是由一系列具有前后业务关系的增值活动组成的，包括选题的研究开发、设计，编辑、校对，纸张等原材料的采购，出版物的生产、运输、仓储、营销服务，最后到达终端——读者，形成一个完整的功能链状网络和传递结构模式，即出版过程。通过对信息流、物流、资金流的控制，使出版资源（选题、书稿）依次通过“链”中的每一环节，并逐步变成出版产品，直到送达最终用户。同时，选题在出版过程中因加工、生产、流通过程而增加价值，给相关企业带来社会效益和经济收益。

出版是一个动态的过程，这个过程符合系统的一般条件，也具有层次性。而且，特别应该提出的，是它的有序性，即线性特征。出版活动必须按这个过程的先后顺序逐次进行，步步推进，而不能将后一个程序提到前面进行。

（二）出版流程划分的简介

从出版流程来看，我国出版行政管理可划分为出版前管理、出版中管理和出版后管理三种主要管理方式，也是一个过程系统。出版前管理是对设立出版单位、确定出版物选题等的管理，出版中管理是对编辑加工、出版物印刷、复制等的管理，出版后管理则是对出版物市场的管理。可按出版流程划分如下：

1. **选题策划系统**

选题策划系统是出版最重要的子系统，是出版的灵魂。出版之所以具有人类文化发展价值，出版业之所以能够证明自己在社会分工和精神产品生产中的重要性，完全是由这个系统所决定的。这个系统是出版的核心子系统。

任何产品，都是由核心产品、形式产品、辅助产品构成的。出版物也不例外，读者所消费的是这三者相结合的完整产品。选题的核心在于出版物内容的前沿性和创新性，它具有引导读者学习知识、陶冶情操、交流情感的功能。而书稿的文字表现、内文设计、装帧设计则是书的形式产品。编辑与作者的关系、发行人员的服务态度与服务质量，则成为图书的辅助产品。选题策划子系统，由策划人、策划信息、策划过程和策划结果四个更小的系统构成，其中，信息是选题策划前提，策划人是选题策划整合器。

2. **组稿系统**

组稿工作是出版工作的第二个程序。选题确定以后，出版工作就进入组稿阶段。一个成功的选题，如果在策划环节是成功的，但是在组稿环节一步不慎，就无法有效地实现原有的设想。组稿这个子系统要重视三个方面的要求：一是作者的选择；二是样稿的制作与审订；三是与相关部门和人员的沟通与协调。美国学者达塔斯·史密斯说："坐等作者和译者送稿上门，然后罗列出一些毫无特色的图书选题清单的出版者是不可能有好的经济效益的。换句话说，出版者既想为公众利益提供良好的服务，同时又想有好的经济效益，就必须出去组稿。"在组稿中，应该根据读者对象、基本写作要求、内容的范围、深浅程度、字数多少和体例等，来确定选择作者的范围。同时，应该根据作者的基本情况及特长来选择最适合的作者。不能让一个小学校的校长来完成针对大学改革而策划的出版物；反之亦然。组稿工作还要根据出版物市场的变化，不断对选题策划书的原有设想进行调整，在一定意义上说，组稿工作是对策划选题的进一步完善和必要的补充。组稿工作要特别注意与销售部门的沟通，了解情况和信息，修正原有的策划方案。

3. **审稿系统**

审稿不同于稿件的文字加工处理，它是出版进入编辑程序前的一道必经的工序。它主要对稿件的内容导向、体例、结构进行初步的审查，在此基础上提出用稿、退稿、退改等意见。它既是上一个过程系统的延续，又为下一个过程系统作了准备。

4. **文字加工系统**

文字加工系统包括文字加工编辑系统和校对系统。

(1) 文字加工编辑系统

● 对象子系统，包括三个层次：文字编辑加工子系统，主要解决文字性的错、讹、衍、倒等问题，使语法、逻辑正确无误，标点符号使用正确，数、量、繁、简合乎国家标准；知识性加工系统，主要负责文史哲、政经法、理工科卫等内容的正确；内容性系统，要求遵守出版的禁止性规定，遵守出版法规，遵守出版的方针政策。

• 过程子系统，包括：初审子系统；复审子系统；终审子系统。

• 编辑作者决疑子系统，包括：作者处理编辑、校对人员提出的问题；前一个审次对后一个审次负责，后一个审次处理前一个审次提出的问题；责任编辑对全书的编校质量负总责。

(2) 校对系统

• 校对主体系统，包括：专职校对员、编辑人员和著作者。著作者在写作过程中，要校对自己的誊清稿，编辑人员要校对自己的"齐、清、定"稿。他们分别是"著校合一"和"编校合一"。

• 校对方法系统：校异同和校是非。校对员在自己的工作中，既要校异同，也要校是非，而校是非是编辑工作的补充和延续，因此校对员是"校编合一"的。

• 校对客体系统：校样和原稿

文字加工系统与校对系统还有一个共同的目标系统：出版物的无差错。这个目标，可分解为两个子目标：无编错和无校错。无编错要匡补原稿的错漏，提高原稿的质量，既对作者负责，又对读者负责；无校错要忠实于原稿，使原稿保真保值，既对作者负责，也对责任编辑负责。"编错"主要是编辑漏改和误改所造成的；校错主要来自录排和磁盘转换的失误。

5. **内文、封面设计系统**

内文、封面设计是现代出版物内容与形式统一的重要方面，尤其是在市场经济条件下，眼球经济和信息麻醉两个最主要的因素的出现，要求出版者做好外观形式设计的工作。

6. **排版制作系统**

这个系统是编辑后系统，又是印前系统。随着科学技术的发展，这个独立的系统可能会因技术的发展而合并到印刷系统，即实现直接印刷。

7. **印刷装订系统**

这个系统是营销产生的前系统，又是编辑制作的后系统。但它有自己独立的生产要求，有自己内部独立的结构系统。

8. **营销系统**

出版物的营销工作是“最惊险的一跳”，只有这个系统顺利地运转，才能促使出版物由商品变成货币。“在合适的时间把合适的出版物送给合适的读者”，这是“一个富于挑战性的永恒的课题”。因为在全部图书出版活动中，卖书是最难的，也是最重要的一个环节。出版物只有被读者阅读，才能实现其文化价值；读者购买了出版物，出版者才能达到赢利的目的，才能实现再生产和扩大再生产。

9. **信息传输与反馈系统**

这虽然也是一个出版过程系统的子系统，但和其他的子系统有所不同。信息传输与反馈系统不是一个营销后系统或选题前系统，而是贯穿于出版活动的始终。

三、出版系统的功能

系统的功能是指系统在特定的环境中所表现出来的行为和能力，体现了一个系统与所处环境之间的物质、能量和信息的输入与输出的交换关系。出版活动是人类社会发展的产物，对人类的政治、经济、文化、社会环境诸方面的影响不可估量。正确认识出版发行活动的功能，并使其得以充分发挥，对于繁荣我国的出版发行事业、促进社会主义精神文明建设和物质文明建设，意义重大。一般认为，出版和发行活动具有政治功能、文化传递功能、经济功能、社会协调功能、教育功能和娱乐功能 6 种功能。

（一）政治功能

出版的政治功能，是指出版工作能够对社会政治产生影响的功用。出版是意识形态领域的重要组成部分，具有思想属性、政治属性。古今中外，出版总是为一定的阶级和阶层服务。在我国，出版首先是党和国家的意识形态阵地，应该把为宣传党和国家的政策方针服务作为最根本的任务。出版活动通过选择内容，引导读者具有高尚的情操，为建设社会主义精神文明服务。

（二）文化传递功能

文化传递功能指通过新闻出版活动把文化传递给下一代和成年人，使全社会成员享有共同的价值观与社会规范，分享共同的社会文化遗产，其目的在于提高公众的文化修养。从自然人转变到社会人的过程，也就是人类的社会化过程和人类文化的内化过程。没有出版业，就没有今天意义上的完整的人类遗产，没有一代又一代人类优秀文化遗产的继承与发扬光大，就没有今天意义上的人类知识系统，也就没有今天的社会人。

（三）经济功能

出版业直接创造产值，创造利润，并日益成为现代经济的一个重要组成部分。在知识产权保护日益增强的今天，谁掌握了知识资源，谁就掌握了未来经济发展的命脉。出版业作为知识资源积累最多的产业，已经在开发利用这一资本上显示出巨大的经济发展潜力。同时，出版活动作为一项社会经济活动，通过传播精神资源，指导着社会经济活动的产生和发展，为社会经济建设提供强大的精神动力和智力支持。

（四）社会协调功能

社会协调功能是出版业的又一个基本功能。它通过出版物对各种信息的选择、解释、评论，提出相应的解决方案和策略，从而将人们集中在当前环境中最主要的事情上。所有人们在把自己的精力集中在主要事件上时，便形成了一个个社会群体环境。出版物通过自身的宣传，把社会正义与公平的标准介绍给社会，社会成员在这个标准的基础上和平共处。这样，出版就起到了社会调节器的作用。

（五）教育功能

出版具有社会教育功能。教师常被称为“人类灵魂的工程师”，而出版物则是工程师的工程师，不仅学术出版物积累着教育的成果与经验，而且成千上万的学生也须通过出版物来学习，实现自身的发展。出版物既参与教育，也从教育中获取出版资源。

（六）娱乐功能

出版还具有审美娱乐功能。各种文学艺术类出版物，包括小说、诗歌、散文、戏剧等作品，容易通过艺术感染力引起读者的审美欣赏活动，从而唤起读者感官和情感上的共鸣。这既是一种审美享受，也是一种审美教育。它有助于提高和培养人们对现实世界以及整个文学艺术的鉴赏和创造能力，陶冶人们高尚、积极的情操，美化人们的精神境界，丰富人们的精神文化生活。

第三节 出版控制论

一、控制论的一般知识

控制论是研究系统调节与控制的一般规律的一门学科，控制与反馈是控制论最基本的模式。1948 年，美国科学家诺伯特·维纳所著《控制论》一书的出版，被认为是这门学科诞生的标志。维纳把控制论界定为“在动物和机器中控制和通讯的科学”，他选用的术语 Cybernetics 既有希腊文中“掌舵人”的概念，又与麦克斯韦在 1868 年的论文中“调速器”一词有关。但其内容主要涉及统计力学在通信、滤波和控制中的应用，反馈原理和稳定机制，控制论原理在生物医学和社会管理中的应用等等。1978 年钱学森与许国志等发表了《组织管理的技术——系统工程》这篇著名论文，由此拉开了我国系统工程研究与应用的热潮。在寻找系统工程的技术理论基础时，钱学森将控制论与运筹学、信息论并列，认为它们共同构成了系统工程的理论基础。由此出发，钱学森认为系统科学是与自然科学、社会科学不同的科学门类，并亲自构建了系统科学的学科体系。

1948 年美国科学家申农提出信息论，并定义与信息量意义相反的“熵”概念，信息是减少或消除系统的不确定性或无序（即熵值），使系统走向有序的基本条件，信息流是维持系统正常和有目的运动的基础。20 世纪 70 年代，比利时物理学家普利高津提出了耗散结构学说，指出一个远离平衡态的开放系统，当外界条件变化达到某一特定阈值时，在系统不断与外界交换能量与物质的过程中，量变引起质变，系统从原来的无序状态转变为一种时间、空间或功能的有序状态，这种远离平衡态的、稳定的、有序的结构，由于它需要与外界不断交换物质和能量才能维持，故称之为“耗散结构”。

任何一个最简单的控制论系统都是由受控系统（又叫实域）和施控系统（又叫控制域）这两大子系统构成的，这是控制论系统的“硬件”。它们通过输入变量、输出变量、反馈变量和控制变量这些“软件”组成一个有序的结构，构成一般控制论系统模型。(见图 3.1)

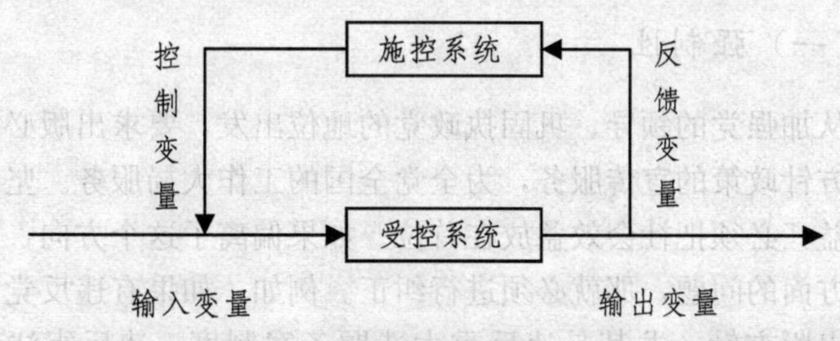

图 3.1　一般控制论系统模型

近年来，控制论广泛运用于各门学科领域，成绩斐然。如果将其运用于出版业管理上，一定会取得事半功倍的效果。出版系统也是由输入（信息）—输出（出版物）构成，而其施控系统(控制域）则是由出版的各个环节组成的。

从国家这个层面上看，在当前要贯彻党的出版方针和政策，落实科学发展观，可以从三方面入手：一是对出版业进行宏观调控，这并不涉及出版体制结构的变化；二是改革出版体制；三是改革出版单位经营管理机制。后两种办法都属于经济改革的范畴，因为它要改变经济控制器或经济受控器的结构和功能。

用这样的理论来观察出版系统，可以为出版系统控制奠定一个坚实的理论基础。

二、出版控制的特点

出版业作为党和国家实行社会控制的重要方式，必然对舆论导向和社会传播进行规范化管理，实施控制。这种控制，是实现党和国家的领导权、维护国家安定、统一和团结的必不可少的领导方式。

出版控制具有如下特点：

（一）强制性

从加强党的领导、巩固执政党的地位出发，要求出版必须为党的方针政策的宣传服务，为全党全国的工作大局服务。坚持两个效益，必须把社会效益放在首位。如果偏离了这个方向，出现导向方面的问题，那就必须进行纠正。例如，如果有违反党和国家的出版方针，尤其是违反重大选题备案制度，违反宪法和法律，买卖书号、刊号和版号的，就必须受到相应的处罚。

（二）整体性

对出版业的控制，强调对各个子系统、各个环节进行控制。出版控制的对象包括编辑、印刷、发行、物资供应、教育、出版科研、外贸等环节。它们都不是孤立地存在的，而是共同构成了一个完整的出版系统，每一个管理指令均对系统内的所有子系统产生不同的影响。因此，实施管理时，既要考虑到对某一个子系统的影响，又要考虑到对整个系统的影响，只对局部有利而对全局不利的管理行为是不成功的。系统原则要求从系统的、长远的利益出发，同时顾及局部的、眼前的利益，但不能只为局部的、眼前的利益而损害全局的、长远的利益。例如，当我们强调编辑是出版工作的中心环节时，不能忽略对印刷业的控制。实践证明，有些格调不高的图书、期刊，以及一些非法出版物，正是从印刷这个环节失控而流向市场的。除了国家对出版业进行宏观调控外，还应该注意出版内部控制的整体性。既要保证出版业导向正确，也要确保国有资产不流失，实现保值增值。在对编辑工作进行严格要求时，不能忽略校对工作的管理。否则编辑和校对互相推诿，都以为对方能把好关，而事实上又都不能把好关，结果就会造成某一个环节的失控。

（三）持续性

对出版的控制和出版业的内部控制不能有所间断或时松时紧，必须连续不断地进行。有时出现政治问题，仅仅在一时的疏忽。例如，在内容审查时，也许仅仅是一个称谓、一个措辞、一条边界线，就会引发违反宣传纪律的情况，有时甚至会引起重大的宣传事故。

三、强控制与弱控制

在控制论中，有两种控制的方式，一种是强控制，一种是弱控制。这也是目前我们党和国家为实现对出版业的控制，所采取的主要控制手段。

（一）强控制

所谓强控制，是指用一定的方法，拟订各出版单位必须遵守的法规和规章。主要有以下几种方式：

1. 坚持年度选题计划和增补选题计划审批及备案制度

凡属国家登记了的正式出版单位，必须向省、自治区、直辖市一级的新闻出版局和出版单位的主管部门申报选题计划，而这些单位则按有关法规、规定严格把关，决定批准出版或撤销选题；与此同时，应该向省（自治区、直辖市）党委宣传部门备案，且必须向国家新闻出版总署备案。新闻出版总署可对导向、总量、结构和趋势等问题提出指导性意见，对不符合国家法规、规定的选题进行调整或通知撤销。

2. 坚持重大选题备案制度

对涉及政治、军事、安全、外交、宗教、民族等敏感问题的重大选题和其他需宏观调控的重大选题，必须按照国务院《出版管理条例》和国务院出版行政部门的有关规定履行备案手续。凡列入备案范围内的重大选题，出版社在出版之前，必须报新闻出版总署备案，未申报备案或报来后未得到备案答复的，一律不得出版。申报重大选题备案，要由出版单位写出申请报告和对稿件的审读意见（写明没有把握而要请示的问题），连同稿件一并报主管部门；主管部门经审读稿件后如认为有出版价值，再正式向新闻出版总署申报备案。取得同意后，才能正式出版。

3. 实行书号、刊号、版号管理制度

书号、刊号、版号管理是国家对出版业进行宏观行政管理的重要手段和职能。省一级新闻出版局则是各省书号、刊号、版号管理的职能机构，结合每年的选题审批、出版管理和违规查处等工作，具体负责各省出版书号审核、发放和宏观调控等管理工作。发放和调控书号、刊号、版号的基本原则是：优化结构，提高质量，奖优罚劣，促进发展。无论基础书号或调控书号，都要优先保证结构合理、优质高效、遵纪守法的优秀、良好等先进出版单位，优先保证国家和省级重点图书及各类优秀图书；严格控制并核减那些管理混乱、违规违纪、选题结构不合理、图书质量低劣平庸的出版单位的书号。

4. 实行出版资格和出版人员资格准入制度

国家通过对一些特定的出版物采用资格准入，来防范控制出版事故。例如，2003 年 10 月 17 日，国家向社会公布历时 4 个多月的“2003 辞书专项质量检查”结果，19 种不合格辞书被查处。2006 年 4 月发布并于当年 5 月 1 日起施行的《关于规范图书出版单位辞书出版业务范围的若干规定》，规定："出版业务范围中无辞书出版业务，但超范围出版辞书的图书出版单位，一律停止辞书出版、发行业务。已出版辞书经过省、自治区、直辖市新闻出版行政部门和新闻出版总署质量检查为合格的，方可继续发行。正在编辑加工的辞书，一律中止活动，经新闻出版总署批准同意增加辞书出版业务后，方可继续出版、发行。"又如，国家制定了《出版专业技术人员职业资格管理规定》于2008年6月1日起施行，这是为了提升从业人员的素质和水平。出版专业技术人员职业资格考试合格者将获得《出版专业技术人员职业资格证书》，该证书一考多用，全国有效。凡是在图书、期刊、音像、电子等出版单位（包括出版社、期刊社）中从事编辑、出版、校对、发行等专业技术工作的人员均可参加资格认证。

（二）弱控制

所谓弱控制，不是指这些问题可以放过，而是在手段上更强调引导。主要方式如：

1. 出版通气会制度

由中宣部和新闻出版总署主持的出版通气会，定期召开，由有关部委、省委宣传部、省（自治区、直辖市）新闻出版局负责同志参加，主要贯彻中央和国务院的新精神，通报出版工作的新情况、新问题，及时对全国的出版工作提出指导意见。

2. 坚持出版法规强化培训制度

针对出版工作中发生的值得注意的新问题，中宣部、新闻出版总署召集有关出版单位及其党政主管部门的负责人，举办强化培训班，学习出版法规，分析研究问题，制定整改措施。

3. 坚持舆论引导制度

出版行政部门应充分发挥各种新闻传播媒体的宣传引导作用，围绕提高图书质量，通报政策、沟通信息、交流经验、评荐好书、批评坏书。

4. 坚持制订和实施中长期出版规划制度

制订规划的目的是抓导向、抓质量，促进图书出版整体质量的提高，推动出版事业长期、稳定地发展。新闻出版总署主要做好国家五年重点图书出版规划、重要门类的选题出版规划以及国家重点出版工程的制订工作。各省、自治区、直辖市新闻出版局和出版单位的主管部门也要根据地区、部门的特点和需要，制订好地方和部门出版规划。规划务求精当、突出重点、体现导向。搞好年度选题计划对于提高图书质量十分关键。新闻出版总署一般于本年度末对下一年度制订选题计划的指导思想和重点内容提出原则意见。各省、自治区、直辖市新闻出版局和出版单位主管部门可结合本地区、本部门实际提出具体实施意见。

5. 坚持优秀出版物奖励制度

为了对出版物进行正确的引导，从 2005 年起，出版业的全国性评奖统一整合为四项：一本好书奖、中国出版政府奖、中国优秀出版物奖、韬奋新人奖。其中，中国出版政府奖每三年评选一次，共包括六个子项奖："图书奖"，"音像制品、电子出版物、网络出版物奖"，"毕昇优质印刷复制奖"，"装帧设计奖"，"先进出版单位奖"和"优秀出版人物奖"。

对优秀的出版物进行奖励，代表了国家对出版工作一种引导，是一种出版控制的重要形式。在国家奖的基础上，各省（自治区、直辖市）也先后制定了省一级的出版奖项，来规范和引导出版物的正确导向。

四、宏观调控和微观控制

对出版系统的控制，可以从广度和深度的方向观察，分为宏观调控和微观控制。

（一）宏观调控

1. 宏观调控简介

宏观层次的出版管理，或称出版行政管理，主要包括国家出版法规、制度，管理机构及其运行机制，政策及导向，这表现为一种政府行为，是政府通过一定的法律、法规或行政命令，对出版所实施的控制和监督。

宏观调控，就是要完善宏观调控体系，在投资、准入、考核、评估、奖惩、退出、布局等环节上建立健全应对机制和管理规范，实现有效调节。过去，我国的出版产业结构调整是静态的，由于仅仅控制总量而没有建立淘汰机制，因此，布局的优化无从谈起。虽然有些调整结构和优化产业布局等方面的指导意见，但收效不明显。导致这种情况的核心问题，是没有建立起淘汰机制。因此，下一步要建立健全新闻出版业的质量评估体系和退出机制，实现出版单位优胜劣汰，要从静态调整结构转向动态调整结构，必须实现出版、发行、印刷复制等单位的优胜劣汰。国家新闻出版总署决定从 2008 年起，对出版单位退出机制进行调研，不能像过去一样只要政治导向上不出问题，无论经营情况如何都不退出。出版单位有进有退，出版组织结构优化，这是宏观调控的核心。

2. 宏观调控的主要任务

（1）政府运用政策、资金、人才、科技等优势，引导出版产业发展，为企事业单位创造改革发展的条件。

（2）制定出版发行企业、事业单位公开的、明确的运行规则。

（3）建立党委领导、政府管理、行业自律、企事业单位依法运营的新闻出版管理体制。

（4）要制定有指导性、针对性和可操作性的新闻出版公共服务规划，让国有资源配置向大型出版企业倾斜，完善支持文化创新、鼓励新闻出版产品和服务“走出去”的政策。

3. **宏观调控的手段**

（1）行政手段

行政手段是国家通过行政机关，采取行政命令、指示、指标、规定等行政措施来调节和管理出版活动的手段。通过行政手段对出版进行宏观调控，主要由政府有关部门实施：

- 出版物必须由出版单位出版。
- 出版单位的设立，需经省级新闻出版局同意，上报新闻出版总署审批同意。
- 出版单位需在省级新闻出版局登记并领取《出版许可证》。
- 不同类别的出版物有不同的出版许可证。
- 各出版单位的图书品种不得超出批准的出版范围，即长期以来实行的专业分工。
- 年度出版计划和重大选题必须事先得到批准。
- 所有出版物必须有中国标准书号（ISBN）。
- 新闻出版总署决定全国当年的书号总量。
- 省级新闻出版局在不同出版社之间分配书号。

但是这种划分并不是绝对的，例如，政府部门、行业组织，他们的管理行为并不一定都是宏观管理行为，他们也进行某些微观管理工作；而小的出版管理者，如出版单位的管理者，他们的管理工作，也不尽是微观的管理工作，也有若干宏观管理的内容。

（2）法律手段

法律手段是指国家通过制定和运用法律法规来调节出版活动的手段。通过立法、执法的形式来对出版业进行控制，以法治代替人治，是出版控制的最有效的手段。

（3）经济手段

经济手段是国家运用经济政策和计划，通过对经济利益的调整而影响和调节出版活动的措施。国家通过经济手段对出版业进行宏观调控，主要有价格政策、税收政策、违规处罚政策、不合格产品处罚政策。

（二）微观控制

微观层次的出版管理，或称出版的事业单位或企业管理，主要指出版组织的内部管理，其中包括出版组织目标、组织运行、人力资源、图书生产与流通、经营管理，以及技术发展的内容。

在出版活动内部管理过程中，要做到“明确岗位责任，责、权、利相统一”。

出版计划的实施过程中，要实行岗位责任制，各项任务都要落实到具体的部门、单位和人员上。在工作安排中，要考虑出版单位的实际承受力和承担任务的人员的条件，应该把重要的工作交给优秀的人员负责完成，不能不考虑单位和人员的情况，简单地将任务一分了事。同时，要力求使执行每项任务的部门和个人做到有职、有责、有权、有利。在明确职责的情况下，应赋予任务执行者相应的权力，经费开支、物资调配、信息的占有，以及某些特定场合的出入、具体行动方式的选择等，都是完成某些任务应具有的权力，也是开展工作所需要的条件。对于出版机构的物质利益也应在政策范围内予以满足，以体现组织者对出版机构的物质鼓励。

在出版工作安排的过程中，首先，要认真分析计划，分析参与计划执行的人力、物力、财力，并预测其实现计划的可能性。其次，把同一计划或同一任务分配到不同的出版机构，需要由党的宣传部门根据各出版机构的特点，对计划、任务进行再分解，使各部门接受任务后，对本机构的职责、具体要求、完成时间、地点等都能心中有数。再次，要为接受任务的各社会宣传机构、人员提供必要的条件，并赋予相应的权力，使其能充分发挥自己的能力，提高工作的效率。最后，还应对分配给各出版机构和人员的任务完成情况进行检查和督促，对于不能按计划、任务办事，出现偏差者，应及时予以纠正，并进行补充安排，以保证出版决策目标的实现。

此外，在微观内部控制中，还应该特别注意建立完善的考核与评价体系。

第四节　出版人员系统

在整个出版资源系统中，出版人员处于中心地位。出版人员系统包括出版人员构成系统和出版人员行为系统。

一、出版人员构成系统

出版人员构成系统是指在出版体系中担任不同工作，共同为实现出版物的生产和流通而各自构成的系统，主要有编辑人员、印制监督人员、营销发行人员、编务人员、行政人员、财务人员。

出版行业的专业技术人员都有各自的岗位职责与要求。其中，有些专业技术岗位还有全国统一的培训和上岗要求，如全国出版专业技术人员职业资格考试。该资格考试适用于在图书、期刊、音像、电子等出版单位（包括出版社、期刊社）中从事编辑、出版、校对、发行等专业技术工作的人员。出版专业资格实行全国统一考试制度，其特点是“六统一”：由国家统一组织、统一时间、统一大纲、统一试题、统一标准、统一证书。出版专业资格分为：初级资格、中级资格和高级资格。目前只进行初级资格和中级资格的考试。出版专业实行职业资格考试制度后，初级、中级将不再进行该专业相应级别专业技术职务任职资格的评审工作。

出版专业资格实行一考多用原则。通过出版专业资格考试并获得该专业相应级别职业资格证书的专业技术人员，表明其已具备出版专业相应岗位职业资格和担任相应级别出版专业职务的水平和能力。用人单位可根据工作需要，从获得出版专业资格证书的人员中择优聘任。

出版专业初级考试向社会开放，凡取得大学专科以上学历的人员均可报考。初级资格考试报考人员在报名时，尚未获得学历证书的应届毕业生，可持能够证明其在考试年度可毕业的有效证件（如学生证等）和学校出具的应届毕业证明，报名参加初级资格考试。

在图书、期刊、音像、电子等出版单位从事编辑、出版、校对、发行等专业技术工作的人员，各级出版行政管理机关的公务员，从事地方志和内部资料编辑出版的专业人员，可报名参加出版专业中级资格考试。

报考中级资格人员除具备报考条件（一）（即必须遵守中华人民共和国宪法和各项法律，认真贯彻执行党和国家有关宣传出版工作的方针、政策，热爱出版工作，恪守职业道德）外，还必须具备下列条件之一：取得大学专科学历，从事出版专业工作满5年；取得大学本科学历，从事出版专业工作满4年；取得双学士学位或研究生班毕业，从事出版专业工作满2年；取得硕士学位，从事出版专业工作满1年；取得博士学位；2001年8月7日前，按国家统一规定已受聘担任助理编辑、助理技术编辑、二级校对专业技术职务满4年；2001年8月7日前，受聘担任非出版专业中级专业技术职务，从事出版专业技术岗位工作满1年。

2008年2月，国家新闻出版总署发布《出版专业技术人员职业资格管理规定》，明确提出“凡在出版单位从事出版专业技术工作的人员，必须在到岗2年内取得出版专业职业资格证书，并按本规定办理登记手续，否则不得继续从事出版专业技术工作。”并且实行责任编辑证书及注册制度，职业资格登记制度，这个规定从2008年6月1日起施行。

二、出版人员行为规则系统

（一）出版职业道德规则系统

出版是一个非常特殊的行业，有些专业人士称出版人员为“个体劳动者”，即出版人员的劳动往往是个人劳动方式进行的。与其他产品不同，出版过程中，上一道工序和下一道工序都各自对自己的负责，同时又要对所有的内容负责。为了引导出版工作者在遵守《公民基本道德规范》的基础上，追求更高的思想道德目标，中国出版工作者协会于2004年2月24日公布了“中国出版工作者职业道德准则”，共有八条：

- 为人民服务，为社会主义服务；
- 增强使命感和责任感，力求坚持两个效益的最佳结合；
- 树立精品意识，提高出版质量；
- 遵纪守法，廉洁自律；
- 爱岗敬业，忠于职守；
- 团结协作，诚实守信；
- 艰苦奋斗，勤俭创业；
- 遵守外事纪律，维护国家利益。

（二）出版人员政治修养系统

我国的出版业是宣传思想工作的重要部门，是社会主义舆论阵地之一。它承担着建设社会主义精神文明的重大任务，要努力用丰富多彩的、健康优秀的出版物向全体人民群众提供精神食粮。随着全球化的影响，我国出版业对出版人员的政治素质提出了更高的要求；出版人员要时时刻刻树立政治意识、大局意识，要旗帜鲜明地坚持党性原则，在国家宪法和法律的范围内活动。

（三）出版人员知识结构系统

编辑工作涉及知识面非常广博，被人形象地称之为“杂家”。这种工作特点，决定了编辑人员必须具有广博的知识层面。

必须具有马克思列宁主义的基本理论知识和科学的思维方法，具有概括问题、分析问题的能力。在我国，出版工作要高举马列主义、毛泽东思想、邓小平理论的伟大旗帜，贯彻“三个代表”的重要思想，落实科学发展观。如果不掌握科学的思维方法和高度概括深入分析问题的能力，出版人员就不能具有坚定的政治立场、敏锐的观察能力和准确的是非判断能力。

现代编辑应尽可能广博地掌握自然科学知识和社会科学知识，二者缺一不可。我国出版业的从业人员，由于学科不同，因而被人为地分为文科和理科。作为出版业从业人员，学文科出身的，应该具有理工科的一般知识，有理工科背景的，也应该具备人文科学的基本知识。现代社会，社会科学和自然科学结合更加紧密，所以，对相邻学科的知识嫁接，就成为出版业对出版人员的必然要求。从某种意义上说，出版业的“杂”，也正是其“专”所在，“杂家”即为“专家”。具体来说，出版人员除了自己的学科背景外，还应该具备以下素质：

(1) 汉语言文字学知识

对于出版人员，尤其是编辑来说，汉语文字学知识是最重要的编辑必备的基本功。即使是理工科图书、期刊和外文图书、期刊的编辑，没有较高的中文修养，也是无法做好编辑工作的。编辑应能掌握基本的语言文字、语法、修辞、逻辑知识，能正确使用标点符号。在编辑加工中，为了生产出优秀的出版物，提高编校质量，消灭出版物上的文字差错，即使是汉语语言文字学专业的毕业的学生，也须经过三五年的磨炼，才能达到成熟编辑的要求。

(2) 较高的计算机操作能力

现代社会已经进入信息化时代，其最重要的标志之一便是计算机的普及与应用。尽管在不少的出版单位，由于传统的束缚，还不能像现代报业那样全程计算机出版，但是，在不远的将来，无纸化的出版过程必将成为出版的主流。因此，对一个出版人员来说，无论是编辑、校对、设计、印刷、发行人员，还是出版的工勤岗位，会使用计算机是一个最起码的要求。

(3) 较强的写作能力

编辑的写作能力主要是指编辑应用文的写作能力。这是联系出版单位内外、发挥编辑的中介作用所不可缺少的。选题报告、策划书、CIP 数据工作单、约稿函、退稿信、营销方案、书评、图书宣传，写作能力的要求是必不可少的。因此，编辑必须经常动笔，使自己有较高的写作能力。

(4) 较高的外语水平

在信息时代，一名编辑能直接阅读外文资料，掌握世界各地的最新信息，及时分析、处理各种有用信息，是更好发挥编辑作用的重要手段。懂得外语，也是开展国际出版合作所必需的。编辑的外语能力，主要表现在他们能否适应经济、科技、信息、贸易等全面国际化的时代需要。编辑应至少懂得一种外语，不仅能阅读，还能听、写和交谈，了解外国的经济、政治、科技和社会各方面的情况，懂得贸易业务、商业常识、金融知识、法律知识，并了解外国的风俗习惯，能与外商谈文学，聊艺术，交流哲学观点等等。

另外，因为编辑出版人员所从事的是精神产品的生产，直接影响着人们的世界观和人生观的形成，关系到社会风气和青少年一代的健康成长。在市场经济体制建立的过程中，“一切向钱看”的思想不可避免地会干扰出版工作。要想在市场经济的大潮中不迷失方向，编辑出版人员必须提高自身的思想政治素质，即必须加强学习，提高理论修养和精神境界，增强职业道德观念，要以邓小平建设有中国特色社会主义理论武装自己，在纷繁复杂的情况下保持清醒的头脑。

（四）出版人员业务技能系统

编辑的业务技能是编辑从事编辑活动的本领，编辑的业务技能如何，直接影响到编辑活动的效率与质量。编辑的各种业务技能、技巧的结合，充分体现了编辑的才华。编辑的专业技能，主要表现在两个方面：一是业务能力，这是编辑的一种基本能力，编辑应熟悉编辑、出版、销售等全部出版工作，并精通自己的编辑专业；二是高度的文化修养和现代经济、科学技术的广博知识，这是不论从事社会科学，还是从事自然科学书刊出版工作的编辑都应该具备的业务能力。

面对现代出版的复杂化和快节奏，编辑需要做些什么呢？答案是：“几乎每一种事情都需要编辑。”今天的编辑和老一辈编辑不同的是：今天的编辑必须十八般武艺样样俱全，既要精通书籍制作、行销、谈判、促销、广告、新闻发布、会计、销售、心理学、政治、外交等等，还必须有绝佳的编辑技巧。撮其要者，现代编辑人员应具备以下业务技能：

（1）掌握电脑编辑手段

广大编辑出版人员要转变观念，以积极的态度和拼搏精神主动投入到与“信息高速公路”接轨的准备之中。如今，计算机已进入人类生活的各个领域。计算机的出现使出版印刷业告别“铅与火”，迎来“光与电”，出版物已由传统单一的纸介质发展为图书、电子、音像等多种出版载体，形成了纸张和声、光、电、磁共同发展的立体型现代出版产业。编辑原有的知识储备，有些已不适应时代的要求，需要加强科技意识，增强运用科技的紧迫感和责任感，提高自身的科技素质。要尽快实现“编—排一体化”，这可作为实施编辑出版信息化过程的开端。“编—排一体化”就是指由编辑人员自行操作电脑，边审稿边向计算机输入稿件内容，然后在计算机屏幕上进行编辑加工，并同时完成版面设计和版面组合。经主编审稿后，生成排版大样，即可直接用于制版印刷。由于编辑人员掌握了排版的主动权，省去了在原稿上的修改和标记工作，避免了排版过程这个中间环节带来的许多麻烦。而且，计算机屏幕对版面显示的快速与直观，可以使编辑人员十分方便地在屏幕上进行编辑加工、版面设计及方案比较，以获得最优编辑效果和最佳版面组合。随着计算机的普及，作者还可以提供软磁盘稿件，编辑人员可直接上机进行审稿与修改。

(2) 熟悉有关标准化规定

编辑的核心活动是审稿、编稿，其中有许多政治、艺术、学术方面的问题，不是简单的工艺技术可以概括的，也很难用规范来说明。但是，编辑工作中也存在很多操作技术方面的问题，不可忽视。这些操作技术具有规范性和标准化，主要由编辑人员来掌握。

在经济、技术、科学及管理等社会实践中，人们认识到：对重复性事物和概念，必须制定标准并发布和实施，才能获得最佳秩序和社会效益。这是标准发展起来的根据。没有标准，国际上科学技术的交流和经济贸易是不可能的。在编辑出版工作中，涉及标准化的问题很多，最重要的有：书刊名称标准化，汉字使用标准化，汉语拼音标准化，科技名词术语标准化，标点符号标准化，数字用法标准化，地名标准化，人名标准化，版权著录标准化，书籍标准化，国际书号标准化等。

(3) 较高的审美能力

出版物不仅要求内容美，而且要求外形美。所以，编辑人员就应具有较强的审美意识，善于进行美的建构。

过去，出版社分工较细，文字编辑负责稿件的加工，技术编辑负责版式设计，美术编辑负责封面装帧等。现代编辑的素质要求越来越高，一位编辑可以将采、编、发负责到底。所以提高审美能力不单是文学美术编辑的事情，所有编辑人员都要了解美的规律，提高审美能力，以使书、报、刊的质量得到更大提高。

（4）熟悉出版印刷业务

编辑人员和出版印刷以及发行销售工作密切相关，有相当一部分是相互交叉、相互制约的。编辑人员要积极主动地参与其中，认真考虑这些相关工作，学会其技能，掌握其规律，这也是现代编辑的专业基本功的重要方面。

（5）富有创新精神

编辑工作是对资料或现成作品进行整理和加工。长期以来，人们总是狭义地去理解编辑工作的性质，把编辑工作简单地看成是修修改改、删删补补，不具创造性。实际上，任何岗位上的工作都具有创造性。所谓的“创造”，就是指首创前所未有的事物，即创新。编辑工作的创造性，体现在编辑工作的各个环节，贯穿于编辑工作的全过程。从选题的提出到书刊的问世，整个出版链条均由编辑的创造性劳动衔接。只是，由于书稿的初始动因不同，编辑凝结于其中的创造性劳动也便存在差异。编辑在工作中，要时时提醒自己所从事的是一种创造性工作，要奉献给读者全新的产品，这样才能在工作中增强创新意识。

思考题

1. 什么是系统？
2. 什么是出版系统？

3. 简述出版的过程。

4. 出版系统属于哪种系统?

5. 出版的六大功能是什么?

6. 出版系统的特征是什么?

7. 什么叫子系统?出版系统包括哪些子系统?

8. 出版从业人员应具备哪些基本素质?

9. 概述什么是出版控制论。

10. 出版系统控制的方法有哪些?

11. 说说出版系统强控制的方法。

12. 出版系统弱控制的方法有哪些?

13. 出版单位设立的条件有哪些?

14. 出版专业职业资格考试的报名条件有哪些?

15. 出版工作者职业道德准则有哪些?

第四章　出版法规

依法进行出版活动、出版管理是依法治国、依法行政在出版领域的具体表现。关于出版活动的法律法规，体现了出版工作的指导方针、政策和基本任务，是规范出版行为的准则及必要程序。这些法律法规还明确了出版管理的职责，划清了出版活动合法、违法与犯罪的界限，规定了出版活动中各环节相应的法律责任，是从事出版活动或出版管理的法律依据。

我国关于出版工作的法律法规分为三个层面：宪法与法律、行政法规和部门规章。

法是国家制定或认可，并以国家强制力保证其实施的行为规范的总和。其内容包括：宪法、法律、法规、规章等。宪法是国家的根本大法，在国家整个法律体系中具有最高的权威和最大的效力。法规包括行政法规和地方性法规。其中，行政法规专指国务院为领导和管理各项行政事务而依据宪法和法律制定的规范性文件，其内容不得与宪法、法律相抵触。行政法规具有法律规范的一般约束力，其效力仅次于宪法、法律，但高于国务院下属各部委在本部门职权范围内制定的部门规章及各省、自治区、直辖市人民代表大会及其常务委员会在法定权限内制定的地方性法规。

第一节 宪法和法律

在我国的宪法和法律中都有关出版活动中相关行为的法律规范，本节主要就《中华人民共和国宪法》《中华人民共和国刑法》《中华人民共和国民法通则》《中华人民共和国著作权法》《中华人民共和国国家通用语言文字法》和《中华人民共和国广告法》等涉及出版活动的内容作一介绍。

一、《中华人民共和国宪法》中有关出版的内容

《中华人民共和国宪法》是国家的根本大法，在国家整个法律体系中具有最高的法律效力，制定其他法律法规都不得违背宪法的基本精神，也就是，宪法是其他法律法规制定的依据。

我国于1954年制定了《中华人民共和国宪法》，于1975年、1978年、1982年作了修改，又于1988年、1993年和1999年对部分条款作了修改和补充。

在《中华人民共和国宪法》的序言中明确规定了国家的根本制度，坚持社会主义道路，坚持人民民主专政，坚持中国共产党的领导，坚持马克思列宁主义、毛泽东思想、邓小平理论和四项基本原则。作为中国特色社会主义事业的重要组成部分的出版事业和各种文化事业理所当然地应该坚定不移的在宪法的指引下，坚持国家的根本制度和四项基本原则，这是依法进行出版活动的基础，也是我们从事出版活动的基本法律依据，是指导出版活动的基本方针。

在宪法第二十二条中规定“国家发展为人民服务、为社会主义服务的文学事业、新闻广播电视事业、出版发行事业、图书馆博物馆文化馆和其他文化事业，开展群众性的文化活动”。这一

条款规定了出版工作应该坚持为人民服务、为社会主义服务的方向，实质上就是坚持以人为本，保障和实现人民群众的基本文化权利，使广大人民群众共享文化发展的成果。

在宪法第三十五条和第四十七条中规定，“公民有言论、出版、集会、结社、游行、示威的自由”，“公民有进行科学研究、文学艺术创作和其他文化活动的自由”。这些条款保证公民的基本权利与义务，保证了公民有参与国家政治生活的民主权利和在政治上享有表达个人意见、愿望的自由。

二、《中华人民共和国刑法》中涉及出版活动的违法犯罪行为

1979 年通过的《中华人民共和国刑法》是新中国第一部内容较完整、具有普遍适用效力的刑法典。该法于 1997 年进行了修订。刑法是规定犯罪、刑事责任和刑罚的法律，即规定哪些行为是犯罪行为，应负何种刑事责任，给予犯罪人何种刑事处罚的法律。

根据《中华人民共和国刑法》的有关规定，在出版活动中的刑事犯罪主要有：危害国家安全罪，侵犯知识产权罪，侵犯公民人身权利、民主权利罪，制作、贩卖、传播淫秽物品罪等。

在刑法第一章中对“危害国家安全罪”作了定性和量刑的规定。在出版物内容中，不能反对宪法确定的基本原则；不能危害国家统一、主权和领土完整；不能泄露国家秘密、危害国家安全或者损害国家荣誉和利益；不能煽动民族仇恨、民族歧视，破坏民族团结；不能扰乱社会秩序，破坏社会稳定等。

在刑法第三章第七节中对“侵犯知识产权罪”作了定性和量刑的规定。凡以营利为目的，未经著作权人许可，复制发行其文字、音乐、电影、电视、录像作品、计算机软件和其他作品的；出版他人享有专有出版权图书的；未经录音录像制作者许可，复

制发行其制作的录音录像的；制作、出售假冒他人署名的美术作品的，均属侵犯知识产权。

在刑法第六章第九节中对“制作、贩卖、传播淫秽物品罪”作了定性和量刑的规定。“以牟利为目的，制作、复制、出版、贩卖、传播淫秽物品的”，“为他人提供书号，出版淫秽书刊的”均属犯罪。

根据《中华人民共和国刑法》的有关规定，最高人民法院于1998 年 12 月 17 日公布了《最高人民法院关于审理非法出版物刑事案件具体应用法律若干问题的解释》，对在审理涉及非法出版物的刑事案件中准确运用法律起到了指导作用。该解释对非法出版活动中的参与人员所应承担的法律责任，犯罪行为的定罪、量刑等都有明确的界定。

三、《中华人民共和国民法通则》中有关出版的法律规定

1986 年我国颁布了《中华人民共和国民法通则》。民法是现代国家的基本法之一，是调整作为民事主体的自然人、法人及其他非法人组织之间人身关系和财产关系的法律规范的总称。

在《中华人民共和国民法通则》中规定了公民享有的物权关系、债权关系、知识产权关系等，以及保护这些权利不受侵害。其中涉及出版领域的主要为公民享有的知识产权不受侵害的法律条款。公民的知识产权受到保护，具体是指公民、法人享有的著作权（版权）、专利权、发明权、发现权、科技成果权、名誉权、商标专用权受到保护；公民享有的姓名权、肖像权受到保护；不得侵害公民和法人享有的名誉权等。

民法保护公民享有的著作权，其第九十四条规定：公民、法人享有著作权（版权），依法有署名、发表、出版、获得报酬等权利。

民法保护公民的姓名权，其第九十九条中规定：公民享有姓名权，有权决定、使用和依照规定改变自己的姓名，禁止他人干涉、盗用、假冒。

民法保护公民的肖像权，其第一百条规定：未经本人同意，不得以营利为目的使用公民的肖像。

民法保护公民的名誉权，其第一百零一条中规定：公民的人格尊严受法律保护，禁止用侮辱、诽谤等方式损害公民、法人的名誉。

民法保护公民的著作权（版权）、专利权、发现权、发明权、商标专用权，其第一百一十八条规定，当这些权利受到侵害的，有权要求停止侵害，消除影响，赔偿损失。

四、《中华人民共和国著作权法》中有关出版的法律规定

《中华人民共和国著作权法》（以下简称《著作权法》）是1990年9月7日由第七届全国人民代表大会常务委员会第十五次会议通过，2001年10月27日根据第九届全国人民代表大会常务委员会第二十四次会议修订后实行的。修订后的《中华人民共和国著作权法实施条例》于2002年开始实施。

著作权法是保护著作权人对其文学、艺术、科学等作品享有的专有权利的法律规范的总和。

（一）我国著作权法的基本原则

我国著作权法的立法依据是《中华人民共和国宪法》，其立法原则集中体现在著作权法的“总则”中，即“为保护文学、艺术和科学作品作者的著作权，以及与著作权有关的权益，鼓励有益于社会主义精神文明、物质文明建设的作品的创作和传播，促进社会主义文化和科学事业的发展与繁荣”。其基本原则有：

1. **保护作者正当权益的原则**

著作权法在调整作者和使用人乃至公众利益的关系中，将维护作者的权益置于首要和核心的地位。在著作权法中，维护作者权益主要体现在维护著作权人的人身权和财产权，并对侵害著作权人合法权益的各种侵权行为给予制裁。

2. **鼓励优秀作品传播的原则**

著作权法对各种传播媒体的合法权益给予积极保护，不仅是对作品的创作和传播的有力保证，同时也使著作权制度自身不断发展和完善，以适应新技术飞速发展。

3. **作者利益和公众利益协调一致的原则**

著作权法不仅要鼓励优秀作品的创作与传播，而且要鼓励公众学习知识，以提高全民族的科学文化水平，这就需要法律对公众利用文学、艺术和科学作品提供便利条件。因此，著作权法在保护作者和作品传播者利益的同时，还要对他们的权利进行一些必要的限制，以平衡作者与社会公众之间的利益关系。

4. **与国际著作权发展趋势保持一致的原则**

我国参加的涉及出版活动的国际公约有《伯尔尼保护文学和艺术作品公约》《世界版权公约》等，并在著作权立法中接受和遵循国际社会公认的准则，颁布了实施国际公约的有关规定。

（二）《著作权法》对作品保护的原则

《著作权法》第二条中，对受保护的著作权主体和保护范围作了界定，其标准采取了国际通行的做法，体现了国籍原则、互惠原则和地域原则。

1. **国籍原则**

根据著作权主体所在国籍确定对其作品给予保护。对中国作者的作品，无论是否发表均享有著作权。

2. **互惠原则**

根据国与国所签订的协议或共同参加的国际条约的著作权主体确定对其作品给予保护，即保护“外国人、无国籍人的作品”，但其作者所属国或者经常居住地国应是同中国签订了相关协议或共同参加了相关国际条约的。

3. **地域原则**

根据著作权主体所创作的作品首先出版地确定给予保护。即“未与中国签订协议或者共同参加国际条约的国家的作者以及无国籍人的作品首次在中国参加的国际条约的成员国出版的，或者在成员国和非成员国同时出版的”作品，受本法保护。

（三）著作权法保护作品的种类

在《中华人民共和国著作权法》第三条中，明确了被保护的作品指文学、艺术和自然科学、社会科学、工程技术等作品，具体有：①文字作品；②口述作品；③音乐、戏剧、曲艺、舞蹈、杂技艺术作品；④美术、建筑作品；⑤摄影作品；⑥电影作品和以类似摄制电影的方法创作的作品；⑦工程设计图、产品设计图、地图、示意图等图形作品和模型作品；⑧计算机软件；⑨法律、行政法规规定的其他作品。

可见，《著作权法》所保护的作品应当具备如下条件：①必须是自己的创作；②必须是属于文学、艺术和科学技术范围内的创作；③具有一定的表现形式；④不属于依法禁止出版传播的作品。

（四）著作权法不予保护的作品

《著作权法》第四条明确规定：依法禁止出版、传播的作品，不受法律保护。著作权人行使著作权，不得违反宪法和法律，不得损害公共利益。

（五）《著作权法》不适用的作品

《著作权法》第五条将不适合该法的作品分为三类：①法律、法规，国家机关的决议、决定、命令和其他具有立法、行政、司法性质的文件，及其官方正式译文；②时事新闻；③历法、通用数表、通用表格和公式。

关于著作权法中对著作权归属、著作权的保护期、对著作权的限制及其他具体内容在本书第十章“版权与版权贸易”中将作详细介绍。读者可参阅相关章节。

五、《中华人民共和国国家通用语言文字法》中有关出版的法律规定

国家通用语言文字法是我国历史上第一部关于语言文字的法律。2000 年 10 月 31 日经第九届全国人民代表大会常务委员会第十八次会议审议通过，已于 2001 年 1 月 1 日起施行。这部法律规定了普通话和规范汉字作为国家通用语言文字的法律地位，国家关于语言文字的基本政策，公民学习和使用国家通用语言文字的权利，国家通用语言文字使用的总原则，国家机关在国家语言文字方面的职责，以及对社会几个主要行业使用国家通用语言文字的具体规范，等等。

《中华人民共和国国家通用语言文字法》的颁布实施，对推动国家通用语言文字的规范化、标准化，使国家通用语言文字在社会生活中更好地发挥作用，促进各民族、各地区经济文化交流和发展具有重要意义。在该法中确定了普通话和规范汉字作为国家通用语言文字，在全国范围内通用。这种规范化和标准化调整的是社会交际行为、政府行为和大众传媒、公共场合中的用语和用字。

（一）要求使用普通话的地方

按照《中华人民共和国国家通用语言文字法》要求，使用普通话的有：

（1）国家机关的会议用语、公共场合的讲话用语、公务活动中的交际用语、机关内部的工作语言等应当使用普通话；

（2）学校及其他教育机构在教育教学、会议、宣传和其他集体活动中应当以普通话为基本用语；

（3）广播电台、电视台应当以普通话作为播音、主持、采访基本用语；从事商业、邮政、电信、网络、文化、餐饮、娱乐、铁路、交通、民航、旅游、银行、保险、医疗，以及其他直接面向公众服务的行业的人员，应当以普通话为基本服务用语。

（二）要求使用规范汉字的地方

按照《中华人民共和国国家通用语言文字法》要求使用规范汉字的有：

（1）国家机关的名称牌、公文、印章、标牌、标志牌、指示牌、电子屏幕、标语等应当使用规范汉字；

（2）学校及其他教育机构的名称牌、标志牌、标语（牌）、指示牌、电子屏幕、公文、印章、校刊（报）、讲义、试卷、板报、板书等应当以规范汉字为基本用字；

（3）影视作品的印刷体、厂名、台名、制作单位名称、栏目名称、片名、字幕、演职员表、广告等应当以规范汉字为基本用字；

（4）以汉语文出版的各类报纸、期刊、图书、电子和网络出版物、音像制品等出版物的报头（名）、刊名、封皮、内文、广告等应当使用规范汉字；

（5）公共服务行业的名称牌、指示牌、标志牌、招牌、公文、印章、票据、报表、说明书、电子屏幕、广告、宣传材料等，应当以规范汉字为基本服务用字；

(6) 山川、河流等地名标志，行政区划名称标志，居民地名称以及路名、街名、站名、桥名、建筑物名称标志，名胜古迹、纪念地、游览地标志等公共场所的设施用字应当使用规范汉字。

（三）国家通用语言文字拼写和注音工具

在国家通用语言文字法中规定以《汉语拼音方案》作为拼写和注音工具。《汉语拼音方案》是中文人名、地名和中文文献罗马字母拼写法的统一规范。

在具体运用国家通用语言文字标准的实践中，人们常把《简化字总表》《汉语拼音正词法基本规则》《现代汉语通用字表》《标点符号用法》等规范和标准作为语言文字标准加以运用。在图书出版物数字使用中以国家标准局于 1995 年 12 月 13 日发布的中华人民共和国国家标准《出版物上数字用法的规定》作为标准。出版业从业人员应熟悉和遵守汉语言文字的规范使用和其他相关标准的使用。

六、《中华人民共和国广告法》中有关出版的法律规定

《中华人民共和国广告法》自 1995 年 2 月 1 日起施行。广告法是调整广告活动中广告主、广告经营者、广告发布者三者之间关系的法律规范的总称。广告法与以往国家行政部门颁布的行政管理法规构成完整的广告法管理体系，使我国的广告业有法可依。

广告法要求登载或发布的广告必须真实合法，不可欺骗和误导消费者。

发布的广告要有利于人民的身心健康；不得损害未成年人和

残疾人的身心健康；遵守社会道德和职业道德；维护国家尊严。

广告中不得有下列情形：

①使用中华人民共和国国旗、国徽、国歌；

②使用国家机关和国家机关工作人员的名义；

③使用国家级、最高级、最佳等用语；

④妨碍社会安定和危害人身、财产安全，损害社会公共利益；

⑤妨碍社会公共秩序和违背社会良好风尚；

⑥含有淫秽、迷信、恐怖、暴力、丑恶的内容；

⑦含有民族、种族、宗教、性别歧视的内容；

⑧妨碍环境和自然资源保护；

⑨法律、行政法规规定禁止的其他情形。

广告法中还规定，在影视媒体、报刊上不得发布烟草广告。

第二节　行政法规

涉及出版活动管理的行政法规有七个条例，即《出版管理条例》《音像制品管理条例》《印刷业管理条例》《中华人民共和国著作权法实施条例》《计算机软件保护条例》《著作权集体管理条例》和《信息网络传播权保护条例》。

这些行政法规是国务院为指导和管理出版单位行政事务而依据宪法和法律制定的规范性文件，是要求出版单位和从业人员普遍遵守的行为规则，其约束效力仅次于宪法、法律，高于国务院下属部、委制定的部门规章和由省、自治区、直辖市人民代表大会制定的地方性法规。

在出版行业行政法规中，国务院制定的《出版管理条例》是新中国成立以来第一部比较系统、全面地规范出版、印刷或复制、发行的行政法规，是出版工作的基本规范，也是出版行政管理的主要法律依据。之后，国务院又针对音像制品的出版、制作和发行颁布了《音像制品管理条例》；针对印刷企业这一特种行业颁布了《印刷业管理条例》；为保护知识产权，维护著作权人的利益，制定了《中华人民共和国著作权法实施条例》《计算机软件保护条例》《著作权集体管理条例》和《信息网络传播权保护条例》。本节着重介绍《出版管理条例》和《音像制品管理条例》这两个关于出版的行政法规。

一、《出版管理条例》简介

《出版管理条例》是一部全面规范出版、印刷或复制、发行管理制度的行政法规，于 1997 年 1 月 2 日由国务院颁布执行，2001 年 12 月 12 日国务院第 50 次常务会通过对《出版管理条例》的修订，2002 年 2 月 1 日起修改后的新《出版管理条例》开始执行。

（一）《出版管理条例》的适用范围

在《出版管理条例》的“总则”中规定了该条例的适用范围，也即出版活动的范围，是指出版物的出版、印刷或复制、进口、发行；出版物，是指报纸、期刊、图书、音像制品、电子出版物等。由此可见，在出版产业链上从事的一切活动，均受《出版管理条例》的规范、保护和约束。

（二）出版活动的指导方针和原则

《出版管理条例》明确了出版活动的指导方针，要求在出版活动中，各出版单位“必须坚持为人民服务、为社会主义服务的方向，坚持以马克思列宁主义、毛泽东思想和邓小平理论为指导，传播和积累有益于提高民族素质、有益于经济发展和社会进步的科学技术和文化知识，弘扬民族优秀文化，促进国际文化交流，丰富和提高人民的精神生活”。

从事出版活动，应始终坚持的原则是：将社会效益放在首位，努力实现社会效益与经济效益相结合。也即，从事出版活动，任何时候都不可以牺牲社会效益来换取经济效益；在社会效益与经济效益发生冲突时，经济效益必须让位于社会效益。这是从事出版活动的企业与一般企业的区别所在。

（三）公民的权利与义务

《出版管理条例》对宪法规定的公民自由作了具体的诠释：在出版物中，公民可以自由表达自己对国家事务、经济和文化事业、社会事务的见解和意愿，自由发表自己从事科学研究、文学艺术创作和其他文化活动的成果。但公民在行使出版自由权利的时候，必须遵守宪法和法律，不得反对宪法确定的基本原则，不得损害国家的、社会的、集体的利益和其他公民的合法的自由和权利。

（四）出版单位的设立

1. 审批制

《出版管理条例》第九条规定：报纸、期刊、图书、音像制品和电子出版物等应由出版单位出版。在我国，出版单位的设立实行的是准入制或审批制，而不是登记制。因此，申请设立出版单位，必须有符合国务院出版行政部门认定的主办单位及其主管机关，并由其主办单位向所在地省、自治区、直辖市人民政府出版行政部门提出申请；省、自治区、直辖市人民政府出版行政部门审核同意后，报国务院出版行政部门审批。

2. 宏观控制

国务院出版行政部门根据全国出版单位总量、结构、布局的需要统筹考虑后，“自收到设立出版单位的申请之日起 90 日内，作出批准或者不批准的决定，并由省、自治区、直辖市人民政府出版行政部门书面通知主办单位；不批准的，应当说明理由”。“设立出版单位的主办单位应当自收到批准决定之日起 60 日内，向所在地省、自治区、直辖市人民政府出版行政部门登记，领取出版许可证”，持出版许可证再向工商行政管理部门登记，依法领取营业执照。

从以上申请设立出版单位应具备的条件可以看出，由于出版物涉及意识形态，因其特殊性，所以民营、个人或达不到准入条件的单位是不可以进入出版领域的。

（五）出版单位的管理

对于出版单位的管理，落实到具体上，就是对出版活动各环节的管理，也就是对出版物组织、生产、销售各环节进行管理。

1. 两级监管

国家对于出版社的管理实行两级监管，即中央管理与地方管理。在《出版管理条例》第六条中规定：国务院出版行政部门负责全国出版活动的监督管理工作；县级以上地方各级出版行政部门负责本行政区域内出版活动的监督管理。

2. 常规管理

对于出版单位的管理，除了上级行政部门的两级监管外，出版单位还应在国务院出版行政部门的指导下，实行自律管理。在出版单位的日常管理中，出版单位应坚持用出版工作的指导思想统领出版工作，传播和积累有益于提高民族素质、有益于经济发展、社会进步的科学技术和文化知识，弘扬民族优秀文化，为人们提供健康向上的精神食粮。

随着时代的发展、科技的进步，出版物的形式也在不断丰富，除原有的以纸媒体作为出版物的图书、期刊和报纸外，电子、音像等多媒体出版物的出现，不断丰富着出版物的品种。近几年，跨媒体出版技术应运而生，出现了网络出版、电子书、数字报、电子期刊等数字产品。然而，不管出版物的形式如何变化，保证出版物内容的思想性、科学性、正确性是合格出版物的基本条件，也是出版单位日常管理的重点。归纳起来，在《出版管理条例》中要求的管理主要有：选题的管理、出版物内容的管理、出版物编校质量管理、书号版号刊号管理。

（1）选题管理。

①选题报批制度和重大选题备案制度。

在《出版管理条例》第二十条中对出版选题报批和重大选题备案作了明确规定：出版社的年度出版计划应上报审批，没有上报选题计划的，或上报选题未批准的出版物不得出版。对于涉及国家安全、社会安定，可能对国家的政治、经济、文化、军事产生重大影响的选题，应当进行重大选题备案。实行重大选题备案是加强对出版物宏观管理，促进社会主义文化事业繁荣的需要，是出版工作为全党全国工作大局服务的需要。

1997 年 10 月 10 日，新闻出版总署颁布了《图书、期刊、音像制品、电子出版物重大选题备案办法》，对图书、期刊、音像制品、电子出版物中需要备案的 15 类选题作了明确规定，划定了范围，制定了可操作的具体备案程序。需要备案的 15 类选题是：

- 有关党和国家的重要文件、文献选题；
- 有关党和国家曾任和现任主要领导人的著作、文章以及有关其生活和工作情况的选题；
- 涉及党和国家秘密的选题；
- 集中介绍政府机构设置和党政领导干部情况的选题；
- 涉及民族问题和宗教问题的选题；
- 涉及我国国防建设及我军各个历史时期的战役、战斗、工作、生活和重要人物的选题；

• 涉及“文化大革命”的选题；

• 涉及中共党史上的重大历史事件和重要历史人物的选题；

• 涉及国民党上层人物和其他上层统战对象的选题；

• 涉及前苏联、东欧以及其他兄弟党和国家重大事件和主要领导人的选题；

• 涉及中国国界的各类地图选题；

• 涉及香港特别行政区和澳门特别行政区、台湾地区图书的选题；

• 大型古籍白话今译的选题（指 500 万字以及 500 万字以上的项目）；

• 引进版动画读物的选题；

• 以单位名称、通讯地址等为内容的各类“名录”的选题。

需报备案的重大选题，其范围不是一成不变的，新闻出版总署会根据情况适时予以调整并公布。出版社涉及出版这类选题时，必须根据有关规定实行备案，遵守重大选题管理规定。未在出版前报备案的出版物，不得出版。

重大选题备案的程序是：由出版单位按备案要求准备好所需的上报材料后，报所在地省、自治区、直辖市人民政府出版行政部门审核后再报新闻出版总署备案。

②特殊选题专项申报制度。

特殊选题专项申报是指在列入出版社的选题规划中的一些选题，因其特殊性还需要履行单独报批手续，获准出版后才能出版的选题。这些选题一般是带有特殊性、严肃性、敏感性的选题，或因选题或稿件内容出版社难以把关，认为需要报有关部门审批后再决定是否出版的选题。

按照新闻出版总署 1988 年新出图字第 578 号文的规定，需专项申报的选题有以下几类：

• 涉及国民党上层人物的选题；涉及民族政策的论著和文学作品需报本省党委统战部审批，有疑难的可报中央统战部；

• 专门论述“文化大革命”的著作或以林彪、江青反党集团为主要描写对象的文艺作品；涉及党史上陈独秀、王明、张国焘一类人物的选题，需报经本省党委宣传部审批，有疑难的可报中央宣传部审批。

（2）内容管理。

《出版管理条例》第二十六条中对出版物的内容规定了10项禁载内容：

• 反对宪法确定的基本原则的；

• 危害国家统一、主权和领土完整的；

• 泄露国家秘密、危害国家安全或者损害国家荣誉和利益的；

• 煽动民族仇恨、民族歧视，破坏民族团结，或者侵害民族风俗、习惯的；

• 宣扬邪教、迷信的；

• 扰乱社会秩序，破坏社会稳定的；

• 宣扬淫秽、赌博、暴力或者教唆犯罪的；

• 侮辱或者诽谤他人，侵害他人合法权益的；

• 危害社会公德或者民族优秀文化传统的；

• 有法律、行政法规和国家规定禁止的其他内容的。

这些内容，对于出版单位是“高压线”，是“地雷”，无论何种形式的出版物都不能刊载。

（3）质量管理。

《出版管理条例》第二十五条中规定，出版单位实行编辑责任制度。责任编辑是出版物的第一责任人，必须对出版物的内容质量和编校质量承担责任。责任编辑还要对出版物的规格、装帧等提出建议，保证其符合国家标准和规范要求，保证出版物的质量。对出版物编校质量的管理，在《图书质量保障体系》和《图书质量管理规定》中有详细的要求与规定。

(4) 书号、刊号、版号管理。

《出版管理条例》第二十二条规定，出版单位不得向任何单位或者个人出售或者以其他形式转让本单位的名称、书号、刊号或者版号、版面，并不得出租本单位的名称、刊号。

按照这一规定，新闻出版总署对书号、刊号、版号的核发实行“控制总量、调整结构、提高质量、增进效益”的管理原则。新闻出版总署根据各出版社的编辑力量、出版选题计划、出版物情况定期向出版社核发书号。对优秀、良好出版社，新闻出版总署在常规核发书号总量的基础上可以追加书号；凡是在上年度受到停业整顿处分的出版社，核减其书号总量；对于存在“买卖书号”、超范围出书及其他违反出版管理规定和在出书中存在其他问题的出版社，将视情节轻重给予扣减书号直至停发书号的处罚。

在出版单位内部，对于书号、刊号、版号的使用和管理必须建立、健全一套严格的管理制度，须指定专人负责书号、刊号、版号的管理，实行一书（刊）一号，不允许一号多用。根据《出版管理条例》第二十二条和第五十六条第三款的规定，新闻出版总署制定了《关于严格禁止买卖书号、刊号、版号等问题的若干规定》，对买卖书号、刊号、版号可能发生在编印发各阶段的行为进行了认定，以及违反规定应承担的法律责任，提出了对发生此行为的出版单位或直接责任人的具体处罚办法。

①对“买卖书（刊）号”界定。

1997年，新闻出版总署在《关于严格禁止买卖书号、刊号、版号等问题的若干规定》中指出，买卖书号、刊号、版号是指“以管理费、书号费、刊号费、版号费或其他名义收取费用，出让国家出版行政部门赋予的权力，给外单位或个人提供书号、刊号、版号和办理有关手续，放弃编辑、校对、印刷、复制、发行等任何一个环节的职责，使其以出版单位的名义牟利”。“买卖书（刊）号”的行为是非法行为，使用“买卖书（刊）号”从事的出版活动是非法出版活动。

为了有效地打击非法出版活动，便于准确地认定、取缔非法出版物，新闻出版总署在《关于认定、查禁非法出版物的若干问题的通知》（新出发字第98号文）中对非法出版物作了明确规定：“凡不是国家批准的出版单位印制的在社会上公开发行的报纸、期刊、图书、录音带、录像带等，都属于非法出版物。”并对这类非法出版物的形式作了界定，其主要形式有：

- 伪称根本不存在的出版单位，印制的出版物；
- 盗用国家批准的出版单位的名义，印制的出版物；
- 盗印、盗制合法出版物而在社会上公开发行销售的出版物；
- 在社会上公开发行的、不署名出版单位或署名非出版单位的出版物；
- 承印者以牟取非法利润为目的，擅自加印、加制的出版物；
- 被明令解散的出版单位的成员，擅自重印或以原编辑部名义出版的出版物；
- 其他非出版单位印制的供公开发行的出版物。

同时，根据中共中央办公厅、国务院办公厅《关于整顿、清理书报刊和音像市场　严厉打击犯罪活动的通知》（中办发〔1989〕13号）的规定，以“买卖书号、刊号，违反协作出版、代印代发规定从事出版投机活动”印制的出版物，亦属非法出版物。

与“买卖书（刊）号”相区别的是“自费出版”。

②对“自费出版”的界定。

在文化部1985年6月下发的《关于出版社兼办自费出版业务有关事项的通知》中强调“自费出版”是优化出版资源配置、利用社会力量发展出版的补充手段，是出版社在完成本社出书计划的前提下，根据编辑力量和印刷力量安排的自费出版业务。出版社安排自费出版应遵守专业分工的原则，在选题批准后才可安排出版。自费出版的图书仅限于非赢利性的学术著作，书稿内容由作者负责，但出版社必须负责政治上的审查，按照图书质量要求出版；作者与出版社应建立合同制度。

由以上行政管理部门对“买卖书号”与“自费出版”的界定可以看出，自费出版的范围仅限于非赢利性的学术著作，因此对于那些超出自费出版范围或以自费出版为名，实则买卖书（刊）号牟利的出版行为，可以从出版管理，即从图书的选题、编印发各环节是否纳入出版社经营管理范围入手进行区分。

③关于“扫黄打非”。

“扫黄”是指严禁淫秽色情出版物的传播。对此，新闻出版总署1988年12月在《关于认定淫秽及色情出版物的暂行规定》中指出：淫秽出版物是指在整体上宣扬淫秽行为，挑动人们的性欲，足以导致普通人腐化堕落，而又没有艺术价值或者科学价值的出版物。

“打非”是指打击非法出版物。新闻出版总署1991年1月30日在《关于认定、查禁非法出版物的若干问题的通知》中关于非法出版物的认定，“凡不是国家批准的出版单位印制的在社会上公开发行的报纸、期刊、图书、录音带、录像带等，都属于非法出版物”。这里的“非法”包含两层含义：一是出版物形式上是非法的，如盗版、买卖书（刊）号出版的出版物；二是出版物内容上是非法的，如出版物中有我国法律法规禁止的内容等。

归纳起来，“扫黄打非”的三大重点任务就是坚决遏制各类非法出版活动、坚决清除文化垃圾及有害信息、坚决打击各类侵权盗版活动。

根据宪法规定的我国基本国策和四项基本原则，刑法对于违犯宪法精神、扰乱社会秩序、侵犯知识产权等都有定罪量刑；民法和著作权法对保护著作权人的利益，打击侵权行为也有明确规定。在行政管理法规中《出版管理条例》《音像管理条例》分别对出版物的内容作了规定：出版物中不得有扰乱社会秩序，破坏社会稳定，宣扬淫秽、赌博、暴力或者教唆犯罪的内容；出版物不得损害他人合法权益；不得伪造、假冒出版单位名称或者报纸、期刊名称出版出版物。新闻出版总署根据法律和法规的规定，制定出关于“扫黄打非”的各种管理规定，为依法行政提供了可操作的法律依据。

（六）出版物的印刷或复制

由于出版物印刷或复制有特殊的技术和质量标准要求，目前我国对于印刷企业采用的是许可制度，没有取得印刷经营许可证的任何单位和个人不得从事出版物的印刷或复制等经营活动。

《出版管理条例》第三十二条至第三十五条中规定从事出版物印刷或者复制业务的单位，应当向所在地省、自治区、直辖市人民政府出版行政部门提出申请，经审核许可，并依照国家有关规定到公安机关和工商行政管理部门办理相关手续后，方可从事出版物的印刷或者复制。

出版单位不得委托未取得出版物印刷或复制许可的单位印刷或复制出版物。

印刷或复制单位不得违反国家规定，印刷或复制有国家禁止出版内容的印刷出版物；印刷单位在承接印刷业务时，不得接受非出版单位和个人的委托印刷报纸、期刊、图书或者复制音像制品、电子出版物。

承接境外印刷业务印刷或复制的单位必须由其所在地省、自治区、直辖市人民政府出版行政部门批准，所印出版物的内容必须经有关部门审核，委托人还应出具著作权人的授权书并办理相关的手续。印刷的境外出版物必须全部运输出境，不得在境内发行。

2002年1月29日新闻出版总署、经贸部共同颁发了《设立外商投资印刷企业暂行规定》，允许外国的机构、公司、企业按照平等互利的原则和中国的公司、企业共同投资设立中外合营（包括合资、合作）印刷企业，允许外方投资者投资设立外资印刷企业。这是我国加入世界贸易组织后，实践承诺的一个方面。

（七）出版物的发行

《出版管理条例》中第三十六条至第三十九条对从事出版物发行的准入条件和细则作了规定。

从事报纸、期刊、图书的全国性连锁经营业务的单位，应当由其总机构所在地省、自治区、直辖市人民政府出版行政部门审核许可后，报国务院出版行政部门审查批准，向工商行政管理部门依法领取营业执照方可从事发行业务。

从事报纸、期刊、图书总发行业务的发行单位，经国务院出版行政部门审核许可后，向工商行政管理部门依法领取营业执照方可从事报纸、期刊、图书的批发业务。

从事报纸、期刊、图书批发业务的发行单位，经省、自治区、直辖市人民政府出版行政部门审核许可后，向工商行政管理部门依法领取营业执照方可从事报纸、期刊、图书的批发业务。

国家允许设立从事图书、报纸、期刊分销业务的中外合资经营企业、中外合作经营企业、外资企业。对于外资或合资企业从事出版物的发行，其有别于申请出版单位和印刷单位的条件。

此外《出版管理条例》中还就出版、印刷和发行单位在经营活动中应负的法律责任作了详细的规定。

（八）出版物的进口

在《出版管理条例》第五章中，国家要求从事出版物进口业务的单位，须经国务院出版行政部门认定，未经批准任何单位和个人不得从事出版物的进口业务。

对于申请出版物进口经营的单位，除按《出版管理条例》第四十二条的要求，必须具备相应的准入条件外，还必须满足国家关于出版物进口经营单位总量、结构、布局的规划，在取得国务院出版行政部门的审查批准后，向工商行政管理部门依法领取营业执照方可从事出版物进口业务。

对于进口出版物的内容质量，《出版管理条例》规定，由出版物进口经营单位负责审查，其内容必须符合我国的法律法规，不得有该条例第二十六条、第二十七条禁止的内容；如果出版物进口经营单位无法判别其内容的，可请求省级以上人民政府出版行政部门进行内容审查。

（九）法律责任

在《出版管理条例》第五十四条至第六十六条中，对违反出版纪律的各种情况及应受的处罚都有详细的说明。其中违规出版的行为及处罚主要有以下内容。

1. 违规设立出版、印制、进口和发行单位

未经批准，擅自设立出版物的出版、印刷或者复制、进口、发行单位，或者擅自从事出版物的出版、印刷或者复制、进口、发行业务，假冒出版单位名称或者伪造、假冒报纸、期刊名称出版出版物的。以上违规设立的机构除由工商行政部门予以坚决取缔外；触犯刑法的，依法追究其刑事责任；尚不够刑事处罚的，没收出版物、违法所得和从事违法活动的专用工具、设备，并视违法经营金额的大小处以相应的罚款；侵犯他人合法权益的，依法承担民事责任。

2. **出版物内容违规**

出版、进口含有《出版管理条例》第二十六条、第二十七条禁止内容的出版物的；明知或者应知出版物含有该条例第二十六条、第二十七条禁止内容而印刷或者复制、发行的；明知或者应知他人出版含有该条例第二十六条、第二十七条禁止内容的出版物而向其出售或者以其他形式转让本出版单位的名称、书号、刊号、版号、版面，或者出租本单位的名称、刊号的。有以上违规行为，触犯刑律的，依照刑法有关规定，依法追究刑事责任；尚不够刑事处罚的，由出版行政部门责令限期停业整顿，没收出版物、违法所得，并处经济罚款；情节严重的，由原发证机关吊销许可证。

3. **违规印刷或复制**

印刷或者复制单位未取得印刷或复制许可而印刷或者复制出版物；接受非出版单位和个人的委托印刷或者复制出版物；未履行法定手续印刷或者复制境外出版物，印刷或者复制的境外出版物没有全部运输出境；发行未署出版单位名称的出版物等。有以上违规行为的，由出版行政部门没收出版物、违法所得，并处经济罚款；情节严重的，责令限期停业整顿或者由原发证机关吊销许可证。

4. **出售出版单位名称**

出版单位出售或者以其他形式转让本出版单位的名称、书号、刊号、版号、版面，或者出租本单位的名称、刊号的，由出版行政部门责令停止违法行为，给予警告，没收违法经营的出版物，并处经济罚款；情节严重的，责令限期停业整顿或者由原发证机关吊销许可证。

5. **单位管理违规**

出版单位变更名称、主办单位或者其主管机关、业务范围，合并或者分立，出版新的报纸、期刊，或者报纸、期刊改变名称、刊期，以及出版单位变更其他事项，未按规定到出版行政部门办理审批、变更登记手续；未将其年度出版计划和涉及国家安全、社会安定等方面的重大选题备案；未依照《出版管理条例》的规定送交出版物的样本。印刷或者复制单位未依照该条例的规定留存备查的材料。出版物进口经营单位未依照该条例的规定将其进口的出版物目录备案。有以上违规行为的，由出版行政部门责令改正，给予警告；情节严重的，责令限期停业整顿或者由原发证机关吊销许可证。

二、《音像制品管理条例》简介

《音像制品管理条例》于 2001 年 12 月 12 日由国务院第 50 次常务会议通过，2002 年 2 月 1 日起施行。该条例的制定是为了加强音像制品出版的管理，规范音像行业行为，促进我国音像出版事业的健康发展与繁荣。

（一）适用范围

该条例适用于录有内容的录音带、录像带、唱片、激光唱盘和激光视盘等音像制品的出版、制作、复制、进口、批发、零售、出租等活动。

（二）行政管理

在管理上，国家对音像制品的出版、制作、复制、进口、批发、零售、出租实行许可制度，在管理活动中实行分部门、分级管理。具体分为：

1. **中央管理**

国务院出版行政部门负责全国音像制品的出版、制作和复制的监督管理工作；国务院文化行政部门负责全国音像制品的进口、批发、零售和出租的监督管理工作；国务院其他有关行政部门按照国务院规定的职责分工，负责有关的音像制品经营活动的监督管理工作。

2. **地方管理**

县级以上地方人民政府负责出版管理的行政部门（以下简称出版行政部门）负责本行政区域内音像制品的出版、制作和复制的监督管理工作；县级以上地方人民政府文化行政部门负责本行政区域内音像制品的进口、批发、零售和出租的监督管理工作；县级以上地方人民政府其他有关行政部门在各自的职责范围内负责有关的音像制品经营活动的监督管理工作。

由该条例对管理部门所承担的监管职责的划分来看，音像制品的管理是由出版行政管理部门和文化行政管理部门共同完成，只是在具体的监管范围有所区分，这也是与图书出版管理的不同之处。

3. **单位设立**

国家对出版、制作、复制、进口、批发、零售、出租音像制品，实行许可制度；未经许可，任何单位和个人不得从事音像制品的出版、制作、复制、进口、批发、零售、出租等活动。

国务院出版行政部门、文化行政部门负责制定音像事业的发展规划，按照国务院规定的职责分工分别确定全国音像出版单位、音像复制单位和音像制品成品进口经营单位的总量、布局和结构。

（三）出版、制作与复制管理

在《音像制品管理条例》第二章“出版”、第三章“复制”中规定，音像制品的出版、制作和复制业务的监管部门为国务院出版行政部门和各级出版行政管理部门。这两章中明确规定了音像出版单位的设立条件、申请审批程序，要求在持有《音像制品出版许可证》、办理营业执照后才能从事其相关业务。针对音像制品这一特定的产品，重申《出版管理条例》的有关规定，其中音像制品的内容管理、年度选题报批和重大选题备案制度、版号管理是保证音像出版工作正常开展的重要制度。

1. **内容管理**

《音像制品管理条例》第三条中指出：音像制品的内容应当遵守宪法和有关法律、法规，坚持为人民服务和为社会主义服务的方向，传播有益于经济发展和社会进步的思想、道德、科学技术和文化知识。音像制品禁止载有以下10项内容：

- 反对宪法确定的基本原则的；
- 危害国家统一、主权和领土完整的；
- 泄露国家秘密、危害国家安全或者损害国家荣誉和利益的；
- 煽动民族仇恨、民族歧视，破坏民族团结，或者侵害民族风俗、习惯的；
- 宣扬邪教、迷信的；
- 扰乱社会秩序，破坏社会稳定的；
- 宣扬淫秽、赌博、暴力或者教唆犯罪的；
- 侮辱或者诽谤他人，侵害他人合法权益的；
- 危害社会公德或者民族优秀文化传统的；
- 有法律、行政法规和国家规定禁止的其他内容的。

2. **选题管理**

对于音像制品的选题管理，在该条例第十一条中明确规定：音像出版单位的年度出版计划和涉及国家安全、社会安定等方面的重大选题，应当经所在地省、自治区、直辖市人民政府出版行政部门审核后报国务院出版行政部门备案；重大选题音像制品未在出版前报备案的，不得出版。

3. **版号管理**

在该条例第十三条中规定：音像出版单位不得向任何单位或者个人出租、出借、出售或者以其他任何形式转让本单位的名称，不得向任何单位或者个人出售或者以其他形式转让本单位的版号。第十四条中规定：任何单位和个人不得以购买、租用、借用、擅自使用音像出版单位的名称或者购买、伪造版号等形式从事音像制品出版活动。这两条规定约束了音像出版单位和个人的出版行为。

4. **复制管理**

该条例还规定，音像复制单位应按国家有关规定取得《音像制品复制许可证》，并到工商行政管理部门登记，依法领取营业执照后，才可合法开展复制业务。

音像复制单位不得接受非音像出版单位或个人的委托复制经营性的音像制品；不得自行复制音像制品；不得批发、零售、出租音像制品。接受委托复制境外音像制品，应当事先将该音像制品的样品报经省、自治区、直辖市人民政府出版行政部门审核同意，并持著作权人的授权书依法到著作权行政管理部门登记；复制的音像制品应当全部运输出境。

同时，该条例规定图书出版社、报社、期刊社、电子出版物出版社，需要出版配合出版物的音像制品的，须事先向国务院出版行政部门申请，批准后可以出版。

该条例第十五条还规定，音像出版单位可以与香港特别行政区、澳门特别行政区、台湾地区或者外国的组织、个人合作制作音像制品。具体办法由国务院出版行政部门制定。

（四）进口与发行管理

在《音像制品管理条例》第四章“进口”、第五章“批发、零售和出租”中规定，从事音像制品进口、批发、零售或出租业务活动的监管部门为国务院文化行政部门和各级文化行政部门。音像制品成品进口应当报国务院文化行政管理部门进行内容审查；进口用于出版的音像制品，其著作权事项应当向国务院著作权行政管理部门登记。

申请设立音像制品批发、零售、出租单位，应先按照有关程序依法持有《音像制品经营许可证》并到工商行政管理部门办理营业执照后，才可合法开展经营活动；国家允许设立从事音像制品分销业务的中外合作经营企业；从事音像制品经营的单位或个人，不得经营音像非法出版物，不得经营未经国务院文化行政部门批准进口的音像制品，不得经营侵犯他人著作权的音像制品。

（五）罚　则

《音像制品管理条例》第六章“罚则”第三十九条规定：对未经批准，擅自从事音像制品出版、制作、复制业务或者进口、批发、零售、出租、放映经营活动的，由出版行政部门、工商行政管理部门依照法定职权予以取缔；依照刑法关于非法经营罪的规定，依法追究刑事责任；尚不构成刑事责任的按照有关规定给予经济罚款。

第四十条中规定，出版含有危害国家统一、主权和领土完整等禁止内容的音像制品，或者制作、复制、批发、零售、出租、放映明知或者应知含有这些禁止内容的音像制品的，依照刑法有关规定，依法追究刑事责任；尚不构成刑事处罚的，由出版行政部门、文化行政部门、公安部门依据各自职权责令停业整顿，没收违法所得并按有关规定处以罚款；情节严重的，由原发证机关吊销许可证。

第四十二条中对音像出版单位以出租、出借、出售或以其他任何形式转让版号、名称给单位或个人出版的音像制品；或委托未取得许可证的单位制作或复制音像制品；或擅自进口音像制品等违法行为，由出版行政部门责令其停止活动，给予警告，没收违法经营的音像制品和违法所得，并依照有关规定处以经济罚款。

第四十四条中规定，音像出版单位未按规定履行重大选题备案，经营单位变更未办理审批、备案手续的由出版行政部门、文化行政部门责令改正，给予警告，情节严重的责令停业整顿或吊销许可证。

第三节 部门规章

有关新闻出版的部门规章中，就其专项出版物都有相应的管理规章，如《图书出版管理规定》《互联网出版管理暂行规定》《期刊出版管理规定》《报纸出版管理规定》《电子出版物出版管理规定》《音像制品出版管理规定》《内部资料性出版物管理办法》等；涉及图书质量管理的主要有《图书质量保障体系》《图书质量管理规定》；涉及重大选题备案的有《图书、期刊、音像制品、电子出版物重大选题备案办法》等。

一、《图书出版管理规定》简介

新颁布的《图书出版管理规定》于 2007 年 12 月 26 日由新闻出版总署第 2 次署务会议通过，自 2008 年 5 月 1 日起施行。《图书出版管理规定》是《出版管理条例》所规定基本制度的具体化，是对图书出版管理制度的不断完善，并对此前发布的有关的零散管理规定加以梳理、整合和总结，以法律语言加以说明，以规章形式给予确定，从而提高了规范性、系统性和有效性。

（一）图书、图书出版及图书出版单位

何谓图书？在该规定第一章“总则”中将图书定义为“书籍、地图、年画、图片、画册，以及含有文字、图画内容的年历、月历、日历，以及由新闻出版总署认定的其他内容载体形式”。

在第一章中提出了图书出版的指导思想与基本任务。即图书出版必须坚持为人民服务、为社会主义服务的方向，坚持马克思列宁主义、毛泽东思想、邓小平理论和“三个代表”重要思想，坚持科学发展观，坚持正确的舆论导向和出版方向，坚持把社会效益放在首位、社会效益和经济效益相统一的原则，传播和积累有益于提高民族素质、推动经济发展、促进社会和谐与进步的科学技术和文化知识，弘扬民族优秀文化，促进国际文化交流，丰富人民群众的精神文化生活。

在第二章“图书出版单位的设立”中，对设立图书出版单位的条件、申请审批和登记程序、图书出版单位变更、终止出版等事项的程序、组建图书出版集团的审批等做出了具体规定，具有比较强的可操作性。按照该规定，图书出版单位是指“依照国家有关法规设立，经新闻出版总署批准并履行登记注册手续的图书出版法人实体”，此概念涵盖依法从事图书出版的所有法人单位。

（二）图书出版管理

在第三章“图书的出版”中明确了图书出版管理制度，重点制定了各种内容管理，包括内容禁载、编辑责任、重大选题备案、年度出版计划备案等制度；同时还对质量管理制度、书号使用管理制度，以及合作出版、样本送交制度等做出了规定。

（1）内容禁载。任何图书不得含有《出版管理条例》和其他有关法律、法规以及国家规定禁止的内容。

（2）编辑责任。图书出版实行编辑责任制度，保障图书内容符合国家法律规定。

（3）重大选题备案制度。图书选题涉及国家安全、社会安定等方面的重大选题，涉及重大革命题材和重大历史题材的选题，应当按照新闻出版总署有关选题备案管理的规定办理备案手续。未经备案的重大选题，不得出版。

（4）年度出版计划备案。图书出版单位的年度出版计划，须经省、自治区、直辖市新闻出版行政部门审核后报新闻出版总署备案。

（5）图书质量管理制度。图书出版单位实行选题论证制度、图书稿件三审责任制度、责任编辑制度、责任校对制度、图书重版前审读制度、稿件及图书资料归档制度等管理制度，保障图书出版质量。图书出版质量须符合国家标准、行业标准和新闻出版总署关于图书出版质量的管理规定。

（6）书号使用管理制度。图书使用的中国标准书号或者全国统一书号，图书条码以及图书在版编目数据须符合有关标准和规定。图书出版单位不得以一个中国标准书号或者全国统一书号出版多种图书，不得以中国标准书号或者全国统一书号出版期刊；不得向任何单位或者个人出售或者以其他形式转让本单位的名称、中国标准书号或者全国统一书号。

（7）合作出版。图书出版单位与境外出版机构在境内开展合作出版，在合作出版的图书上双方共同署名，须经新闻出版总署批准。图书出版单位租型出版图书、合作出版图书、出版自费图书须按照新闻出版总署的有关规定执行。

（8）样本送交。在图书出版 30 日内，应当按照国家有关规定向国家图书馆、中国版本图书馆、新闻出版总署免费送交样书。

（9）资格准入制度。出版辞书、地图、中小学教科书等类别的图书，实行资格准入制度，出版单位须按照新闻出版总署批准的业务范围出版。

（三）图书出版的监督管理

第四章“监督管理”中明确新闻出版总署和省级新闻出版行政部门对图书出版的监督管理职责。图书出版的监督管理实行属地原则，即省、自治区、直辖市新闻出版行政部门依法对本行政区域内的图书出版进行监督管理，负责本行政区域内图书出版单位的审核登记、年度核验及其出版图书的审读、质量评估等管理工作。同时本章中还规定，图书出版管理实行出版单位年度核验制度、出版从业人员资格管理制度、审读制度、质量保障管理制度，以及出版单位分级管理制度等。

1. 出版单位的年度核验制度

出版单位的年度核验制度要求出版单位按规定每两年进行一次年度核验。

（1）年度核验。

由出版单位写出自查报告并填写新闻出版总署统一印制的图书年度核验表，主办和主管单位分别审核盖章后报所在地省、自治区、直辖市新闻出版行政部门；省、自治区、直辖市新闻出版行政部门在收到图书出版单位的年度核验材料 30 日内予以审核查验、出具审核意见，报送新闻出版总署；新闻出版总署在收到省、自治区、直辖市新闻出版行政部门报送的图书出版单位年度核验材料和审核意见 60 日内作出是否予以通过年度核验的批复。

（2）暂缓年度核验。

有下列情形之一的出版单位暂缓年度核验：

- 正在限期停业整顿的；
- 经审核发现有违法情况应予处罚的；
- 主管单位、主办单位未认真履行管理责任，导致图书出版管理混乱的；

• 所报年度核验自查报告内容严重失实的；

• 存在其他违法嫌疑需要进一步核查的。

暂缓年度核验的期限为 6 个月。在暂缓年度核验期间，图书出版单位除教科书、在印图书可继续出版外，其他图书出版一律停止。缓验期满，按照本规定重新办理年度核验手续。

(3) 不予通过年度核验。

图书出版单位有下列情形之一的，不予通过年度核验：

• 出版导向严重违反管理规定并未及时纠正的；

• 违法行为被查处后拒不改正或者在整改期满后没有明显效果的；

• 图书出版质量长期达不到规定标准的；

• 经营恶化已经资不抵债的；

• 已经不具备该规定第九条规定条件的；

• 暂缓登记期满，仍未符合年度核验基本条件的；

• 不按规定参加年度核验，经催告仍未参加的；

• 存在其他严重违法行为的。

对不予通过年度核验的图书出版单位，由新闻出版总署撤销图书出版许可证，所在地省、自治区、直辖市新闻出版行政部门注销登记。

2. **出版从业人员资格管理制度**

按照出版从业人员资格管理制度的规定，图书出版从业人员，应具备国家规定的出版职业资格条件。图书出版单位的社长、总编辑须符合国家规定的任职资格和条件，并且须参加新闻出版行政部门组织的岗位培训，取得岗位培训合格证书后才能上岗。

在第五章“法律责任”中对图书出版的违法行为如何惩处作了具体规定。对《出版管理条例》有明确规定的行政处罚，做出了提示性规定，根据规章的行政处罚设定权限，针对性和操作性都很强。

（1）图书出版单位违反本规定的，新闻出版总署或者省、自治区、直辖市新闻出版行政部门可以采取下列行政措施：

- 下达警示通知书；
- 通报批评；
- 责令公开检讨；
- 责令改正；
- 核减中国标准书号数量；
- 责令停止印制、发行图书；
- 责令收回图书；
- 责成主办单位、主管单位监督图书出版单位整改。

警示通知书由新闻出版总署制定统一格式，由新闻出版总署或者省、自治区、直辖市新闻出版行政部门下达给违法的图书出版单位，并抄送违法的图书出版单位的主办单位及其主管单位。

（2）未经批准，擅自设立图书出版单位，或者擅自从事图书出版业务，假冒、伪造图书出版单位名称出版图书的，依照《出版管理条例》第五十五条的规定，给予经济处罚并承担相应的民事或刑事责任。

（3）图书出版单位向任何单位或者个人出售或者以其他形式转让本单位的名称、中国标准书号或者全国统一书号的，依照《出版管理条例》第六十条的规定，没收非法所得，给予经济处罚、警告、限期停业整顿或者由原发证机关吊销许可证。

（4）图书出版单位有下列行为之一的，由新闻出版总署或者省、自治区、直辖市新闻出版行政部门依照《出版管理条例》第六十一条的规定，由出版行政部门责令改正，给予警告；情节严重的，责令限期停业整顿或者由原发证机关吊销许可证：

- 变更名称、主办单位或者其主管单位、业务范围、合并或分立、改变资本结构，未依法办理审批手续的；

- 未按规定将其年度出版计划备案的；
- 未按规定履行重大选题备案的；
- 未按规定送交样书的。

（5）图书出版单位有下列行为之一的，由新闻出版总署或者省、自治区、直辖市新闻出版行政部门给予警告，并处 3 万元以下罚款：

- 未按规定使用中国标准书号或者全国统一书号、图书条码、图书在版编目数据的；
- 图书出版单位违反该规定第二十八条的；
- 图书出版单位擅自在境内与境外出版机构开展合作出版，在合作出版的图书上双方共同署名的；
- 未按规定载明图书版本记录事项的；
- 图书出版单位委托非依法设立的出版物印刷单位印刷图书的，或者未按照国家规定使用印刷委托书的。

（6）图书出版单位租型出版图书、合作出版图书、出版自费图书，违反新闻出版总署有关规定的，图书出版单位出版质量不合格的图书，图书出版单位未依法向新闻出版行政部门报送统计资料的，按相关法规作出处理。

3. **其他管理制度**

在图书审读制度中，新闻出版总署负责全国图书审读工作，省、自治区、直辖市新闻出版行政部门负责对本行政区域内出版的图书进行审读，定期向新闻出版总署提交审读报告。

在图书质量保障管理制度中，新闻出版行政部门可以根据新闻出版总署《图书质量管理规定》等规定，对图书质量进行检查，并予以奖惩。

出版单位分级管理，是指新闻出版总署制定图书出版单位等级评估办法，对图书出版单位进行评估，并实行分级。

二、《互联网出版管理暂行规定》简介

《互联网出版管理暂行规定》于 2002 年 6 月 27 日由新闻出版总署和信息产业部联合颁布，2002 年 8 月 1 日起施行。该规定的施行对于加强互联网的管理，保障互联网出版机构的合法权益，促进我国互联网出版事业健康、有序地发展，提供了法律上的保障。

何谓互联网出版？在该规定第一章“总则”中定义为：“互联网信息服务提供者将自己创作或他人创作的作品经过选择和编辑加工，登载在互联网上或者通过互联网发送到用户端，供公众浏览、阅读、使用或者下载的在线传播行为。”其作品是指：(1) 已正式出版的图书、报纸、期刊、音像制品、电子出版物等出版物内容或在其他媒体上公开发表的作品；(2) 经过编辑加工的文学、艺术和自然科学、社会科学、工程技术等方面的作品。

“总则”中还要求：互联网出版物的内容遵守宪法和法律、法规的有关规定；坚持为人民服务、为社会主义服务的出版方向；传播和积累一切有益于提高民族素质、推动经济发展、促进社会进步的思想道德、科学技术和文化知识，丰富人民的精神生活的文化产品。同时，还明确了新闻出版总署负责全国网络出版以及应当承担的监管职责。

第二章“行政审批与监督管理”中明确规定，从事互联网出版活动的单位和个人都得按要求提交相关资料，其申请被批准后才可以开展业务。

第三章“互联网出版机构的权利与义务”中要求，互联网出版的内容涉及国家安全、社会安定等方面的重大选题，应当依照重大选题备案的规定备案；互联网出版物禁载的内容就是《出版管理条例》中出版物不得登载的 10 项禁载内容；以未成年人为对象的互联网出版内容不得含有诱发未成年人模仿违反社会公德

的行为和违法犯罪的行为的内容。从事互联网出版活动还应当遵守国家有关著作权的法律、法规。

在第四章“罚则”中，对互联网出版机构的违规违法行为予以分类，并对其应受的处罚或罚款给予定性或定量的界定。

三、《期刊出版管理规定》简介

《期刊出版管理规定》是新闻出版总署 2005 年 9 月 30 日公布，自 2005 年 12 月 1 日起施行的行政法规。它是依据国务院颁布的《出版管理条例》制定的。

何谓期刊？根据《期刊出版管理规定》中第二条第三款：“期刊又称杂志，是指有固定名称，用卷、期或者年、季、月顺序编号，按照一定周期出版的成册连续出版物。”由于我国的出版管理实行许可制，因此，并不是所有符合期刊形态的出版物都是合法出版物，而必须依法取得出版许可的，方为合法期刊。在该规定第二条第二款中明确规定：“期刊由依法设立的期刊出版单位出版。期刊出版单位出版期刊，必须经新闻出版总署批准，持有国内统一连续出版物号，领取《期刊出版许可证》。”也就是说，凡是符合该规定第二条第三款定义的“期刊”，必须同时符合第二条第二款的规定才是合法期刊。这就为我们认定非法期刊，打击非法期刊出版活动提供了法律依据。

该规定还详细介绍了期刊创办、期刊出版单位设立的条件，申请表填报内容，审批程序；合办期刊的条件、隶属关系、审批程序；期刊更名、休刊及注销的实施细则。并介绍了期刊的出版管理制度，归纳起来有以下几方面：

（1）与图书出版相同，期刊出版实行编辑责任制度，期刊刊载的内容必须符合《出版管理条例》对出版物的内容规定；期刊的重大选题须办理备案手续；公开发行的期刊不得转载、摘编内部发行出版物的内容。与境外出版机构开展合作出版项目，须经新闻出版总署批准。

（2）一个国内统一连续出版物号只能对应出版一种期刊，不得用同一国内统一连续出版物号出版不同版本的期刊。出版不同版本的期刊，须按创办新期刊的程序办理审批手续。期刊出版单位不得出卖、出租、转让本单位名称及所出版期刊的刊号、名称、版面，不得转借、转让、出租和出卖《期刊出版许可证》。

（3）有关出版增刊、合订本的管理规定。每种期刊每年可以出版两期增刊。增刊内容必须符合正刊的业务范围，开本和发行范围必须与正刊一致；增刊除刊印正式的版本纪录外，还须刊印增刊许可证编号，并在封面刊印正刊名称和注明“增刊”。而期刊的合订本须按原期刊出版顺序装订，不得对期刊内容另行编排，并在其封面明显位置标明刊名称及“合订本”字样。

（4）有关期刊的采编、刊登广告的规定。期刊出版单位可以利用其期刊开展广告业务，但必须遵守广告法规定，发布广告须依法查验有关证明文件，核实广告内容，不得刊登有害的、虚假的违法广告。期刊出版单位的新闻采编人员从事新闻采访活动，设立记者站，必须遵守新闻出版总署的有关规定。期刊出版单位是否具有新闻采编业务由新闻出版总署认定。

期刊出版活动的监督管理实行属地管理，即省、自治区、直辖市新闻出版行政部门依法负责对区域的期刊出版活动进行监督管理。

在第五章“法律责任”中对期刊出版单位的违规行为、应承担的法律责任和处罚都有详细的规定。

四、《报纸出版管理规定》简介

《报纸出版管理规定》是新闻出版总署 2005 年 9 月 30 日发布，于 2005 年 12 月 1 日起施行的行政法规。

何谓报纸？报纸是指有固定名称、刊期、开版，以新闻与时事评论为主要内容，每周至少出版一期的散页连续出版物。报纸由依法设立的报纸出版单位出版。报纸出版单位出版报纸，必须经新闻出版总署批准，持有国内统一连续出版物号，领取《报纸出版许可证》。

1. **报纸的管理与内容要求**

新闻出版总署负责全国报纸出版活动的监管工作，各级新闻出版行政部门负责区域内报纸出版的监督与管理。报纸的办报方向必须坚持马克思列宁主义、毛泽东思想、邓小平理论和“三个代表”重要思想，坚持正确的舆论导向和出版方向。报纸报道的内容必须坚持真实、全面、客观、公正的原则，不得刊载虚假、失实报道；报纸发表或者摘转涉及国家重大政策、民族宗教、外交、军事、保密等内容，应严格遵守有关规定；报纸转载、摘编互联网上的内容，必须按照有关规定对其内容进行核实，并在刊发的明显位置标明下载文件网址、下载日期等。

2. **报纸出版单位的设立**

报纸创办与报纸出版单位设立的原则，必须按照《报纸出版管理规定》中第二章的要求和程序，由主办单位报主管单位同意后，再报新闻出版总署审批。报纸出版单位须持《报纸出版许可证》才能从事报纸出版活动。

3. **出版物号的管理**

报纸使用的是国内统一连续出版物号，一个国内统一连续出版物号只能对应出版一种报纸，不得用同一国内统一连续出版物号出版不同版本的报纸。报纸出版单位不得出卖、出租、转让本单位名称及所出版报纸的刊号、名称、版面，不得转借、转让、出租和出卖《报纸出版许可证》。

报纸在正常刊期之外可出版增期。出版增期应按变更刊期办理审批手续。

4. **刊载广告的要求**

报纸出版单位可以开展广告业务。发布广告应依据法律、行政法规查验有关证明文件，核实广告内容，不得刊登有害的、虚假的等违法广告。

5. **对新闻从业人员的要求**

新闻采编人员从事新闻采访活动，必须持有新闻出版总署统一核发的新闻记者证；新闻单位可以根据工作需要设立记者站；不得利用新闻报道牟取不正当利益，不得索取被采访者及其利害关系人的财物或者其他利益。

6. **监督管理**

报纸出版活动的监督管理实行属地原则，省、自治区、直辖市新闻出版行政部门依法负责本行政区域内报纸及其出版单位的登记、年度核验、质量评估、行政处罚等工作。

五、《电子出版物出版管理规定》简介

为了加强对电子出版物出版活动的管理，促进电子出版事业的健康发展与繁荣，新闻出版总署根据国务院《出版管理条例》和有关法律、行政法规，制定了《电子出版物出版管理规定》，自2008年4月15日起施行。

（一）电子出版物及电子出版物出版单位

何谓电子出版物？在《电子出版物出版管理规定》第一章“总则”中定义，“以数字代码方式，将有知识性、思想性内容的信息编辑加工后存储在固定物理形态的磁、光、电等介质上，通过电子阅读、显示、播放设备读取使用的大众传播媒体，包括只读光盘（CD-ROM、DVD-ROM等）、一次性写入光盘（CD-R、DVD-R等）、可擦写光盘（CD-RW、DVD-RW等）、软磁盘、硬磁盘、集成电路卡等，以及新闻出版总署认定的其他媒

体形态”。

第一章“总则”中明确了新闻出版总署与地方行政部门的监管职责，即新闻出版总署负责全国电子出版物出版活动的监督管理工作。县级以上地方新闻出版行政部门负责本行政区域内电子出版物出版活动的监督管理工作。国家对电子出版物出版活动实行许可制度；未经许可，任何单位和个人不得从事电子出版物的出版活动。

第二章“出版单位设立”中对申请设立电子出版物出版单位的具体条件、申请材料、申请程序、审批程序均有规定。规定要求，新闻出版总署批准其设立电子出版物出版单位的申请后，发给《电子出版物出版许可证》，电子出版物出版单位持《电子出版物出版许可证》向所在地工商行政管理部门登记，依法领取营业执照后方可依法从事电子出版物的出版。

（二）电子出版物出版管理

在《电子出版物出版管理规定》第三章“出版管理”中规定，电子出版物出版单位实行编辑责任制度，电子出版物出版单位的从业人员，应当具备国家规定的出版专业职业资格条件；电子出版物出版单位的社长、总编辑须符合国家规定的任职资格和条件，并须参加新闻出版行政部门组织的岗位培训，取得岗位培训合格证书后才能上岗。

在“出版管理”一章中还就电子出版物的内容、选题、出版号、境外著作权人授权出版、与境外机构合作出版等提出了管理要求。

（1）内容管理。

电子出版物的内容必须符合有关法规、规章规定，不得有《出版管理条例》中禁止出版物刊载的内容。

（2）选题管理。

电子出版物的出版实行年度出版计划报批和重大选题备案制度。年度出版计划应报出版单位所在地省、自治区、直辖市新闻出版行政部门，省、自治区、直辖市新闻出版行政部门审核同意后报新闻出版总署备案；重大选题备案制度，即涉及国家安全、社会安定等方面的重大选题，涉及重大革命题材和重大历史题材的选题，应当按照新闻出版总署有关选题备案的规定办理备案手续；未经备案的重大选题，不得出版。

（3）出版号管理。

电子出版物按规定使用中国标准书号。同一内容，不同载体形态、格式的电子出版物，应当分别使用不同的中国标准书号。出版连续型电子出版物，按规定使用国内统一连续出版物号，不得使用中国标准书号。

（4）境外著作权人授权出版。

电子出版物出版单位申请出版境外著作权人授权的电子出版物，须向所在地省、自治区、直辖市新闻出版行政部门提出申请；所在地省、自治区、直辖市新闻出版行政部门审核同意后，报新闻出版总署审批。要特别指出的是，出版境外著作权人授权的电子游戏出版物还须提交游戏主要人物和主要场景图片资料、代理机构营业执照、发行合同及发行机构批发许可证、游戏文字脚本全文等材料。

对已经批准出版的境外著作权人授权的电子出版物，若出版升级版本，或出版境外著作权人授权的电子游戏测试盘及境外互联网游戏作品客户端程序光盘，须按照该规定第二十五条提交申请材料，报所在地省、自治区、直辖市新闻出版行政部门审批。

（5）与境外机构合作出版。

电子出版物出版单位与境外机构合作出版电子出版物，须经主管单位同意后，将选题报所在地省、自治区、直辖市新闻出版行政部门审核；省、自治区、直辖市新闻出版行政部门审核同意后，报新闻出版总署审批。出版物出版后 30 日内向新闻出版总署送交样盘。

第四章“进口管理”中规定了电子出版物的进口及管理范围、申报程序。电子出版物的进口是指电子出版物成品进口。从事这项业务须由新闻出版总署批准的电子出版物进口经营单位提出申请，所在地省、自治区、直辖市新闻出版行政部门审核同意后，报新闻出版总署审批。

第五章“非卖品管理”中规定了电子出版物非卖品的出版范围、复制条件。电子出版物非卖品是指电子出版物的内容限于公益宣传、企事业单位业务宣传、交流、商品介绍等的电子产品。这类产品不得定价，不得销售、变相销售或与其他商品搭配销售。从事电子出版物非卖品的复制，委托方或受托方须向所在地省、自治区、直辖市新闻出版行政部门提出申请，经同意后方可进行业务。

（三）电子出版物复制及出版单位管理

《电子出版物出版管理规定》第六章“委托复制管理”中规定，经新闻出版总署批准设立的复制单位可进行电子出版物或电子出版物非卖品的复制。委托复制电子出版物和电子出版物非卖品，必须使用由新闻出版总署统一印制的复制委托书。

第七章“年度核验”中规定，电子出版物出版单位实行年度核验制度，年度核验每两年进行一次。省、自治区、直辖市新闻出版行政部门负责对本行政区域内的电子出版物出版单位实施年度核验。核验内容包括电子出版物出版单位的登记项目、设立条件、出版经营情况、遵纪守法情况、内部管理情况等。

电子出版物出版单位有下列情形之一的，暂缓年度核验：

- 不具备该规定第六条规定条件的；
- 因违反出版管理法规，正在限期停业整顿的；

- 经审核发现有违法行为应予处罚的；
- 曾违反出版管理法规受到行政处罚，未认真整改，仍存在违法问题的；
- 长期不能正常开展电子出版物出版活动的。

暂缓年度核验期满，对达到年度核验要求的电子出版物出版单位予以登记；仍未达到年度核验要求的由所在地省、自治区、直辖市新闻出版行政部门提出注销登记意见，新闻出版总署撤销《电子出版物出版许可证》，所在地省、自治区、直辖市新闻出版行政部门办理注销登记。

第八章“法律责任”中的第五十六条对电子出版物出版单位违反本规定的行为提出了七条行政处理措施；第五十七条至第六十二条，对其他在电子出版物出版活动中出现的各类违规违法行为作了界定，提出了处理或处罚办法。

六、《图书质量保障体系》和《图书质量管理规定》简介

（一）《图书质量保障体系》简介

《图书质量保障体系》是为了规范图书出版全过程的行为而制定的，1997 年 6 月 26 日颁布，并沿用至今。

在《图书质量保障体系》第一章“总则”第二条中阐明实施图书质量保障体系的基本思想，在第三条中表明了实施图书质量保障体系的基本原则，对实施的组织、机制和队伍提出明确的要求。

《图书质量保障体系》第二章和第三章全面、系统地规范了图书出版活动各阶段的出版行为和管理办法，对编辑出版责任机制和出版管理宏观调控机制的内容做了详细介绍。

1. 编辑出版责任机制

编辑出版责任机制分为前期保障机制、中期保障机制和后期保障机制。

（1）前期保障机制（选题的论证制度）。在《图书质量保障体系》第五条至第七条中，对前期保障机制中的选题策划和选题论证制度作了详细介绍，提出了选题论证的指导思想、总体要求和论证方法。实施图书质量的前期保障关系到出版社出版的整体出版水平，也是中期保障和后期保障机制实施的前提。

（2）中期保障机制（书稿的三审三校一读制度、版权页及书号管理）。《图书质量保障体系》第八条至第十四条对中期保障中的三审制度、三校一读制度、印刷《委托书》制度、版权页及书号管理的内容和各制度中应履行的职责、承担人员的条件都有具体的管理要求。这部分内容是确保图书质量的关键，每个出版社都应照此制定相应的管理规定以确保出版物的质量。

（3）后期保障机制（成书检查制度）。《图书质量保障体系》第十五条至第二十一条，介绍了图书质量后期保障机制中的样书检查制度、出书后的评审制度、征订广告审核制度、样书缴送制度、图书档案管理制度等包含的内容和具体工作要求。后期保障机制是将图书推向市场的最后一关，也是对前两关的补充和检查。

2. 出版管理宏观调控机制

出版管理宏观调控机制分为：预报机制、引导机制、约束机制、监督机制、奖惩机制和责任机制。

在预报机制中强调出版单位应坚持年度选题计划和重大选题备案制度；在引导机制中对出版行政部门的监管和舆论导向的作用有明确要求；在约束机制中规定了对出版社实行年检登记制度，即“一年一自检，两年一统检”的制度；在监督机制中强调坚持图书编校、印装质量检查制度；在奖惩机制中，分别提出了对优秀图书、优秀编辑出版人员、优秀出版社的奖励表彰制度，而对违规的出版单位责任人有相应的处罚；在责任机制中，强调了分级管理责任制度，以及出版社业务人员持证上岗制度。

3. **社会监督机制**

图书出版物受出版行业协会、社会团体、读者和社会舆论的监督。

（二）《图书质量管理规定》简介

现行的《图书质量管理规定》是新闻出版总署在 1997 年制定的《图书质量管理规定》基础上修订，于 2005 年 3 月 1 日开始施行的。《图书质量管理规定》具有很强的可操作性，其中对图书质量包括的范围、图书质量的界定原则、图书差错计算依据的行业标准和实施部门作了规定，是目前出版社界定图书质量的主要依据，从事出版工作的人员必须知晓。具体内容归纳如下：

1. **图书质量**

图书质量包括：内容质量、编校质量、装帧设计质量和印制质量四项；图书质量分为合格、不合格两个等级。在评判图书质量是否合格时应该评定其内容、编校、设计、印制四项是否合格，如果这四项均合格的图书，其质量为合格；这四项中有一项不合格的图书，其质量属不合格。

2. **合格图书的标准**

合格图书的具体标准如下：

- 内容质量合格，符合《出版管理条例》中规定的出版内容。
- 编校质量合格，差错率不超过万分之一。
- 设计质量合格，图书的整体设计和封面（包括封一、封二、封三、封底、勒口、护封、封套、书脊）、扉页、插图等设计均符合国家有关技术标准和规定。

• 印刷质量合格，符合中华人民共和国出版行业标准《印刷产品质量评价和分等导则》（CY/T 2—1999）规定的图书，其印制质量属合格。

3. **实施方式**

由各省、自治区、直辖市新闻出版行政部门负责对本行政区域内各出版单位的图书质量进行抽查。

4. **检查范围**

对图书质量实施的检查包括图书的正文、封面（包括封一、封二、封三、封底、勒口、护封、封套、书脊）、扉页、版权页、前言（或序）、后记（或跋）、目录、插图及其文字说明等。正文部分的抽查必须内容（或页码）连续且不少于10万字，全书字数不足10万字的必须检查全书。

5. **对不合格图书的处理办法**

图书内容违反《出版管理条例》第二十六条、第二十七条规定的，根据《出版管理条例》第五十六条进行处罚，即“触犯刑律的，依照刑法有关规定，依法追究刑事责任；尚不够刑事处罚的，由出版行政部门责令限期停业整顿，没收出版物、违法所得，并视情节处以相应罚款；情节严重的吊销许可证”。

图书编校质量不合格的，差错率在万分之一以上万分之五以下的，出版单位必须自检查结果公布之日起30天内全部收回，改正重印后可以继续发行；差错率在万分之五以上的，出版单位必须自检查结果公布之日起30天内全部收回。

出版编校质量不合格图书的出版单位，由省级以上新闻出版行政部门予以警告，可以根据情节并处3万元以下罚款。

一年内造成三种以上图书不合格或连续两年造成图书不合格的直接责任者，由省、自治区、直辖市新闻出版行政部门注销其出版专业技术人员职业资格，三年之内不得从事出版编辑工作。

印制质量不合格的图书，出版单位必须及时予以收回、调换。

发行编校质量不合格图书的，由省级以上新闻出版行政部门按照《中华人民共和国产品质量法》第五十条的规定处理。

七、《出版物上数字用法的规定》简介

《出版物上数字用法的规定》是中华人民共和国国家标准局1995年12月13日批准发布的，属于国家标准。它规定了出版物中涉及数字（表示时间、长度、质量、面积、容积等量值和数字代码）时使用汉字和阿拉伯数字的体例。该标准使用在新闻报刊、普及性出版物和专业性社会人文科学出版物中。

该规定包含的内容主要有：数字使用的一般原则，时间（世纪、年代、年、月、日、时刻）表示，物理量和非物理量的表示，多位整数与小数表示，概数与约数的表示，代号、代码与序号，引文标注，横排标题中的数字，竖排文章中的数字，以及字体等内容。

思考题

1. 宪法中关于出版活动的条款有哪些？内容是什么？
2. 刑法中涉及出版的主要罪名和处罚规定有哪些？
3. “扫黄打非”指的是什么？其法律依据为何？
4. 《出版管理条例》的使用范围和主要内容分别是什么？
5. 国家禁止的出版行为有哪些？
6. 出版物禁载的内容有哪些？
7. 重大选题备案的内容有哪些？
8. “买卖书号”与“自费出版”如何界定？
9. 编辑出版责任机制的主要内容有哪些？
10. 互联网出版指的是什么？有什么具体要求？

第五章 出版策划

第一节 策划与出版策划

一、策划的概念与意义

策划，实际上就是出谋划策。以前多用于谋士、策士、军师之类的角色，也用于指政治家、军事家，所谓“治国方略”，“运筹帷幄之中，决胜千里之外”等等，形容的就是他们的策划能力。

策划在本质上是一种运用脑力的理性行为。基本上所有的策划都是关系未来的事物，即策划是针对未来要发生的事情作当前的决策。策划概念的内涵是筹划、谋划，外延则是极其丰富的——既包括国家策划和国际策划，又包括团体策划和个体策划；既包括经济策划和文化策划，又包括事业单位策划和社团策划。

就图书出版领域而言，当前图书市场竞争日趋激烈，出版策划就成了关乎出版社生死存亡的重要手段——若出版社的策划有的放矢，建立在对内部资源和外部环境准确把握的基础上，并且具有前瞻性，那么该出版社就将获得巨大的发展；反之出版社的策划是漫无目的，对内部资源和外部环境无法把握，且抱着得过且过的态度，那么该出版社的发展就会越来越难，甚至可能出现生存危机。

二、策划的基本方法

从出版方面讲，选题是对出版物的内容和形式等的总体设计，而选题策划是编辑人员依据一定的方针和主客观条件，开发出版资源，设计选题的创造性活动，是策划科学在出版领域中的应用，是为了实现预期目标所实施的科学性与艺术性相融合的谋划活动。出版策划最基础的工作是收集各种信息，并进行策划和选择。

1. **进行深入细致的市场调研**

市场调研是指运用科学的方法，对图书市场信息进行系统地、有目的地、有计划地收集、整理、分析和解释的活动，旨在为出版社的经营管理活动提供信息，帮助企业做出正确的营销决策。市场调研工作做得越细致，解决问题的思路就越明确，策划的选题就越有针对性，越有特色，越能被读者接受，越有可能实现社会效益和经济效益的双丰收。

2. **注意随时捕捉信息**

市场调研的核心是捕捉信息，包括报纸、杂志、图书、广播、电视，甚至聊天、马路新闻等，都有可能从中得到有用的信息。这就要求图书策划人员做个有心人，平时善于捕捉信息、收集信息、鉴别信息、分析信息，从中找到自己需要的“闪光点”，即应该抓住的选题。

3. **重视创新，追求特色**

“不创新就死亡”，这在出版界同样适用。可以这样说：重复是选题策划的灭亡之路，创新是出版社生存之本。只有不断创新，出版社才能形成自己的出版特色和出版品牌。选题策划必须更新，跟上时代的步伐。所谓创新包括选题立意新、题材新、思想新、角度新、形式新等。成功的选题应该是“人无我有，人有我优，人优我精”。

4. **善于向作者学习**

作者往往是某领域的专家，对该领域的各种情况有较多了解。如果策划人员注重向作者请教，借他们的大脑来掌握学科发展状况，并引导作者参与策划，这样的选题针对性会更强。作者参与选题策划，一方面可以充分领会策划人的意图，另一方面还可以进一步充实、完善、提高选题的内涵。

第二节　出版策划的基本要素和类型

一、出版策划的基本要素

图书选题策划的服务对象是出版机构，工作内容是对出版物的主题、标题、结构及其表述方式进行谋划与设计。在多数情况下，这种谋划与设计要形成格式化方案。概括起来说，图书选题策划的基本要素包括以下 5 方面：

第一，图书选题策划的主体是出版策划的专业人员。从国外情况来看，重要的图书选题策划工作都是由专业人员来完成的。但在我国，目前负责这项工作的，除了专业策划人员外，还有数量众多的“图书人”。所谓“图书人”，是为了表述方便创造的一个概念，指所有与图书的写作、编辑、出版、发行工作相关的人，他们目前都在做着部分与图书选题策划相关的事情。

第二，图书选题策划的服务对象是出版机构。图书选题策划的主题是多元化的，但其服务对象却是单一的，无论是在我国还是在外国，图书选题策划的服务对象只能是出版机构，也就是出版社或出版公司。

第三，图书选题策划是一项明确目标的行为。目标是目的与标准的结合，具有导向性与可操作性两方面的意义。目标管理即是让企业的管理人员和职工亲自参加工作目标的制订，在工作中实行“自我控制”，并努力完成工作目标。而图书选题策划的目标就是实现图书的社会效益与经济效益。

第四，图书选题策划是就未来事务做当前的谋划。策划工作永远针对未来。图书选题策划就是为将来要出版、发行的书籍谋划、设计其主题、标题、结构和表述方法、文笔风格等。

第五，图书选题策划既要遵循科学的规范，又要掌握灵巧的艺术，是科学性与艺术性相融合的典型。

二、出版策划的类型

（一）个体策划

个体策划是指编辑个人对某些单品种图书或规模不大的系列图书独自进行选题设计和营销策划。充分发挥个人主观能动性和自主性，由其独立完成的出版策划活动。

（二）群体策划

群体策划是指出版单位对一些大型选题和重要选题组织相关的具有丰富策划经验的人员组合在一起，发挥各自的优势和特点进行图书的出版策划。

（三）全员策划

全员策划指的是出版单位在全体员工中树立图书策划的观念，倡导策划与个人和出版单位利益紧密相关的经营理念，并创造人人都参与策划的良好环境。

（四）全程策划与项目负责制

1. **全程策划**

全程策划是指编辑完成选题策划，作者选择，样章文案的确定，配合美术编辑确定图书的版式设计和装帧设计，配合发行部确定定价、广告、发行建议等图书策划的全过程。

2. **项目负责制**

项目负责制是指出版单位把某策划项目交由某一个人或某个部门，由该个人或部门对此项目负责，做全方位的策划，并对该项目盈亏负全部责任。

三、出版物选题策划的策略

图书选题策划中的策略，就是关于图书选题策划中的计策与谋略。要使图书选题策划成功，除了认真看待图书选题的战略问题之外，还要十分重视策略问题的研究。

（一）重视对于策略的谋划

重视对于策略的谋划在一定程度上也就是重视对方法、步骤的学习。掌握了优良的谋划策略，就具备了策划人员最主要、最根本的素质和能力，就可以在激烈竞争中立于不败之地。

好的策划好像一个化学反应过程，它需要具备各种基本的反应元素，如策划者对图书市场需求的数据分析，对本社资源的精确把握，本人的知识结构和对市场的敏感。在此基础上，还要添加上策划者的创新欲望和对成功的渴求作为催化剂。

（二）策略举要分析

1. **标　新**

标新立异是人的天性。选题策划的标新，决非无本之木、无源之水，而是在继承和借鉴基础上的推陈出新，是从内容到形式的创新，是区别于以往的新视角和新的样式。

2. **立　异**

“立异”就是在求新的前提下撷取一个异于寻常的视角。立异具体体现在两点：一是选题具有填补空白的意义，二是在同一领域具“独占鳌头”的地位。

3. **崇　趣**

对于一个图书出版单位来说，要赢得图书市场的相当份额，归根到底，是要赢得相当读者；而要赢得读者，则要赢得读者的相当阅读兴趣；而要赢得读者的相当阅读兴趣，选题策划者绝对不能忽略与一个好选题相得益彰的好形式。崇尚和引导读者健康、高雅兴趣，是图书畅销于市场的法宝。

4. **连　锁**

在选题开发中，常有这样一种现象：一个好的选题，往往会带出一批类似的选题。有人把选题开发中这种如同化学上的连锁反应的现象称之为“连锁反应”。

5. **实　用**

在适应用图书市场需求的出版物中，不少门类的实用性图书占有很大比例。这类图书中，有相当数量的品种因其实用而受到欢迎，但也有数量不少的品种因其实用性不强而遭到冷落。在实用类图书的选题策划中，为真正体现其实用价值，细分其实用的不同层面、程度和对象，是绝对必要的。

6. **善　借**

古往今来，丰富多彩的世界铸成了丰富多彩的文化，而丰富多彩的文化则是不同的体例样式所表现的。因此，古今中外优秀文化的编纂体例，都是值得继承和借鉴的宝贵财富。善于借用那些适合表现优秀文化内容的编纂体例，就能使选题策划思路和视野大大开阔。

第三节 出版策划方案的制作

当完成图书选题调研，搜集到大量翔实的信息资料，并对其分析处理后，便可进入选题策划下一步的重要工作，即选题策划方案的形成。

一、选题策划方案简介

（一）选题策划方案的主要内容

图书选题方案阐明了图书选题策划的基本背景、目标、任务和调研结论；阐明了建议出版图书的主题、标题、结构、篇幅、表达方式和主要特点；阐明了图书装帧设计、宣传口径、营销策略及市场预期等主要内容。策划者将这些内容制作成一张表格（见表5.1），称为图书选题策划表。

表5.1 图书选题策划表

填表日期：		
作者（编者）简历（包括姓名、职务、单位、地址等）：	ISBN（精装）	ISBN（平装）
	定价（精装）	定价（平装）
	开本	丛书
	页码	磁盘
	编码	库号
	发货日期	出版日期
线条图数： 照排数： 表格数： 其他：		

续表5.1

主题思想（用简洁的语言定义）：		
卖点（图书及市场关键因素）：		
市场描述（读者对象）：		
竞争条件（至少列出三本同类图书，包括：书名、ISBN、出版日期、定价、页码、开本、销售状况等）：		
作者以前曾出版的作品（书名、出版社、时间、ISBN、销售量/在制印数等）：		
销售会议记录：		
出版此书的原因：		
我社曾出版相关著作：		
营销主管：	责任编辑：	编辑部门（办事处）：
销售及附加权 销售范围： 重印：	 媒体连载： 电影：	 俱乐部销售： 其他文本：
直销：		
一般广告：		
订货会/博览会/学术会议：		
公关活动：		
特殊销售：		
图书俱乐部销售：		

（二）选题策划方案的主要步骤

图书选题策划方案作为一种标准化、格式化的方法，一般是按照提出问题、确定目标、拟定措施、评估论证等程序而设计与制定的。这种标准化、格式化的规定是图书选题策划的客观要求，是图书选题策划程序化、规范化的保证。拟定图书选题策划方案可分为以下 4 个主要步骤：

第一，提出问题是拟定图书选题策划方案的第一步，也是整个图书选题策划的出发点。图书选题策划就是针对存在的问题而引发的，图书选题策划的实施就是促成问题的解决与目标的实现。每一个图书选题策划人员在设计、制定图书选题策划方案时都应当首先向自己提出这样的问题：我们当前面临的最主要的问题是什么？我们能够在怎样的程度上解决这些问题？

第二，确定图书选题策划目标。图书选题策划目标是策划主体所希望达成的预期结果和策划者将要完成的策划任务。从管理角度来讲，图书选题策划与出版单位的目标管理是相统一的，都是将组织管理中的一切有效技术与手段进行系统的运用以达到既定目标。

第三，措施与调控。有了明确的目标，就要拟定出具体的行动措施。这是使目标得以实现的保障。这些措施应当具体、实在，并具有弹性，以适应不断变化的社会环境的需要。

第四，评估论证。图书选题策划是要扎扎实实地为社会、为出版单位解决实际问题。出版单位要以维护社会利益，实践“三个代表”重要思想，符合国家方针政策，遵守法律法规等作为评价图书选题策划效果的社会指标，或者叫做定性指标；以出版单位和发行商的销售收入、利税数额、销售利润增长比率等作为经济指标，或者叫做定量指标。

按照现代管理学的基本原理，图书选题策划方案应当是一组而不是一个，因为其目的是为出版单位决策提供依据，而决策的基本要义就是最优选择。

二、选题策划方案的优化

为了选择更好的策划方案，策划者在制作选题策划方案时，往往考虑的不只是一套方案，而要同时设计制作出几套方案，并通过严格的论证评估从中确定一套，以此达到策划方案的优化。对所有策划方案进行比较评价，首先应有统一的原则标准。一般可依据以下 3 个原则标准进行比较评价：

第一，科学性原则标准。即选题策划者所设计制订的策划方案中哪一套更具有理论性、系统性、规律性。理论性是指选题策划方案一定要符合选题策划准则，符合策划原理，符合与之相关的社会学、管理学、编辑学、传播学等基本理论。系统性是指选题策划的方案内容一定要有逻辑顺序，具有鲜明的结构性、层次性、联系性和完整性。规律性是指选题策划方案一定是可把握的、可操作的，能够揭示其内在客观联系和必然性的。

第二，可行性原则标准。即策划设计制订的选题策划方案哪一套更具合理性、实用性、操作性。所谓合理性是指选题策划方案一定要符合实际、符合情理。所谓实用性是指选题策划方案一定要有使用价值，特别是要有实际应用价值。所谓操作性是指选题策划方案一定要可以让人们去做，让人们去执行。

第三，效益性原则标准。即选题策划者所设计制订的策划方案哪一套更具有效率性、利益性、经济性。效率性是指选题策划方案在策划活动中一定能迅速地展开实施，并能迅速见效。利益性是指选题策划方案一经实施会立即对出版单位形象等产生有利的影响，随之给出版单位带来很大的益处。经济性是指选题策划方案在其设计制作时应本着节约的原则，少花钱，多办事。

依照上述 3 个原则标准，对所有策划方案进行严格的对照比较，评价筛选，最后通过全面分析和认真评价每一套方案的优缺点来决定方案的选用。

第四节　出版策划的实施

出版策划的实施主要通过信息采集、组稿、图书的设计和编辑加工等来实现。

一、信息采集

信息采集是指为出版物的出版在信息资源方面做准备的工作，包括对信息的收集和处理。它是编辑工作的起点，是选题策划的直接基础和重要依据。

（一）信息采集的作用

1. 有助于把握图书市场趋势

对出版来讲，通过搜集、记录、整理、分析图书从生产到消费全过程的供需情况，系统掌握市场的情报和数据，为市场预测和营销提供依据。来自图书市场的信息，包含了读者群体的阅读需求或热点情况以及市场的总体走势等，这是成功的选题策划所要求的最重要参考依据，有助于编辑把握图书市场趋势，保证为选题策划找到最佳的切入点。

2. 有助于图书的科学设计

成功的编辑出版工作是为社会提供新的、优秀的思想文化成果。编辑人员采集有关学科的发展动态、作者资料等信息，就可以在完成读者定位、市场定位之后，科学地设计出适合读者需求的，物色最合适的作者人选，从而保证让编辑的意图变成优良的产品。在构思整体设计方案时，内容的深层含义、读者的心理要求、印刷技术条件、材料供应情况、图书成本预算等信息的采集，是设计出形式与内容完美结合、为读者所喜爱的图书的重要条件。这种科学设计是使图书在市场竞争中占据更多份额的重要保证。

3. **有助于对稿件的判断和加工**

编辑的审稿、加工过程是在一定的编辑思想指导下，优化内容、体现编辑创意的过程。编辑只有以与内容相关的信息为参照，才能对稿件内容作出正确的价值判断，并由此作出取舍、调整、增删等处理；同时，只有以采集的出版工作规范、有关学科规范等信息为依据，才能对稿件进行必要的加工。

4. **有助于制订营销方案**

在对信息充分研究、准确把握的基础上。成功的营销都是对市场的适应和满足，离开对市场的了解，营销会陷入盲目状态。

（二）信息采集的内容

从编辑工作的要求出发，主要需采集下列几个方面的信息：

1. **社会发展信息**

这是指与蕴涵在图书中的文化背景和出版活动的社会环境有关的消息。编辑工作的深层意义是对人类思想文化成果的组织、优化和传播，在图书编辑过程中，需要采集一定时期社会的政治、经济、科技、文化动态和发展趋向以及国家关于经济发展和社会发展的方针政策、科学文化教育事业的发展规划、国家有关出版的法律法规和政策等方面的信息。以此为参照，编辑工作才能立足于一定的高度，具有宏观的视野，从而实现深层次的文化追求。

2. **科学文化信息**

编辑要掌握科学文化的最新动态和发展趋势，特别是与图书内容直接或间接相关的学科门类的发展变化情况。对学科信息掌握的深浅和宽窄程度，直接关系到图书内容的质量高低。在采集某一学科信息的过程中，既要了解该学科在国内的发展状况，也要获得国外的有关信息；既要把握该学科的总体发展状况，也要掌握该学科研究的前沿动态和前沿课题；同时，还要采集与该学科有关的其他学科的信息。对一门学科的了解越深越细，在编辑工作中就越能取得较多的发言权和主动权。

3. **出版动态信息**

这是指各类出版物在国内外的出版消息，包括各种学科、各种类型出版物的目录、评论以及出版统计资料、出版动态报道和其他出版社的出版动向等。这是构成出版生态环境的重要因素，并决定着图书的出版方式、印数、定价等，具有举足轻重的参考价值。

4. **作者信息**

这是指有关作者基本情况的资料，既包括有关学科作者的分布情况，作者群体中各人不同专长、不同学识水平的分析，也包括具体作者的身份情况、专业特长、从事研究工作的经历与成果、代表作品、当前的研究新课题以及新的撰著计划等。从有利于组稿的角度考虑，作者信息还应包括作者的人际关系、性格爱好等。作者信息有公开的，也有内部的，要有区别地、持之以恒地收集，并要按人建立档案，可利用计算机技术建立作者信息数据库。

5. **读者信息**

这是指出版物在读者中引起的反应和读者对未来出版物的需求方面的信息。有读者针对单一出版物品种的评价，也有读者对某类出版物的综合反应；有一个时期内出版物的发行销售情况及公众对它们总体倾向的评价，也有公众对新出版物的希望和要求，等等。读者信息可以反映读者当前和长远的阅读需求，也可以反映编辑策划中的市场预测在读者中产生的实际效果。

（三）信息采集的要求

信息采集是一个大量收集信息并将原始、分散的信息有序化、集束化的过程。为了保证信息的质量，采集时要做到以下几点：

1. **真实性**

在信息采集过程中，编辑面对的信息纷繁、复杂，其中有的反映了事物的真实情况，有的则具有虚假性和扭曲性。这就要通过比较、辨析，对原始的信息进行去伪存真的选择，尽量采集真实可靠的信息。在信息处理即对信息作归类、分析研究的阶段，尤其应注重信息中包含的现象和本质的区别。真实的信息是正确决策的前提，虚假的信息可能导致决策失误。

2. **针对性**

信息的价值大小在于其符合实际需要的程度。出版业是一个特殊的产业，一种图书即构成个性化的一个产品，这与其他产业的产品有很大区别。因此，围绕每一种图书的编辑工作所需要获取的信息是不完全一样的。只有针对某一具体的目标进行适当范围的信息采集，才能事半功倍；漫无目标的信息采集，很可能只是劳民伤财而一无所获。

3. **综合性**

出版是一个系统工程，信息采集时就要注意收集多方面的信息，并在此基础上注意连续积累。经过一定时间的积累和多种信息的综合，看似孤立或价值有限的信息就能体现出较大的价值。因此，采集信息时要注意综合性，而在处理、利用信息时，更要学会对信息进行综合处理，做到融会贯通。

4. **预见性**

编辑的信息采集是一种为图书出版决策提供依据的基础工作，而图书出版的决策必须具有预见性。因此，在信息采集时，一要注意及时获取反映事物发展状况的新信息，并不断淘汰过时的信息；二要为未来的决策作必要的信息储备。总之，在整个信息采集过程中，要始终贯彻“往前看”的指导思想。

（四）信息采集的方法

信息采集的方法主要有以下几种：

1. 图书交易场所调研

这是获取读者信息、出版信息等最主要的渠道。图书交易场所包括：

(1) 图书零售店。要特别重视大城市的大型图书商厦，那里图书门类齐全、品种丰富，且读者众多，是了解图书市场的重要场所。

(2) 全国书市、全国性图书订货会等。这些会展不仅具有订货、销售功能，而且具有展示出版单位实力、交流图书信息等诸多功能。

(3) 国际性书展。国际书业每年都举办国际性书展，其中规模较大的如德国法兰克福国际图书博览会、日本东京国际书展、美国书展等。

在图书交易场所采集信息的方法，主要是调研图书品种、向营业员咨询、向读者作口头或问卷调查等，而参与和观摩国际书展，尤其有助于获得国际书业信息，捕捉进入国际图书市场的机会。

2. 文献检索

图书馆、档案馆、情报所和一些专为出版业服务的信息中心，都是存储和提供有关出版信息的机构。这些机构存储的信息数量多、系统性强，是编辑获取信息的重要来源。目前，这些机构普遍采用电子化的信息存储和检索手段，为编辑以文献检索方式采集信息提供了便利。此外，政府机关、研究所、出版单位的资料室、大学图书馆以及专为出版界提供出版信息的机构，也是获取信息的重要场所。

3. **关注大众传媒**

在信息社会，大众传播媒体是公众获得各种信息的主要渠道，也是编辑采集信息的重要途径。

（1）传统媒体。编辑采集信息使用较多的传统媒体有报纸、期刊、广播、电视，从中可获得多类信息。如：国内外大事，党和国家的方针、政策，科学文化的发展状况，经济、社会新闻，出版业内的动态。

（2）网络信息源。计算机和互联网的出现，为编辑的信息采集提供了更为便捷的渠道。互联网上直接有关的信息源有：出版单位网站、网上书店、出版信息服务网站。国内外出版信息服务商开设的这类网站，可进行出版方面的专题搜索，以及网上报刊和网上图书馆。

4. **人际交往**

编辑通过与作者的互访、通信、电话或电子邮件联络，通过与各种直接或间接有关的人士进行交流以及参加学术会议和有关社会活动，都可直接获得第一手信息资料。通过人际交往采集信息的方式有特殊的功能和效果，是任何其他手段所无法代替的。除了编辑个人努力加强人际交往外，出版单位也可通过组织编辑沙龙、作者沙龙等联谊聚会，为编辑充分运用人际交流方式采集信息创造条件。

5. **专业市场调查**

信息采集工作，除了编辑或出版单位自行开展以外，也可以委托给专业的市场调查公司。国外这类业务比较发达，国内近几年也开始出现类似的调查机构，其中有的专门从事图书市场调查。编辑可以在网上或报刊上查看调查公司公布的调查分析报告，还可以借鉴调查公司的调查方法。

（五）信息处理的方法

信息处理是信息采集的关键环节，其目的是把采集到的原始信息通过筛选、加工，转换成便于传递、存储和利用的形式。信息的采集和处理往往是交织在一起的，所以在信息采集的过程中，实际上已经开始了对信息的处理。原始的信息是一种客观存在，但经过各种处理后，可以产生大不相同的价值。信息处理的方法包括以下几个主要步骤：

1. **筛　选**

编辑采集到的信息是分散、零乱的，需要经过识别、整理、核实，将其中过时的、重复的、不准确的信息剔除出去，把主要的、有价值的信息保留下来。

2. **加　工**

所谓加工，就是在筛选的基础上，经过组合、整理、分析，形成系统的、有一定规格的信息数据资料或调查研究报告等，使信息有序化、系统化。

3. **存　储**

信息经过筛选、加工以后，需要进行存储。存储的方法和设备，要从便于今后利用的角度考虑。信息具有可反复使用的特性，因此不但暂时不利用的信息需要存储，而且利用过的信息也需要存储。存储分有形和无形两种形式。有形的存储是把信息记录在物质载体上，如传统的方法是记录在卡片上，分类存放，现代的方法是用数据库形式存储在磁盘或光盘等信息存储器上。无形的存储则是编辑头脑中的记忆。

4. **利　用**

对采集来的信息进行筛选、加工和存储，目的就是为了利用。利用时要对信息融会贯通、举一反三。对编辑有意义的那部分信息，往往呈现动态的、相互交叉的状态，因此，不能机械地、孤立地、静止地使用信息。为了让信息能为编辑工作所用，需要使信息融合、互动，升华为思想、思路、灵感、创意。要达到这样的水准，需要在信息利用过程中以编辑目的为参照，注意编辑经验的积累、多种信息的交融，将思维作多元化、多角度的延伸，将信息化成求新求变的观念，化成丰富的想像力，从而为选题策划和其他编辑工作打下基础。

二、组　稿

组稿是选择、组织作者或译者完成作品写作或翻译的活动。没有切实有效的组稿活动，选题的策划就会成为一纸空文。因而，选题通过之后，编辑就要为使选题形成稿件而落实作者（或译者，下同），并进行一系列相关工作。

（一）稿件的来源

在讲述组稿工作之前，不妨先分析一下出版单位的稿件来源状况，这样可以对组稿工作的重要性有进一步的认识。出版单位的稿件大致有 4 种来源：

1. 自　投

这是作者自行把稿件投寄给有关出版单位，既表示希望自己的作品公开发表，同时也表示愿将该作品的出版权授予该出版单位。这类稿件通常称“自投稿”或“自发来稿”。作者投稿，是对出版单位的支持和信任。出版单位应十分重视自投稿，这是对作者劳动的尊重，也是为自己的工作创造条件。出版单位对于自投稿，无论接受与否，都应认真登记，及时提出处理意见并回复作者。

2. 推　荐

这是由有关机构、团体或个人出面，把作者的稿件转交给出版单位。推荐来的稿件，与作者的自发来稿一样，同为出版单位的重要稿源。推荐者一般都与出版单位有某种联系，或者与其中的某些人比较熟悉，因而编辑对推荐稿予以格外的关注，这是可以理解的。但是，不论是自投稿还是推荐稿，包括上级领导部门交来的稿件，出版单位都应坚持统一的审稿原则和取稿标准。这是编辑应该遵守的工作纪律和职业道德。

3. **引　进**

这是通过著作权贸易或者出版交流而获得稿件。随着我国实行对外开放政策，国内出版界和国际出版界建立了广泛的联系，更多地开展著作权贸易。出版交流则是有关双方交换使用出版权、翻译权等，是一种不以金钱而以相应权利作为交易条件的“贸易”，故实际上也可视为“著作权贸易”。目前，以这两种方式进行的稿件引进，已经成为出版单位的一项日常工作。

4. **组　织**

这是出版单位根据自己制订的选题，主动物色、联系作者而获得稿件。这是选题得以实现的重要手段，也是图书质量得以保证的有力措施。出版单位自己组织的稿件有充分的准备和明确的目的，经过了解而选择的作者有着较高的学术水平和较强的写作能力，所以稿件多数都能达到出版要求，成功的把握较大。因此，出版重点书，大、中型工具书，丛书，古籍整理成果，地图等，通常都采用组稿的方式。

上述前三种来源的稿件，到了出版单位后就直接进入审稿阶段，作者自己或者著作权贸易的“出售方”实际上已经完成选题策划与稿件组织的工作。第四种来源的稿件，则需要编辑付出很大的劳动才能获得。本节关于“组稿”的各种阐述，主要就第四种来源的稿件而言。

（二）组稿的方式

1. 个别约稿

这是最常用也是最主要的组稿方式。编辑可以采用信函、电话、传真、电子邮件等各种通讯手段，与作者取得联系，提出约稿要求。而更加好的方式，是在征得作者同意后，选择适当的时机登门拜访，当面就稿件写作问题进行洽谈，由于双方可以直接接触，因此可以谈得比较具体、深入。具体做法可视稿件的重要程度以及编辑与作者的交往程度而定。如 1931 年赵景深在北新书局编《青年界》，因为稿荒，向老舍求援。他的约稿信上只有一个大大的“赵”字，并且用红笔圈起来。老舍见信心领神会，立即复信“元帅发来紧急令，内无粮草外无兵！小将提枪上了马，《青年界》上走一程”，并随信附上短篇小说《马裤先生》。这次约稿被传为文坛佳话。约稿信如此幽默，那是因为赵景深和老舍是相交很深的朋友，一个字便可以心领神会。如果编辑与作者只是初次交往，那还是要采取比较郑重的态度，否则效果会适得其反。在与作者交往过程中，编辑要真诚、坦率，对新作者与老作者、名人与非名人，都要一视同仁，必须尊重、体谅作者，不能凌驾于作者之上。

2. 社会征稿

这是出版单位为获取稿件，通过一定的媒体或其他传播手段，向社会公开征集。采用这种组稿方式，有两个原因：一是组稿的对象人数众多，分布广泛，而一时又无法确定具体人选；一是把这种组稿方式视为一种宣传手段，希望以此提高出版单位的知名度。这种组稿方式，在期刊编辑工作中经常采用，图书编辑工作偶尔也可采用。如大型志书《中华文化通志》选题确定后，有关单位先在《光明日报》刊登启事，公布 10 卷 100 册的目录，提出写稿要求，公开征集作者。这样做，既可以为图书造声势，又可以对作者进行比较，以发现最佳人选，保证稿件写作质量。

3. **群体集稿**

群体集稿是出版单位通过有效的组织工作，约请一批有写作实力的作者撰写稿件的组稿方式。譬如，在组织丛书、大型专业图书、工具书的稿件时，聘请有声望的学者担任主编或者主持组成编委会，由他们协助出版单位物色和约请一批合适的作者共同完成稿件的撰写。

（三）组稿的准备

为了使组稿取得预期的效果，编辑一定要作充分的准备。无论是登门拜访作者，还是用通讯方式组稿，虽然表现出来的也许只是一两个小时的交谈或一封千把字的书信，但很可能需要编辑用上自己的许多文化知识和社会阅历。在选题策划阶段，编辑实际上已经在为组稿做准备，但到了组稿阶段，仍有不少准备工作要做，其中最主要的是 3 个方面的工作：

1. **明确选题要求**

编辑对选题的认识如何与组稿能否成功有着很大的关系。组稿工作的目的，就是要为选题寻找最合适的作者并且把作者的写作引导到出版轨道中来。为此，编辑必须在组稿前充分研究选题的性质和要求，才能以充分的说服力，让作者看到市场的需求、选题的价值和设计的合理性，相信自己能够胜任。只要选题本身有吸引力，编辑又能把这种吸引力展示出来，作者一般是会接受的。编辑能否做到这一点，在很大程度上取决于对选题的理解。所以在组稿前深入研究选题，明确写作要求是十分必要的。

2. **制订组稿方案**

组稿是出版单位的一件大事。选题存在问题，还可以修订、调整甚至撤销，而一旦组稿，作者开始了写作，就没有太多回旋的余地。所以在组稿以前，一定要认真研究，制订具体的组稿方案。大的问题如向谁组稿、由谁组稿，小的问题如交稿时间、出书时间、装帧规格、稿酬标准……都要逐条议论，并要经过一定的审批程序，让组稿编辑做到心中有数。凡事预则立，不预则废。有了组稿方案，不管是文字的，还是口头的，编辑可处于主动地位；没有组稿方案，一切临场处置，有时难免会考虑欠周，措手不及，影响组稿效果，甚至带来严重的不良后果。

3. 选择合适作者

这是选题成功与否的关键。在进行选题策划时，一般对作者人选已有设想，开始组稿时还要再次从各方面进行衡量，以确认最合适的作者人选。编辑经常面临的问题是：有了好的选题，却找不到合适的作者，或勉强找到的作者并不是理想人选，结果往往导致选题流产，或一流选题却做成了三流产品。合适的作者，不但在学术造诣（或艺术修养）、思想水平和写作能力上都能够胜任稿件的撰写，而且还充分理解选题的具体要求且志趣与之相合，同时又熟悉读者对象的特点，能使写作风格适合他们的要求和口味。要选择到合适的作者，编辑须平时就注意收集作者资料，建立作者数据库。为此，编辑要做有心人，不仅要耐心、细致，还要敏锐、热情。无论是读书看报还是开会访友，只要发现有价值的线索，都要随时记录在案。不仅要关注名家、专家的动态，因为他们是作者队伍中的主力和骨干；更要瞩目尚无名望但有潜力的新人，也许他们正是未来选题的最合适的作者。一个编辑有丰富的作者资源，就能在选择作者时游刃有余，顺利完成组稿任务。

（四）组稿的落实

1. 加强与作者的沟通

选择合适的作者以后，沟通显得尤为重要。可以说，组稿的过程是个沟通的过程。通过沟通，编辑与作者由陌生到熟悉，由相识到相知，不仅有智慧的交流，而且有情感的交流，这样才能进入良好的合作境界。作者接受约稿，首先是对选题的认同，但同时还包含着对编辑的工作态度、工作作风和工作能力的认可。钱锺书为什么愿意把自己的作品交给中华书局的周振甫？在很大程度上是因为他与周振甫相熟相知，能够沟通，有共同的语言。

“你要欣赏荷马，就必须把自己提高到荷马的高度。”同样，你要与作者沟通，就必须进入作者的境界。沟通的第一步，是了解作者，熟悉作者。否则，贸然闯上门去，非但说不上沟通，甚至会出现尴尬的场面。季羡林曾留学德国10年，在格丁根大学主修印度学，是著名的东方文化学者。有人误以为他在印度留学，组稿时让他谈谈游历印度的见闻和感受，使他哭笑不得，组稿任务自然难以完成。

2. 当好作者的参谋

编辑在组稿过程中，要充分发挥参谋的作用，帮助作者完善写作计划，坚定写作信心，选择最佳写作方案。

编辑组稿时，作者还没有进入写作状态，编辑的参谋就可以引发作者的创作欲望。当年鲁迅住在绍兴会馆抄古碑，并没有想到写小说。《新青年》的编辑钱玄同“偶或来谈”，一次捉住了一个机会：“我想，你可以做点文章……”鲁迅于是说出了那个著名的“铁屋子”的比喻，他不忍心让在铁屋子里熟睡的人们意识到“临终的苦楚”。这位《新青年》的编辑却说：“然而几个人既然起来，你不能说绝没有毁坏这铁屋的希望。”鲁迅终于被说动了，于是有了新文学史上第一篇白话小说《狂人日记》，而且从此“一发而不可收”。如果没有钱玄同的参谋，鲁迅也许不会那么快走上文坛吧。

即使作者进入了写作状态，编辑的参谋作用同样是不可忽视的，因为作者有时也会出现“当局者迷”的情况。例如，粉碎“四人帮”后，一家出版单位约美学家朱光潜写美学通俗读物。当时，朱光潜正为美学的写作而苦恼。他收到很多年轻人的来信，对那些年轻人提出的各种美学问题根本来不及答复，在报刊上发表几篇文章也无济于事。这家出版单位的编辑便建议他仿照50年前写的书信体作品《谈美》，重新写一本《谈美》，给来信未复的青年作一次总的答复。从50年前的《谈美》到这次的《谈美》，在形式上前呼后应，给人一种亲切感，而且作者也可以借此总结一下自己的美学思想；更重要的是，采用书信体的形式，作者驾轻就熟。这显然是一个合适的写作角度。朱光潜欣然答应，在几个月里便交稿，这便是至今仍在流传的《谈美书简》。

作者拟出的提纲和写出的样稿，编辑都要认真审读，并及时与作者商量、讨论，提出修改意见，以使未来的作品更加完善。对缺乏写作经验的新作者，更要多加关心，经常沟通，当好参谋，尽早发现问题，以免稿件写出后还要做大的返工。

如前所述，丛书、工具书和大型图书一般设有主编或编委会。编辑要尊重和依靠他们，充分发挥他们在拟定写作计划或编纂计划、明确分工、统一体例、审定样稿、掌握进度、内容把关等环节中的主导作用。同时，编辑又不能抱有依赖思想而放弃参谋的职责，仍应积极参与其间，穿针引线，提出建议，发表意见，协调各方的关系，阐明出版单位的意图等。

3. **全心全意做好服务工作**

编辑工作既需要创造精神，又需要服务意识。审读加工阶段，要在作者原稿上花费大量心血，这是编辑的本分工作，自不必说；组稿阶段，同样要在思想、智慧交流的同时，辅以真诚、热情的服务。譬如，作者接受组稿后，编辑要就写作要求向作者做详细解释；作者开始构思，编辑要与作者同步思考；作者交出提纲和样稿，编辑要开座谈会征求意见；作者缺少资料，编辑要尽可能提供帮助，等等。有时甚至还包括对作者日常生活方面的照顾。美国作家菲茨杰拉德从小失去父母的爱，编辑珀金斯在向他组稿的同时，还像父母一样关心他的健康，照顾他的生活，使他很受感动，更用心于创作。他称珀金斯是“最忠实和最亲密的鼓舞者和朋友”。珀金斯之所以能成为著名的编辑家，与他的服务精神是分不开的。

三、图书的设计和编辑加工

编辑出版策划，简单而言，即是对图书的包装设计。包括书名、内容提要、目录及章节标题、各种栏目的设计、版式等内容，通过对这些要素的综合设计，使图书让人赏心悦目，产生购买意愿。

（一）图书的设计

以前的图书，大家认为它由两部分组成：封面和正文。而现在，人们认为图书是个六面体的产品，需要做细到每一步，封面、封套、扉页、正文的版式、天头地角、字体的变化，甚至页码的形式……这些东西，看似简单，里边的学问却很大，当然需要策划，对图书进行设计。因此，老编辑们会说自己是“编”书，而新编辑们说的是“做”书，一个字的变化，却是不得不变，因为需要“做”的毕竟不少。

包装是产品强有力的营销手段，是图书设计中一个重要方面，一本书往往会因为封面设计的好坏直接影响销售。要做出好的封面，就需要策划人员在图书的编辑出版上下工夫，要把书名、内容提要、目录及章节标题、各种栏目的设计、版式等都做到位。

图书的设计工作是一项科学性、艺术性和技术经济性有机结合的综合设计工作，是重要而又比较复杂的创造性劳动。既需要有能吸引读者的较强的艺术魅力，有独立的艺术欣赏价值，更需要与书籍的性质、内容相协调，能满足读者求新、求奇、求美的需要。编辑出版的艺术水平和印刷质量在读者选购图书的审美意识中，对书籍的销售数量和图书的社会与经济效益都起着增益的作用。编辑出版优秀的图书不仅应给予读者阅读上的方便，有助于读者理解图书的内容特色，而且应有利于读者的艺术欣赏，增加阅读图书的乐趣，在培养审美情趣、陶冶性格情操方面起着积极作用。

好的书稿内容，必须配有优秀的图书表现形式，方能成就一部高质量的适合市场需要的图书。一个优秀策划人员，不仅应该善于处理书稿内容，有较强的组稿和编稿能力，而且应掌握编辑出版的基本知识，培养自己的审美意识、欣赏水平和鉴赏能力，与美术编辑、技术编辑互相配合、互相协作，共同搞好图书的形式工作。

（二）编辑加工的原则

在编辑出版书稿时，应着重考虑以下原则：

第一，力求图书形式美观大方，传递的信息含量多。

第二，区别不同种类图书的特点，适应特定读者对象的需要。

第三，适应国际学术交流和进入国际图书市场、参加图书版权贸易的需要，某些图书宜附有英文书名和英文内容提要。

第四，重视读者要求，提高编辑艺术水平的取向，编辑出版有特色、能吸引读者、有丰富的艺术感染力的图书。

第五，根据各类读者的不同需要来确定图书开本大小，并注意适合国内外书店陈列架的尺寸。

第六，按照图书不同用途和不同质量要求，选择合适的纸张和材料，注意使用轻质材料，减轻重量，便于运输。

第七，注意适应特定读者的需要，便于读者携带、使用和保存。

第八，要考虑到实现编辑出版的成本大小、图书定价的高低、读者范围的宽窄、读者层次诸因素之间的关系，即考虑某种范围、某种层次的读者对该书需要的程度，以及读者对书价的最大承受能力。

总之，重视图书的编辑出版工作，提高图书的编辑艺术质量，是当前国内外图书市场竞争中的一个重要特征。所谓策划，所谓优质，就是要让图书的内容与形式相符合。古人说“文胜质则史，质胜文则野，文质彬彬，然后君子”，就是这个意思。通过一系列精心策划，“折腾”出这样一本“君子”书，图书出版工作的一半就完成了，接下来要做的就是营销。

第五节 图书的营销策划

营销是图书选题策划系统的最后一个环节，也是一个关键环节。如何将编辑出版后的图书销售到广大读者的手中，这需要一定的营销技巧，需要对图书宣传，促进社店合作。在营销过程中，还要注意收集营销信息的反馈，以利于下一轮选题策划的开展。

一、图书的发行与营销策划

“酒香不怕巷子深”的时代已经一去不复返了，一本好书如果没有一个好的营销方案，就很难达到预期的目标。因此，在图书编辑出版后，策划人员、发行人员必须要以新的视角、动态的眼光和辩证的方法来制订适应市场经济规律的、与图书本身特色相符合的、高效率的市场营销策略。这其中包括：宣传推广的方式、媒介的选择、图书上市的时间、发行渠道的选择、发行折扣，以及严密的市场监控手段等。

我国图书出版业的市场化水平，目前还处在初级阶段。针对现阶段的图书出版而言，具有操作性的营销方式，主要包含两个方面：一是广告宣传，二是社店联合作。

（一）广告宣传

新出版的图书，除由书店在门市销售，通过调查向单位和读者征订外，是否进行宣传，对发行量的大小有着极大的关系。各类图书的读者对象和需要的范围不尽相同：有的书是业务上的必需资料；有的书是学习时的参考资料；有的书是文件汇编，反映了某项政策和宣传的重大措施；有的书是文化积累的科研学术著作；也有的书只是供茶余饭后消遣用。因此，一种书出版后，如何为需要它的读者所了解，并且让读者能够买到它，通过各种方式去宣传推广就显得格外重要。

1. 找准宣传点

宣传是营销策略中非常关键的一个环节，而宣传中的重中之重，是找准宣传点。宣传点是指在图书宣传中如何塑造图书的形象。大量图书营销实例告诉我们，同样一本书，宣传侧重点不同，效果会相差悬殊。

第一，图书的宣传点要准确，要符合图书内容。例如，针对《哈佛女孩刘亦婷》的宣传，可以从留学梦入手，也可以从素质教育的角度入手，还可以往“学习的革命”角度靠。经过反复权衡，策划者选择了素质教育作为宣传点，结果引发了整个图书市场的素质教育风潮。

第二，图书的宣传点应重点突出、语言精练。对于一部优秀书籍，其优点可能体现在多个方面。如一部学术水平很高的史学理论专著，填补了有关图书出版方面的空白，同时，其文字表达、编校水平、装帧设计质量均较高，对此类图书的宣传，宣传点应在前一特点，突出其学术水平、出版价值。另外，图书宣传所使用语言应经过高度提炼，类似于广告语言，容易记忆。

2. **落实宣传点**

宣传点找准了，如何落实也是一个问题，落实宣传点应根据前期已经确定的宣传点展开。

第一，围绕宣传点将文章做足，使宣传点丰富起来，有血有肉。以《一光年的距离有多远》为例，杨葵等出版策划人从“青春校园小说”这个点发散开，又设定了很多题目，比如其中之一，是通过设计，在某些报刊引发一场话题讨论——“70 年代作家，矿泉水与鸡尾酒”。话题探讨 20 世纪 70 年代作家创作风格的多样性——在大多数人眼中，70 年代作家的作品风格多为都市的颓废、妖冶和叛逆，而以曾炜为代表的另一部分 70 年代作家却始终描绘青春的纯洁、唯美的校园人生。

第二，与各种媒体密切配合。与媒体配合是门学问，根据成功人士的经验，策划人员必须研究媒体。策划人员要知道将要合作的各家媒体的风格及其趣味，甚至熟悉其版面设计。比如与报纸合作，一份报纸每天要把版面填满，但内容不是随便填的，自有一套规律。策划人员要设法寻找到这些规律。一句话，要替别人着想，这样策划人员提供的稿件也好，想探讨的话题也罢，正好符合别人的需要，人家何乐而不为？

第三，宣传方式应该常变常新。有的书，因为有新闻性的成分，就可以采取狂轰滥炸的方式，通过尽可能多的报刊、电台、电视台等媒体，分几个阶段，大造声势，同时迅速将图书铺满全国各地，并带着作者在全国各地大搞签名售书活动，带动全国各销售网点的销售。还有的书，不具备这些先天条件，也可以通过精心策划，另辟蹊径展开宣传。比如搞“以点带面”，即分别选择媒体、城市中的某一两个点，继而带动全国的宣传，也可以取得不错的成绩。

3. **图书宣传的原则**

在做图书宣传时，出版人还需要遵循一定的原则。在这一方面，美国书商做图书宣传的 5W 原则很值得学习和借鉴。

第一，采取何种方式进行宣传。美国图书宣传方式花样很多，最基本的有在报纸、杂志上刊登广告；请名家撰写书评；定期将本社最新书目清单有针对性地寄给读者；安排作者巡回演讲、参加各种活动、签名售书；推销员上门直销，宣传、介绍、推销各类图书等。

第二，宣传什么，也就是如何将内容介绍浓缩为图书宣传语。出版单位首先请作者就自己及其所写新书写个较为详细的介绍。内容主要有：自己的简历，过去著述情况，该书简要内容，该书与其他同类书比较有何特色等。然后结合书中的精彩内容及书评家给予该书作者及内容的评价，精心挑选，组成五个段落的文字。这五个段落一般应依次列出下述内容：该书最有代表性的段落文字、鲜明的特点和引人注目的地方；该书基本情况；该书内容概述；该书的特色所在；介绍作者简历和著述情况。五个段落的文字介绍挑选出来之后，编辑再将其浓缩为言简意赅的 50 个词左右的简介，然后再进一步提炼，拟出语言精练而又能充分反映该书特色的一句话，即图书宣传语。

第三，为什么用这些内容进行宣传。宣传内容拟定之后，策划、编辑、出版、发行各部门要会同研究，进行综合评估。评估的内容主要有：该宣传形式的总体设计是否和谐悦目？该宣传是否让读者一目了然？该宣传形式能否让读者了解到所宣传图书的特色？该宣传是否突出了作者？该宣传形式能否得到读者更多、更广泛的反馈信息？

第四，什么时候做图书宣传。图书出版前，宣传的准备工作是将新书的一些基本材料寄给各地图书批发商、书店等，向他们宣传，做好图书预订工作。这样，新书一上市，就会全面开花，很快打开销路。

第五，在哪儿做宣传。哪儿最能引起公众的广泛注意，就在哪儿做宣传。做图书宣传时，精明的美国出版商考虑得细致而周到。如以广告形式对图书做宣传，他们认为广告不应在报纸或杂志中乱插，要选择一个比较固定的页码或在扉页、封底等地方登广告，读者每翻到这些地方就能看到广告，多次重复，必然吸引读者注意力。

除了传统的一些宣传模式，还出现了一些新的图书宣传形式。如，免费赠送的制作精美的明信片，这已成为各出版单位，尤其是儿童类图书出版单位普遍使用的一种新兴的营销工具。电子邮件也在图书宣传中发挥着作用。发送电子邮件一定要注意，应该向人们发送有意义的信息而不招致他们的厌烦。

（二）社店合作

目前看来，无论是国有还是民营书店，都很愿意与出版单位合作，追求最大的经济效益。对出版者而言，应该充分利用这一商机。因为书店是最直接的销售场所，其地位的特殊性，是任何其他场所都无法比拟的。

由此可见，社店合作是双方互赢的最佳选择，可遵循以下几点：

1. 社店合作的方式

社店合作的方式有多种，比如请畅销书作者坐店举办免费讲座，现场签名赠书或售书，以及其他多种方式。具体来讲，出版单位可以从以下 6 个方面配合书店进行营销活动：

第一，对于铺书量的建议。要实现图书的销售，就要让读者随时在书店能找到想要的书，实现其购买行为。因此，书铺得太多，可能会产生大量的退书；书铺得太少，书店会缺书，读者买不到自己想要的书，所以一家书店铺书量到底应该多少，除了是书店采购的责任，出版单位也应提出可靠的数量建议。

第二，主动向书店争取举办多种活动。当图书进了书店之后，营销活动的举办通常能吸引读者较多的注目。出版单位应该主动向书店争取发表会、演讲会的活动，除了可以透过生动的言词与肢体语言，争取读者对该书的喜爱之外，更可以阐述设计理念、编辑特色，让购书人认同该书所传达的信息，进而产生购买的意愿。出版单位还可针对自身出版的书系，不定期邀请知名专家、作家等举办各项咨询、讲座，增加与读者的互动，培养其对书店与出版品牌的信任。这是出版单位建立品牌影响力的好途径。

第三，促销物的运用。制作海报、精美的平面宣传手册以吸引大小读者的关注。例如，与电影、电视相关的图案商品，以大幅海报或人形广告牌陈列，必定能引起读者的驻足流连，从而提高图书的销售强度。

第四，与地标性的大卖场或大型书店举办插画展或其他征选活动。如果出版的是具特殊风格的图画书，则可以选择风格相符的书店或卖场，举办绘本的插花展或征选插画等活动，不仅能制造话题引起读者瞩目，甚至可吸引各类媒体报道，无形中增加了图书的曝光度，对图书有很大的促销作用，也能借此提升出版单位的形象与知名度。

第五，举办书展。与书店配合举办书展，直接以优惠价格、配合礼品赠送回馈读者，也是不错的促销方式。另外，如果是儿童读物，若出版单位的营销人员能与学校老师建立良好的关系，继而使出版单位的书获得老师的青睐而列为寒假或暑假的推荐读物，相信对儿童图书的销售会有很大的帮助。

第六，社店共拥一个品牌。营销理念的选择，常常决定了一个图书品牌的兴衰成败，《话说中国》能以超常规的速度走向全国市场，是与该书的总策划何承伟和他的团队的营销理念分不开的。他们常说的一句话是：让出版社和书店共同拥有一个品牌。为了使《话说中国》走向全国，他们在每个地区寻找并确定一两个有市场营销能力的图书经销商，授予图书独家销售权，让其参与投资并赚钱。这种模式不仅取得了良好的市场效应，使该书一直处于供不应求的状态，而且使他们真正享受到了“市场推动图书”的妙处。何承伟说：“好书与市场的循环关系，应该先是图书推动市场，然后是市场推动好书，到了这个阶段，才是编辑真正享受市场的时刻。”

出版单位与书店所进行的营销活动，应该着重培养读者读书的风气，进而促使读者买书的意愿，把潜在的图书市场扩大，所以阅读活动的推广与参与，是很值得出版单位与书店共同来规划的。

2. **社店合作需注意的问题**

在社店联合中，双方需各自注意一些问题，才能让活动有效进行。

第一，事前的准备。书店与出版社的营销企划人员应维持紧密的联系，彼此相辅相成，才能促使活动顺利的开展，以达到预期的目标。例如读书会、讲座等活动，如果出版社能投入较多的精力，相信定能减少书店邀请作者或专家联系上的困难度，而书店如辅以将该出版品陈列于较显眼的位置或给予更多的曝光机会，相信出版社会更乐于配合书店的活动。

第二，价格的配合。在书店推出折扣时，出版社若能相对给予比平时稍低的进价，甚至提供赠品赞助该活动，相信书店的配合意愿也会相对提升。

第三，加强教育训练。出版社若能利用书店员工内部集会或教育训练，争取推荐本社出版品的机会，相信借书店人员对该书的进一步认识，在第一线为读者介绍时，定能提高图书的销售率。

第四，书店在采购方面也要与出版社积极配合。当营销策划人员搞好策划方案以后，应立即与书店采购讨论活动目标，并进行更为详细的规划，如预期活动的参加者众多，则相关图书就应该多准备些库存，但应与出版社事先协调，待活动结束后，在一二天内立刻办理退书，以免积压过多的库存。但若预期短时间该书应会有不错的销售成绩，若活动期以较低折扣进书，也能趁此时多留些短期内即能销售掉的库存数量，使能获得较高的销售利润。

第五，保证社店之间信息的通畅无阻。经常出现的情况是，一本书畅销了，但市场上却时有断货，这里很大的原因是社店之间的信息不通畅。对书店来讲，每天进出成千上万种图书，对出版社来讲，可能几乎每天都有新书出版，繁忙之中就容易出错，造成货源断档，既给不法盗版分子留有可乘之机，又让整个销售陷入停顿。如果社店之间的信息渠道通畅无阻，则可实现图书的良好销售。

（三）营销的策略

图书的营销本身就是一项系统工程，是一个分析、计划、执行和控制市场运作的过程。图书营销系统应贯穿于信息、选题、组稿、编辑、价格、设计、纸张、制版、印刷、渠道、运输、宣传、销售、促销、信息反馈等出版系统流程。出版单位发行人员在现代的图书营销中应掌握一定的营销技巧，要在一些有创意、有新意的细微之处赢得图书销量。其中，促销是一种常见的营销手段，可在读者、经销商、销售员三个方面对图书销量起促进作用。

1. 对读者的促销

销售促进技术运用在图书营销上，对读者的促销有以下 4 种方式：

第一，加速图书进入市场的进程。比如将即将上市的新书，做成“试读本”。试读本的开本可以与原书同样大，但厚度可以“缩水”，也可以做成只有部分精彩章节、段落，其他部分为空白的图书等。

第二，说服和促进读者持续购买。比如一套系列图书分批出版，使用持续销售促进计划，每册设计赠卡或书签卡，设法要求读者收集完后换取赠品或是图书。

第三，增加同类图书的消费，提高销售额。比如购买一本精装图书赠送另一册同类图书，有助于两类图书的销售。

第四，抵制和击败竞争者促销活动的活动等。销售促进活动可带动相关图书的销售，如通过折让、附送某类图书等，刺激读者对该类图书的兴趣和认识。

2. **对经销商的促销**

销售促进活动还应包括对经销商的促销，目的是提高经销商的销售积极性。主要包括以下五个方面：

第一，广告技术合作。出版单位向经销商提供详细的广告技术宣传资料，帮助经销商培训销售人员，帮助经销商建立有效的管理制度，协助店面及专柜装饰等。

第二，业务会议和贸易展览。

第三，交易推广。出版单位通过折扣、销售返点或赠品形式来促进经销商合作。

第四，经销商竞赛。举行经销商之间的总销售量竞赛、新图书和库存书竞赛、退货率控制竞赛、销售额增长竞赛等。

第五，图书资料免费刊物等。

3. **对销售员的促销**

销售促进活动中对销售员的促销。主要包括以下三个方面：

第一，销售员培训。包括课堂讲授方式、集体讨论方式、个案研究方式、角色扮演方式等。

第二，销售员竞赛。内容有销售金额、新市场开拓、客户数量、利润额及其他综合评价等。

第三，让优秀的销售人员出名等。

图书营销的方式与技巧需要不断学习，要用灵活的营销迅速地应对市场变化。出版单位发行人员要善于吸收成熟的市场经验和现代营销理念，努力成为图书营销专家。

二、效果反馈与评估

在开展图书营销活动的同时，要收集销售信息，对市场反映作出调整，使销售目标实现。对营销效果的反馈与评估，可以从以下方面入手：

（一）效果反馈

在图书出版领域，图书发行信息反馈是指在图书发行过程中，综合整理从各种需求者中得到的信息的过程。图书出版环节对发行提供信息的要求是：及时准确提供信息，根据市场需要提供不同读者需要的信息，以及出版单位策划、决策系统需要的信息等，包括内部信息和外部环境信息。

1. 内部信息

图书发行内部信息可以通过出版单位建章立制等措施来获得。如制订销售排名，可以了解哪类图书在市场上适销对路；对回款汇总，可以了解该社在各地图书的销售情况。

内部信息包括以下5个方面：

第一，图书销售节奏和销售率。

第二，每月统计分析。包括按地区销售总量、重点图书销售跟踪、网点变化分析、回款跟踪、销售排行、退货排行等。

第三，库存图书结构及其全年销售变动情况。

第四，每次征订、订货活动后的订货分析。包括订货品种结构和码洋分析，图书订数地域构成分析，图书销售时限分析，与同行之间优劣势态对比分析，历届订货会对比分析等。

第五，社办书店和邮购销售图书的品种、数量动态分析等。

2. **外部环境信息**

外部环境信息可以通过观察、访问、调查等方式来获得，也可以通过专门的咨询公司获得。外部环境信息包括以下 6 个方面。

第一，流通结构信息。主要反映图书市场经营者构成变化情况的信息，包括各类不同性质的图书经营网点发展情况及本社的市场占有率，批、零销售结构及各类图书销售所占比重。

第二，竞争对手的实力与经营策略。包括竞争对手的图书营销、市场定位、兼并收购、经营哲学、内部文化、指导信念，以及战略规划等。

第三，市场上同类图书的质量、特色、价格、营销策略及实际销售状况，对本单位图书销售量的预测，与本单位有关的图书市场的需求与潜力。

第四，本社图书市场占有率，包括内容、特色、质量等对读者的适应状况及销售额增减状况。

第五，市场需求信息。包括细分读者数量及其构成变化，购买力状况及具体的需求信息，当前市场热点、潜在的市场需求等。

第六，经营环境信息。包括政治、经济、社会综合发展水平、居民消费水平及消费结构、社会成员的文化素质，以及一些重大的专业机构设置及潜在消费水平等。

内部信息和外部环境信息综合反映图书营销效果。出版社为了策划出好的图书选题，应重视对图书营销效果的反馈与分析。通过反馈，策划人可随时分析实施选题策划的内外部环境变化及其对总体选题策划活动的影响。适时调整、修订和补充，以求策划方案的完美与实用，保证策划活动的顺利进行。

（二）效果评估

效果评估是指以既定的目标标准衡量一定时期内因营销活动而取得的客观成果。通过评估分析，不仅有利于对预定目标的调整与修订，使之与实际相一致，从而最大限度地保证图书选题策划的顺利进行，而且还可以通过总结经验，查找不足，为下一轮的图书选题策划提供更加科学准确的目标。

1. 评估的方法

评估的方法有定量评估法和定性评估法。定量评估法是建立在统计分析基础上的，通过对大量的反馈信息、数据资料的定量考察，衡量策划方案与实施效果的优劣。定性评估法是建立在理论分析基础上的，通过对方案、环境、效果的逻辑分析来评价策划方案及实施效果的好坏。

2. 评估的步骤

评估可按以下4个步骤进行：

第一，对照检查目标。衡量图书选题策划方案是否成功有效，其根据就是既定的策划目标实现与否，程度如何，是超额实现、完全实现、部分实现，还是完全未实现。

第二，搜集分析资料。评估标准的取得还要依靠大量翔实的信息资料。通过内部信息和外部环境信息的搜集，有关资料的处理，来检测哪些超越了既定目标，哪些达到了既定目标，哪些未兑现既定目标。

第三，报告评估结果。负责策划方案效果评估的策划者，通过策划目标与反馈信息的对照比较，得出评估结果后不能将其束之高阁，而应以书面或口头形式将有关策划目标兑现，策划方案效果与策划总目标、总任务之间的关系等评估结果应正式汇报给决策层。

第四，应用规划提高。评估策划方案的目的在于应用成果，规划新一轮选题策划目标，以完善企业形象，提高企业竞争力。

总之，图书发行效果评估不仅有利于策划主体的再开拓、策划方案的再创造，而且也有利于策划功能的再强化、策划水平的再提高。

3. **评估出版社形象**

任何一个出版社，只要它不断寻求发展，就必须不断总结经验。不仅应在图书选题与营销策划结束后进行评估，还应在企业形象上进行审视。

第一，哲学理念的改造。从外在的整合性来讲，出版社追求的最高价值观与社会追求所表达的价值观应该是吻合的，否则出版社的最高价值观无法推动社会的发展。就内在的整合性而言，应检查出版社的企业精神、经营理念和发展目标是否跟得上时代的发展。

第二，管理体系的调整。出版社应该根据本社的市场占有率和对市场的影响力，对管理结构作出相应的调整。

第三，核心价值观的检讨。这是指对出版社文化内涵进行某种程度的调整。一家出版社要跟上时代的发展，不仅应不断开发新的图书产品，而且应不断调整出版社的文化形象、文化体系和社精神，有时甚至是重建再造。

4. **评估读者**

对读者的评估涉及人口构成的各个方面，可能是评估工作中最为复杂的一项。在大多数情况下，人口构成的任何一个细节特点都可能对一种图书产品的推出或一个企业形象的建立产生至关重要的影响。在对读者进行评估时，应重视的人口构成要点主要包括以下 7 个方面：

第一，年龄分割。不同的年龄阶层对于同一种图书或者不同的图书的要求是不一样的。不同的年龄阶层有不同的消费重心，大学生不可能读高考指南类图书，老人也极少对儿童读物感兴趣。

第二，收入状况。收入状况涉及购买力以及相关的定价策略问题。读者可能有购书的欲望，但其实际购买力会决定他的购买行为。

第三，教育程度。教育程度涉及读者对图书商品的选择。不同教育背景的读者对图书的需求不同。出版社究竟出版什么样的图书能够在市场上受到欢迎，这基本上是针对不同的教育程度的读者而言的。

第四，职业类别。不同的职业决定读者有不同的阅读习惯和与自己职业相关的图书需求。了解读者的职业类别，可以使目标读者更精确。

第五，家庭结构。家庭结构对读者的定位是有影响的。现在年轻夫妇大多都只生养一个子女，因此他们对子女的教育投资很舍得，选题好的儿童智力开发图书自然有市场。

第六，地区分布。为了划分目标市场，应对读者地区分布情况有所了解。了解地区分布主要包括人口密度、地区人口流动率这两个大方面。

第七，人文氛围。人文氛围是一个城市或地区的人文背景，从一个方面决定了读者的市场需求。就我国来说，内地城市和沿海城市由于人文氛围不同，在购买图书的方式和数量等方面也就有很大的不同。

对读者评估可能涉及更多的方面，这就要求我们灵活的变通和操作。教条地对待其中任何一方面，或者除了上述几个方面就无法发现更多的重要因素，都会导致营销策划品质的降低甚至策划的失败。

5. **评估市场需求**

对市场的评估，可由以下几方面入手：

第一，目标市场。该项工作涉及市场对图书产品的直接需求。对照策划方案、评估目标市场，可以从一个侧面比较出策划的精确度，有助于以后的经验积累。

第二，地区分布。在进行目标市场的选择时，一般都是同时确定几个目标，比如东北、华东、华南、中南、西南、华北、西北等。不同的地区在图书的接纳方式和数量上有相似或相异的情况，应将这些情况都详细记录。

第三，消费限制。对于目标市场的限制包括个人读者和集团读者。作为家庭的、个体的读者，市场有多大、购买力有多强、分布情况如何等都是需要评估的。评估集团读者，他们的购买力有多大，以及国家有关政策法规在不同时期和阶段社他们的约束力有多大等方面也是需要评估的。

6. **评估竞争力量**

该项评估工作包括出版单位竞争对手总体实力的信息分析和竞争对手与自己相同或相类似的图书比较。

第一，竞争对手。确定竞争对象，评估竞争对象目前的出版规模以及销售规模等，并对其今后的发展前景和趋势作出全面的估计。

第二，影响力。评估竞争对手的影响力，即同类出版社的竞争力。影响力评估包括竞争对手在目标市场的影响力及其整体影响力，以及竞争对手在社会形象、政府和社会组织等方面的影响力。

第三，营销数据。指的是竞争对手同类图书的销售状况。对选定目标市场及竞争对手营销数据的掌握，是自己制订营销策略的依据。

第四，资金实力。出版社的资金实力包括资产和融资能力两方面。如果以这两项指标与竞争对手进行比较与分析，就能够制定出相应的战略。

第五，人才实力。营销人员实力的基本评估可以为一个营销项目的基本策划提供依据。

第六，政治实力。评估对方的政治形象、对方的政治信赖度和受政府支持的程度。要清楚地了解对方过去的业绩在多大程度上得到了政府的支持，目前与政府的亲密程度等。

第七，图书市场占有率。就是通过对数种同类图书在一个目标市场的销售业绩的调查，可以得出一个相对准确的关于市场占有率的数据。

第八，目标市场。这是指产品主要在哪些地区销售，其目标设置在哪里。竞争对手为什么将目标市场放在某些地区，究竟出于哪方面的考虑，这就要求进行精确的比较和分析。

第九，营销定位。图书营销定位主要是产品的定位。同一类产品的定位可能是不同的，因此有必要在评估对手的基础上重新寻求营销定位和营销市场。营销定位的不同，出版社争取的市场就不一样，争取的读者层也不一样。

第十，品牌包装。具有影响力的品牌将是一个非常有力的促销工具。而包装可以分为出版社整体包装和图书个体包装。好的品牌加好的包装是图书销售策略之一。

第十一，定价策略。不同出版社推出的同一类选题究竟采取什么样的定价策略，这也是评估的一个方面。不同时期有不同的定价方式，不同的选题也会有不同的价格。定价若是成功，可以保证图书产品一进入市场就处于优势地位。

第十二，推广策略。了解对方采取什么样的策略，然后找出其推广策略的特点，再根据这些特点策划一种对方无法达到、而自己能够达到的策略，或者是对方根本就没有想到的策略。

第十三，品质比较。图书的品质至关重要。如果在品质上本社具有绝对优势，那么在进入竞争市场的时候，就会取得许多便利。如果在品质上，本出版社与对方的产品相同，甚至还弱一点，那么就必须在推广策略、包装策略和定价策略方面作出非常细密的、精确的调整。

第十四，确定销售目标。销售目标是出版社自身定出的一个指标，包括市场占有率、利润和影响力指标。从总的规律来说，一个图书产品要投放市场，就要给各项经营指标以一个明确的定位。就销售而言，有时也可能只提出一个利润指标。

第十五，目标确定的标准。销售目标确立的标准，实际上是确定一个销售日程表，或者完成销售目标必须具备的基本要素。要从创造性、时间性、空间性、数据性、合法性等方面来评估目标的确定。

第十六，目标市场。这个环节主要解决目标鉴定问题。目标鉴定是根据前面的市场层次的调查、分析之后作出的一个目标评估。通过评估读者与竞争对手而得出的结论，帮助出版单位确定目标市场的各种要素。

评估工作的进行，对于出版单位的战略规划和经营策略具有很好的参考价值。

第六节　出版物的整体设计

一、出版物整体设计的概念和内容

新闻出版总署 1997 年 6 月 26 日公布的《图书质量保障体系》指出“图书的整体设计，包括图书外部装帧设计和内文版式设计。设计质量是图书整体质量的重要组成部分。提高图书的整体设计质量，是提高图书质量的重要方面。”还指出：“出版社每出一种书，都要指定一名具有相应专业职称的编辑为责任设计编辑，主要负责提出图书的整体设计方案、具体设计或对委托他人设计的方案和设计的成品质量进行把关。图书的整体设计也要严格执行责任设计编辑、编辑室主任、社长或总编辑（副社长或副总编辑）三级审核制度。”

由此可见，出版物整体设计就是出版物的艺术性、工艺性设计，包括出版物外部装帧设计和内文版式设计。

出版物整体设计的主要目的，是为了使出版物达到最理想的视觉效果。犹如年轻人相亲，双方都要精心打扮，给对方留下比较好的第一印象。这要求在有限的空间（封面、版面）里，按照造型艺术的原理，把构成出版物的各种要素有机组合成与书稿的内容、性质相协调，又与印刷工艺要求相适应的设计方案。

出版物整体设计中的外部装帧设计，包括图书形态设计、图书美术设计、图书装帧制作工艺设计等。其中，图书形态设计又包括图书开本的选择，图书结构、装订样式的确定以及图书封面、护封、环衬、扉页、插页等美术设计。而图书的版式设计，包括字体和字级的选择、版心的确定，以及图文在版面上的编排。

二、出版物整体设计的原则

出版物的整体设计，要注意艺术、技术与经济之间的关系，有以下的原则遵循：

（一）整体性原则

出版物整体设计要求与图书出版过程中的各个环节紧密配合、协调一致，更要在工艺选择、技术要求和艺术构思等方面体现出这种配合与协调。如在确定材料、工艺、技术等时，必须体现配套、互补、协调的原则；在艺术构思时，必须体现图书形式与内容的统一、使用价值和审美价值的统一、图书主题内涵与设计创意艺术化的抽象统一。

（二）艺术性原则

艺术性原则不仅要求整体设计充分体现艺术特点和独特创意，而且要求具有一定的艺术风格。这种风格，既要为图书的内容服务，表达一定的主题，对读者的阅读起到促进作用，也要体现图书的不同性质和门类的特点，更要体现一定的时代特色和民族特色。

（三）实用性原则

这一原则要求图书整体设计必须充分考虑不同层次读者使用不同类别图书的便利，充分考虑读者经济上的承受能力与审美需要，充分考虑审美效果对提高读者阅读兴趣的导向作用。

（四）效益比差原则

这一原则要求图书整体设计不仅必须充分考虑图书阅读和鉴赏的实际效果，而且必须兼顾两个方面效果的比差：一是所需资金与读者承受心理的比差，二是所需资金与读者承受能力的比差。效益比差原则又可称为“经济性适度原则”。

三、出版物的形态设计

形态设计所涉及的内容是艺术设计（视觉传达、产品设计等）。内容涵盖平面图形构成、色彩构成、立体构成、空间构成等，是图书开本的选择与图书结构、装订样式的设计。由文字编辑、美术编辑、技术编辑共同完成。

（一）图书开本的确定

确定图书的开本，是图书形态设计的第一个内容。

1. **开本与纸张开切法**

开本是表示图书幅面大小的行业用语，也就是书的面积，因为幅面是一定规格的全张纸按不同方法开切出来的，故有此称。开本以全张纸开切出的数量（开数）来表示，如开切32张，即称“32开”；开切成16张，则称“16开”。一张全张纸可用不同的方法开切，相应的便有各种开数的开本。

（1）几何级开切法。这是将全纸张反复等分原则开切，可开出对开、4开、8开、16开、32开、64开、128开、256开等开本。因其开数呈几何级数，故称为“几何级开切法”。这一开切法的优点是开出的开数规整，纸张的利用率为100%，且便于用机器折页；其缺点是开数的跳跃大，可选择性相对较差。

（2）直线开切法。这是将全张纸横向和纵向均按直线开切，可开出20开、24开、36开、40开等。这一开切法的优点是开数的可选择性相对较多，纸张的利用率为100%；缺点是某些开切数有单页，给印刷装订带来不便。

（3）纵横混合开切法。这是将全张纸的大部分按直线开切法开切，另一小部分按单页开切。这种开切法的优点是可开出上述两种开切法难以直接开出的所有开数，能适应一切特殊开本的需要；缺点是纸张有不同程度的浪费，印刷装订有所不便。

三者相比较，直线开切法和纵横混合开切法都不太经济合算，而且导致出书周期加长。

2. **开本的类型和规格**

图书的开本按开数可以分为不同类型；而同一开数的开本，幅面大小又有不同的规格。

（1）开本的类型可分为大型本、中型本和小型本三类。大型本为12开及以上，中型本为16开～32开，小型本为36开及以下。

（2）开本的规格是指同一种开数的开本所具有的实际幅面面积，因为用以开切的全张纸有大小不同的规格，所以按同一开数开出的开本便也有不同的规格。例如，32 开本用不同规格的全张纸开切，就有长 32 开、正 32 开、特长 32 开、大 32 开等各种规格之分，它们的宽和高（用 mm 表示）也各不相同：长 32 开为 113mm×184mm，即 787mm×960mm 规格的纸张的 1/32；正 32 开为 130mm×184mm，即 787mm×1 092mm 规格的纸张的 1/32；特长 32 开为 130mm×203mm，即 850mm×1 092mm 规格的纸张的 1/32。大 32 开为 140mm × 203mm，即 850mm × 1 168mm规格的纸张的 1/32；特大 32 开为 148mm×210mm，即 890mm×1 240mm规格的纸张的 1/32。

正因为相同名称的开本规格会具有不同的幅面净尺寸，所以选择和确定开本时，不但要标明开本规格名称，还必须注明其幅面净尺寸。在版本记录中，则须标明全张纸的规格和开数，如“开本 787mm×960mm　1/32”“开本 850mm×1 168mm　1/32”等。

3. **开本的选择**

开本的选择可根据图书的性质种类、字图容量，以及用途来决定。

(1) 图书性质种类。不同种类的图书，对开本有不同的要求。如画册、图集等，多采用大型开本或特殊开本；经典著作和学术专著及大型工具书、高等教育教材、刊物等，多用较大的中型开本；通俗读物、中小学教材等，多采用较小的中型开本；儿童读物、小型工具书、连环画等，多采用小型开本。例如，现在时兴的口袋读物，便是为旅行者携带方便而做的异性开本。

(2) 图书的字图容量。字图容量较大的图书，多采用大中型开本；字图容量较少的图书，多采用中小型开本。

(3) 图书的用途。如查检类、鉴赏类、珍藏本类图书，多采用大中型开本；阅读类图书，多采用中型开本；便携类图书，多采用小型开本。

（二）图书结构和装订样式的设计

1. 图书的必备结构部件

图书的必备结构部件，是指任何图书都不可缺少的结构组成部分；如果缺少其中的一种，图书的完整性将得不到保障。

（1）书芯。这是图书的主体，是承载内文（包括正文及部分辅文）的部分。一定规格的纸张经正反两面印刷并经若干次折页后成为“帖”，若干书帖和套帖或叠帖组合装订后，即成为芯。目录页是书芯必不可少的构成成分。目录页也称“目次页”，是记载图书目录的书页。

（2）封面。它包在书芯和书名页（有时还有环衬、插页等非必备结构部件）外面起保护作用，一般使用较正文厚的纸张制作并印有装帧性图文。图书的封面，可分为面封（也称“前封面”）封二（也称“封里”，即面封的背面）、底封（也称“底封面”）、封三（也称“底封里”，即底封的背面）和书脊（也称“脊封”，位于面封与底封交界处，背面在书芯订口处与之黏合）五个部分。软质纸制作的封面还可以带有前、后勒口。前、后勒口除增加面封和底封沿口的牢度外，还有保持封面平整、挺括、不卷边的作用。

封面除了起保护书芯和书名页等的作用之外，还要标示图书的各种属性。封面必须印书名、作者名和出版者名，多卷书要印卷次。书脊的内容和编排格式由国家标准《图书和其他出版物的书脊规则》（GB/T 11668—1989）规定。底封应该印上书号及条码和定价。图书的封二、封三一般保持空白，但也可根据整体设计的需要，设置一些文字和装帧图案等。前后勒口可以添加内容概要、丛书目录等。

（3）主书名页。图书的书名页是图书正文之前载有完整书名信息的书页（也叫版权页），包括主书名页和附书名页，但只有主书名页是任何图书都必须具有的结构部件，附书名页则是可选用的结构部件。它包括扉页和版本记录两个部分：扉页又称“内封”，位于主书名页的正面（即单数页码面），提供有关图书的书名、作者和出版者信息。版本记录页通称“版权页”，位于主书名页的背面（即双数页码面），提供图书的版权说明、图书在版编目数据和版本记录。

2. **图书的可选用结构部件**

图书的可选用结构部件，是指一些在图书构成中具有重要作用，却并非每本书都必须具备的组成部分。进行整体设计时，设计者可以根据具体设计对象的特点而选择采用以下一些部件：

（1）环衬。这是放在封面（书壳）与书芯（及书名页）之间的衬纸，因其以两页相连的形式被使用，故称“环衬”，也叫“蝴蝶页”。环衬可以增加图书的牢固性，同时也具有装饰作用。采用比封面稍薄，比正文稍厚的纸张。

（2）附书名页。这是列载多卷书、丛书、翻译书、多语种书有关书名、作者、出版者等信息的书页，用纸一般与主书名页相同，其内容、种类和编排格式遵照国家标准的规定。

（3）插页。这是印有与图书内容相关的图片、图像或者题词、献词等文字的书页。

（4）护封。也称“包封”，是包在硬质封面外的包装纸，对封面起保护作用。

（5）函套，分“书函”与“书套”两种：

书函是我国传统图书护装物，由厚纸板作里层，外裱织物。有四合套和六合套两种，盖里边缘带有两枚硬质插签，可插入左侧面的两个锁口。

书套是一侧开口的硬质纸盒，规格略大于要放置的图书，将图书从书套的开口处推入即可。

（6）其他部件。还包括：

辑封。这是图书正文内标明“篇”“辑”名称的书页。

腰封。是包勒在封面腰部的有一定宽度的一条丝带，丝带上可印与该图书相关的宣传、推介性图文。

书签带。这是一根一端粘连在书芯的天头脊上，另一端不加固定的织物细带子，其作用与书签相仿。

藏书票。这是专门夹在某些图书中的美术作品小型张，作用是纪念某一图书出版发行，供读者收藏。

3. **图书装订样式**

图书装订样式，是指用不同装帧材料和装订工艺制作的图书所呈现的外观形态。一般有平装、精装、线装和散页装几类：

（1）平装。也称“简装”，整本书由软质封面、书名页和书芯形成，可分为普通平装和勒口平装两种。

（2）精装。最大特点在于封面的用料和印刷、加工工艺比平装考究、精致。精装书的装订方式，一般采用锁线订和胶背订。

（3）线装。这是将均依中缝对折的若干书页和面封、底封叠合后，在右侧适当宽度处用线穿订起来的装订样式。主要用于古籍类图书，同时为其他图书装帧设计所借鉴。

（4）散页装。图书的书页以单页状态在专用纸袋或纸盒内。这实际上是一种卡片式或挂图式图片，这种装订样式多用于教育类、艺术类图书。

4. **图书结构和装订样式的选择**

图书结构及其装订样式的选择，应考虑图书性质类别、篇幅、用途、读者对象及可提供的材料、工艺等。

对结构部件的选择，实际上只是对非必备部件的选择。具体表现为：环衬多用于精装书，并且前后环衬配对，一般的平装书不必选用。精装本，如名家文集、大型工具书、高档画册等，常采用护封，既起到保护封面的作用，又能给人以艺术的美感。

对装订样式的选择，较大篇幅的经典著作、学术著作、中高档画册等，较常采用不同的精装样式；较小篇幅的通俗读物、少儿读物、教科书、生活类用书等，多采用结构相对简约的平装样式；古籍图书，仍采用线装样式；教育类挂图和美术小品集，采用散页装的样式。

四、出版物的美术设计

（一）图书美术设计的特点

图书美术设计的特点归纳为两个“统一”和两个“结合”。

1. **从属性与独立性相统一**

图书的美术设计是一种从属性艺术。一般是指图书美术设计必须为图书的内容服务，受图书的内容制约。但是，装帧设计又必须使用其自身的独特艺术语言，遵循其独特的形式，并采用其独有的处理手法，这就是装帧艺术设计具有的独立性。

2. **文化性与商品性相统一**

图书是人类文化的载体。图书的美术设计要充分重视和发扬图书的文化气息，并提供商品信息、反映产品品质。这也是图书美术设计的功能之一。

3. **艺术性与科学性相结合**

图书美术设计必须与迅猛发展科学技术相结合。在专业属性、创作思想、设计手段上，体现出艺术与科学的结合。实用、美观、经济的图书美术设计原则是艺术性与科学性的集中体现。

4. **时代特色与民族特色相结合**

时代特色，是指设计的创意要有强烈的时代感，能充分反映出时代气派和时代精神。民族特色，是民族文化中灵魂和精髓的体现。时代特色和民族特色，是包括图书美术设计在内的一切当代文化艺术的标志。

（二）图书美术设计的内容及要求

1. 图书美术设计的内容

图书美术设计的内容，主要是对封面（包括书壳）、护封、环衬、扉页、插页及函套等进行整体上的艺术形式设计、加工。

（1）封面和护封。这是图书美术设计的主体工程。无论是使用写实或写意的表现手法，还是运用具象或抽象的艺术手段，不管是文字、图形的使用与变化，还是色彩基调的确定和调谐，都应凸现图书的性质和主题内涵。

（2）环衬、扉页、插页等。这些部件的美术设计都围绕封面起补充、映衬、联系的作用。

（3）函套。体现于装帧材料的选用及印刷、加工工艺的规定外，还表现在与其相适宜的配饰的设计上。

2. 图书美术设计的要求

（1）社科类图书的要求。其美术设计的特点是在具体内容与抽象概括的对立统一中体现独特的风格。

（2）文学类图书的要求。体现多姿多彩，以文本特定的艺术为比照。

（3）科技类图书的要求。要表现出科技读物的严谨色彩。力求生动而明晰的视觉效果。

（4）艺术类图书的要求。要体现艺术类图书的审美个性，做到形与质的高度和谐。

（5）辞书类图书的要求。要突出其厚重、广博和简约。

（6）少儿类图书的要求。从少年儿童的心理特点出发，力求生动活泼。

（7）古籍类图书的要求。古朴、典雅是该类图书美术设计的共同风格。

（三）图书美术设计的手段

1. 艺术手段

运用形象、图案、色彩、文字、纹饰等要素，以写实或写意的手法，使美术设计对象成为表现图书主题内涵的艺术作品。

2. 技术手段

借助出版软件对文字、图形、图像进行处理，使设计对象产生超空间、超想像、超常规的特殊艺术效果。

3. 材料与印刷工艺的手段

使用适宜的特种纸张、纸板、织物、皮革、电化铝箔、丝带等材料，用上光、覆膜、压痕、烫印等工艺和手法，使设计对象体现出精致、气派的艺术效果。

五、出版物的版式设计

（一）版式设计的基本要求

1. 清晰性

版式设计是许多元素的复杂结合。版面上设计元素的运用、结构框架的设定、个人风格的发挥等手段，都是为了鲜明地突出内容、烘托主体，使主体层次清晰、一目了然。

2. 易读性

作为主体的文字或图片，在版面上均有各自的位置，每一种版式设计处理都有不同的含意。然而，无论是前与后、主与次、分与合的安排，还是大与小、轻与重、黑与白的分布，所有版式设计手法在原则上都是平等的。它们的运用都是为了版面的易读性，为了读者能有“选择”、有“区别”、有“秩序”地阅读。

3. 和谐性

这是指版面中的各种设计元素要彼此呼应、息脉相通、和谐一致。

（二）版式设计的形式

1. **古典版式设计**

这是以德国人古登堡为代表的某些欧洲图书设计艺术家创立的版式设计形式，具有典雅、均衡、对称的特色。其特点是：以订口为轴心左右两面对称，字距、行距有统一尺寸标准，天头、地脚、订口、翻口均按照一定的比例关系组成一个保护性框子。

2. **网格设计**

这是运用固定的格子设计版面的方法：把版心的高和宽分为一栏、二栏、三栏以至更多的栏，由此规定一定的标准尺寸；运用这个标准尺寸控制和安排文章、标题和图片，使版面形成有节奏的组合，未印刷部分成为被印刷部分的背景。网格设计风格的形成离不开建筑艺术的影响，并运用数学的比例关系，具有紧密连贯、结构严谨等特点。

3. **自由版式设计**

科学技术的飞速发展，激光技术的产生，是自由版式设计诞生和发展的前提。其代表人物是美国设计师代维·卡森，他开创了划时代的设计新观念。自由版式设计的形式规律是，版心无疆界性、字图一体性、解构性、局部的非阅读和字体的多变性。

（三）版式设计的要素

版式设计的要素，是指进行版式设计时必须考虑安排的一些因素，包括版心、周空、印刷字规格、版面字数、排式和图表位置等。

1. **版　心**

版心是版面上容纳文字图表的部位，由文字、图表和间空构成。其面积的大小和在版面上的位置，对于版式的美观、读者的阅读和纸张的合理利用都有影响。版心的宽度和高度，制约了版面字数。

2. **周　空**

周空是指版心四周留出的一般约 2cm 宽的空白，包括：

- 天头。又称“上白边”，是处于版心上方的白边。
- 地脚。又称“下白边”，是处于版心下方的白边。
- 订口。又称“内白边”，是位于版心内侧的白边。因书页在这一侧订合，所以称订口。
- 翻口。又称“外白边”，是位于版心外侧的白边。

3. **印刷字规格**

图书版面上排列的文字，称为“印刷字”。各种印刷字的大小与形体各有不同，分别用“字级”和“字体”表示。

4. **版面字数**

一定规格的版心可容纳的字数，称为“版面字数”。计算版面字数时，要先根据版心的高与宽以及所选定的字级，确定每行应排字数和每面应排行数；然后再将每行字数乘上每面行数，得出版面字数。要注意，“可容纳的字数”并不等于版心中实际容纳的字数。

5. **排　式**

这是指各种文字或图在版面上的排列样式。一般文字的排式有横排和直排两种主要类型。排式的设计，既要考虑版面美观，又须与文字或图的内容相适应。

6. **图表位置**

这是指图片、表格在版面所处的位置。在进行版式设计时要对图表在版面上的位置作出周详安排，使版面既显得大方，又方便阅读。

（四）版心规格设计

1. 版心大小的设计

版心大小与周空大小互相制约。在开本确定之后，版心越大，周空越小；版心越小，周空越大。版心的大小，要根据图书的性质、种类和既定开本来选择。

2. 版心在版面上位置的设计

- 版心居正常位置，即上下左右的白边都相等；
- 版心偏上，即地脚空白增大；
- 版心偏下，即天头空白增大；
- 版心向订线靠拢，即订口空白缩小，翻口空白增大；
- 版心均靠左侧，右侧留出大的空白，即单码面的翻口和双码面的订口空白增大；
- 版心均靠右侧，左侧留出大的空白，即单码面的订口和双码面的翻口空白增大。

3. 版面字数的设计

（1）每行字数与版心宽度的关系

在字间距正常的情况下，以版心的宽度（单位为mm）除以选定字级的每字宽度（单位为mm），就可确定每行的字数，其公式为：

$$\text{字数}=\frac{\text{版心宽度}}{0.25\times\text{文字字级数}} \qquad ①$$

例如，正文选定使用15级字，版心宽度为97.5mm，那么每行可排字数为：

$$\text{字数}=\frac{97.5}{0.25\times15}=26\text{（字）}$$

反之，在每行字数既定的情况下要计算版心宽度，只要将字数乘以每字宽度，即为：

$$\text{版心宽度}=0.25\times\text{文字字级数}\times\text{字数} \quad ②$$

再以上述数据为例，算式是：

$$\text{版心宽度}=0.25\times15\times26=97.5\text{（mm）}$$

（2）每面行数与版心高度的关系

在正常情况下，行与行之间必须有一定的行距，便于阅读。其公式为：

$$\text{行数}=\frac{\text{版心高度}-0.25\times\text{文字字级数}}{0.25\times\text{文字字级数}+0.25\times\text{行距级数}}+1 \quad ③$$

例如，版心高度为 153.25mm，文字选用 15 级，行距为 8 级，则：

$$\text{行数}=\frac{153.25-0.25\times15}{0.25\times15+0.25\times8}+1=27\text{（行）}$$

在确定文字字级数、行距级数和每面拟排行数的情况下，要计算版心高度就比较简单，其公式为：

$$\text{版心高度}=0.25\times\text{文字字级数}\times\text{行数}+0.25\times\text{行距级数}\times\text{（行数}-1\text{）} \quad ④$$

再以上述数据为例，计算式子是：

$$\text{版心高度}=0.25\times15\times27+0.25\times8\times(27-1)=153.25\ (\text{mm})$$

（3）字间距和行距大小的选择

字间距和行距都可以扩大，以使版面显得舒朗、轻松；也可以将行距缩小，以使版面显得紧密、严整。

六、出版物的装帧制作设计

图书的装帧制作设计，是对图书的装帧工艺材料与印刷工艺组合搭配的选择，是图书整体设计中的一个重要设计元素，并影响图书成品的质量。

（一）装帧工艺材料的类别

图书装帧工艺材料可以分别从用途、材质两个方面分类。

1. **按用途分类**

按照用途，可以分成：书封环衬类材料，如铜版纸、凸版纸、胶版纸、彩色书面纸、布纹纸、米卡纸、玻璃卡纸等；书壳类材料，如棉、麻、丝、化纤织物，封面纸板、封套纸、中缝卡纸、瓦楞纸、PVC 塑料、涂塑纸等；烫印类材料，如电化铝、各色粉箔；其他材料，如用于函套、锦盒的骨插签，用于挂历的圆轴、挂圈，用作书签带的丝带等。

2. **按材质的分类**

（1）织物材料。这是精装本图书常用的材料，有棉织物、麻织物、丝织物和化纤织物等四种。

（2）特种纸张。多采用长纤维木浆为原料，集传统工艺和现代新工艺为一体的先进造纸技术加工而成。其面层不仅耐磨、耐折，而且纹路各异、风格多样，富有现代感。

（二）装帧制作的印刷工艺

1. 上光工艺

上光是在印刷后的纸张表面涂布上一层无色透明的材料，经一定技术处理后形成薄而均匀的透明光亮（或亚光）层。采用这种工艺处理后，印刷品的光泽度、防水性、耐光性和油墨色彩耐久性得到极大改善，提高了印刷品的装饰效果和使用价值。

2. 覆膜工艺

覆膜又称“贴膜”“过胶”“贴塑”，是将塑料薄膜刷上黏合剂后在一定温度、压力下贴压在印刷品的表面。分为“光膜”和“亚光膜”两种，其作用与上光类似。

3. 压痕工艺

压痕是印刷品表面装饰加工中的一种特殊加工技术。压痕加工可增强图案的立体感和艺术感染力，使图书显得高贵雅洁。压痕工艺主要有“凹凸压痕”和“浮雕压痕”两种。

4. 特殊印刷工艺

特殊印刷是利用除油墨、植物纤维制成的纸张之外其他材料，发挥它们的特点，达到预期的效果。特殊印刷最常见的是色箔烫印，另外还有软性版印刷、立体印刷、磁性印刷、浮凸印刷等。

（三）装帧制作工艺的选择

1. 对图书内容与市场需求的考虑

装帧工艺的选择必须按照图书的内容和市场的需求而定。对不同种类、不同内容的图书，在进行装帧设计时要考虑不同层次读者的差异。

2. 对材料与印刷工艺属性的考虑

装帧设计方案应包括对所用材料和印刷工艺的选择，并且要考虑印刷工艺与材料的匹配。只有熟悉各种类型印刷工艺的属性，熟悉装帧工艺材料的性能和规格，知道某种工艺可适用于哪些材料，从而有针对性地选择相应的材料和工艺，才能事半功倍地充分发挥物质材料和工艺技术的潜力。

3. **对制作成本的考虑**

特种印刷工艺常常工价昂贵，增加了图书的成本。因此，为了控制成品图书的定价，在装帧设计时对特种印刷工艺的选用要适度。

思考题

1. 市场调研有哪些基本原则？
2. 获得原始信息资料的方法有哪些？
3. 确定选题策划方案的步骤有哪些？
4. 怎样实施“头脑风暴法”？
5. 怎样理解编辑出版策划的重要性？
6. 社店联合的方式有哪些？
7. 评估的步骤有哪些？
8. 反馈评估对于图书选题策划有何意义？
9. 什么是图书选题策划？
10. 图书选题策划的构成要素包括哪几部分？
11. 什么是图书的整体设计？包括哪些内容，有哪些要求？
12. 图书的必备结构部件有哪些？各有哪些设计要求？
13. 图书美术设计的特点和内容是什么？
14. 图书的装订样式有哪些，如何选择确定？
15. 版式设计的艺术规律是什么？
16. 出版策略的基本要素和类型是什么？
17. 出版物整体设计的原则、要求和方法是什么？

第六章 编辑与校对

出版工作的中心环节是编辑工作，它为出版产品提供构成其使用价值的精神内核，决定着出版工作的质量、效益与发展方向。本章主要介绍编辑和校对的一些基本概念和知识。

第一节 编辑、编辑人员和编辑工作

一、编辑的概念

“编辑”一词内涵较广泛。经常使用 Microsoft Word 软件的人对这个词一定不会陌生。一打开 Word 文档，工具栏第二项就是“编辑”。人们可以用它进行“剪切”“复制”“粘贴”“查找”和“替换”等文字处理工作。

本章所讲的“编辑”与此不同，这里特指以生产出版物的精神文化内容为目的，策划、组织、审读、选择和加工作品的一种专业性的精神生产活动，是出版物复制和发行的前提。其他专业性的编辑活动，如影视编辑、网络编辑等，与出版物编辑的含义基本相同，只是在具体的编辑手段和编辑方式上有所区别。

《中共中央、国务院关于加强出版工作的决定》明确指出：“编辑工作是整个出版工作的中心环节。”这是因为：

（1）编辑工作对出版工作的全局具有关键性的作用和影响。

出版工作的社会作用主要是通过出版物的精神文化内容来体现的。尽管这些内容由作者提供，但必须通过编辑的组织、设计、审读、加工工作才能进一步提高和完善。可见，出版工作对社会发展的能动作用主要是通过编辑工作来实现的。

（2）出版工作由编辑、复制和发行构成，编辑是出版物复制和发行的前提。

出版，是编辑、复制作品并向公众发行的活动。其中的关键词是："编辑""复制"和"发行"。"编辑"这一开端环节决定了"复制"内容质量的高低，也使"发行"作为一项出版活动成为可能。一本未经编辑加工的作品在市面上复制后流行，只能称之为"流传"，不能叫"发行"，因而不构成出版行为；编辑加工粗糙的作品，经复制、发行，虽已构成出版行为，但因或有违"二为"方针，或质量低下难以得到市场的认可，也会造成出版行为的失败。

（3）编辑工作对出版单位的经营具有重要作用。

出版活动的成果——已出版的作品，称为出版物。出版物是知识信息的物质载体。这就意味着它首先是以精神文化内容为本位的精神产品，其精神文化内容又必须通过一定的物质载体才能得到体现。这种物质载体一经复制生产完毕就同其他商品一样进入流通环节。出版物质量的高低直接影响着出版单位的收益，影响着该出版单位的发展。因此，高质量的编辑工作可以让出版物锦上添花，得到社会的认可，获得物质上的回报，增强出版单位的竞争力。

二、编辑人员的概念

专门从事上述工作的人员就是"编辑人员"，也称"编辑"；"编辑"同时也是出版专业技术职务之一。

（一）编辑人员的素质

编辑人员是出版业务的骨干力量，承担着出版工作中心环节的编辑加工工作。因此，一名合格的编辑应该具备以下几项素质：

1. **政治素质**

这是由社会主义出版工作的性质决定的。首先，编辑要懂政治，讲政治。其次，编辑应有基本的政治理论素养，要有正确的政治观点，对涉及政治原则的问题，一定要保持高度警觉，善于及时发现和消除稿件中的政治错误，杜绝不良政治影响的发生。

2. **思想素质**

社会主义出版工作应该代表先进文化的前进方向。出版物的思想品味往往与编辑人员的思想素质有关。

3. **文化素质**

这是编辑人员从事本职工作的专业基础。编辑的文化素质主要体现在知识广博和博中求专上。

4. **职业素质**

编辑的职业素质包括出版理论修养和编辑实务经验，分别表现为职业追求、职业敏感和职业作风。

（二）编辑人员的能力

能力是做好编辑工作的重要前提，而以下 7 个方面的能力则是编辑人员必须具备，且在编辑工作中应不断加以提高的。

1. **政治认知能力**

编辑的政治素质应该表现为较高的政治认知能力：明确政治形势的发展、社会政治思想的动向，准确把握党和国家和重大方针、政策和出版工作的相关法律法规，并付诸实践。

2. **策划能力**

编辑策划以选题策划为主，也包括市场营销策划、出版单位形象宣传策划等。成功的策划能够提高出版物质量，提升出版单位的竞争实力。

3. **语言文字能力**

编辑工作也是一种语言文字工作。一名合格的编辑不仅应该熟练运用自己的母语，还应该掌握一门外语。语言文字能力具体表现在规范能力、加工能力和写作能力上。编辑语言文字能力直接影响着社会语言文字的应用质量和发展前途。

4. **社会活动能力**

编辑只有具备相当的沟通、协调、合作的能力，才能建立广泛的社会联系，了解文化发展的前沿动态，调查消费者的需求。

5. **判断能力**

编辑要运用自己的学识、经验和能力对稿件从政治性、思想性、科学性、知识性等方面分析判断其是否合格，是否可以出版。因此，判断能力是编辑人员综合能力的体现。

6. **信息感知能力**

信息感知能力即感受和认知信息的能力。被誉为“信息加工师”的编辑，自然需要更高的信息感知能力，以及时开发与利用有关信息资源。

7. **审美能力**

审美能力就是认知美、评价美的能力，又称艺术鉴赏力。编辑只有具有较高的审美能力，才能使出版物的审美功能和审美教育功能得到充分发挥，才能使出版物充满美感，满足消费者对美的需求。

（三）编辑人员的责任

向社会提供优良的精神食粮——这就是编辑人员的责任。编辑人员所承担的这个责任要求其应具备相应的素质和能力，也就是说只有具备了这些素质和能力的人员才能基本胜任编辑工作。

1. **政治责任**

作为精神文化产品的出版物具有极强的政治性。编辑在工作中必须与党中央在政治上保持高度的一致，杜绝出版有政治性错误的出版物。

2. **社会责任**

出版物对社会的思想意识既可能产生有益的积极影响，也可能造成消极的，甚至是有害的影响。出版物的这一特点，决定了编辑只有具有强烈的社会责任感，才能将出版物的社会效益作为重中之重来考虑。

3. **把关责任**

编辑首先要把好方向关。凡是违背人民根本利益的作品，一定不能出版。其次要把好质量关。精神文化产品重在质量，编辑要以认真负责的工作态度，切实把好质量关。

4. **宣传引导责任**

编辑工作的特殊性使其在文化传播的引导中具有重大的作用：积极推广优秀出版物，批评劣质出版物；引导消费者对孰优孰劣做出自己的判断，从而提高消费者的阅读欣赏水平。

三、编辑工作的特点

从社会文化工作角度来看，编辑工作具有各种文化工作的共通性——政治性、思想性、科学性、创造性；从社会专门职业的角度来看，编辑工作又具有自己的专业特点，包括选择性、加工性和中介性等。

1. **政治性**

编辑工作要反映社会政治、经济、科技、文化的发展状况和要求，具有明显的意识形态特性。把握为人民服务、为社会主义服务的方向，坚持党的基本路线，遵守国家法律法规，并在具体的编辑业务中认真贯彻执行，把好政治关，就是我国编辑工作所体现的政治性。

2. **思想性**

编辑工作是通过生产有精神文化内容的出版物来为社会服务的。因此，编辑工作的思想性体现在保证出版物为人民服务，为社会主义服务，为全党全国工作大局服务，对消费者、对社会产生先进的思想文化影响，避免落后的甚至腐朽的思想文化影响。

中共十六大要求“牢牢把握先进文化的前进方向”，提出“必须坚持马克思列宁主义、毛泽东思想和邓小平理论在意识形态领域的指导地位，用‘三个代表’重要思想统领社会主义文化建设。坚持为人民服务、为社会主义服务的方向和百花齐放、百家争鸣的方针，弘扬主旋律，提倡多样化。坚持以科学的理论武装人，以正确的舆论引导人，以高尚的精神塑造人，以优秀的作品鼓舞人”。中共十六届六中全会又进一步提出按照科学发展观建立和谐社会、和谐文化的要求，这实际上就是对编辑工作的政治性和思想性的根本要求。

3. **科学性**

编辑工作的科学性具体体现在：通过出版物向消费者传授科学技术知识和技能，引导消费者树立科学意识，形成科学的生活方式。因此编辑工作不仅涉及各种学科、专业，而且必须保证出版物的内容合乎科学。

4. **创造性**

编辑工作的创造性既有原创的成分，又有再创的成分。编辑创造与其他精神文化创造的不同之处，在于既包含编辑人员独自的创新——发现精神生产领域的空白，策划有创意的选题等，又存在一定的依附性——编辑人员所有的创新性都离不开作者的创作。

5. **选择性**

编辑工作的任务是对作者创造的作品进行选择，使其中有价值的、适宜于传播的那部分能够形成出版物面向社会传播从而满足消费者的需要，促进社会的进步。审稿、设计等具体的编辑过程实际上就是一个选择的过程。

6. **加工性**

编辑工作是对别人创作的作品追加创造性劳动的工作。其目的是为了完善原作，而不是另外创造一部新的作品。

7. **中介性**

这主要体现在两个方面：

第一，在出版物生产过程中，编辑工作是联系精神生产过程和物质生产过程的中介。

第二，在出版物生产和消费过程中，编辑工作是联系作者和消费者的中介。

四、编辑工作的基本功能

就整体来看，编辑工作的基本功能可以概括为：

1. **文化生产中的设计、组织功能**

编辑根据社会调查发现社会需求，策划选题并制订相应的计划来组织出版物的生产，以满足社会的需要。具体体现在：设计、组织大型出版物的出版，以及对出版物资源的开发、对出版产品形式、对出版物生产和营销的策划与设计。

2. **文化传播中的选择、导引功能**

选择，意味着把关。编辑以对社会负责、对人民负责的态度，对精神产品择优汰劣，对社会文化传承起着积极的导引作用；对低级粗俗、没有出版价值、达不到出版要求的作品予以否定，不予出版。

3. **文化创造中的优化功能**

编辑在文化创造中的优化功能是与编辑工作加工性的特点密切相关的，但又不止于此。在作者创作之初，编辑就要与作者交流，帮助作者寻找最佳的创作角度；在作者创作之中，编辑要了解创作进度、分析创作情况并配合作者解决遇到的问题。

第二节　编辑与作者、读者的关系

书籍编辑成为一种与作者不同的专业始于 19 世纪末、20 世纪初。自此以后，编辑和作者分离成为两种不同的身份。编辑工作因此成为一项完全独立的专门职业。当然这并不是说编辑就不能撰写书稿，只是当编辑在撰写书稿时是以作者的身份进行的，撰写书稿本身不是编辑的职业范畴。

编辑与作者、编辑与读者的关系，是经常影响编辑工作进程和质量的重要因素。正确认识和处理好三者之间的关系，是做好编辑工作、提高出版物质量的关键之一。

总的说来，编辑与作者、读者的关系，是围绕出版物的生产、流通和消费构成的一种相互影响、相互制约、相互促进的关系。

一、编辑与作者的关系

根据《中共中央、国务院关于加强出版工作的决定》，社会主义的出版工作者和著译者的关系是“同志式的互助合作关系”。

编辑离不开作者，作者是编辑的衣食父母，因为作者的劳动是编辑劳动的前提，其成果是编辑的劳动对象；作者也离不开编辑，因为其劳动成果只有通过编辑的劳动才能变成精神产品在社会上传播，实现其价值。

二、编辑与读者的关系

读者是编辑的服务对象。编辑为读者服务实际上就是为人民服务。读者又是作者、编辑的劳动价值和社会作用的实现者，因为读者是出版物的购买者和使用者。然而，为读者服务，不损害读者的利益并不意味着编辑应该消极地迎合读者，而应该是引导读者，提高读者阅读趣味，做读者的良师益友。

三、编辑是沟通作者与读者的桥梁

一方面，编辑可以向作者及时传达读者的需求信息，另一方面，编辑可以向读者及时发布凝结了作者大量劳动的出版物的供应信息。因此，编辑要充分发挥桥梁作用，使作者能够创造出读者欢迎的作品，以满足读者的需要。

四、编辑的作者工作

这是一项基础工作，非一日之功。编辑要善于发现作者，选择作者，建立作者队伍数据库，与作者保持经常联系，为作者服务并维护作者权益。

五、编辑的读者工作

这也是一项基础工作。编辑应该调查读者的需求，为读者服务，并认真处理读者来信。

第三节　编辑过程

出版物的编辑加工包含一系列相互联系、相互依存、有序递进的环节。由这些环节构成的编辑活动发展进程，叫做编辑过程。

一、编辑过程的多样性

编辑过程呈现出多样性的特点，主要表现在以下 3 个方面：

1. 不同的载体决定不同的编辑过程

载体材料不同以及物质复制技术不同导致音像出版物和电子出版物的编辑过程迥异于纸媒产品。

音像出版物的编辑过程就是将所需要的声音和图像及伴音信号收集起来并存储记录在磁带、磁盘、光盘等各种载体的过程。因而其编辑制作又分为线性编辑和非线性编辑两种。

电子出版物则要在选题策划、素材准备、界面设计和编辑集成时尽量考虑，发挥其体积小、容量大的优势；集成以后，还有一个非常重要的环节——质量检测（交互性、功能、数据库、运行环境、病毒查杀）和用户测试。

2. 同种载体中不同的出版物决定不同的编辑过程

图书、报纸、期刊同为纸媒制品，其出版周期、新闻时效、内在容量、版面风格也决定了编辑过程的不同。

3. 同种载体同种类型但性质和功能不同的出版物，其编辑过程也有差别

工具书较之普通书要求编辑的整体设计提前到选题策划开始，并且一直伴随作者写作的全过程。

二、编辑过程简介

下面以书刊编辑为例，具体讲解编辑过程。编辑工作在进入审稿环节之前，通常都要经历信息采集、选题策划和组稿 3 个环节，图示如下：（见图 6.1）

信息采集 → 选题策划 → 组 稿

打基础，避免闭门造车　　中心环节　　实体化，具体化

图 6.1 审稿前的环节

进入审稿环节后，书稿便开始了初审、复审和终审：（见图 6.2）

初 审 → 复 审 → 终 审

图 6.2 审稿中的环节

三审后的结果有如下 3 种：①接受出版；②退修；③退稿。

接受出版后的流程如下：（见图 6.3）

签订出版合同 → 加工整理 → 整体设计、审定发稿

图 6.3 审稿后、发稿前的环节

退修则请作者修改后重新返回审稿前、审稿中的环节；如获通过，才能进入审稿后、发稿前的环节。

退稿则不再进入这些环节。

稿件打出校样后，编辑还要审读并作适当处理，这是编辑在图书成书前的最后一次把关机会。具体环节有：（见图 6.4）

初校 → 二校 → 三校 → 通读校样 →

责任编辑审读校样 → 处理作者修改和校对人员的质疑 →

责任校对通读付印样 → 责任编辑通读付印样 →

责任校对核对胶片

图 6.4 校样处理环节

胶片下厂以后，就进入了印刷环节。印刷厂交来样书以后，编辑必须认真检查。（见图 6.5）

印刷厂提交样书 → 责任编辑检查样书

图 6.5　样书检查环节

成品书出厂以后，产品便进入流通环节。作为对图书最为了解的编辑人员，理应参与图书的宣传工作。（见图 6.6）

出版物宣传 → 收集反馈信息

图 6.6　图书流通环节

以上这些环节并不是一成不变，也非缺一不可。比如，不同的组稿方式会影响组稿和审稿环节的先后顺序：如果选题不是由出版单位主动组织的，如自投稿、推荐稿、引进稿，其中的部分审稿环节会提前，在选题策划的环节完成。一旦选题经讨论列入出版计划，会跳过“组稿”环节而直接进入“审稿”环节。期刊的编辑过程中一般没有“签订合同”这个环节。

第四节　审读与签订出版合同

根据口头或书面约稿合同，作者交来的稿件须经过审读通过之后方可进入具体的编辑流程。

一、审稿的概念

广义的审稿是指对稿件进行审读、评价、选择并通过加工整理使决定采用的稿件达到出版水平的编辑活动，具体体现在稿件处理的审读、审改和审定等工作环节中。这里的“审稿”取其狭义，专指编辑过程中的一个环节。审稿的作用在于通过审读人员的把关，决定稿件的取舍，提高稿件的质量。这是实施选题的具体步骤和稿件加工整理的前提条件，也是出版工作者所担负的最重要的职责。

二、审稿制度

审稿制度分为外审和出版单位内部实行的三级审稿责任制度两种：

（一）外　审

外审是指将稿件送给本单位以外的专家或有关部门审读。其中又分两种情况：（1）国家进行出版行政管理的审稿制度。1994年6月新闻出版总署发布的《关于加强图书审读工作的通知》规定，凡是选题需要专项报批的，其稿件也必须按规定送交国家有关部门审读。（2）出版单位将某些缺少相应专业的编辑人员、难以把握其中专业性内容的稿件送请社外有关专家审读。这都是对出版单位内部审稿工作的补充，不能替代出版单位内部三审制中的任何一个审级，外审的意见可供本单位决策者参考，不能作为最终决定。

（二）三级审稿责任制度

出版单位内部实行的三级审稿责任制度，简称“三审制”，又称“三审责任制度”，指由初审、复审和终审三个审级组成的审稿制度，是我国出版单位长期以来一直实行的审稿制度。下面就作为编辑过程环节之一的审稿制度进行分述：

1. 三审制的基本要求

1997年6月，新闻出版总署发布的《图书质量保障体系》第八条规定：

● 坚持稿件三审责任制度。

● 初审，应由具有编辑职称或具备一定条件的助理编辑人员担任。

• 复审，应由具有正、副编审职称的编辑室主任一级的人员担任。

• 终审，应由具有正、副编审职称的社长、总编辑（副社长、副总编辑）或由社长、总编辑指定的具有正、副编审职称的人员担任。（非社长、总编辑终审的书稿意见，要经过社长、总编辑审核）

• 三个环节缺一不可。三审环节中，任何两个环节的审稿工作不能同时由一人担任。

三审制是出版单位必须严格坚持的基本制度，各个审级的责任不能互相取代，审级只能增加不能减少。对于一些重点稿件、内容过于复杂的稿件以及一些难以决定取舍的稿件，还有必要适当增加审次、增加审稿人数。另外，退给作者修改的稿件也要再次经过三审以判断是否达到出版水平。

2. **三审制的程序**

三审依照初审、复审、终审的次序由下到上地循序递进。前后审级互相关联，互为补充：①前一审级对后一审级负责并以本审级的意见为后一审级的审稿提供基础，向后一审级提出未能解决的问题；②后一审级制约前一审级并以本审级的意见对前一审级的审稿结果做出评价与补充，解决前一审级提出的问题；③初审还应该按照复审和终审的意见与作者协商修改稿件，并将处理结果反映在初审意见中。

只有三审通过以后，才能对稿件正式做出处理；或在签订出版合同后开始编辑加工整理，或将稿件退交作者修改，或将稿件退还作者。

3. **三审制的作用**

以分级审读制度力求保证对于稿件判断、评价的客观性，最大限度地避免由于某级审稿者知识不足或责任心不强或工作疏漏而导致的偏差和失误。

4. **三审制中各审级的任务**

（1）第一级审稿——初审。

初审者要在通读全稿的基础上，对稿件的政治导向，思想倾向和价值（社会价值、科学价值、文化艺术价值），稿件的具体内容、体例、文字等进行全面审查和研究。

对稿件的优点和缺点进行分析，实事求是地评价稿件的质量。

对稿件可能产生的社会效益与经济效益进行预估。

对不能解决的问题或原则性问题，提请复审解决。

综合上述各项撰写初审意见，明确表明稿件是否可以采用、是否需要退修，以及如何退修、是否需要外审等。

（2）第二级审稿——复审。

复审者应通读全稿，全面把握稿件内容。

对初审者关于稿件的缺点、价值、质量、效益的审稿意见进行审核与判断，表明自己或认同，或反对，或补充，或存疑的态度。

注意分析初审中提出的原则性问题，充分说明自己的意见。

帮助解决初审中提出的问题。

对于不符合编校质量标准的初审，复审者有权要求初审者返工。

对于初审提出的退修或退稿意见，复审者应表明自己的态度。

综合上述各项撰写复审意见，对不能解决的问题提请终审解决。

（3）第三级审稿——终审（又称“决审”）。

终审者重点抽查审读部分内容，重点稿件或内容复杂、难度较大的稿件，应进行全面审读或约请其他人员帮助审读。

主要审查稿件的政治导向与思想倾向，从更高的角度审视稿件是否有违法律、法规与有关的方针政策，是否有悖社会主义精神文明建设的宗旨和社会道德规范，是否具有学术价值或文化艺术价值，是否产生一定的社会效益和经济效益。

从本单位的专业分工、出书特色、种类结构、品牌营造、经济实力诸方面综合考虑，避免出版毫无特色的作品，避免重复出版、浪费人力和财力等情况发生。

终审者全面了解初审和复审意见，并对其中提出的问题及处理方法表示明确的意见。如意见不统一，应及时召集初审者和复审者沟通、商量，达成一致。

最终处理意见在终审这一环节终结。（见“书稿审读意见”）

书稿审读意见

<table>
<tr><td>类别</td><td></td><td>书稿名</td><td colspan="3"></td><td>组稿者</td><td></td><td>责编</td><td></td><td>字数</td><td></td></tr>
<tr><td rowspan="2">作者简介</td><td>姓名</td><td></td><td>性别</td><td></td><td>年龄</td><td></td><td>工作单位</td><td colspan="4"></td></tr>
<tr><td>职称</td><td></td><td>主要研究方向、成果</td><td colspan="8"></td></tr>
<tr><td rowspan="2">初审意见</td><td>书稿的内容、特点及价值</td><td colspan="10"></td></tr>
<tr><td>书稿存在的问题(标出问题所在页码)</td><td colspan="10"></td></tr>
</table>

<table>
<tr><td colspan="2">稿名</td><td></td></tr>
<tr><td rowspan="3">初审意见</td><td>对书稿加工及对存在问题的处理</td><td></td></tr>
<tr><td>提请复审解决的问题</td><td></td></tr>
<tr><td>对复、终审提出意见的处理</td><td>签名
年　月　日</td></tr>
<tr><td rowspan="3">复审意见</td><td>对书稿及初审意见的评价</td><td></td></tr>
<tr><td>对初审提出问题的处理</td><td></td></tr>
<tr><td>提请终审解决的问题及对书稿处理意见</td><td>签名
年　月　日</td></tr>
<tr><td rowspan="2">终审意见</td><td>对书稿及初、复审意见的评价</td><td></td></tr>
<tr><td>处理意见</td><td>签名
年　月　日</td></tr>
</table>

三、签订出版合同

稿件经过三审通过决定出版的，出版单位就可以与作者正式签订出版合同以明确约定双方的权利和义务。

出版合同的主要内容有：

- 签约双方的名称、住所地和联系方式，签约日期，作品名称；
- 作者对合法享有该作品著作权的保证；
- 作者授予的图书出版权是否专有以及该权利所涉及的文种、期限、出版与发行地域；
- 作者审读校样的责任；
- 出版者向作者支付报酬的方式、数量和期限；
- 出版权可否转授权及转授权后所获利益的分配；
- 作者是否同时授予电子版本出版权、信息网络传播权、翻译权、改编权等其他权利；
- 图书重印、再版的条件与报酬；
- 作者样书的赠送办法和作者购书的优惠条件；
- 违约责任；
- 对发生纠纷时所用解决方式的约定，如约定一种双方同意的仲裁方式；
- 双方认为需要约定的其他内容等；
- 对于多人合作创作的稿件，应在合同中明确作者署名顺序及稿酬的分配形式。（见《图书出版合同》）

出版合同一般由组稿编辑或责任编辑代表出版单位与作者协商后起草，但在合同经双方认可以后，出版单位须由法定代表人审核后正式签署方为有效。作者也必须签署与身份证一致的名字，不可用笔名或化名。

图书出版合同

甲方（著作权人）： 乙方（出版者）：

地址： 地址：

邮政编码： 邮政编码：

联系电话： 联系电话：

联系人： 联系人：

作品名称：

作者署名：

甲乙双方就上述作品的出版达成如下协议：

第一条　甲方授予乙方在合同有效期内，在　　　地区以　　　形式出版发行上述作品的　　　文文本的专有出版权。

第二条　甲方应保证稿件不含有如下内容：

（一）反对宪法确定的基本原则的；

（二）危害国家统一、主权和领土完整的；

（三）泄露国家秘密、危害国家安全或者损害国家荣誉和利益的；

（四）煽动民族仇恨、民族歧视，破坏民族团结，或者侵害民族风俗习惯的；

（五）宣扬邪教、迷信的；

（六）扰乱社会秩序，破坏社会稳定的；

（七）宣扬淫秽、赌博、暴力或教唆犯罪的；

（八）侮辱或者诽谤他人，侵害他人合法权益的；

（九）危害社会公德或者民族优秀文化传统的；

（十）有法律、行政法规和国家规定禁止的其他内容的。

第三条　甲方保证拥有第一条授予乙方的权利。因上述权利的行使侵犯他人著作权的，甲方承担全部责任并赔偿因此给乙方造成的损失，乙方可以终止合同。

第四条　甲方的上述作品含有侵犯他人名誉权、肖像权、姓名权等人身权内容的，甲方承担全部责任并赔偿因此给乙方造成的损失，乙方可以终止合同。

第五条　甲方应保证上述作品的内容、篇幅、体例、图表、附录等应符合下列要求：

（一）稿件达到齐、清、定；

（二）稿件结构完整，层次清楚，内容科学，数据准确，语句通顺，符合出版质量要求；

（三）稿件篇幅　　　万字；

（四）稿件中如有插图，需提供计算机制图电子文档或墨线图；

（五）如以计算机磁盘方式交稿，需提供打印样，内容以打印样为准。

第六条　甲方应于　　年　　月　　日前将上述作品的　　稿交付乙

方。甲方不能按时交稿的，应在交稿期限届满前　　日通知乙方，双方另行约定交稿日期。甲方到期仍不能交稿的，应按本合同第十一条约定报酬的　　%向乙方支付违约金，乙方可以终止合同。甲方交付的稿件应有作者的签章。

第七条　乙方应于　　年　　月　　日前出版上述作品。乙方不能按时出版的，应在出版期限届满前　　日通知甲方，双方另行约定出版日期。乙方在另行约定期限内仍不出版的，除非因不可抗力所致，乙方应按本合同第十一条约定向甲方支付报酬和归还作品原件，并按该报酬的　　%向甲方支付赔偿金，甲方可以终止合同。

第八条　在合同有效期内，未经双方同意，任何一方不得将第一条约定的权利许可第三方使用。如有违反，另一方有权要求经济赔偿并终止合同。一方经对方同意许可第三方使用上述权利，应将所得报酬的　　%交付对方。

第九条　乙方尊重甲方确定的署名方式。乙方如需更动上述作品的名称，对作品进行实质性、思想性的修改，应征得甲方同意，并经甲方书面认可。

第十条　甲方应控制本稿件发稿的字数，不使最后成书时的版面字数（包括图、表、参考文献在内）超过本合同第五条规定的字数。

第十一条　乙方采用下列方式及标准之一向甲方支付报酬：（甲方在选定方式前打勾）

（一）基本稿酬加印数稿酬：　　元/千字×千字数＋印数（以千册为单元计算）×基本稿酬×　　%。重印稿酬按印数稿酬支付。

或

（二）一次性付酬：　　元。

或

（三）版税：　　元（图书定价）×　　%（版税率）×销售册数。

第十二条　图书出版后，乙方应在　　天内付清报酬，但最长不能超过半年。

第十三条　上述作品首次出版后30日内，乙方向甲方赠样书　　册，并以折价售予甲方图书　　册。每次再版后30日内，乙方向甲方赠书　　册。

第十四条　在合同有效期内乙方有权出版上述作品的修订本、缩编本，但乙方应按本合同约定的付酬方式和标准向甲方另行支付报酬。

第十五条　乙方重印、再版，应将印数通知甲方，并在重印、再版日内按第十一条的约定向甲方支付报酬。

第十六条　在合同有效期内甲方许可第三方出版含上述作品的选集或文集，须征得乙方同意。

第十七条　在合同有效期内如图书脱销，甲方有权要求乙方重印、再版。如甲方收到乙方拒绝重印、再版的书面答复，或乙方收到甲方重印、再版的书面要求后　　月内未重印、再版，甲方可以终止合同。

第十八条　双方因合同的解释或履行发生争议，由双方协商解决。协商不成将争议按以下第　　　种方式解决：1. 提交乙方所在地仲裁机构仲裁；2. 向乙方所在地人民法院提起诉讼。

第十九条　合同的变更、续签及其他未尽事宜，由双方另行商定。

第二十条　本合同自签字之日起生效，有效期为　　年。

第二十一条　本合同一式两份，双方各执一份为凭。

甲方：　　　　　　　　乙方：

（签章）　　　　　　　（签章）

年　　月　　日　　　　年　　月　　日

第五节　编辑加工整理、审定发稿及校样整理

一、编辑加工整理

编辑加工整理也称“编辑加工”“加工整理”或“加工”。既然是加工，那么就意味着编辑本人的工作应局限在对书稿的润色、提高和规范化处理上。因此编辑应将以下3条“忌讳”原则贯穿加工工作的始终：尊重作者，忌强加于人；改必有据，忌无知妄改；依据规范，忌滥施刀斧。

这三忌主要是就编辑与作者及其作品的关系而言，并非束缚编辑工作的锁链。对读者而言，编辑还应该保证最终到读者手上的作品导向正确、内容健康，保证其政治性、思想性、科学性、知识性和独创性。

因此，编辑加工整理应围绕以下几个方面进行：

1. 消灭差错

尤以政治差错为甚。思想性、科学性、知识性，以及语法、逻辑、修辞、标点符号等方面的差错也不可小视。

2. 润饰提高

如果说作者交来的稿子是一块璞玉，那么编辑的加工整理就是一个打磨的过程。经过打磨的稿子主题鲜明、层次清晰、逻辑严密、文字通顺，这块璞玉至此才熠熠生辉、光彩照人。

3. 规范统一

规范，此处指符合国家规定的有关用法。如计量单位的用法，科技名词的选择，数字用法，汉语拼音拼写方法，外文字母的大小写、正斜体，参考文献的著录方式等。

统一，此处指同一部书稿中，同样的人名、地名、书名、事物

名应用一致的名称，相关的材料和数据以及格式应保持前后一致。

4. **核对引文**

编辑对引文一般应全部核对。个别稿件引用资料过多、过专的，编辑可随机抽查。

5. **查对资料**

编辑对稿件中使用的各种资料，如统计数字、时间、地点、人物、事件、公式、图片等，都必须一一查对。

6. **校订译文**

这主要指对翻译稿件的加工整理工作。编辑应该对照原文，按照“信、达、雅”的翻译标准核对译文。

7. **推敲标题**

书中的各级标题一般由作者自己确定。编辑则应根据稿件的性质帮助作者推敲各级标题，以做到精炼概括、风格统一。

8. **撰写和规范辅文**

书稿中有些独立的辅文需要编辑撰写，如内容提要、作者简介、封面宣传语、出版前言、出版后记等。编辑在加工整理时对作者撰写的辅文要像正文一样对待，特别是目录、索引、注释等前后呼应的辅文更应准确无误。

二、整体设计、审定发稿

在完成对稿件的编辑加工整理后，责任编辑提出整体设计要求，由技术编辑和美术编辑完成。责任编辑在发稿时要填写一系列的表格以方便后面工序的进行。

1. **发稿单**

这是编辑将稿件基本情况，以及对整体设计、排印、发行等工作要求提交给出版科的通知单。（见“发稿单”）

发稿单

选题号：　　　　合同号：

书　名		开本	
作　者		版次	
原著者		印次	

		装订顺序
稿面字数	千	
发稿字数	千	1.
全稿共	页	2.
其中：正文	页	3.
前言	页	4.
序	页	5.
目录	页	6.
附表	页	7.
后记	页	8.
图样	幅	9.

发行科印数：
领导审批印数：
附注： 1. 2. 3. 4. 5.
发稿日期：　　年　　月　　日

责任编辑：　　　　复审人员：　　　　终审人员：

2. 版式设计单

这是编辑交美术设计、技术编辑有关稿件基本情况，并告知其对稿件整体设计要求的通知单。（见“版式设计单”）

版式设计单

<table>
<tr><td>书　名</td><td colspan="7"></td></tr>
<tr><td>丛书名</td><td colspan="3"></td><td>作　者</td><td></td><td>开　本</td><td></td></tr>
<tr><td>书　号</td><td colspan="3">ISBN</td><td>责　编</td><td></td><td>总页码</td><td></td></tr>
<tr><td>估　价</td><td>元</td><td>内文用纸</td><td></td><td>插　页</td><td>有/无</td><td>内文插图</td><td>有/无</td></tr>
<tr><td>图书内容及读者对象</td><td colspan="7"></td></tr>
<tr><td>责编（或组稿人）对设计的建议</td><td colspan="7">建议者签字：　　　年　月　日</td></tr>
<tr><td>编室主任意见</td><td colspan="7">负责人签字：　　　年　月　日</td></tr>
<tr><td>出版科意见</td><td colspan="7"></td></tr>
<tr><td>看样人签字</td><td colspan="7">年　月　日</td></tr>
</table>

3. 征订单

这是编辑交发行部，以便其了解图书内容，做好图书宣传、征订的通知单。

图书征订单（出版社留存联）

订 货 人：　　　　　　　　联系电话：
收 货 人：　　　　　　　　邮政编码：
慢件到站：　　　　　　　　快件到站：
纳税户名：　　　　　　　　发票地址：
纳 税 号：　　　　　　　　发票电话：
开户银行：　　　　　　　　账　　号：
订货地址：　　　　　　　　订货人签字：

年　　月　　日

书名	估价	订数	折扣	码洋	出版社留存

图书征订单（订货人留存联）

户　　名：　　　　　　　　开户银行：
账　　号：　　　　　　　　税　　号：
地　　址：　　　　　　　　邮政编码：
联系电话：

年　　月　　日

书名	估价	订数	折扣	码洋	订货人留存

4. **图书在版编目（CIP）数据单**

这是编辑交总编室，由总编室统一向中国版本图书馆 CIP 数据中心申请核发图书在版编目数据的信息。

图书在版编目（CIP）数据工作单

1. 书名与责任者项	正书名 包括 合订书名 交替书名				卷（册）次	
					章回数	
	并列书名					
	副书名及说明文字 (包括分卷册书名)				文种、 各种文字对照	
	第一责任者 及著作方式					
	其他责任者 及著作方式 (包括分卷册 责任者)					
2. 版本及 出版项	版　次		印　次		其他版本形式	
	与本版有关 的责任者		责任 编辑		电话及 BP	
	出 版 地		出版者		出版年、月	
					重印年、月	
3. 载体 形态项	页数或卷册数		图　表		开本或尺寸	
	附　件		字　数	千字	印　数	册
4. 丛书项	正丛书名					
	附属丛书名				丛书序号	
	丛书责任者				ISSN	

<table>
<tr><td>5.
附
注
项</td><td colspan="4"></td></tr>
<tr><td rowspan="2">6.
国际标
准书号、
装订形
式、价
格</td><td>ISBN</td><td colspan="3"></td></tr>
<tr><td>装订形式</td><td></td><td>估　价</td><td></td></tr>
<tr><td>7.
提
要
项</td><td colspan="4">内容提要</td></tr>
<tr><td>8.
排检项</td><td>主题词</td><td></td><td>分类号</td><td></td></tr>
</table>

填表人：________填制单位：__________填制时间：________联系电话：________

新闻出版总署信息中心在版编目处　　传真专线（010）64266535　　CIP 业务联系（010）64223589

注：(1) 外国责任者（第一责任者或其他责任者）必须填写国别、姓名的汉译名及姓名原文；中国责任者（民国以前）必须填写朝代名称；著作方式包括“著”“编著”“编”“辑”“编辑”“主编”“改编”“缩写”“译”“注”等。

(2) 附注项内容包括：翻译图书书名原文；影印图书的影印依据；新 1 版图书的原出版者；书名前后题有“××学校教学参考书”等字样；书名变更的原书名；图书附录等。

上述 4 种单据由责任编辑填写后，交编室主任审核，经社领导签发后随稿件及其审读加工记录单一起发出。

三、校样处理

审定发稿后最主要的编辑工作就是校样处理。出版单位都设有校对科，一校、二校、三校的工作应由校对科负责。但是，编辑不能因此产生依赖思想，必须利用这最后一次把关机会审读校样，并完成后续工作。

（1）审读校样。

（2）处理作者的修改和校对人员的质疑。

（3）检查付印清样：

①从排版质量角度检查付印清样，统一检查版心、版式，查看图表是否清晰；

②从全书的结构组成角度检查付印清样，查看封面、扉页、版权页、插页等结构部件以及出版说明、前言、后记、目录等各种辅文是否齐全，与正文是否呼应。

（4）样品检查。

（5）出版物宣传。

（6）收集反馈信息（书评、出版物广告）。

出版物发行以后，编辑要注意收集读者评价的信息。这些信息包括：对具体出版物的评价，对出版单位形象的评价等。这些信息可以帮助出版单位改进各项工作，有利于出版物的重印和再版，而且还有利于编辑策划出新的选题。

第六节　图书、期刊的辅文

一、“辅文”的概念

所谓“辅文”，是相对于正文而言的。正文指图书、期刊主体部分的文字、图片、照片、表格等。辅文是图书、期刊正文的辅助文字，指便于读者阅读和利用正文的辅助材料。辅文可置于正文前，如：书名页、内容提要、凡例、出版说明、目录、序言、作者简介等；可在正文中，如：注释、夹注等；可在正文后，如：后记、编后语、参考文献、名词解释、大事年表、检字表、索引、附录等。①

以功能来分，辅文大致可分为：识别性辅文、介绍性辅文、说明性辅文、检索性辅文、参考性辅文及其他辅文。

- 识别性辅文：封面文字、书名页文字、作者姓名、出版社名、出版时间、开本、定价、发行方式等。
- 介绍性辅文：内容提要、作者简介、封面宣传语等。
- 说明性辅文：出版前言、编辑说明、序、前言、后记、跋、凡例、译后记、出版后记等。
- 检索性辅文：目录、索引等。
- 参考性辅文：注释、参考文献表、名词解释、译名对照表、大事年表、各种附录等。
- 其他辅文：除上述几种辅文之外，属于图书辅文的还有口号页文字、呈献页文字、题词页文字、勘误表等。

二、辅文的作用

辅文是图书不可缺少的组成部分，其主要作用在于：

- 保证图书的完整性；
- 强化图书的功能；
- 指导读者购买与阅读；
- 有利于检索的准确快捷。

---

① 吴添汉. 编辑应用写作. 沈阳：辽宁教育出版社，1996：240.

三、编辑与图书辅文

根据辅文类别的不同，辅文的作者也可以不同，有作者自己完成的，有编辑在加工整理时完成的，也有请第三者撰写的。因此，编辑有以下 3 项任务需完成：

- 选择辅文设置；
- 选择辅文作者；
- 审读加工辅文。

在编辑加工中，编辑还应该注意辅文是否符合下列几条原则：

- 立意正确适当；
- 评价准确实际；
- 资料准确无误；
- 方法科学简便；
- 行文简明精要。

第七节　图书的重印和再版

一、重印和再版简介

重印和再版都是对同一本书的再次印刷，但两者是有区别的。

（一）重印的概念和特点

重印是图书第一次印刷后，没有改动或改动甚少的再次（或多次）印刷。重印可使图书的生产成本降低，并加快图书出版速度。

图书重印时，其开本、书号、版式均不变，封面、扉页可以重新设计，中国标准书号条码一般也不变。若定价有变动，则必须在原来的条码后加上附加码。整个条码需要重新申请制作。若图书变更装帧形式（精装、平装），变更开本等则不属于重印范畴，应申请使用新书号。

重印书应在版本记录中标明印次，每重印一次就记录一次，逐次累加。如初版图书第一次重印，标“第1版第2次印刷”，第二次重印标“第1版第3次印刷”，依此类推。重印书的印数也是从初版第一次印刷起逐次累加，如初版图书第一次印10 000册，版本记录中应标“印数1—10 000”；第一次重印了5 000册，应标“印数10 001—15 000”；第二次重印了5 000册，则标“印数15 001—20 000”，依此类推。

（二）重印的意义

图书的重印是出版单位一项很重要的工作。其意义可从下列3个方面来体现：

- 及时满足社会的需要；
- 符合最佳经济效益原则；
- 不断提高图书质量。

（三）再版的概念和特点

再版是对原书做出了较大修改后的重新排版印刷。

再版虽以原书为基础，但要进行较大的修改，有时是彻底的大改造。实际操作完全按照生产新品种的程序进行，生产成本略微低于，甚或并不低于初版。

再版书书名后可加括号标明“修订版”，也可不标。但是，再版书应在版本记录中标明版次，第一次再版标“第2版”，第二次再版标“第3版”，依此类推。再版图书不可再用原书号，必须申请使用新书号。除书名外，开本、版式、封面、扉页等都可重新设计。

再版图书按照原样再印或略作修改再印，称为再版书的重印。再版书重印的次数和印数，都是从初版第一次印刷起开始累加。如某图书初版重印有 3 次，即加上第一次印刷共印了 4 次，共计 40 000 册，第二版的第一次印刷印了 5 000 册，版本记录中应标“第 2 版第 5 次印刷”“印数 40 001—45 000”；若再版第一次重印印了 6 000 册，则标“第 2 版第 6 次印刷” “印数45 001—51 000”，依此类推。

（四）再版的意义

图书的再版是一项很重要的工作，其意义体现在以下几个方面：

- 再版是文化积累的重要方式；
- 再版是图书更新的重要途径；
- 再版可提升图书的使用价值；
- 再版能使出版资源得到深度开发；
- 再版能打造图书品牌。

二、重印和再版的依据

图书的重印和再版，皆因图书的高质量受到读者广泛的欢迎，从而引来不间断的市场需求。如果失去了市场持续的需求，图书的重印和再版只能是增加库存积压，浪费出版单位的经济资源。

再版和重印的不同点在于，图书再版往往需要作者做出重大的修改，或再次的创造性劳动。作者是否同意是图书能否再版的关键。再版与重印相比，需要投入更多的人力、物力、财力，其成本甚至不低于初版图书的生产成本。出版单位在对图书是否再版做决策时，必须考虑周密，妥善安排。

三、重印和再版的程序

重印和再版有不同的程序。

（一）重印的程序

1. 市场调查

图书重印前，应该充分了解拟重印图书在市场上销售的详细情况，从而断定该书的市场饱和度及潜在销售空间；应特别了解基层书店的销售情况，才能不被虚假的“畅销”所蒙蔽。

重印书的市场调查可以由发行部门承担，也可由编辑或专门的市场调查机构进行。

2. 提出重印报告单

在对市场进行调查与分析的基础上，通常由发行部门填写书面重印报告单，交相关编辑部门会签后，送交出版单位领导审批，最终由领导决定是否重印。

重印报告单的内容一般包括：书名、出版合同编号及有效期、作者、初版或上次重印的时间、字数、印张数、市场调查情况、重印理由、估计拟重印的数量、出书时间、将来的效益等。

重印数量的估计，一般来讲，不同的书应有不同的重印起印数。畅销书的起印数可多一些，学术书、长版书起印数可少些。对于一般的重印书，可以设定一个保本印数，低于此数量便不重印。总之，出版单位在做重印决策时，事前一定要有周密的市场调查和科学的分析。（见“图书重印流程单”）

图书重印流程单

<table>
<tr><td>原书名</td><td colspan="5"></td><td>作　者</td><td colspan="2"></td></tr>
<tr><td rowspan="2">字　数</td><td rowspan="2"></td><td rowspan="2">印　张</td><td rowspan="2"></td><td rowspan="2">印　数</td><td rowspan="2"></td><td rowspan="2">定　价</td><td>原定价</td><td></td></tr>
<tr><td>修定价</td><td></td></tr>
<tr><td>印刷厂</td><td colspan="3"></td><td>封面
设计</td><td></td><td>责任编辑</td><td colspan="2"></td></tr>
<tr><td>重印书属性</td><td colspan="8">常销书□　春秋教材□　考试用书□　培训用书□
行业系统用书□　工具书□　一般图书□</td></tr>
<tr><td>重印书发行预测</td><td colspan="8"></td></tr>
<tr><td>重印书库存情况</td><td colspan="8">签名：　　　　时间：</td></tr>
<tr><td>重印书稿酬
支付备案(总编室)</td><td colspan="8">签名：　　　　时间：</td></tr>
<tr><td>责编建议</td><td colspan="8">签名：　　　　时间：</td></tr>
<tr><td>书　　号</td><td colspan="8"></td></tr>
<tr><td>重印前质检</td><td colspan="8">签名：　　　　时间：</td></tr>
<tr><td>发行部意见</td><td colspan="8">签名：　　　　时间：</td></tr>
<tr><td>社领导意见</td><td colspan="8">签名：　　　　时间：</td></tr>
<tr><td>备　　注</td><td colspan="8">1. 储运科需定期向发行部提供重印图书预警通知。
2. 储运科需提供重印图书最新版本样书。</td></tr>
</table>

3. **查验出版合同**

对决定重印的图书，责任编辑应及时查验该书的出版合同，对出版合同的有效期进行确认。若合同约定的有效期已过，事先又未与作者签订新的合同，此时的重印便是一种违约行为。出版单位必须与作者签订新合同才可重印。若出版合同尚在有效期内，责任编辑也应按照合同约定将图书准备重印的信息通知作者，并询问有无修改之处。

4. **审读重印书**

责任编辑对拟重印的图书要进行重新审读，并汇总作者和读者的意见，写成书面审读报告，说明审读情况及结果，明确有无修改之处。如有修改要一一说明，并提供改正的样本，以便出版部门安排工作。如果责任编辑的审读意见与作者修改意见不一致，责任编辑应说明取舍的情况与原因。如果原责任编辑已调离，由出版社领导指定继任者审读。

应该特别注意的是，重印书也要坚持三审责任制。责任编辑必须将审读报告与改正样本交给复审者和终审者审定。

复审者和终审者是否通读全书，可根据图书的实际情况决定，但是应对修改之处进行审读，并认真审读书中政治性、时效性较强的内容。

5. **办理重印发稿手续**

责任编辑应填写重印书发稿单，经三级审读者签发后，连同审读报告、重印书样书交总编室登记后交出版部门。出版部门按照要求进行印前制作管理后，安排印制。

重印书征订单可加上初版良好销售业绩的内容，以增加图书销售的号召力。

（二）再版的程序

再版的程序与初版的程序大致相同。两者从审稿起的各个编辑环节是相同的，其不同之处主要是审稿之前的各个环节。

再版书的选题策划一般以原书为基础，根据采集到的新信息对原书做适当的修订。修订工作一般由原作者承担，编辑及时与修订者共同商讨和制订修订方案，经集体论证后实施。

出版单位收到再版书稿件后，应按照初版图书的要求审稿、编辑加工整理和审定发稿。

四、重版率

重版率是全年出书种数中重印书和再版书种数之和所占的比例。重印和再版的书越多，重版率就越高。

重版率的高低是衡量出版单位经营是否良好的重要标志之一。重印和再版图书都属于质量高、使用价值和文化积累价值高、对社会影响大的好书。重版率高表明出版单位的社会效益高。再版图书往往重印的可能性也大，重印和再版的图书越多，其带来的利润也越多，重版率也体现了出版单位的经济效益。

第八节　编辑分论

无论是图书、期刊等纸媒介编辑工作，还是音像、网络等的编辑工作，无一不是出版工作的中心环节，决定着出版工作的质量、效益与发展方向。

它们虽然有很多共性，但是其编辑工作因载体的不同而呈现出不同的特点。本节以图书编辑工作为参照来比较期刊、音像、网络出版编辑的特点。

一、期刊的编辑特点

图书编辑工作的各种基本要求和基本方法适用于期刊编辑工

作。期刊编辑工作自身的特点主要体现在主体性策划、结构性组配和时效性要求上。

1. **主体性策划**

较之图书编辑的策划作用，期刊编辑的策划显得尤为明显。"有什么样的编辑，就有什么样的期刊"，这句话充分说明了期刊编辑主体性的特点。正是编辑的欣赏和判断才决定了一份期刊的面貌和风格。在创刊之前，编辑就应对办刊宗旨和刊物的基本形态和风格，以及读者群有比较明确的把握。创刊后，编辑还要持之以恒地从题材范围、栏目设置、表现手法等方面选择和刊登作品，开展与读者的互动，以保持刊物自身的特色。

2. **结构性组配**

完整的一期期刊是由不同作者、不同题目的若干篇作品集合而成。相对独立的各期刊物又相互连接而构成这种刊物的整体风貌，形成自己的特色。这与图书不同，每种图书都是独立的个体，各有各的特色（丛书除外）。那么，期刊编辑的结构性组配工作主要表现为将不同作者、不同风格的作品有机地组合在一起，以凸显该期刊的宗旨和定位。这种组配工作不仅表现在同一期中，更长远地表现在相隔一段时间出版的各个期次中，而且一般没有作者的参与。

3. **时效性要求**

期刊的时效性虽不及报纸，但因其出刊的时间不同而有不同的要求。首先，内容策划要与社会同步。期刊编辑应时刻关注社会热点问题、关注读者身边的问题，并且还应该具备一定的前瞻性，及时预测读者的阅读趣味。其次，工作安排要有周期性节奏。期刊编辑人员必须严格按照刊期确定每年的工作周期。这与图书编辑有很大的不同。图书编辑的工作周期相对自由一些，只受出版合同上与作者约定的出版时间的制约。

二、音像制品的编辑特点

音像制品是出版物的一类，毋庸讳言，其编辑工作也是音像制品出版工作的中心环节。相对于纸介质出版物来说，音像制品的编辑工作更有立体感。音像制品编辑除考虑节目本身内容的质量外，还要花很大的精力去考虑表现内容的形式。比如，媒体的选择、声音的配置、画面的安排等。其特点主要表现在以下几个方面：声像优化、信息浓缩和全面综合。这些特点对音像编辑提出了更高的要求。音像编辑不仅要具备极高的组稿能力，还应该具备一定的"组人"能力。文本策划只是编辑工作的一小部分，其重头在于后续工作——物色适合参与此项节目录音、录像的演播人员，指导整个节目的录制，完成后期的剪辑和编辑工作。可见，音像编辑参与创作的程度明显高于一般的图书编辑。

三、互联网出版的编辑特点

互联网出版又称"网络出版"，指互联网信息服务提供者将自己创作或他人创作的作品经过选择和编辑加工登载在互联网上，或者通过互联网发送到用户端，供公众浏览、阅读、使用或者下载的在线传播行为。与其他出版活动相比，网络出版在载体形式、物质生产方式和提供给消费者的方式有较大的不同。这就对编辑人员提出了特殊的要求：

第一，互联网出版是出版活动与互联网相结合的产物，编辑人员必须具备计算机技术、网络技术、多媒体技术等方面的应用能力。

第二，互联网出版的一大特点是互动性强，读者反馈信息快速、及时。因此，对读者反馈信息的收集和整理是互联网出版编辑工作的重要内容。读者的这些反馈信息常常是评论式的，公开性强，编辑应该密切关注，加强管理，及时处理。这也要求编辑人员必须具备很强的责任心和很高的业务水平。

第九节　校对工作的要求与方法

一、“校对”的概念

校（jiào）对是继选题、组稿、审稿、编辑加工、发排之后的一道独立的工序，是编辑工作的延续，对保证出版物的质量起着把关的作用。具体来讲，校对是根据原稿核对校样，订正差错，提出疑问，以保证出版物质量的工作。有以下两点需要注意：这里说的原稿是经编辑加工整理过的“原稿”，非作者交来的原稿；校对还要注意原稿中本身可能存在的差错。

另外，“校对”作为名词，是出版专业技术职务系列之一，指从事校对工作的专业人员。

二、校对工作的要求

针对以上两点，对校对工作的要求显而易见：

（1）查出校样与原稿在内容和格式批注方面的不相符合之处，予以订正。

（2）发现原稿上存在的错讹或格式批注疏漏，提请责任编辑解决。

第（1）条是校异同，是对校对的基本要求，只要细心对照原稿、仔细查看校样即可。第（2）条是校是非，是对校对的较高要求，需要校对人员在细心之余，运用自己的学识对作者在稿件中出现的政治性、常识性、语言表述，或编辑整理过后的书稿在体例、版式是否统一等问题上进行综合判断，并及时负责地提请责任编辑解决。

三、校对工作的方法

校对的基本方法主要有对校法、本校法、他校法和理校法4种。

（一）对校法

“对”即对照之意。对校法指校对人员依据原稿对照校样进行校对的方法，其主旨在校异同，消灭排版差错。此处之“异同”指原稿和校样之间的异同。具体操作方式有点校、折校、读校、倒校4种。

1. 点　校

点校指将原稿放在校样上方或左方，先看原稿，再看校样，逐字逐句进行校对。

适用稿件及校次：作者的手写稿；改动较大，或文字排列方向与校样不一的原稿；适用于初校。

优点：校对人员可以自由支配速度，遇到难处可适当放慢速度。

缺点：工作时校对人员头部左右摆动，两手受到约束，容易疲劳；受瞬间记忆的局限，容易忘记原稿上的文字、符号，可能造成漏校、误校。

2. 折　校

折校指把校样放在桌子上，再将一页原稿夹在两手手指间压在校样上（也可将原稿放在桌上，把校样夹在手指间），并把原稿上的字句对准校样相应位置的字句逐字逐句进行校对。

适用稿件及校次：作者交的是打印稿；没有改动或改动较少的原稿；适用于原稿清爽的初校或二、三校次。

优点：原稿和校样的距离较短，并处于校对员视力的一个注视点上。因此，校对员不需要左右摆动头部，减轻了劳动强度；

原稿和校样上的文字比对着看过去，漏句、漏行的事故不易发生，而且还能节省时间，加快速度。

缺点：“一目两行”，容易忽略形似字；机械核对，容易忽略对内容的理解，不利于校是非。

3. **读　校**

读校需两人及两人以上合作，并分别持有原稿和校样，由一人朗读原稿，另一人（或两人）对照校样并改正校样上的错误。

适用稿件及校次：原稿清楚，内容浅近，格式较简单的人文社科类稿件；适用于此类稿件的初校或二校。

优点：校对人员视觉上只接受一种客体的文字——或原稿，或校样，不会混淆两种客体的视觉形象；两人轮流读、看，可以互相讨论，提供建议，效果较好。

缺点：由于汉字中同音字、近音字、多音字、形近字很多，如果读的一方发音不准，或误看、误读，或者听的一方误听，就会造成新的错误；在遇到校样有错时，因校的一方要停下来改正，读的一方也不得不停下来，从而减缓速度。总之，读校要求校对人员之间配合默契，以免因配合失误造成新的差错。

4. **倒　校**

“倒”即反；倒校，指从字行尾向字行首方向逐字校对的方式。

适用稿件：重要的经典著作和短诗等校样；适用于此类稿件的初校或二校。

优点：这种方式违背一般的阅读习惯，避免校对人员受到自己思维定式的影响，只能就字符论字符，不大会出错。

缺点：速度缓慢，这种方式较少采用。

（二）本校法

“本”即本来、原来之意；本校法指通过本稿件前后、上下文的互证和比较来发现问题，提出疑问，以订正讹误的一种校对方法。这种方法也是旨在校异同。但此处“异同”之所指与前者有别，它特指书稿前后、文字与图表，以及正文和辅文是否相互印证、提法一致。

随着计算机的广泛应用，作者大都提供电子文档的书稿，本校法的优势可以得到极大发挥。此法如运用得当，校对人员则能通过书稿前后比较、是否互证来发现作者和编辑工作的疏漏。

现代校对的通读检查采用的便是本校法。

适用稿件及校次：适用于稿件内容不太生僻的三校和责编通读清样。

优点：校对人员因无原稿“约束”，更能将注意力集中在辨别校样上的文字，理解文句的含义，通过比较、前后互证来发现错误。

缺点：由于脱离原稿，校对人员如遇生、难、僻的问题而不勤查原稿的话，容易望文生义，产生错误或闹出笑话。

（三）他校法

“他”即其他的、另外的之意；指校对人员利用与所校稿件内容相关的其他权威文献来判断稿件内容正误的一种校对方法。此法为校异同。

在校对人员用本校法发现疑问但难以做出准确判断时，常常跳出书稿，借助其他相关资料，比如与稿件内容相关的权威书籍、工具书等寻找可靠根据。因此，他校法常与本校法交叉运用，主要用于查证引文、数据、公式、术语、特定日期是否准确无误。

适用稿件及校次：古籍类、科技类书稿的初校或二校。

优点：能充分保证书稿质量。

缺点：查找工具书，各类标准、规范必定影响校对速度；要求校对人员熟悉《辞海》《现代汉语词典》《汉语大字典》《汉语大词典》《朗文当代高级英语词典》等各种工具书的使用，以及国家的各类标准、规范。

(四) 理校法

“理”即推理；指通过逻辑推理分析做出是非判断的一种校对方法。此法为校是非。

适用稿件及校次：校对人员学有专长的稿件，适用于二、三校次。

优点：在校对人员用本校法发现疑问又一时难以找到相关资料求证时，可使用此法。

缺点：此法具有很大的主观性，要求校对人员拥有较广的知识面，对书稿涉及的内容比较熟悉；否则会出现“以不误为误”“以误改误”，甚至“以误为不误”的差错。

总之，这 4 种校对方法各有优劣，在实际运用中也不能截然分开。对校法主要依靠校对人员的视觉分辨能力，对照校样与原稿分辨其异同。本校法、他校法、理校法依靠校对人员的广博知识和丰富经验，在校样中检查出原稿的差错。虽然后 3 种方法主要在于校是非，但也有校异同的作用。

四、校对的基本工序

校对由初校（一校）、二校、三校、通读、誊样、核红、文字技术处理、对片这 8 个基本操作工序组成。

(一) 需依次进行的工序

在这 8 个工序中，有些工序需依次进行。如：

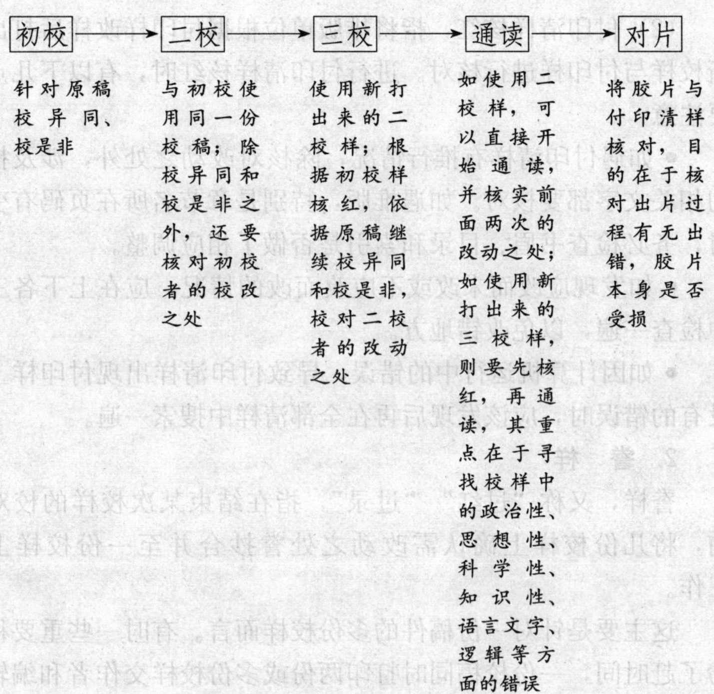

（二）可穿插进行的工序

在整个校对工序中可穿插进行的有核红、誊样和文字技术处理。

1. **核　红**

核红，又称“对红”“复红”，指检查核对前一次或几次校样上色笔批改之处在此次校样上是否已经改正，并校正其中未改或错改之处的工作。

核红分为校次间核红和付印清样核红两种：

(1) 校次间核红，指将排版单位改样后打出的新校样与退交改样的前校样进行核对。

（2）付印清样核红，指将排版单位根据付印样改样后打出的新校样与付印样进行核对。进行付印清样核红时，有以下几点需要注意：

• 如遇付印清样有推行情况，除核对改动之处外，涉及推行的相关文字都要核对。如遇推版，特别是章节名所在页码有变动时，务必检查书眉、目录和索引是否做了相应调整。

• 如发现应改而未改或不应改而改的情况，应在上下各三行中检查一遍，以免改错地方。

• 如因计算机运行中的错误，导致付印清样出现付印样上并没有的错误时，应该发现后再在全部清样中搜索一遍。

2. **誊　样**

誊样，又称“过红”“过录”，指在结束某次校样的校对之前，将几份校样上确认需改动之处誊抄合并至一份校样上的工作。

这主要是针对一份稿件的多份校样而言。有时一些重要稿件为了赶时间，一份校稿同时打印两份或多份校样交作者和编辑同时审读。作者和编辑看的校样叫副样，校对者看的校样叫正样。视校样上改动的多寡，责任编辑或责任校对可将改动较少的那一（几）份过录到改动较多的那份上。当然，誊样时也不能简单过录，誊样者还应该在过录中判断这些改动是否合理；若有改动，则提请责任编辑解决。

3. **文字技术处理**

文字技术处理，简称“技术处理”和“整理”，指从体例格式方面检查和整理书刊全部校样的工作。

文字检查方面，主要是核对页码是否衔接，书名、作者名、出版单位名和出版时间等相关项目是否一致，书眉文字是否与书名、篇名、章名，甚或节名一致，目录是否与正文中的标题和页码一致等。

格式检查方面，主要是核对正文主体文字、标题、引文、注文的字体和字级等，检查页码，或报纸刊物的中缝在版面上的位置，查看图表、公式在版心中的位置等。

此项工作由责任校对完成。

五、校对工作的一般操作模式

一般情况下，校对工作的操作模式有如下 4 种：

（一）基本模式

校对基本模式环节最多，可保证书刊的编校质量，但周期太长，成本较高；适用于繁难稿件。其流程环节为：

初校→改样→核红＋二校＋誊样→改样→核红＋三校＋文字技术处理→改样→核红＋通读＋文字技术处理→改样→付印清样核红→付印

（二）连校模式

连校模式环节相对较少，但三个校次的修改都在一个校样上，使得改样工作较为繁杂，容易漏改、误改；适用于质量较高的稿件。其流程环节为：

初校→二校→三校＋誊样＋文字技术处理→改样→核红＋通读＋文字技术处理→改样→付印清样核红→付印

（三）分校模式

分校模式的环节较少，既可以缩短出版周期，又能保证质量，是采用较多的一种模式。其流程环节为：

初校→二校＋誊样＋文字技术处理→改样→核红＋三校→通读＋文字技术处理→改样→付印清样核红→付印

（四）人机结合模式

这是一种较新的校对操作模式。校对人员利用计算机校对软件可以校对出一般性差错，而人工校对又能弥补软件校对的缺陷。现在各出版单位都采用了计算机校对软件，协助完成校对工作。

1. 纸质原稿校对方式

作者交来纸质原稿后，由激光照排人员将其输入电脑，形成计算机排版文件。人工校对的对象仍然是纸质校样。其流程为：

人工初校＋文字技术处理＋誊样→改样→人工核红→计算机二校→人工三校→人工通读→改样→付印清样核红→付印

2. 电子原稿校对方式

由于作者交来的原稿为电子版，因此交稿后可以先用计算机软件校对一遍，消灭一般性文字差错。然后，编辑可以直接在此电子版上进行加工整理。经过相关程序后，交给排版单位转换成排版文件，随后开始人机结合的校对。其流程如下：

计算机初校→人工二校＋文字技术处理→改样→人工核红→计算机三校→人工通读→改样→付印清样人工核红→付印

有的电子原稿先送到排版单位进行文件转换和改版，打出纸质原稿，再履行编辑和校对程序。其程序与传统的校对程序基本相同。

六、校对符号及使用

校对时标注在校样上的专用符号就是校对符号。它是作者、编辑、校对和排版人员表达改样要求的一些特定图形，是他们之间互相沟通的工具。因此，这套符号力求简洁、易懂。

（一）正确使用校对符号

国家标准《校对符号及其用法》（GB/T14706－1993）对各种校对符号的形式和使用做了详尽的规定，并附若干示例。校对符号的规范化使用可以清晰地表达改样要求，使这些要求得到准确地处理。（见《校对符号及其用法》）

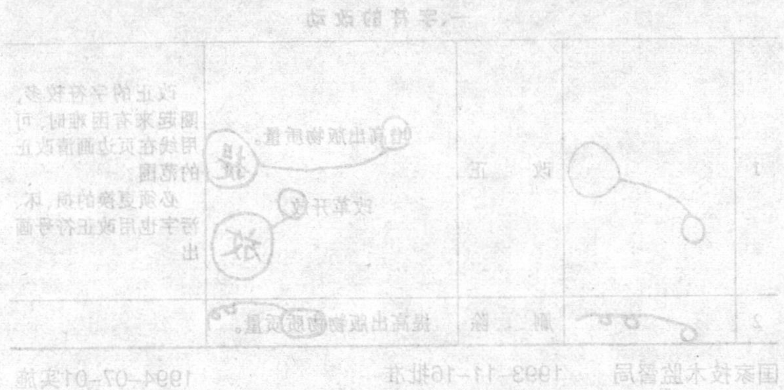

中华人民共和国国家标准

GB/T 14706－1993

校对符号及其用法

Proofreader's marks and their application

1　主题内容与适用范围

本标准规定了校对各种排版校样的专用符号及其用法。

本标准适用于中文(包括少数民族文字)各类校样的校对工作。

2　引用标准

GB 9851　印刷技术术语

3　术语

3.1　校对符号　proofreader's mark

以特定图形为主要特征的、表达校对要求的符号。

4　校对符号及用法示例

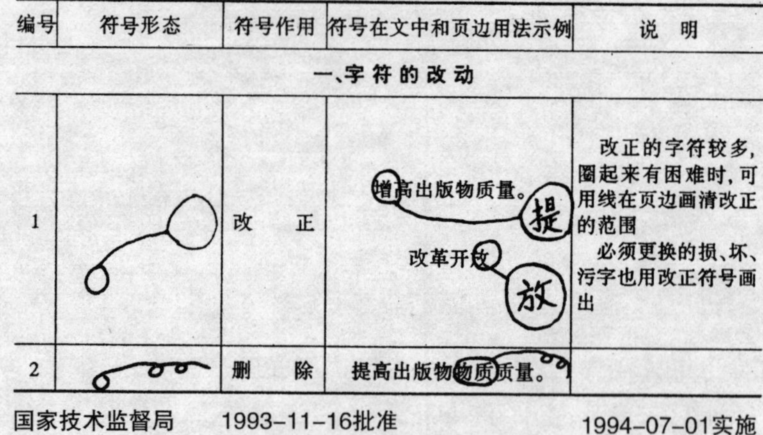

编号	符号形态	符号作用	符号在文中和页边用法示例	说　明
一、字符的改动				
1		改　正	增高出版物质量。提 改革开改　放	改正的字符较多，圈起来有困难时，可用线在页边画清改正的范围 必须更换的损、坏、污字也用改正符号画出
2		删　除	提高出版物物质质量。	

国家技术监督局　1993-11-16批准　1994-07-01实施

续表

编号	符号形态	符号作用	符号在文中和页边用法示例	说明
3		增补	要搞好校工作。 对	增补的字符较多，圈起来有困难时，可用线在页边画清增补的范围
4		改正上下角	16＝42 2 H_2SO4 4 尼古拉 费欣 · 0.25＋0.25＝05 . 举例 2×3＝6 : X Y＝1:2 :	
		二、字符方向位置的移动		
5		转正	字符填要转正。	
6		对调	认真经验总结。 认真验结经总。	用于相邻的字词 用于隔开的字词
7		接排	要重视校对工作， 提高出版物质量。	
8		另起段	完成了任务。明年……	
9		转移	校对工作，提高出 版物质量要重视。 "。以上引文均见中文新版《 列宁全集》。 编者 年 月 …… 各位编委：	用于行间附近的转移 用于相邻行首末衔接字符的推移 用于相邻页首末衔接行段的推移
10	或	上下移	序号 | 名称 | 数量 01 | 显微镜 | 2	字符上移到缺口左右水平线处 字符下移到箭头所指的短线处

续表

编号	符号形态	符号作用	符号在文中和页边用法示例	说明
11	或	左右移	要重视校对工作，提高出版物质量。 3 4 5 6 5 欢呼 歌 唱	字符左移到箭头所指的短线处 字符左移到缺口上下垂直线处 符号画得太小时，要在页边重标
12		排　　齐	校对工作非常重要。 必须提高印刷质量，缩短印制周期。 国家标准	
13		排阶梯形	RH_2	
14		正　　图		符号横线表示水平位置，竖线表示垂直位置，箭头表示上方
		三、字符间空距的改动		
15	∨ >	加大空距	一、校对程序 校对胶印读物、影印书刊的注意事项：	表示在一定范围内适当加大空距 横式文字画在字头和行头之间
16	∧ <	减小空距	二、校对程序 校对胶印读物、影印书刊的注意事项：	表示不空或在一定范围内适当减小空距 横式文字画在字头和行头之间

续表

编号	符号形态	符号作用	符号在文中和页边用法示例	说　明
17	＃ ⧺ ⧻ ≢	空 1 字距 空 1/2 字距 空 1/3 字距 空 1/4 字距	第一章校对职责和方法 1. 责任校对	多个空距相同的，可用引线连出，只标示一个符号
18	Y	分　开	Goodmorning	用于外文
		四、其　他		
19	△	保　留	认真搞好校对工作。	除在原删除的字符下画△外，并在原删除符号上画两竖线
20	○＝	代　替	○色的程度不同，从淡○色到深○色具有多种层次，如天○色、湖○色、海○色、宝○色…… ○＝蓝	同页内有两个或多个相同的字符需要改正的，可用符号代替，并在页边注明
21	○○○	说　明	第一章　校对的职责 改黑体	说明或指令性文字不要圈起来，在其字下画圈，表示不作为改正的文字。如说明文字较多时，可在首末各三字下画圈

5　使用要求

5.1　校对校样，必须用色笔(墨水笔、圆珠笔等)书写校对符号和示意改正的字符，但是不能用灰色铅笔书写。

5.2　校样上改正的字符要书写清楚。校改外文，要用印刷体。

5.3　校样中的校对引线要从行间画出。墨色相同的校对引线不可交叉。

校对符号应用实例

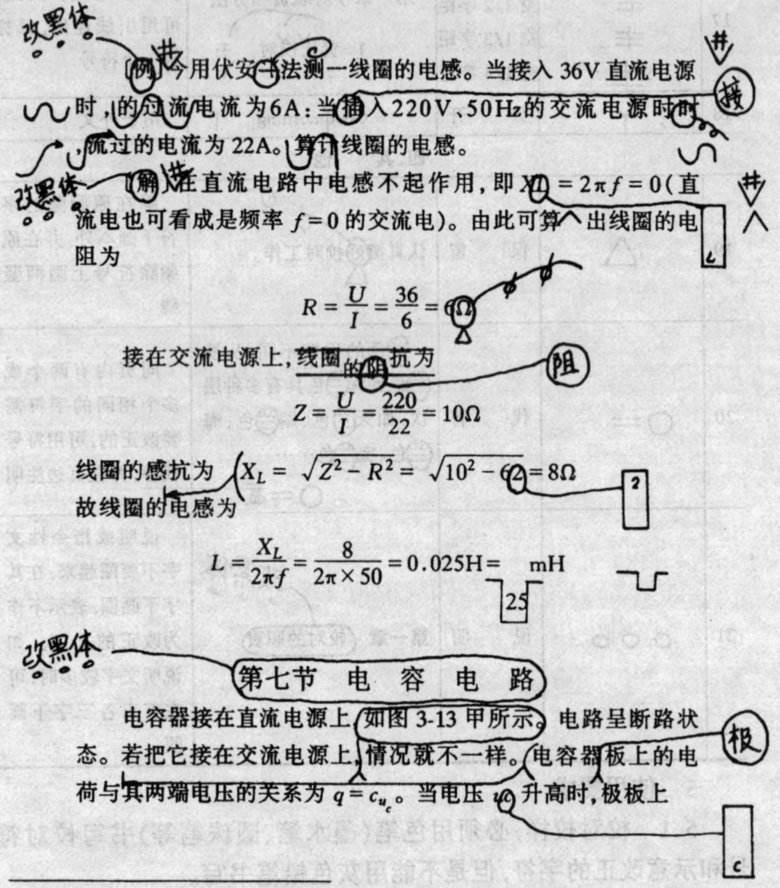

〔例〕今用伏安计法测一线圈的电感。当接入 36V 直流电源时，的过流电流为6A：当插入220V、50Hz的交流电源时时，流过的电流为 22A。算计线圈的电感。

〔解〕在直流电路中电感不起作用，即 $X_1 = 2\pi f = 0$（直流电也可看成是频率 $f=0$ 的交流电）。由此可算出线圈的电阻为

$$R = \frac{U}{I} = \frac{36}{6} = 6\Omega$$

接在交流电源上，线圈的阻抗为

$$Z = \frac{U}{I} = \frac{220}{22} = 10\Omega$$

线圈的感抗为 $X_L = \sqrt{Z^2 - R^2} = \sqrt{10^2 - 6} = 8\Omega$

故线圈的电感为

$$L = \frac{X_L}{2\pi f} = \frac{8}{2\pi \times 50} = 0.025\text{H} = \quad \text{mH}$$

第七节　电　容　电　路

电容器接在直流电源上，如图 3-13 甲所示。电路呈断路状态。若把它接在交流电源上，情况就不一样。电容器板上的电荷与其两端电压的关系为 $q = c_{u_c}$。当电压 u 升高时，极板上

附加说明：

本标准由中华人民共和国新闻出版署提出。

本标准由全国印刷标准化技术委员会归口。

本标准由人民出版社负责起草。

（二）正确做出标志

1. 引线的处理

当发现某处文字或符号需要修改时，先将这个文字或符号圈起来，再从此处开始顺着行与行的空白处拉出一条引线，直到版心外的空白处，工整地写出应改的文字或符号，最后再圈起来。需改之处与如何更改都是通过引线连接起来的，但是校样上行距有限，校改内容又只能标注在版心外的空白处。因此，引线的处理显得尤为重要。具体表现为：

①引线不能相互交叉、重叠，也不能与字行交叉，这是画引线的根本要求。先画的引线应画在该字行上面的行空内，不宜画在字行下面的行空内；在字行偏左处开始画的引线宜向左边延伸，在字行偏右处开始画的宜向右边延伸；引线延伸出版心后宜向上斜，在高出该行两三行空白处写出应改字符。

②引线与引线保持一定间距，画前一条引线时应为后面的引线留出一定的空间。

③如果需改的字符与其左右相邻字符的格式在字体、字级、上下角、字母大小写、字母种类不同时，应该在版心外写出修改字符，另外再用简短的文字加以说明，并在说明文字下加小圈以示区别修改的字符。

2. 版心外标记的处理

有些校对符号不需引线，比如字符对调、上下移、空距调整、缩进或排齐等符号，除在版心内标出以外，还应在版心外再做出相应标记，提醒改样人员注意。标记应该标在版心外与该行持平、略远处，位于改样人员的同一注视点上。如果同一行中还有其他修改，应注意版心外标记勿与这些修改相接，以免引起混淆。

3. **质疑的处理**

校对的职责是核对校样，订正差错，提出疑问，因此校对人员无权修改原稿。如果校对人员发现校样虽与原稿一致却对原稿存疑时，也不能放任不管，而是应该用铅笔将疑问处圈起来，画一条引线至版心外，用铅笔画一个问号，或直接写明修改建议，供编辑查证。质疑文字的位置同于版心外标记，并使用铅笔标出；校对质疑和编辑排疑情况应记录在“编辑校对记录单”上，附在审稿单后，以便查考。

（三）正确选用校对用笔

由于同一份校样经多人看过，因此不同的人有必要使用不同种类或可以区别颜色的笔进行标记。校对用笔的选用，可参考以下几点：

- 颜色太淡的笔不宜使用；
- 不同颜色以能彼此区别为准；
- 有些钢笔、圆珠笔、水笔虽颜色类似，但只要在明度和饱和度上有明显区别也可以使用；
- 校对人员常使用红、蓝、黑色圆珠笔，编辑、作者使用不同颜色的水笔。

不管用哪种笔，也不管用什么颜色的笔，只要在校样上有标记的，改样人员都会照改无误；凡是铅笔做的标记，改样人员不会直接修改。因此，编辑应特别注意对校对质疑的处理：采纳，应用色笔重描一遍；不采纳，则应用色笔勾掉。

七、校对工作的基本制度

（一）“三校一读”制度

“三校一读”制度是指规定校样必须经过初校、二校、三校和通读检查的校对制度。这是校对工作的基本制度，也是校对管理的基本制度。

“三校”指一般书刊的校对不应少于 3 个校次，重点图书、工具书等则应增加校次。“一读”指终校后还应进行至少一次通读检查。

“三校一读”制度的重点在于：

(1) 校次不可随意减少；

(2) 终校不可由中级以下专业校对人员担任，更不能由非专业校对人员担任。

不遵守“三校一读”这个基本制度，就会损害书刊的编校质量。

(二) 责任校对制度

《图书质量保障体系》第十一条规定：出版社每出一种书，都要指定一名具有专业技术职称的专职校对人员为责任校对，负责校样的文字技术整理工作，监督检查各校次的质量，并负责付印样的通读工作。

其重点在于：

(1) 对责任校对人员提出了要求——须为具有专业技术职务的专职校对担任；

(2) 对责任校对工作做出了规定：

- 不仅参与稿件的校对工作，还要承担稿件的文字技术处理工作；
- 监督检查各校次的质量；
- 负责付印样的通读。

根据出版专业职业资格制度的相关规定，责任校对应该具备中级及以上的出版专业职业资格。

第十节　电子原稿及激光照排校样的编辑和校对

计算机的普及为作者写稿和编辑编稿带来了极大方便，再加上网络的无处不在使得很多时候作者和编辑无需见面即可进行交流，乃至完成一部书稿的出版。因此，传统的编辑和校对工作有必要加进新的内容。本节主要针对电子原稿容易出错的地方，以及激光照排校样的常见差错，叙述编辑和校对工作的重点。

一、电子原稿的常见差错

如今，大多数作者都愿意在计算机上写作。他们写作时一般采用 Microsoft Word 等文字处理软件。这两种软件都有文字校对功能，但由于作者采用汉字输入法的不同，导致电子原稿上的错误虽显得莫名其妙，却也有“章”可循。

（一）音似别字

如果作者使用紫光、微软或谷歌拼音输入法，那么极有可能误用读音相同或相近的字。

如，输入“duanlian”

紫光拼音，跳出“锻炼”

微软拼音，跳出“锻炼”

谷歌拼音，跳出“锻炼”“煅炼”“锻练”……

可见，作者稍有不慎就会做出错误的选择，尤其是习惯使用谷歌拼音的作者应特别注意。因为谷歌输入法纵然非常方便，但是一旦作者一开始输入了错误的信息，这条错误的信息就会为方便作者而成为首选。

（二）形似别字

有的作者拼音不好，使用手写输入法，那么这就极有可能混淆偏旁或部首相同、形体相近的形似字。如，戊戌成戎、日曰、人入、设没等。

二、电子原稿转换过程中的常见差错

现在大多数出版单位，尤其是图书出版单位大都使用激光照排系统，将作者交来的电子原稿转换成该系统文件，进行图文编辑等后续工作。正因如此，很多原稿上没有的错误便在这个环节产生了。

（一）变　异

本来电子原稿上排得整整齐齐的公式、外文的斜体和字体、表格的格式，包括一些生僻的汉字、国际音标等，一经转换都变成了乱码，甚至其他相近的符号。因此，编辑和校对应该对此给予充分重视，在初校通读的时候不忘随时查看作者的电子原稿以便消除排版时产生的错误。

（二）丢　失

这种情况虽不多见，却也时有发生。文件丢失情况可能发生在编辑交给排版单位时文件缺少而不自知，也有可能在文件转换中出现误操作而丢失数据。一个文件的丢失尚容易发现，如果在操作中丢失一两段文字，则只有在校对时倍加小心才能发现。

因此，针对作者交来的电子原稿，编辑必须做到：

要求作者交电子稿的同时交纸质稿件；留备份文件，最好在不同的电脑和硬盘上留足备份文件；文件名标识清楚，防止混淆原稿和编辑稿，避免将尚未编辑的稿件文件送去排版造成浪费。

校对人员应该做到：

用通读的方式校是非的同时，不能忽略对照电子原稿或打印稿校异同；根据作者的输入法留意那些容易出错的地方，做到有的放矢；注意文件转换过程中是否有乱码现象产生，尤其是公式、外文和表格的校对等。

三、激光照排校样中的常见差错

纸质原稿也好，电子原稿也好，最后都会经过激光照排人员之手进行排版。由于照排人员大都使用五笔字型编码法，因此其常见差错可从此入手分析。

（一）文字输入差错

• 拆字有误导致别字。
• 击键失误导致别字。
• 误看原稿或编辑、校对的笔迹导致输入别字。
• 多字、漏字或颠倒字。
• 造字差错。

（二）排版操作差错

这种差错与输入法无关，主要是因操作失误造成。有以下这些情况：

• 版面文字重复。

• 文字中出现多余的排版符号。如，“〖〗”“{}”这些括号是注解命令。

• 漏行、漏段。

• 邻行、邻位误改。照排人员一般是通过“查找”命令来寻找应修改的地方，如果相邻行和同一行中有相同词语时，容易发生此类错误。

• 转页差错。这是把需要转换页面的内容移到非预定页面的现象。这在期刊校样中较为常见。

• 格式前对后错。这是明显因操作失误造成的。比如，引文改为文字缩进，字体改用小 5 号仿宋。结果，照排人员照此命令执行后没有恢复命令，造成后面的非引文沿用引文版式。

• 出现背题。

• 转行不合要求。

• 字母混淆。由于照排人员对外文字母不熟悉，很有可能将拉丁字母与希腊字母、基里尔字母混淆。因此，编辑和校对人员务必在适当地方标注清楚“希腊字母”“国际音标”等，方便照排人员切换到相应的系统中。

另外，除“人为”因素外，计算机系统也会引起错误：

• 系统不兼容或感染病毒。

• 繁简字转换出错。

• 表格续排出错。

编辑和校对人员应充分了解以上出错规律，以便提高工作成效。

四、电子原稿排版校样的特点

综上所述，电子原稿排版校样的特点，与传统编辑、校对模式相比，具有以下特点：

1. 操作过程无纸化

这种无纸化操作在报社采用较多，书刊出版单位还难以做到，目前还离不开校样的纸质化。

2. 校是非上升为主要功能

在传统的校对模式中，初校者最重要的任务就是校异同，检查排版出来的校样与原稿不一致之处。由于作者交来的电子原稿经编辑加工之后可以直接交排版单位，略去文字录入的环节，文字差错大为减少。从这个意义上说，校对人员的工作重心由校异同上升为校是非。

3. **通读成为主要手段**

编辑和校对客体的变化，使得人们难以辨别校样上的差错究竟出在哪里。校对人员只有以校对软件为辅助，采取通读的手段进行把关。

4. **文字技术处理难度增加**

操作过程的无纸化，意味着文字技术处理都在电脑屏幕前进行。表面上看来一切都方便快捷，但是由于电脑软件版本、显示器等硬件条件，以及操作人员的经验、疲劳程度等人为原因，文字技术处理工作常常是边整理边发生意外。所以，文字技术处理的必要性和难度都相应增加。

五、校对软件的运用

不管是编辑还是校对人员都应该熟悉校对软件的使用。目前，我国有好几种通行的校对软件，其优势在于：校对范围广，查错率高；校对速度快，功能多；开放性能好。但是，校对软件也有误报率高、不能准确校是非的缺点。因此，编辑和校对人员不能过分依赖校对软件，还是要以人工校对为主，软件校对只是一种辅助措施。

下面简单介绍一下“黑马”校对软件的操作步骤：

(1) “黑马”校对软件分 PS 版和 S2 版。点击进入系统后，点击“文件”下拉菜单，打开文件。

(2) 点击“校对”按钮，根据稿件内容的不同，在“参数设置”框中选择“校对英文”“校对标点”“检查台湾问题”等可选项；还可选择校对方式是“边校边提示”或“连续校对”。

(3) 设置完参数后，点击“校对”按钮下“校对当前文件”，校对开始进行。

像其他校对软件一样，“黑马”软件也挂接若干专业库、知识库和用户库。校对时，只需针对稿件情况在“词库”条下选择相应的库，系统即可挂接使用。但是，“黑马”软件限于软件设计时输入资料的多少和正误，有许多差错不仅辨别不了，甚或出现错误的提示信息。比如，遇到英文动词的-ed，-ing形式时，它会报错；在某些情况下，汉语词末的字与下一个词词首字本就不是一个词，它也会把这两个字视为一个错词而报错。另外，由于版本的关系，软件中一些“修改建议”在编辑和校对人员不能充分肯定的情况下，还是应该查阅有关工具书再采纳。

思考题

1. 什么是“编辑”？为什么说“编辑工作是整个出版工作的中心环节”？
2. 编辑过程包括哪些环节？
3. 编辑工作有哪些特点和基本功能？在编辑工作中是如何具体体现的？
4. 编辑人员应具备哪些基本素质和能力？其具体要求有哪些？
5. 编辑应如何正确认识和处理与作者、读者的关系？
6. “三审制”的基本要求、一般程序和作用是什么？各审级分别应该承担哪些任务？
7. 出版合同包括哪些主要内容，应该如何签订？
8. 什么是图书辅文？有哪些种类，各有什么要求？编辑在图书辅文方面应该做哪些工作？
9. 什么是图书的重印、再版和重版率？各有什么特点？
10. 什么是校对？在出版工作中，其性质、作用和地位如何？
11. 什么是“三校一读”基本制度？
12. 原稿和校对有哪些常见差错？

第七章　印制与装订

第一节　国家关于书刊印制的管理规定

一、概　述

广义的印刷是指使用印版或其他方式将原稿上的图文信息复制到承印物上的工艺技术和工艺过程。就一般纸质书刊而言，印刷包括三个阶段：印前制作（原稿→印版）、印刷（印版→纸张）、装订（使纸张成册）。

书刊印刷是指以图书、期刊等为主要产品的印刷。在书刊印刷的过程中印刷占中心地位。

书刊印制是指根据作品原稿印刷并把印刷的产物加工制成图书、期刊的整个过程。其范围远远大于“书刊印刷”。

复制是“出版”的三要素（编辑、复制、发行）之一，主要是在印刷阶段实现。

二、国家关于书刊印制的管理规定

本节主要根据国务院颁布的《出版管理条例》《印刷业管理条例》，概要介绍国家关于书刊印制的管理规定。

（一）印刷企业的管理办法

（1）国家实行印刷经营许可制度。未依照国家规定取得印刷经营许可证，任何单位和个人不得从事印刷经营活动。

（2）国务院出版行政部门主管全国的印刷业监督管理工作。

（3）县级以上地方各级出版行政部门负责本行政区域内的印刷业监督管理工作。

（4）县级以上各级公安部门、工商行政管理部门及其他有关部门在各自的职责范围内，负责有关的印刷业监督管理工作。

（5）印刷企业属于特种行业，经营者应当建立并健全承印验证制度、承印登记制度、印刷品保管制度、印刷品交付制度、印刷活动残次品销毁制度等。

（二）书刊印刷单位的设立

国家实行印刷经营许可制度。从事出版物印刷或者复制业务的单位，应当向所在地省、自治区、直辖市人民政府出版行政部门提出申请，经审核许可，并依照国家有关规定到公安机关和工商行政管理部门办理相关手续后，方可从事出版物的印刷或者复制。

1. 设立印刷企业的条件

- 有企业的名称、章程；
- 有确定的业务范围；
- 有适应业务范围需要的生产经营场所和必要的资金、设备等生产经营条件；
- 有适应业务范围需要的组织机构和人员；
- 有关法律、行政法规规定的其他条件。

2. 书刊印刷单位的设立程序

- 向所在地省、自治区、直辖市人民政府出版行政部门提出申请，审核批准后获取注明书刊印刷业务的经营许可证；

• 持印刷经营许可证向公安部门提出申请，经核准，取得特种行业许可证；

• 持印刷经营许可证和特种行业许可证向工商行政管理部门申请登记注册，取得营业执照，方可开展书刊印刷业务。

3. **外资印刷企业的设立**

（1）外资印刷企业设立的行政管理环境。

《印刷业管理条例》第十二条规定：国家允许设立中外合资经营印刷企业、中外合作经营印刷企业，允许设立从事包装装潢印刷品印刷经营活动的外资企业。具体办法由国务院出版行政部门会同国务院对外经济贸易主管部门制定。

《设立外商投资印刷企业暂行规定》第七条规定：设立外商投资印刷企业，应先向所在地省级新闻出版行政部门申请。

（2）申请条件。

• 能够独立承担民事责任的法人；

• 能够提供国际先进的印刷经营管理经验、印刷技术、设备及资金；

• 申请设立外商投资印刷企业的形式为有限责任公司；

• 出版物、包装装潢印刷品印刷企业注册资本不得低于1 000万元人民币，其他印刷品印刷企业，企业注册资本不得低于 500万元人民币；

• 出版物、其他印刷品印刷企业的设立，中方应当控股或占主导地位；

• 经营期限一般不超过 30 年。

（3）申请程序。

申请人向所在地市、县（市）出版行政部门提出申请，市、县（市）出版行政部门提出初审意见，符合条件的报省新闻出版局审批。省新闻出版局在 20 个工作日内作出批准或者不批准的决定，并书面通知申请人；不批准的，要说明理由。

（三）关于委托印刷书刊的规定

1. 出版单位在委托书刊印刷时的有关规定

（1）委托承印书刊的企业必须属于出版行政部门审定许可的书刊印刷企业。

（2）不得委托非书刊印刷企业承印书刊。

（3）不得委托因违反《出版管理条例》《印刷业管理条例》等法规而正处于受处罚期间的书刊印刷企业。

（4）出版单位委托书刊印刷企业印刷书刊，必须提供符合国家规定的委托印刷书刊的有关证明。

（5）须依法与印刷企业签订合同。

（6）出版单位必须在委托印刷的书刊上刊载出版单位的名称、地址、书号或者刊号、出版日期或者刊期、接受书刊委托印刷企业的真实名称和地址，以及其他有关事项。

2. 印刷企业接受出版单位委托书刊印刷的有关规定

（1）必须验证并收存出版单位盖章的印刷委托书，并在印刷前报出版单位所在地省级出版行政部门备案。

（2）印刷企业接受所在省（自治区、直辖市）以外的出版单位委托印刷书刊，印刷委托书还必须事先报印刷企业所在地省级出版行政部门备案。

（3）印刷单位应当自完成书刊印刷之日起两年内，留存一份承接的书刊样本备查。

（4）印刷企业不得盗印出版物，不得销售、擅自加印或者接受第三人委托加印受委托印刷的书刊，不得将接受委托印刷的书刊纸型及印刷底片等出售、出租、出借或者以其他形式转让给其他单位或者个人。

（5）印刷企业不得征订、销售书刊，不得假冒或者盗用他人名义印刷、销售书刊。

(6) 不得印刷有下列情形之一的书刊:

含有《出版管理条例》第二十六条、第二十七条禁止内容;非法进口的;伪造、假冒出版单位名称或者报纸、期刊名称的;未属出版单位名称的;中、小学教科书未经依法审定的;侵犯他人著作权的。

第二节 书刊印制概述

一、书刊印制的基本知识

(一) 书刊印制的概念

书刊印制指根据作品原稿印刷并把印刷的产物加工制成图书、期刊的整个过程。

书刊印制分为三个阶段:

(1) 印前制作阶段——是按照已作整体设计的书刊原稿制作出印版的阶段,是为印刷作准备的阶段。

(2) 印刷阶段——是将印版上的图文信息复制到纸张上的阶段,是书刊印制过程的中心。

(3) 装订阶段——是将已经印有图文的书页加工成册的阶段,是对印刷产物的加工整理。

(二) 书刊印刷的要素

一般认为,书刊印刷有五大要素。

1. **原 稿**

原稿是印前制作所依据的、有一定物质载体的图文信息。原稿是制版、印刷的基础，其质量的优劣，直接影响印刷成品的质量。一般可以分为文字原稿、线条原稿、图像原稿三大类：

• 文字原稿：包括书写原稿、打印原稿、印刷原稿及电子原稿等。

• 线条原稿：包括图表、硬笔书写的文字、地图、版画、木刻画、钢笔画及电子原稿等。

• 图像原稿：包括透射稿、反射稿和数字化图像稿。透射原稿是以透明材料为图文信息载体的原稿，在制版时光源从原稿背面射入，用其透射光进行作业，包括反转片、正片和负片。反射原稿是相对于透射原稿而言的，它以不透明材料为图文信息载体，制版时通过对原稿色彩的反射而进行的，包括各类连续调绘画原稿和照片。数字化图像稿由扫描仪输入、数字产品摄入及由图像光盘直接提供的电子原稿。

2. 印　版

印版是用于传递油墨至承印物上的印刷图文载体。将原稿上的图文信息制作在印版上，印版上便有图文部分和非图文部分，印版上的图文部分是着墨的部分，所以又叫空白部分。

印版按照图文部分和空白部分的相对位置、高度差别或传递油墨的方式，分为凸版、平板、凹版和孔版等。

(1) 凸版

印版上的空白部分凹下，图文部分凸起并在同一平面或同一半径的弧面上，图文部分和空白部分高低差别悬殊。常用的印版有：铅活字版、铅版、锌版以及橡胶凸版和感光树脂版等。

(2) 平版

印版上的图文部分和空白部分，没有明显的高低之差，几乎处于同一平面上。图文部分的亲油疏水，空白部分亲水疏油。常用的印版有用金属为版基的 PS 版、平凹版、多层金属版，以及用纸张和聚酯薄膜为版基的平版。现在的书刊印刷主要采用平版。

(3) 凹版

印版上图文部分凹下，空白部分凸起并在同一平面或同一半径的弧面上，版面的结构形式和凸版相反。版面图文部分凹陷的深度和原稿图像的层次相对应，图像愈暗，凹陷的深度愈大。常用的印版有：手工或机械雕刻凹版、照相凹版、电子雕版凹版。

(4) 孔版

印版上的图文部分由可以将油墨漏印至承印物上的孔洞组成，而空白部分则不能透过油墨。常用的印版有：誊写版、镂空版、丝网版等。

3. **油　墨**

油墨一般由主料（颜料、连结料）和助剂组成。

颜料是油墨中的固体成分，为油墨的显色物质，一般是不溶于水的色素。油墨颜色的饱和度、着色力、透明度等性能和颜料的性能有着密切的关系。

连结料是油墨的液体成分，是颜料的载体。在印刷过程中，连结料携带着颜料的粒子，从印刷机的墨半经墨辊、印版，辗转至承印物上形成墨膜，固着、干燥并黏附在承印物上。墨膜的光泽、干燥性、机械强度等性能和连结料的性能有关。

助剂是为了改善油墨的印刷适性，如：黏度、黏着性、干燥性等。

4. **承印物**

承印物是能够接受油墨或吸附色料并呈现图文的各种物质的总称。随着印刷品种类的增多，印刷中使用的承印物包罗万象，有纸张、塑料薄膜、木材、纤维织物、金属、陶瓷等。

通常将以纸张作为承印物、使用油墨的印刷称为“普通印刷”，将以其他材料作为承印物或者不使用油墨的印刷称为“特殊印刷”。

5. **印刷机械**

印刷机械是用于生产印刷品的机器和设备的总称。其功能是使印版图文部分的油墨，转移到承印物的表面。

印刷机一般由输纸、输墨、印刷、收纸等装置组成。平版印刷机还有输水装置。

印刷机的种类很多，可以按以下四个方面来分类：

①按照版面形式分为：凸版印刷机、平版印刷机、凹版印刷机、孔版印刷机等。

②按照输纸方式分为：平版纸（单张纸印刷机）、卷筒纸印刷机等。

③按照印刷色数分为：单色印刷机、双色印刷机、多色印刷机等。

④按照印刷幅面分为：八开印刷机、四开印刷机、对开印刷机、全张印刷机等。

传统方式的印刷都包括以上这五个要素，但是随着印刷工艺的发展，有些印刷方式已经不完全具备这五个要素了。例如，电子印刷，它就不需要印版，是一种无印版的印刷方式。

（三）书刊印制的工艺过程

随着计算机技术、多媒体技术和印刷技术的不断发展，书刊的印制工艺也在不断地发展。下面简单介绍几种工艺过程：

(1) 一般的书刊印制工艺过程

原稿核检→图文输入→图文编辑→图文输出→印版制作→打样→印刷→装订

(2) 数字化打样、直接制版的书刊印制工艺过程

原稿核检→图文输入→图文编辑→数字化打样→直接制版→印刷→装订

（3）数字化印制的书刊印制工艺过程

原稿核检→图文输入→图文编辑→数字化印刷→装订

（4）互联网书刊印制工艺过程

原稿核检→图文输入→图文编辑→进入服务器开始出版

二、书刊印制常用材料

（一）书刊印制常用的计量单位和术语

1. 印　张

印张是计算出版物篇幅的单位。全张纸幅面的一半（即一个对开张）两面印刷后称为一个印张。

书刊中的一张纸称为“页”，一页的正、反面共有两个页码，故一页有两“面”。在开本确定的前提下，一个印张的面数与开数相同，页数是其二分之一。以 16 开本图书为例：一个印张有 16 个页码，共 16 面，合 8 页。可见，计算某本书刊的印张数量，只需要面数除以开数即可得出，即：

$$单册印张数=\frac{单册面数}{开数} \quad ①$$

在实际的运用中，单册面数应该包括书心的全部面数，即包括：正文，以及与正文一起印刷的前言、目录、索引、附录、后记等辅文的面数；还应该包括用纸与正文相同，能够与正文部分合在一起印刷的图书部件所占的面数，如书名页（与正文用纸相同时）、空白页。

总面数应该是双数，不可能是单数。若印张数计算中出现小数，在印数比较少（如仅千册时），一般要根据“使不足一个印张的零页呈双数（占4个页码）状态”的原则而向上进位，以便于印刷、装订。16开进到0.25，0.5，0.75；32开进到0.125，0.25，0.375，0.5，0.625等。

但是，在印数大到纸张费用已经占书刊成本的50%左右时，就不宜采用这种方法，因为这时可指望节省的印订费用已经不足弥补纸张费用的增长了。

2. **纸　令**

纸令是纸张的计量单位，印刷用纸以500张全张纸为一令。所以如果将全张纸一切为二变为对开纸，则1 000张对开纸为一令。一张全张纸可折合成两个印张，则一令纸就合1 000个印张。

3. **色　令**

色令是平版胶印彩色印刷的基本计量单位，1令纸印1次为1色令（确切的含义是1令纸单面印1个颜色为1个色令），习惯上平版印刷以“对开”规格为计量标准，1色令等于印1 000张对开纸，又称“对开色令”。

4. **加放数**

为了弥补印刷过程中的纸张损耗，须考虑用以补充纸张损耗的余量，该余量即被称为“加放数”，又称“伸放数”“加放率”。

加放数的确定可由出版单位和承印单位协商确定，也可参照国家主管部门有关规定确定。计算实际用纸量即将理论用纸量乘以“1+加放数”的系数。

5. **纸张的重量及计算**

纸张重量用定量和令重表示。定量俗称“克重”，即每平方米纸张的重量，单位为 g/m^2。一般，定量不超过 $250g/m^2$ 的称为“纸”，超过的称为“纸板”。

令重（kg）的计算公式为：

令重（kg）＝1 张纸的面积×500×定量÷1 000　②

6. **书刊正文用纸总量的计算**

书刊正文用纸总量即为书心用纸总量。

用纸总量计算公式如下：

用纸令数＝单册印张数×印数÷1 000　③

$$用纸吨数=\frac{令重\times 用纸令数}{1\ 000} \quad ④$$

7. **封面用纸量的计算**

计算封面用纸量时，须先根据书刊的开本大小、书脊宽度以及是否有勒口等来确定“封面纸开数”，即确定一全张封面纸能印多少本书的封面。如果一全张纸能印 16 本书的封面，则封面纸开数便是 16 开。

一般情况下，没有勒口的平装书刊，若书脊厚度在 7mm 以下，则封面纸的开数为书刊开本数的 2 倍。

如果书脊较宽或有勒口，或者封面用纸与正文用纸的规格不同，都须先计算确定封面纸的大小，然后按照封面纸的规格大小计算全张纸可开成多少个封面，以此来确定封面纸的开数。

例如：787mm×1 092mm 1/32 开本的图书（幅面净尺寸为宽 130mm，高 184mm），书脊宽 12mm，勒口宽 30mm，封面纸的净尺寸宽为 332（130×2＋12＋30×2）mm，高为 184mm，开本计算如下：

1 092÷332≈3（张）

787÷184≈4（张）

开数＝3×4＝12（开）

封面用纸令数的计算：

$$封面用纸令数=\frac{印数}{封面纸开数\times 500}\times（1+加放数） \quad ⑤$$

其中：（印数÷封面纸开数）表示在印数确定的前提下，该书需用多少张全张纸用于封面纸印刷。将这个数值再除以 500，是为了将用张数转换为用纸令数。

（二）书刊印刷常用的油墨

书刊印刷常用油墨可分为 3 类。

1. 胶印亮光油墨

适用于单色、双色或多色胶印机在涂料纸上的印刷；其特点：色泽好、颜色鲜、抗水性强；用于在涂料纸上印刷高级精美的制品。

2. 胶印树脂油墨

适用于单色、双色或多色胶印机；其特点：光泽性好、固着好、易干燥、有一定抗水性和黏度；用于一般胶印产品的印刷。

3. 胶印轮转油墨

适用于轮转胶印机；其特点：黏度低、流动性大、易干燥；用于轮转胶印书刊及报纸。

（三）书刊印刷常用纸张

1. 胶版印刷纸

又简称为胶版纸，主要用于书刊封面，高档书刊、期刊、一般画册的正文，杂志插页、画报、商标的印刷。分为卷筒纸和平版纸。

2. 胶印书刊纸

主要用于一般图书、期刊的正文的印刷。分为卷筒和平板纸。

3. 胶版印刷涂布纸

适合印刷较高级的画册、书刊插页、年历、贺卡等。最适合印刷具有观赏价值的印刷品。表面平滑度高，色泽洁白，抗水性强。为平板纸。

4. 特种纸

指具有某些特殊功能，适合特殊用途的纸张。通常用来印刷请柬，精美贺卡，饭店、宾馆的菜单等。其印刷成品具有浓重、华贵、精良的特点。

5. 新闻纸

又称白报纸。主要印刷价格低廉的报纸、期刊、宣传资料。质地松软、吸墨性强、有一定的抗张强度，但抗水性差，易发黄，变脆。分为卷筒纸和平版纸。

（四）书刊常用装帧工艺材料

装帧材料主要包括书壳材料、封面面料、环衬材料，以及烫印用的电化铝箔和粉箔等。

1. 书壳材料

主要包括封面纸板、制作书套的封套纸板及用于制作软质书壳和封套的单面白纸板等。

2. **封面面料**

分为纸质面料、织物面料和非织物面料3类。

(1) 纸质面料

有胶版纸、铜版纸、书皮纸、复合加工纸、涂塑纸、花纹纸及漆纸等。

(2) 织物面料

有棉布、丝绸、麻布、化纤纺织品、漆布及露底布等。

(3) 非织物面料

有皮革面料和塑料面料等。

3. **环衬材料**

有胶版纸、铜版纸及米卡纸等。

(五) 书刊常用装订材料

常用的装订材料包括缝订材料、胶粘材料、贴背材料等。

1. **缝订材料**

有铁丝、金属丝圈、棉线、化纤线等。

2. **胶粘材料**

有淀粉黏合剂、动物胶、纤维胶粘剂、合成树脂黏剂等。

3. **贴背材料**

有书背布、书背纸、堵头布及丝带等。

第三节 书刊的印前制作

按照书刊的整体设计，将原稿加工制作成印版的工艺过程，即为书刊的印前制作，其工艺流程包括：原稿检核、图文的输入与存储、图文编辑、图文输出、印版制作和打样等环节。

一、原稿检核

（一）检核的对象

检核的对象包括：书稿的正文、辅文，及与书稿内容密切相关的表格、图稿等。

（二）检核的要求

稿件齐全是检核的基本要求，同时，对不同类别的稿件还有一些具体要求。

1. **文字稿**

书稿的正文、辅文及表格属于文字类稿件。

对于此类稿件的检核，有以下要求：

- 全部稿件要规格一致；
- 稿面字迹要清晰可辨，修改勾画要明晰无误；
- 专用符号要符合规范；
- 标题等级要全稿统一；
- 必须指示明确图表位置。

2. **图　稿**

稿件的串文（伴文）图、插页图，属于图稿类稿件。

对于此类稿件的检核，有以下要求：

- 图的性质必须指示明确（串文图或插页图）；
- 彩图和黑白影像图的图稿必须图像清晰、层次感强，其中彩图色彩要鲜艳；
- 线画图的线条清晰、饱满；分辨率要满足出版要求。

（三）检核的方法

检核的方法有三种：专门人员检核、退交编辑检核、邀请专业人员检核。

二、图文的输入与存储

图文的输入与存储是指，利用计算机及相关设备将书稿的内容转化为数字信息，并保存于计算机存储器内的过程。

(一) 文字的输入与存储

文字输入的方式主要有键盘录入、光电扫描识别录入两种方式。除此以外还有手写笔录入和语音录入，但是在书刊制作中不大适用。

文件的存储格式可以是纯文本格式，也可以是与文字处理软件相对应的格式。用于保存文件的存储器有硬磁盘、软磁盘、光盘、U 盘等。

(二) 图像的输入与存储

图像是由一系列具有不同灰度或亮度值的像素（点）组成的，所以又称为“点阵图”。

1. **图像的输入方式**

图像的输入方式主要有以下 3 种：

(1) 扫描输入

此为最常用的方式。扫描仪将原稿上的色彩信息转换成不同强弱的光信号，由光电器件接收并转换成电压值，再经模数转换器将模拟信号转换为计算机能够识别的数字信号，从而完成图像的输入。扫描仪的种类繁多，而在印前制作中最常用的是平版扫描仪和滚筒扫描仪。

(2) 数字化文件直接输入

此法使用比较多的是从数码照相机输入和从素材类光盘拷贝输入。

在书刊的制作中，经常因版式需要，要从图片光盘上直接拷贝输入图像。目前市场上比较流行的图片光盘 Photo CD，就记录了各种不同类型的图片，可用于不同的图像应用领域。

常用 Photo CD 有 5 种图像格式：

• 基本格式（Master Photo CD），最多可以编码 100 个图像组，有 5 种不同的分辨率，其中最大的两种适用于书刊出版；

• 专业格式（Pro Photo CD），图像有很高的分辨率，专为印刷出版工作的需要而开发的；

• 印刷格式（Print Photo CD），不仅有合成图像，还有印刷需要的分色图像，深受印刷出版专业人员的欢迎；

• 小型格式（Catalog Photo CD），只提供比较小的图片；

• 艺术格式（Portfolio Photo CD），专为多媒体开发人员设计的。

（3）视频捕获卡输入

通过视频捕获卡将摄像机摄取的图像、录像机放映的图像或电视机接收的图像输入到计算机中。此法采集的图像的分辨率低、清晰度差，所以印制质量也比较差，一般情况下多用于报刊印制，主要体现图像的新闻价值。

2. **图像的存储**

（1）磁性载体

通常使用的有软盘、硬盘、ZIP 和 JAZ 等。硬盘有相当大的存储容量，是常用的图像存储载体。ZIP 和 JAZ 的容量大于软盘而小于硬盘，传递也比较方便，多用于存储分辨率较低的少量图像。

（2）光学载体

主要是 CD-R（可刻写光盘）和 CD-RW（可反复刻写光盘）。其存储量大、可靠性好、寿命长，但表面容易擦伤，导致无法正常读写，盘体也较易破碎。

(3) 磁光载体

磁光载体，简称MO。它的存储容量大，数据密度高，可靠性好，易于传递，是目前国内常用的图像存储载体。

(4) U盘

U盘通过USB接口与计算机进行数据交换。其体积小、重量轻、携带方便、存储量大，也较为常用。

(三) 图形的输入与存储

1. 图形与图像的区别

图形不是主观存在的，是根据客观事物而主观形成的；图像则是对客观事物的真实描述。

(1) 构成不同

图形由点、线等构成，数据量小，可用数学公式描述；图像是由一系列有序排列的带有不同特征的点群组成，数据量多，运算复杂。

(2) 处理条件不同

图形为矢量图形，可对矢量图形及图元独立进行移动、缩放、旋转和扭曲等变换，不影响其质量，处理比较灵活。

图像用数字任意描述像素点、强度和颜色。描述信息文件存储量较大，所描述对象在缩放过程中会损失细节或产生锯齿。

(3) 颜色层次不同

图形的轮廓不是很复杂，色彩不是很丰富。图像为点阵图，颜色层次相当丰富。

(4) 存储容量不同

图形的存储容量比较小，图像的存储容量相当大。

2. 图形的输入

(1) 数字化仪输入

数字化仪由一块图形输入板和一个游标定位器组成。数字化仪的作用与鼠标器大体相当，但在输入图形时非常方便。将欲输入的图形固定在数字化仪的台面上，用游标定位器对图形描绘一遍，便可将图形输入，快速而方便。

数字化仪按其工作原理可分为电磁感应式、静电耦合式和超声式等类型。

（2）计算机直接绘制

利用各种图形软件，在计算机上直接绘制图形。

（3）数字化文件输入

将光盘上的图形文件直接拷贝输入计算机。

3. **图形的存储**

图形的存储与图像基本相似，但需要的存储容量空间比图像要小得多。

三、图文编辑

图文编辑是指，依据版面设计的要求，将文字、图像和图形经过必要的加工处理，然后组合在一个版面上。在正式进行版面制作前，通常需要先对所使用的图像、图形进行必要的编辑加工，使其达到版面制作的要求。

（一）图像的编辑加工

通过扫描仪、数码照相机或视频捕获卡等方式输入计算机的图像，可能存在一些不足，例如有斑点、擦痕或偏色、曝光不准确等，此时就需要使用相应的软件，对图像进行编辑加工。

美国 Adobe 公司开发的 Photoshop 软件是最常用的图像编辑软件，它是面向专业印刷领域的图像处理应用软件，主要功能有：

第一，变换图像。对图像进行缩放、旋转、变形、裁剪和拼接等。

第二，变换图像的颜色。调节图像全部或局部的色相、亮度、饱和度、对比度等。

第三，校正图像的层次。校正图像的阶调，以获得最佳的图像效果。

第四，修饰图像。去除图像中的斑点、划痕；锐化或模糊图像；插入、拼合或镶嵌图像等。

第五，创意设计。利用特殊手段创造特殊效果，例如使原有图像产生“玻璃”“油画”“浮雕”等效果，以增强图像的艺术感染力。

第六，加网分色。对图像的分色、灰平衡、网线角度、纸张选用等方面进行设置，使其符合印刷的要求。

（二）图形的编辑加工

图形的编辑加工通常是通过图形处理软件来实现的，目前较为常用的图形编辑软件有 Illustrator，CorelDRAW，FreeHand 等。

图形编辑软件通常具有四大功能：

（1）绘制图形

能绘制直线、曲线、矩形、圆形、多边形、不规则图形等，还可给图形上需要的颜色。

（2）组合图形和文字

能设定文字的字符属性、段落属性，还可以将文字和图形组合在一起，形成多种多样的图文版面。

（3）变换图形

能对图形进行缩放、旋转、变形、镜像、畸变等变换操作。

（4）制作图表

能自动生成多种具有统计功能的图表，如饼图、阶梯图、散布图等。

（三）图文的拼合

图文的拼合，俗称“组版”，是将文字、图像和图形拼合在一个版面上的过程。

图文的拼合是通过图文的拼合软件来实现的，常用的图文的拼合软件有 Page Maker，Quark Press，方正 BD 和方正飞腾(FIT)。

Page Maker 和 Quark Press 是专业的图文拼合软件，有很强的图文拼合功能和很好的开放性，广泛应用于彩色图文合一的版面制作。国内使用得较为普遍的是 Page Maker，而在欧美 Quark Press 则使用得较为普遍。方正 BD 也称为“书版软件”，是一种批处理的排版软件，较适合于以文字为主的普通书籍。高版本的方正 BD 软件可以在 Windows 平台上运行，因此在出版单位有广泛的应用。方正飞腾是交互式的图文的拼合软件，比较适合彩色图文合一的版面制作，符合各种国内和国际标准，采用了开放式的字体管理技术，图文的拼合功能强大，在报社应用广泛。

四、图文输出

一般，桌面出版系统图文输出的步骤为：将图文版面用页面描述语言进行描述，然后通过光栅图像处理快速地解释为可供输出用的点阵命令，最后将这些点阵信息送到输出设备上。

（一）页面描述语言

页面描述语言是一种界面语言，专门为描述图像及文字设计，其主要功能是将页面上的图文用数字化的方法记录并在计算机上运行。页面描述语言可由各种图形软件、图像软件、组版软件自动生成。

目前普遍使用的页面描述语言有多为 Post Script 页面描述语言，它具有较强的文字、图形和图像处理能力，能将文字、线条画、图像、平网等各种页面要素用一种图形数据来表现和描述，有效地解决图文合一的难题。

除 Post Script 页面描述语言之外，目前 PDF 工作流程正在逐步流行。PDF 是一种与设备无关的文档格式，可以使人们以更有效的方式共享、观看和打印文档。

（二）光栅图像处理

光栅图像处理，简称“RIP”，它将页面描述语言所描述的版面信息，快速地解释为可控制输出设备的点阵命令，并对图像进行加网处理，同时，利用所带的各种输出设备的驱动程序，对各种输出设备进行有效的控制。

（三）输出选择

输出设备包括黑白激光打印机、彩色激光打印机、彩色喷墨打印机，以及激光照排机。

1. 黑白激光打印机输出

如果是为了对版面文字、图片位置和组版效果进行校核，则可以选择此输出设备。

仅对一个版面进行校核时，可只输出相应的版面；要检查拼成的大版是否符合装订的折页时，可以将版面缩小，然后再输出进行检查。其优点是速度快、打印质量好、适用面广，缺点为打印机价格及其消耗品的价格都较贵。

2. 彩色激光打印机输出

如果要检查版面中彩色图像的颜色、层次、清晰度，可以选择彩色激光打印机进行输出。

激光打印机输出的颜色与印刷品的颜色有一定的差距，但对于印刷还是有一定的参考价值。此设备可以打印小批量的印件，有的厂家还将其作为小印刷机，版面制作的文档直接在彩色激光打印机上作为成品输出。此输出设备的优点是色彩还原效果好、打印速度比较快，是一种很有潜力的输出设备，但是双面套印不是很准，设备价格也相对较高。

3. **彩色喷墨打印机输出**

彩色喷墨打印机输出的作用与彩色激光打印机相同。

目前，可以通过软件的控制，使得彩色喷墨打印机输出的成品，与印刷品的颜色一致，因此彩色喷墨打印机也就起到数码打样的效果。其优点是机器价格较便宜、打印质量好，缺点是输出速度慢、打印成本较高。

4. **激光照排机输出**

为了将版面的图文信息转移到感光胶片上，然后通过晒版将感光胶片上的图文转移到可供印刷的印版上，最终在印刷机上进行大批量的印刷，就要使用激光照排机输出。

激光照排机有三种类型：绞盘式、外鼓式和内鼓式。其中绞盘式激光照排机价格最低，但出片精度不高，特别是重复精度不高，较适合黑白和低档的彩色印刷品；而外鼓式和内鼓式激光照排机价格都比较高，但出片精度高，适合高档的彩色印刷品。

（四）清样校改

不论是输出的文字版页面，还是拼成大版的图文版版面清样，其图文内容往往因编辑过程中可能发生的疏漏、制作可能造成的讹误和差错而需要进行若干次校对检核，并将校对出的、经编辑或作者复核后认定的差错在出样文档中逐一改正。最后改定并经核红的清样，则可作为印版制作的依据。

五、印版制作

印版是将油墨传递至承印物上的载体，可分为凸版、平版、凹版和孔版四类。在书刊印刷中，最常用的是平版印刷，所以这里仅介绍平版印版的制作。

（一）平版印版制作的基本原理

平版印版的版面由不同化学性能的物质构成，图文和空白部分几乎处于同一平面上，图文部分具有亲墨性，空白部分具有亲水性。

平版印版的制作又称晒版，即是将印前制作所输出的图文转移到印版上。平版印刷主要用 PS 版作为印版。PS 版即预涂感光版，是一种预先涂布感光材料以供晒版的感光版。

PS 版的感光层有光聚合型和光分解型。光聚合型的感光层受光后，感光部分不能被显影液除去；光分解型的感光层受光后，感光部分能被显影液除去。不同的 PS 版对晒版的原版有不同的要求，有的要求阳图晒版，有的要求阴图晒版。所谓“阳图”，是指原版上图文部分阻光，空白部分透光；“阴图”则相反。

目前较常用的为阳图 PS 版，其感光层为光分解型。在晒版时，采用拷贝影像方法，原版与感光版相向密合。由于原版空白部分是透光的，PS 版上的空白部分受光分解，显影时感光层被除去。除去感光层的版基部分成为亲水的空白部分，而未经曝光的感光层即成为亲墨的图文部分。

（二）阳图 PS 版的晒版工艺流程

阳图 PS 版晒版工艺流程有如下七步：

(1) 装版

将感光版和原版按照工艺要求摆放到晒版机的晒版框内，进行定位，包括原版定位、垫版遮光和抽气密合三个步骤。

（2）曝光

感光版产生光化学反应，印版的空白部分受光分解，由稀碱不溶转化为稀碱可溶。

（3）显影

除去已经光分解的感光层，露出亲水性的金属氧化膜。

（4）检查修正

修正PS版曝光、显影后存在的缺陷，以及因操作不当等造成的质量问题。

（5）烤版

将PS版在220℃的高温下进行烘烤，对其图文基础进行热改性处理，增强图文部分的稳定性、耐蚀性和机械强度，提高印版的耐印率。

（6）提墨

指在版面上涂布显影墨，增强图文部分的亲墨性，保护版面，便于检查。

（7）擦胶

擦胶的目的是防止空白部分被空气氧化，增强空白部分的亲水性。擦胶时选用亲水性、吸附性好的胶体涂擦到版面，在印版表面形成保护膜。

（三）计算机直接制版

计算机直接制版，简称CTP（Computer to Plate），是将印前处理系统中已经完成编辑加工的数字化页面，直接转移到印版上的制版技术，是印前领域最有发展潜力的新技术。

计算机直接制版技术的优点有以下几个方面：

• 在工艺方面省去了胶片曝光、冲洗、晒版等传统制版工序，这样就节省了感光胶片及冲洗化学品。

• 在设备方面，省去了冲洗机、晒版机等传统制版设备。

• 在时效方面，加快了制版的速度，减少了印刷准备时间。

• 在质量方面，可以实施调频网和高保真印刷，提高印刷品的质量。

六、打　样

打样是指利用一定的方法，将已经拼版的图文信息复制出样张（校样）的过程。其作用主要有以下六种：可为编辑、校对提供审校样张；可用来检查图文的版式规格是否正确、图文内容是否有差错；可用来检查画面的颜色、层次、清晰度是否达到了要求；可预览印刷品的质量效果，确认正式印刷的质量标准，并在样张上签字付印；可检验印前制作的质量，为印前工序提供网点扩大、平衡等重要参数；可以此为标准进行印刷生产和印刷品质量检验。

（一）打样的工艺要求

打样的任务是模拟正式印刷，但打样机与印刷机在设备、印刷速度、工作环境等方面都存在很多差异，所以为使打样出的成品与印刷出的成品尽量一致，就要使打样做到与实际印刷有“四种相同”。

1. **纸张相同**

打样时，使用不同的纸张对印刷品的图文质量有较大的影响，对于同一个文档，用铜版纸打样出的成品比用胶版纸打样出的成品要好得多。实际印刷中多用胶版纸，而打样用的纸张通常都不是胶版纸，质量比批量印刷的纸张质量好很多。所以，在打样时，最好使用与印刷时实际使用的纸张最接近的纸张。

2. **油墨相同**

不同的油墨，其光学性能和物理性能都有所不同。油墨的光学性能会影响样张的颜色；不同的油墨，其物理性能如黏性、黏度、流动性等都有很大差异，可能会导致网点扩大、实地密度产生差异，影响画面的色调。

3. **色序相同**

不同颜色的油墨的透明度、黏度不同，不同色序的叠印率就有很大的差异，会导致打样出的成品呈现出不同的颜色效果。因此，要使打样出的成品尽量与印刷出的一致，就要使打样时的色序与实际印刷中的色序相同。由于印刷色序与打样色序还存在各种变化的条件，要使打样色序与印刷色序完全一致是比较困难的，因此要求工艺应尽可能一致。

4. **晒版工艺相同**

若晒打样版时曝光时间的长短与实际印刷晒版相差太多，就会使两者的成品在颜色上产生差异。因此，晒版的工艺要标准化、规范化，以保证打样与印刷之间的差异最小。

（二）数字式打样

数字式打样是指，印前制作的电子文档通过数字打样机直接出校样的打样方式。

1. **数字式打样的工艺原理**

数字式打样所提供的是一个标准的彩色图像文件，据此模拟印刷样张进行数字打样。利用颜色测量仪对打印出的样张上的各种颜色进行测量（一般情况下测量的数据为 CIE 的 Lab 颜色数据）。将测得的数据输入数字打样机的软件系统内，与原用户使用的数据相比较，计算出原用户数据与印刷样张的颜色误差，以及需调整的参数的数值，最后生成一个 ICCProfile 特征文件。利用此文件修整灰平衡、密度、颜色和网点扩大，制定出一套新的用户数据。用这组新的数据打印出新的样张，再进行颜色的测量、计算、校正等工作，将此过程反复进行，直到打印出最接近于印刷品的样张。此时，这组新的用户数据就能使数字打样与印刷样张保持一致。

2. **数字式打样的特点**

与传统的机械打样相比，数字式打样具有四大特点：

- 一致性。机械打样在调整墨量、水量、压力等方面都有很大的不确定性，无法做到每一样张都一致；而数字式打样采用的是数据控制，可以多份样张完全一致。
- 高效性。数字式打样省去了出片、晒版的时间，缩短了打样的周期。
- 灵活性。数字式打样顺应网络时代的要求，可实现远程打样。
- 针对性。经过多次测试，数字式打样能打出符合客户印刷条件的样张。

第四节　书刊的印刷

一、印刷工艺的种类

按照传统分法，即根据印版的版面结构，印刷工艺分为以下四大类。

1. **凸版印刷**

印刷的图文高于空白的部分，图文周围涂布油墨，通过压力的作用，使图文印迹复制到印刷物表面的印刷方法，称为凸版印刷。

2. **平版印刷**

现在习惯上把胶版印刷称为平版印刷，印版的图文和空白部分几乎在同一平面，通过油水分离的原理，让图文最终转移到印刷物表面。

3. **凹版印刷**

凹版印刷与凸版印刷刚好相反，图文部分凹陷，而空白部分仍然保持原来的平面。图文部分接受油墨层，经过印刷滚筒的压力作用，将油墨层转移到印刷物的表面，复制出印刷品。

4. **孔版印刷**

丝网印刷是孔版印刷的典型。油墨从织物的网孔（图文）渗过，在承印物表面复制成图文。

以上四大印刷方法，在书刊印刷中最常用的印刷工艺为平版印刷。

二、平版印刷的原理

（一）平版印刷的工艺原理

在平版印刷的工艺中，采用的是油水相斥的原理。印版上的图文部分和空白部分几乎处于同一平面，图文部分亲油斥水，而空白部分却亲水斥油。对于阳图PS版而言，图文部分是亲油的，而空白部分是亲水的。印刷时，印版先与着水辊接触，使空白部分亲水的氧化膜上有层水层，图文部分亲油斥水，虽然也有残留的水滴，但都呈水珠形。然后，印版再与着墨辊接触，空白部分因为有水层，所以不上墨，图文部分涂上油墨，虽然油墨中也渗入一定的水分，但只要水分不多，不会影响印刷品的质量。印版图文部分上的油墨再转移到橡皮滚筒上，承印物与橡皮滚筒接触，并在压印滚筒的压力下被印上图文。

（二）平版印刷的呈色原理

1. **颜色的基本属性**

颜色具有三种基本属性，即色相、明度、饱和度。

色相是色彩最基本的特征，人们根据色相来称呼颜色，如红色、黄色、绿色等，色相由物体表面反射到人眼视神经的色光来确定；明度是指在光度学上颜色的亮度描述成光的数值（即光的能量），可以用光度计测量；饱和度，也叫彩度，是指颜色的纯洁性。

2. **彩色印刷的实现**

彩色印刷采用的是减色法，以黄、品红、青三原色料叠加混合生成新颜色的方法。因为印刷要求每一色在一张纸面上的墨层厚度均匀，所以在没有其他特殊方法的条件下，三原色套色只能呈现 8 种颜色，即：

一次色——黄、品红、青；

二次色（双色叠印）——红（黄+品红）、绿（黄+青）、蓝（青+品红）；

三次色（三色叠印）——黑（黄+品红+青）；

最后一种是白色，也就是纸张本色。

3. **网点呈色**

仅这 8 种颜色是无法满足印刷再现原稿的要求的，此时就需要引入彩色印刷最基本的原理，即网点呈色。

印刷品上颜色明度和饱和度的变化，是通过网点在单位面积上的不同覆盖率来实现的。例如，在单位面积里，有 20％的黄色，80％的纸张本色，则人眼看到的颜色，就像 80％的白墨与 20％的黄墨混合所呈现的颜色，这是一种较浅的黄色，颜色饱和度低，但明度高；若在单位面积里，有 80％的黄色，20％的纸张本色，则人眼看到的黄色就较深，颜色饱和度高，但明度低。

印刷品上色相的变化是运用反射光进入人眼时产生加色效应来实现的。加色效应是指两种以上色光同时进入人眼，刺激视网膜锥体细胞时，可使大脑获得另外一种色调的色觉。在印刷品上，网点间的距离极小，而人眼的分辨力是有限的，因此某个区域的品红网点和黄网点就都反射到了人眼视网膜的同一点上，于是产生了含黄接近品红的新色相。

从上述可知，引入网点后，由于网点覆盖率的变化和组合，印刷的颜色在色相、明度和饱和度上也会发生相应变化，从而呈现出多种多样的颜色。

三、平版印刷机的分类及其用途

（一）印刷机的基本构造

印刷机的基本构造包括：印墨系统装置、湿润系统装置、印刷系统装置、给纸系统装置、排纸系统装置、计算机自动控墨套印系统装置。

（二）平版印刷机的分类及用途

平版印刷机按照一次可印的颜色多少可以分为单色机、双色机和多色机；按照一次印刷的面数可以分为单面印刷机和双面印刷机；按照输纸方式的不同可以分为单张纸印刷机和卷筒纸印刷机。

1. **单面单色平版印刷机的印刷原理及用途**

单面单色平版印刷机有三个滚筒：印版滚筒、橡皮滚筒、压印滚筒。印刷时，印版上的图文转移到橡皮滚筒上，承印物在橡皮滚筒与压印滚筒之间通过，完成图文的转移。单面单色平版印刷机适合印制单色或双色的封面、插图等印刷品，不适合印制书刊的正文或是彩色画册、年历等多色印刷品。

2. **单面多色平版印刷机的印刷原理及用途**

主要有 3 种类型：机组型三滚筒平版印刷机、机组型五滚筒平版印刷机和卫星型多色平版印刷机。

（1）机组型三滚筒平版印刷机

一个机组的滚筒与单面单色平版印刷机相同，印刷原理也类似于单面单色平版印刷机。如果机组只有一个，即为单面单色平版印刷机；机组有两个则为双色印刷机；机组多于两个则为多色印刷机。三滚筒多色印刷机很适合印刷色彩精美的画册、挂历和精致的封面等印刷品。

（2）机组型五滚筒平版印刷机

一个机组有五个滚筒：两个印版滚筒、两个橡皮滚筒、一个压印滚筒。两个印版上的图文转印到两个橡皮滚筒上，承印物先在第一个橡皮滚筒和压印滚筒之间通过，然后在第二个橡皮滚筒和压印滚筒之间通过，共享一个压印滚筒完成单面两个颜色的套色。如果机组只有一个，则称为双色印刷机，机组有两个则称为四色印刷机。五滚筒多色印刷机主要用于单面印刷，也非常适合印刷色彩精美的画册、挂历和精致的封面等印刷品。

（3）卫星型多色平版印刷机

在一个共用的压印滚筒周围，配有各色组的印版滚筒和橡皮滚筒，多个印版上图文转印到相应的橡皮滚筒上，承印物绕着压印滚筒转一圈，完成多个颜色的套色。此种印刷机多用于彩报印刷，很少用于书刊印刷。

3. 双面平版印刷机的印刷原理及用途

双面平版印刷机（B－B型平版印刷机），有四个滚筒（两个印版滚筒、两个橡皮滚筒）。两个印版上的图文转印到两个橡皮滚筒上，承印物在两个橡皮滚筒之间一次通过，完成双面印刷。这种印刷机可以机组串联方式来连接：只有一个机组，为双面B－B型印刷机；有四个机组，则为双面八色B－B型印刷机，俗称“八色胶轮”。这种印刷机的特点是印刷速度快，适合印刷一般书刊的正文、彩色期刊、普通彩色画册等。但是网点相对较大，印制精美画册的效果不如单面机组型平版印刷机。

4. **不同输纸方式的平版印刷机**

根据不同的输纸方式，平版印刷机可以分为两种：单张纸印刷机和卷筒纸印刷机。单张纸印刷机有一个输纸器，纸张呈堆叠状态，通过连续式输纸装置完成纸张的分离，并平稳准确地送到滚筒之间。其特点是印刷精度高、承印物种类多、纸张浪费少，但是印刷速度慢，主要用于精度高、印数少的书刊印制等。卷筒纸印刷机，又称"轮转机"，采用卷筒纸印刷，多为一次通过、双面印刷，印刷速度快，适合印制印量大的书刊。

四、新型印刷工艺介绍

（一）数码印刷简介

数码印刷是一种新型的印刷工艺，它利用印前系统，将图文信息直接通过网络传输到数字印刷机上，印刷出彩色印品的一种新型印刷技术。

通常，数码印刷系统由印前系统和数码印刷机组成，有些还配有装订和裁切设备。其工作原理是：将原稿、数字媒体的数字信息、从网络系统上接收到的网络数字文件输出到计算机上，在计算机上进行编排、修改，最后成为客户满意的数字化信息；然后经 RIP 处理，成为相应的单色像素数字信号传输至激光控制器，发射出相应的激光束，对印刷滚筒进行扫描。由感光材料制成的印刷滚筒（无印版）经感光后形成可以吸附油墨或墨粉的图文，然后转印到纸张等承印物上。

数码印刷的优势有以下几方面：

- 数码印刷从计算机直接到印刷品的过程是全数字化生产过程，不需要胶片和印版。
- 数码印刷品的内容可随时变化，相连两页内容可以完全不一样。
- 可通过互联网实现远距离印刷。

（二）数码印刷举例

数码印刷包括电子印刷、喷墨印刷、DI（在印刷机上直接成像）等印刷方式，下面介绍一下电子印刷。

电子印刷的概念目前还在不断改变和完善，但现在最常用的概念是：在任何物体表面都能进行文字转换的新型印刷方式。它是网版与承印物非接触的一种印刷方式。

电子印刷的原理是：对网版上面的墨施加高电压，使墨粉通过网版转移到承印物表面，用热固的方式使墨粉固定在承印物上。

电子印刷的优点有以下几点：

- 可以在任何易碎、凹凸不平的物体表面进行印刷，如鸡蛋壳、瓷砖、瓦楞纸等。
- 可以在高温物体的表面进行印刷，如热钢板、玻璃制品等。
- 墨粉能在物体表面瞬间固着，不需要干燥装置。
- 能满足要求小批量、生产周期短、花式繁多的印刷要求。

第五节　书刊的装订

装订是指将印好的书页、书帖加工成册，或把票据等整理配套，订成册本等印后加工的总称。书刊的装订包括两大工序：订和装。订是将书页订成本，是书芯的加工，装是书籍封面的加工。

一、折　页

折页是指将印好的大幅（全张或对开）纸张，按一定的方法折叠成与开本幅面大小相对应的书帖。折页的方式，大致分为三种：

1. **垂直交叉折页法**

每折完一折时，将书页旋转 90°角折下一折，书帖的折缝互相垂直。这种折页形式，操作方便，折数与页数有一定关系。

2. **平行折页法**

折出的书贴折缝互相平行，适用于折叠纸张较厚的书页，如少儿读物、画册等。

3. **混合折页法**

在同一书帖中的折缝，既用平行，又用垂直的折页方式来混合折页的方法。

二、订书方式

订书，俗称连书帖、书帖（页）连结，是指将书芯的各个书帖（页）采用一定的方法订牢。常用的订书方式有骑马订、平订、锁线订、胶粘订、锁（串）线胶背订等五种。

1. **骑马订**

骑马订是用金属丝从书帖折缝中穿订的装订方式。用骑马订书机，将套帖配好的书芯连同封面一起，在书脊上用两个铁丝扣订牢成为书刊。采用骑马订的书不宜太厚，而且多帖书必须套合成一整帖才能装订。

2. **平　订**

平订，是将配好的书帖相叠后在订口一侧离边沿 5mm 处用线或铁丝订牢。按订书所用材料的不同，又有“缝纫平订”和“铁丝平订”两种方式。缝纫平订使用工业缝纫机，以线为订书材料；铁丝平订是用铁丝订书机，将铁丝穿过书芯的订口。铁丝平订，生产效率高，但铁丝受潮易产生黄色锈斑，影响书刊的美观，还会造成书页的破损、脱落。

3. **锁线订**

将配好的书帖，逐帖以线串订成书芯，叫做锁线订。因订线在书页折缝处，书页可呈“完全打开式”。锁线订可以订任何厚度的书，牢固、翻阅方便，但订书的速度较慢。

4. **胶粘订**

书帖或是书页完全靠胶粘剂黏合的装订方式为胶粘订。一般是把书帖配好页码，在书脊上锯成槽或铣毛打成单张，经撞齐后用胶粘剂将书帖黏结牢固。胶粘订的书芯，可用于平装，也可以用于精装。

5. **锁（串）线胶背订**

锁线胶背订，也称锁线胶粘订，是一种将“锁线”和“胶背”两种手段结合起来使用的装订方式。操作时先用“锁线”法将书帖订连起来，再用“胶背”法粘牢。这种装订方式因兼备两种装订方式之长，故被普遍采用。

三、平装书的装订工艺

平装是书刊最常用的一种装订形式，以纸质软封面为特征。平装书的装订分为两类：一般平装和骑马订装。

（一）一般平装装订工艺流程

一般平装装订的工艺流程为：

撞页裁切→折页→配书帖→配书芯→订书→包封面→切书→检查包装

（1）撞页裁切

印刷好的大幅面书页撞齐后，用单面切纸机裁切成符合要求的尺寸。

（2）折页

将印刷好的大幅面书页，按照页码顺序和开本的大小，折叠成书贴的过程，叫做折页。

(3) 配书帖

把零页或插页按页码顺序套入或粘在某一书帖中。

(4) 配书芯

把整本书的书贴按顺序配集成册的过程叫配书芯，也叫排书。配书芯又有套帖法和配帖法两种。

(5) 订书

把书芯的各个书帖，运用各种方法牢固地联结起来，这一工艺过程叫做订书。

(6) 包封面

通过折页、配帖、订合等工序加工成的书芯，包上封面后，便成为平装书籍的毛本。

(7) 切书

将经过加压烘干、书背平整的毛本书，用切书机将天头、地脚、切口按照开本规格尺寸裁切整齐。

(8) 检查包装

书刊切好后，逐本检查，防止不符合质量要求的书刊出厂，并按照要求进行包装。

(二) 骑马订装的工艺流程

骑马订装的工艺流程为：

撞页裁切→折页→配书帖合封面→订书→切书→检查包装

其中各流程的操作与一般平装相同。

四、精装书的装订工艺

精装书的封面、封底一般采用丝织品、漆布、人造革、皮革或纸张等材料，粘贴在硬纸板表面做成书壳。

精装书的装订工艺流程为：

书芯的制作→书壳的制作→上书壳（套合）

（1）书芯的制作

书芯的制作工艺流程为：

折页→配书芯→锁线→压平→涂胶→干燥→压紧定型→切书→砑圆→做脊

（2）书壳的制作

书壳是精装书的封面。书壳的材料应有一定的强度和耐磨性，并具有装饰的作用。其制作工艺流程为：

书壳裁料→黏合→包边→压平→干燥→压痕、用粉箔或铝箔烫印文字和图案等

（3）上书壳

把书壳和书芯连在一起的工艺过程，叫做上书壳，也叫套合。其的工艺流程为：

扫衬→书芯与书壳套合→压平→压槽→干燥→检查→包装

五、线装书的装订工艺

线装书是用线把书页连封面装订成册，订线露在外面的装订方式。线装书加工精致，造型美观，具有我国独特的民族风格。

线装书全用手工装订，其工艺流程为：

理纸开料→折页→配页→散作齐栏→打眼→串纸钉→粘面贴签条→切书→串线订书→印书根

第六节 书刊印制质量的控制与检查

一、书刊印制质量的控制

质量控制对保证印刷品的质量至关重要，通常包括三个部分：印刷前期的准备、印刷过程的控制和印刷成品的检验。

（一）印刷前期的准备

首先是检查图文内容，即对照发稿单与样张是否一致，同时检查图像、文字、符号等是否有差错或缺损。

其次是检查图像质量。图像质量的检查是通过对图像上网点的检查来完成的（这是因为无论是单色连续调原稿还是彩色连续调原稿，印刷图像都是通过网点来表现的）。

（二）印刷过程的控制

在平版印刷过程中，可变因素较多（纸张、润版液、油墨、印版、压力等），极易出现各种各样的质量问题及其他弊病。因此，要做到以下两点：

第一，印刷机在正式开机前，必须经过试印校色作业，以使所印色与样张色一致。

第二，印刷过程是在高速运转的过程中完成的，水墨平衡的控制是至关重要的一环。因此，在印刷生产中要勤均墨、勤看水、勤检样。

(三)印刷成品的检验

印刷成品的检验主要包括三方面:

(1)利用色标、规矩线对印刷产品的颜色和套合进行检查。

(2)对印刷产品进行整体质量判断,包括色彩、层次、套准、表面状况以及干燥情况等。对不良品做记号并及时抽出。

(3)计数检查,即检查印张是否够数。

二、书刊印制质量要求

(一)书刊印刷质量要求

1. 单色印刷质量要求

(1)网点

网点清晰,不缺网,不重影。

(2)墨色

墨色均匀,实地密度测量值不超标。

(3)图像和文字

图像层次分明,文字完整、清楚,位置准确。

(4)外观

版面干净、无明显脏迹,页面无明显折痕。

2. 彩色印刷质量要求

对于彩色印刷品,除了要满足单色印刷品的质量要求,还要满足以下两点:

(1)套印

套印准确,套印误差在规定允许的范围内。

(2)网点

图像网点清晰,亮调网点的重现在规定值内。

（二）书刊装订质量要求

书刊的装订质量应满足国家行业标准，具体可参照以下几条：

- CY/T 27—99 装订质量要求及检验方法——精装
- CY/T 28—99 装订质量要求及检验方法——平装
- CY/T 29—99 装订质量要求及检验方法——骑马订装

三、书刊印制质量检查的方式

1. 上机样质量检查

上机样质量检查是在书刊临印刷前，对封面、正文等清样进行检查，以便对编辑、校对等的工作质量进行再次监督检查，同时从技术上对印前制作的结果进行检验。

2. 样书（刊）质量检查

样书（刊）质量检查是印刷厂在书刊印刷完毕，但未成批装订以前，先装订部分样品书刊，由责任技术编辑、责任编辑、责任校对、主管领导，从总体上对其质量进行检查。对有问题的书刊，及时通知印刷厂封存印成品并给出相应的处理；没有问题的书刊即可开始成批装订。

3. 批量书（刊）抽样质量检查

批量书抽样检测是书刊印刷质量控制过程中较为重要的环节，可以避免不合格的成品流向市场。抽样检测工作具有随机性、科学性、合理性等特征，对提高印刷产品质量和更好地为企业服务有关键的作用。

适用于批量书（刊）抽样质量检查的国家标准主要有：

- CY/T 12—95 书刊印刷品检验抽样规则
- CY/T 13—95 胶印印书质量要求及检验方法
- CY/T 14—95 教科书印制质量要求及检验方法

CY/T　02—99 印刷产品质量评价和分等导则

- CY/T　05—99 平版印刷品质量要求及检验方法
- CY/T　27—99 装订质量要求及检验方法——精装
- CY/T　28—99 装订质量要求及检验方法——平装
- CY/T　29—99 装订质量要求及检验方法——骑马订装
- CY/T　18358—2001 中小学教科书幅面尺寸及版面通用标准
- CY/T　18359—2001 中小学教科书用纸、印制质量标准和检验方法

思考题

1. 简述书刊印刷的要素。
2. 书刊印刷常用纸张有哪些？
3. 原稿检核的方法有哪些？
4. 简述书刊印制的工艺过程。
5. 图像的输入方式有几种？
6. 图文编辑常用的软件有哪些，各有什么功能？
7. 平版印刷的工艺原理是什么？
8. 简述平版印刷的呈色原理。
9. 简述平装书的装订工艺流程。
10. 某图书为 787mm×1 092mm 的 16 开本，正文页码为 472，另有前言 2 面、目录 4 面、后记 1 面（背白）均随正文一起用 60g 双胶纸印刷；图书的主书名 1 面，其背面为版本记录面（1 面），随封面用 230g 铜版纸印刷。此图书的印数为 5 000 册，请计算印刷该图书需用的 60g 双胶纸和 230g 铜版纸的令数和吨数。（不计纸张加放率；须列出公式，计算的中间步骤可省略）

第八章　音像电子网络出版

第一节　音像制品出版

音像制品出版是我国出版业的重要组成部分。音像制品是出版物的一种，正式出版的音像制品也称为音像出版物。音像出版物是继传统图书纸媒介之后的又一出版媒介，科学技术的进步是音像制品出版发展的根本动力。音像出版物的编辑、制作、出版和发行有其自身的特点和要求。

一、音像制品出版的发展概况

音像业的起源于爱迪生在 1877 年对留声机的发明，在实验室里，他录下了自己朗诵的歌词和自己的笑声，并实现了重放。1912 年美国首次将唱片商品化。此后，随着科学技术的发展，可用于录制商品节目的录音带、录像带及其播放机相继问世，其载体实现了从胶木到塑料薄膜，再到磁带的转变，音像制品持续快速地发展。20 世纪 80 年代音像业进入了标志性发展的数字化时代，先后出现了激光唱盘和激光视盘。

随着改革开放和市场经济的发展，我国的音像业也实现了规模化发展，有了一条包括制作、出版、复制、进出口、批发、零售、出租在内的门类齐全的产业链。特别是近年来随着大众文化需求的激增和发展，电影VCD、DVD和科普知识类音像制品，尤其是外语学习、健身塑体、婴幼儿教育、商业讲座、文化论坛制品等，逐渐成为音像制品发展的主流。

截止2006年底，我国共有573家出版社（包括副牌社34家）获得正式音像出版权，其中中央级出版社220家（包括副牌社14家）、地方出版社353家（包括副牌社20家）。

二、国家关于音像制品的管理规定

（一）行政管理

国家对音像制品实行分级、分部门管理。

分级管理是我国许多行业行政管理的基本特点，分部门管理则是由不同的行政部门代表政府从不同角度对音像制品实施管理：

- 对音像制品的出版、制作和复制进行监督管理的，是国务院出版行政部门（即新闻出版总署）和县级以上地方人民政府负责出版管理的行政部门。
- 对音像制品的进口、批发、零售和出租进行监督管理的，是国务院文化行政部门（即文化部）和县级以上地方人民政府文化行政部门。

国务院其他有关行政部门和县级以上地方人民政府其他有关行政部门，在各自的职责范围内负责相关的音像制品经营活动监督管理工作。

（二）对音像制品制作的规定

《音像制品制作管理规定》自2008年4月15日起施行。

根据该规定，国家对从事音像制品制作经营活动实行许可制度。未经许可，任何单位和个人不得从事音像制品的制作经营活动。

音像出版单位可以制作音像制品，也可以按照新闻出版总署规定的办法办理一定手续后与香港特别行政区、澳门特别行政区、台湾地区或者外国的组织、个人合作制作音像制品。

音像出版单位以外的单位要设立独立从事音像制品制作业务的音像制作单位，必须向所在地省级新闻出版局提出申请，经省级新闻出版局批准并发给《音像制品制作许可证》后，持该证到工商行政管理部门登记、依法领取营业执照。

音像制作单位接受委托制作音像制品，应当按照国家有关规定，与委托的出版单位订立制作委托合同；验证出版单位的《音像制品出版许可证》（或本版出版物的证明）和由出版单位盖章的音像制品制作委托书。

音像制作单位不得出版、复制、批发、零售、出租音像制品。

（三）对音像制品出版的规定

国家对音像制品的出版实行许可制度。未经许可，任何单位和个人不得从事音像制品的出版活动。

设立音像出版单位，申请人应向所在地省级新闻出版局提出申请；省级新闻出版局审核同意后，报新闻出版总署审批；新闻出版总署审批后，向获得批准的申请人颁发《音像制品出版许可证》；申请人应持《音像制品出版许可证》到工商行政管理部门登记，依法领取营业执照。

图书出版社、报社、期刊社、电子出版物出版单位如需出版配合本版出版物的音像制品，应向所在地省级新闻出版局提出申请，由省级新闻出版局审批准后报新闻出版总署备案。申请书中须写明本版出版物的名称、制作单位、主创人员、主要内容、出版时间、节目长度、复制数量和载体形式等内容。申请获得批准的，参照音像出版单位享有权利、承担义务，并由省级新闻出版局配发版号和复制委托书。所出音像制品的名称须与本版出版物一致，并须与本版出版物统一配套销售，不得单独定价销售。

音像出版单位和经批准配合本版出版物出版音像制品的其他出版单位，不得委托未取得《音像制品制作许可证》的单位制作音像制品。委托持有许可证的音像制作单位制作音像制品，应当按照国家有关规定，与制作单位订立制作委托合同；订立合同时，应当出示出版单位的《音像制品出版许可证》（或者本版出版物的证明）及由出版单位盖章的音像制作委托书。

在音像制品及其包装的明显位置上，应当标明出版单位的名称、地址，音像制品的版号及其条码，出版时间，责任编辑和相关著作权记录等。出版进口的音像制品，还应标明进口批准文号。

（四）“中国标准音像制品编码”的规定

《中国标准音像制品编码》（GB/T　13396—1992）规定每一种音像制品以及它所包含的每一项独立的节目均可获得一个唯一的“国际标准音像制品编码”，并具有明显的类别区别。

一个中国标准音像制品编码由国际标准音像制品编码（ISRC）和类别码两部分组成。一个ISRC码由分为5段的12个字符组成，各段之间用连字符“-”分割，编码前面写有英文大写字母“ISRC”。类别代码用来说明该音像制品整体纪录的载体类型和学科分类。ISRC码与类别代码之间以斜线“/”分割。中国标准音像制品编码的结构组成如下：

ISRC 国家码-出版者码-录制年码-记录码-记录项码/类别代码

编码中各项目有一定的著录规则。

(1) 图家码

这是标志音像制品出版者所在国家的名称代码，由 2 个字符组成。中国国家码以大写字母“CN”表示。

(2) 出版者码

这是标志音像制品出版者的代码，由定长的 3 个字符组成。每个字符可从数字 0－9 或从大写字母 A－Z（其中 I、O 除外，以避免和数字 1 和 0 混淆）中选取。在一般情况下，3 个字符中至少要有 1 个是字母或数字。

出版者码由中国 ISRC 中心分配和管理，一个独立经营的音像制品出版者可以分配一个出版者码，而一个出版者码只允许分配给一个音像制品出版者。当出版者由于某种原因停止音像制品生产时，其出版者码不有转让或重新分配。

(3) 录制年码

这是标志音像制品录制出版年份的代码，由年份的最后 2 位数字组成。譬如，“08”就表示“2008 年”。

(4) 记录码

这是标志一个音像制品记录的整体代码，由 4 位数字或 3 位数字组成，分别称为 A 型记录码和 B 型记录码。

当音像制品中的独立节目数少于 10 项时，记录码取 4 位数字（A 型记录码）；多于 9 项时，记录码取 3 位数字（B 型记录码）。

(5) 记录项码

这是标志一个音像制品记录中每一项独立节目的代码，由 1 位数字或 2 位数字组成。

A 型记录码属下的记录项码取 1 位数字（0～9）；B 型记录码属下的记录项码取 2 位数字（00～99）。其中“0”或“00”是一个音像制品的整体记录项码，其他记录项码的数值“1～

9”“01～99”依该音像制品中的独立节目项数分别循序确定。

记录码和相应的记录项码的长度之和恒为5位数字。

(6) 类别代码

由载体代码和分类代码两部分组成。载体代码由1个大写字母组成，录音制品载体代码为“A”，录像制品载体码为“V”。分类代码由1～2个字符组成，根据音像制品的主要学科范畴，按中国图书馆分类法的基本分类号（G类“文化”和J类“艺术”按二级类目号）给出。载体代码与分类代码之间用一中圆点“·”分隔，如“A·G4”“V·T”。

同时，中国标准音像制品编码应以横排方式印刷在各类音像制品的装帧纸和片芯纸的显著位置，录像制品还须将该码显示在片头和其他重要画面上。

三、音像制品的概念、类别和特点

（一）音像制品的概念

这里我们所称音像制品即音像出版物，它是指录有内容的录音带、录像带、激光唱盘和激光视盘等。具体地说，音像制品就是用数字或模拟信号，将图、文、声、像记录下来，经编辑加工后，复制在电、光、磁介质的载体上，通过视听设备播放使用的出版物。

（二）音像制品的分类

按照我国目前的音像管理体制，音像出版物按内容分为文艺、科技、教育三大类。

音像制品按内容的表现形式分为录音制品和录像制品两大类。

按载体和物理形态可细分如下：

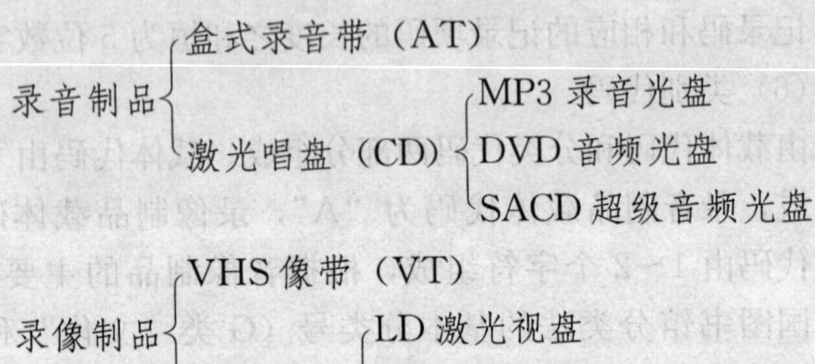

早期的机械式唱片不再作为录音制品的载体。

（三）音像制品的特点

1. 内容表现形式多样性

音像制品实现图像、文字、语言、音乐和画面的多种形式的融合，以生动、直观、形象的方式反映生活、表达思想、传播文化。

2. 生产开发的可转化性

音像制品前期的音像节目可以实现一种形式向另外一种形式的转化，实现可持续性效益。如综艺节目可以制作成录音带、录像带、VCD、DVD 等。

3. 流通上的轻便性

音像制品多以数字形式存储，具有信息容量大、体积小的特点，使得音像制品的存储和发行，具有轻便快捷的特点。

4. 消费上的流行性和重复性

大众消费时代的音像消费具有流行性特点，消费者往往根据流行趋势和潮流来购买音像制品。另外消费者对音像制品，特别是音乐制品，会重复欣赏，因此比图书的重复阅读率要高。

四、音像制品的编辑和制作

（一）音像制品的编辑要求

1. 音像出版编辑与传统纸质出版编辑具有共性

音像出版同样是出版业的一个组成部分，它具有图书出版编辑工作要求的共性，在一般图书编辑过程中的信息采集、选题策划、组稿、审稿、加工整理、样品检查和出版宣传等主要编辑环节的要求，同样适用于音像制品的编辑环节。

2. 音像出版编辑具有其特殊的个性

由于音像出版具有与传统纸质出版不同的特点，所以音像编辑在某些方面和环节上又有自己的特殊要求。音像编辑的活动比传统编辑更复杂，要求更高，创造性更强。音像编辑要综合考虑媒体、声音、画面、剧本、场地等各方面的因素，进行统筹安排和合理规划。

（二）音像制品编辑的工作特点

1. 音像制品编辑是一项各种媒介方式整合的传播活动

一种音像制品，特别是录像制品，是声音、图像和文字三种形式相结合的一种媒介产品形式。音像制品的编辑要求对各种媒介进行整合优化，以使其适应市场的需求和文化的构建和传播。

2. 音像制品编辑是一项多种信息浓缩优化的传播活动

音像制品对传统的文字进行改变和创作，进行数字化的录制、转化和存储，对信息进行浓缩和优化，以更加生动、直观、形象的方式反映生活、表达思想、传播文化。一些音像制品往往是面向特定对象而设计的，这使得消费者能够灵活轻便的使用和欣赏音像作品。

3. 音像制品编辑是一项各项工作统筹规划的传播活动

音像制品的编辑过程比传统的纸质编辑更复杂，涉及媒体、音乐、画面、剧本、场地等各种因素和环节，这要求音像编辑要站在更高的角度，用战略的眼光和思路来统筹安排各个环节，实现各种资源的整合和编辑过程的顺利完成。

（三）录音、录像节目的制作

1. 录音节目的编辑制作

录音节目的编辑是把所需要的声音信号，经过收集、编辑，然后存储在磁带、磁盘和光盘等各种载体上的传播活动。录音节目的编辑制作一般分为以下三个阶段：

（1）前期准备阶段

主要包括选题策划，朗诵者、演唱者、演奏者和乐器的选择，分谱抄写和录音练习等方面。

（2）节目录音阶段

主要包括为所录项目小节进行编号，分轨录制各种伴奏素材和录制表演者声音三个步骤。

（3）后期合成阶段

包括单曲的素材的选择修饰、声音与伴奏的平衡、立体声处理和存储，及多曲的编排等阶段。

2. 录像节目的编辑制作

录像节目的编辑是把所需要的动态画面及声音和文字，经过收集、编辑，然后存储在磁带、磁盘和光盘等各种载体上的传播活动。录像节目的编辑制作一般分为以下三个阶段：

（1）前期准备阶段

主要包括选题策划，摄制组的筹备，分镜头背景、演员、道具、服装的选择等方面。

（2）节目拍摄阶段

主要是在导演的指挥下按照分剧本的要求，运用各种技巧进行拍摄和选择的过程。

（3）后期合成阶段

包括分剧本素材的选择、镜头的连接、特效的运用和片头片尾的编辑等工作。

（四）音像制品的包装设计和要求

音像制品的包装设计一般包括录音带和录像带盒的双面设计、光盘表面图文设计、内包装说明书设计等。由于音像制品的外包装与图书装帧设计同属于出版包装，具有一些共性，图书装帧设计的要求也基本适合于音像制品的包装设计。但是音像制品在形态上与图书有一定的区别，所以在音像制品包装设计时应特别注意以下几点：

1. **必须有版权标识**

应在规定的位置加上版权标识（包括出版物名称、著作权人、出版社名、音像出版号、条码）。

2. **音像制品的外包装形式和音像内容的一致**

注意音像制品的外包装形式和音像内容的结合，特别是图案、文字和形状的选择上，要先熟知音像制品的内容，提炼主题，从而准确地表达出意象。

3. **包装设计的综合考虑**

音像制品的包装设计应注意内容、市场和读者三方面的结合，不能偏袒一方面，只有实现三者结合的创意，才能实现出版的效益最大化。

4. **音像制品防伪标识不可缺少**

音像制品应当在外包装上加贴文化部监制的音像制品防伪标识和其他必备项目。

第二节　电子出版物出版

电子出版物是近年发展起来的一种新型出版媒介，是高科技的产物，其出现给出版业带来了一场深刻的革命。

一、电子出版物出版的发展概况

（一）电子出版与电子出版物

“电子出版”（electronic publishing）这个术语在英语中首见于 1977 年，当时主要指把电子计算机技术用于出版物的印前编辑出版工作，但现在其通常指的是出版全过程数字化，即写作、编辑、排版、制作、传输、存储、读取都采用电子技术，生产出最终产品——电子出版物。最终出版物需要通过特定的电子设备阅读。

20 世纪 80 年代中期只读光盘问世。1985 年法国专业文献资料工作者和图书管理员协会（ADBS）在所出的专著《电子出版和文献工作——从铅字到电子》中给“电子出版”下的定义是“借助电信网络、微型计算机、只读光盘等电子媒介（并需要专用阅读装置）传布信息”，此时，反映电子出版的概念在西方已超越印前系统，延伸到光盘等非印刷的电子出版物。

1. **电子出版**

电子出版是一个广义的概念，其涵盖三大部分：一是电子计算机技术在出版行业的采编、印刷、发行和管理部门的应用；二是作为出版媒介的电子出版物及其出版过程；三是网络出版过程。其分类如下所示：

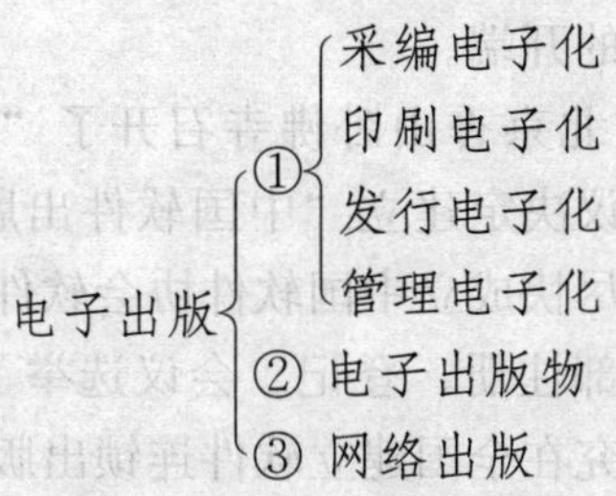

2. **电子出版物**

《电子出版物出版管理规定》自 2008 年 4 月 15 日起施行，其对电子出版物的定义是：指以数字代码方式，将有知识、思想性内容的信息编辑加工后存储在固定物理形态的磁、光、电等介质上，通过电子阅读、显示、播放设备读取使用的大众传播媒体。

（二）我国电子出版物物出版的发展简述

“电子出版”是电子计算机技术与出版活动相结合的产物，起源于 20 世纪 50 年代末 60 年代初科技期刊编辑出版的电子化。在我国，这是一个新的发展领域。在过去的二十多年里，我国的电子出版物经历了一个从无到有的过程。

1. **电子出版物出版在我国的最早兴起**

20 世纪 80 年代末期，全国一些高等院校大学出版社及原电子工业出版社率先对所开发研制的一些计算机软件，以正式出版物的方式（采用国际标准书号）加以知识产权保护。1991 年 5 月全国最先开展软件出版工作的高校出版社及电子工业出版社等出版单位在上海交通大学召开了首届计算机软件出版研讨会，交流软件出版工作的经验。会议决定成立“全国软件出版发行工作协作网”（即全国软件出版协会筹委会），有关的建议通过会议纪要和决议的形式上报新闻出版总署及原机电部计算机司。此即我国电子出版物出版的开端。

1991 年 9 月在北京香山卧佛寺召开了"中国软件出版协会筹委会"会议，会议决定建立"中国软件出版协会"筹备机构。根据当时情况提出尽快成立中国软件协会软件出版专业分会，并筹备正式上报民政部注册、登记。会议选举了 15 家协会筹备机构成员，并讨论研究在全国建立软件连锁出版发行中心等问题。

1992 年 3 月 31 日～4 月 2 日，在山东潍坊召开了"中国软件行业协会出版分会"成立大会。会议上有关部门领导就《著作权法》和《计算机软件保护条例》的制定过程进行了说明。

1992 年 11 月，在湖北宜昌召开了第一届全国软件出版编辑研讨会。

以上的发展为电子出版物出版管理的正式出台奠定了基础。

2. **电子出版物出版和管理走上正规**

1994 年经国务院批准决定由新闻出版总署音像司专门管理电子出版物的出版。国家对电子出版物出版、复制、进口、发行实行许可制度，采用 ISBN（900 专用段）对电子出版物进行申报审核和登记管理。

电子出版物出版的发展大致可以分为两个阶段。前阶段电子出版物的出版尚处于试验阶段，数量增长迅速，这个时期使用者主要是学术界，所以一些网络的爱好者和学术团体承担了出版者的角色，目的在于促进学术交流。1996 年开始，随着 Internet 的商业价值被逐步发现，主流出版商开始进入这个领域，目的在于通过互联网拓展传统的服务范围。由此，电子出版物的发展进入第二阶段。

到 2006 年年底，全国共出版电子出版物 7 207 种、光盘 16 035.72 万张。其中：只读光盘（CD-ROM）6 943 种、14 879.95万张。高密度只读光盘（DVD-ROM）170 种、990.93 万张，与上一年相比，品种增长了 132.88%，数量增长了

924.11%。交互式光盘（CD-I）及其他 94 种、164.84 万张，与上年相比，品种增长了 118.6%，数量增长了 146.43%。

二、国家关于电子出版物出版的管理规定

为了加强对电子出版物出版活动的管理，促进电子出版事业的健康发展与繁荣，根据国务院《出版管理条例》《国务院对确需保留的行政审批项目设定行政许可的决定》和有关法律、行政法规，新闻出版总署制定了《电子出版物出版管理规定》并于 2008 年 4 月 15 日起施行。

对于电子出版物出版单位的设立，应当具备下列条件：

- 有电子出版物出版单位的名称、章程；
- 有符合新闻出版总署认定条件的主管、主办单位；
- 有确定的电子出版物出版业务范围；
- 有 200 万元以上的注册资本；
- 有适应业务范围需要的设备和工作场所，其固定工作场所面积不得少于 $200m^2$；
- 有适应业务范围需要的组织机构，有 2 人以上具有中级以上出版专业职称资格；
- 法律、行政法规规定的其他条件。

此外，还应当符合国家关于电子出版物单位总量、结构、布局的规划。

申请设立电子出版物出版单位，须经其主管单位同意后，由主办单位向所在地省、自治区、直辖市新闻出版行政部门提出申请；经省、自治区、直辖市新闻出版行政部门审核同意后，报新闻出版总署审批。

电子出版物出版单位实行编辑责任制度，保障电子出版物的内容符合有关法规、规章规定。

电子出版物出版实行重大选题备案制度。涉及国家安全、社

会安定等方面重大选题，涉及重大革命题材和重大历史题材的选题，应当按照新闻出版总署有关选题备案的规定办理备案手续；未经备案的重大选题，不得出版。

出版电子出版物，必须按规定使用中国标准书号。同一内容，不同载体形态、格式的电子出版物，应当分别使用不同的中国标准书号。

电子出版物出版单位不得以任何形式向任何单位或者个人转让、出租、出售本单位的名称、电子出版物中国标准书号、国内统一连续出版物号。

电子出版物应当符合国家的技术、质量标准和规范要求。

电子出版物出版单位申请出版境外著作权人授权的电子出版物，须向所在地省、自治区、直辖市新闻出版行政部门提出申请；所在地省、自治区、直辖市新闻出版行政部门审核同意后，报新闻出版总署审批。

申请出版境外著作权人授权的电子出版物，应当提交下列材料：

• 申请书，应当载明电子出版物名称、内容简介、授权方名称、授权方基本情况介绍等；

• 申请单位的审读报告；

• 样品及必要的内容资料；

• 申请单位所在地省、自治区、直辖市著作权行政管理部门的著作权合同登记证明文件。

而出版境外著作权人授权的电子游戏出版物还须提交游戏主要人物和主要场景图片资料、代理机构营业执照、发行合同及发行机构批发许可证、游戏文字脚本全文等材料。

三、电子出版物的分类和特点

（一）电子出版物的分类

电子出版物的种类多种多样，包括只读光盘（CD-ROM、DVD-ROM 等）、一次写入光盘（CD-R、DVD-R 等）、可擦写光盘（CD-RW、DVD-RW 等）、软磁盘、硬磁盘、集成电路卡等，以及新闻出版总署认定的其他媒体形态。其中，按载体形态可分为网络型电子出版物和非网络型电子出版物。

1. **网络型电子出版物**

网络型电子出版物是指利用电子计算机的远程通讯技术和网络技术把网络信号转化为可读信号的出版物，如中国期刊网。网络型电子出版物按网络规模又可以分为局域网电子出版物和广域网电子出版物等；按文献的类型又可以分为网络型电子图书和网络型电子期刊。

2. **非网络型电子出版物**

非网络型电子出版物是指运用电子技术，将文献信息、科教及文化艺术作品等资源经过数字化处理后，存储在光、磁等介质上，通过电子计算机及其相关设备阅读使用的出版物。主要种类包括光盘软件、电子期刊光盘版、光盘游戏和交互式教学光盘等。

（二）电子出版物的特点

以电子为媒介进行信息存储与传播的方式，是对以纸张为主要载体进行信息存储与传播的传统方式的一个挑战，能够更好地满足了人们的感官需要。和传统出版物相比，具有如下特点：

1. **电子出版物的传播与更新速度快**

一条新信息放在网页上，通过网络很快就可以传播到所有的网络终端，不像传统纸质文献，需要经过印刷、销售等繁琐的工序。

2. **电子出版物体积小、容量大**

一张普通光盘容量可以达600MB以上，一张这样的光盘就可存储50万字的著作200~300本。一张容量为650MB的CD光盘，可存储3.4亿个汉字，《人民日报》1948年创刊至1998年，50年的内容8张光盘就可以装完。

3. **电子出版物检索方便**

目前大多数的电子图书、电子期刊和电子版书目数据库，都配备相应的检索软件和其他编辑软件，允许用户对文献中的各个知识项进行抽取、排序和重组，具备从各个角度进行知识项聚类的能力。

4. **电子出版物容易复制**

读者在找到所需资料（可以是一本书，也可以是一本书的一页内容）后，可以很方便地拷贝、下载或打印，得到了极大的方便。

5. **电子出版物可为多种媒体形式**

电子出版物能够提供声音、影像和动画等多种形式的综合内容，表现力丰富多彩。

6. **电子出版物的超文本特点**

传统出版物是线性的，读者是按页码的顺序去阅读。电子出版物则不然，读者在读到某一个信息点时如想了解其相关内容，只需点击相关链接即可。

7. **电子出版物的交互性**

读者不再是单方面的接受电子出版物的内容，还可以将有关信息反馈回去。这种交互性使电子出版物非常适合用于计算机辅助教学等领域。

8. **电子出版物成本低**

电子出版物制作（不包括开发）成本低，节省资源。

四、电子出版物的编辑、制作、复制及发行

电子出版物的编辑是指依靠计算机和网络技术从事的编辑活动，基本任务是依照一定的方针和标准开发选题，组织、选择、加工稿件，使其成为可向读者/使用者提供的纯文本或多媒体的电子文本，并按照他们所需要的形态加以复制传输。

下面对电子出版物的编辑、制作、复制及发行的过程进行分述。

（一）电子出版物的编辑

电子出版同传统出版一样，编辑、复制和发行三个环节都是不可缺少的，了解读者使用出版物的情况和收集反馈信息也是出版工作的一部分。

根据电子出版物选题总体构思，组织包括文字、图片、音频、视频乃至已初步制作完成的多媒体资料。在组织以上资料时，最好按照制作的要求以特定的文档格式来收集各类资料。如文字稿在提供纸质打印稿的同时，还要提供 Word 文档即 doc 格式文件，或者纯文本文件即 txt 文件；在提供图片资料的同时，还要提供该图片的具有一定分辨率的 tiff 格式，或者 jpg 格式等的数字化文件；对于音频资料，要求提供模拟录音带，或者提供数字化录音资料；对于视频资料，要求提供 beta 格式录像带，或者提供 avi 或 mpeg 格式等的数字化资料。对组织起来的资料按照编辑要求和出版规范进行整理加工。

一般而言，整个电子出版过程都是采用电子手段进行的，作者交来的、编辑加工的、读者读到的都是电子文本。例如只在网上发行的电子期刊等原生数字（born digital）出版物就是如此。但是，电子出版不排除某些工作环节采用电子和非电子方式相结合的方式进行，比如电子书籍审稿在纸打印稿而不在电子文稿上进行，编辑先在打印稿上修改，再过到电子文本上去。

（二）电子出版物的制作

1. 电子出版物制作简介

出版单位策划的电子出版物选题，可以委托专门的电子出版物制作公司制作，具备条件和能力的出版单位也可以自行制作。要结合选题题材特点和已有及可以获取的资料的特征，充分运用多媒体技术，艺术地表现主题。出版单位委托专门的电子出版物制作公司制作的选题，要注意编辑意图的落实，要保证选题策划书和编辑制作大纲的完整性、艺术性、创造性地落实。

对于载于FD、CD-ROM、DVD-ROM、CD-I或Photo-CD等上面的电子出版物，其在复制之前，必须设计好电子出版物盘面的印刷内容。盘面除了有背景图案，还应当有以下著录事项：电子出版物名称；电子出版物载体类别，即FD、CD-ROM、DVD-ROM、CD-I或Photo-CD等；电子出版单位名称；责任者；制作者名称；电子出版物专用书号（ISBN）；电子出版物条形码（条码软片的标准尺寸为38mm×13mm）；如果是引进境外版权的，还应当有著作权登记证号和新闻出版总署专题审批文号，等等。

2. 纸介质书刊向电子书的转换过程

下面着重谈将纸介质书刊转化为电子书的编辑制作流程中的转化过程这一环节，因为其他环节与原创性电子出版物的制作相同。

（1）准备数字文件

数字文件的准备分文字文件准备和图片文件准备。

①准备文字文件

文字文件的准备主要有三种途径。

● 利用计算机排版文件

对已经全部采用计算机排版的书刊，利用计算机排版文件来转化，可以省去重复排版和初校的过程，缩短电子书的生产周期。但是，出版单位保存的电子文件并不一定是完整的，需要核查、补充，尤其要注意冷僻字的缺字补字问题。

• 光电扫描

这是利用计算机光电扫描自动识别技术（OCR）逐面扫描，将纸介质书刊的印刷文字转换成文字代码。这种方法比较适合文艺小说等版式简单、文种单一的图书，识别的正确率通常可达95％以上。

• 重新输入

如果没有上述条件，就需要重新输入文字，或将纸介质书刊的每个页面作为图片进行扫描后备用。

②准备图片文件

图片文件的准备主要有两种途径。

• 利用印刷版的电子分色图片文件

这是将印刷拼版时使用的电子分色图片文件转换成 RGB 模式备用。转换时可适当降低分辨率，因为电子书的屏幕显示分辨率可以比印刷品低得多。

• 重新扫描

最好是将图片的原稿重新扫描后备用。若图片原稿难以收集完整，也可利用印刷品扫描，但这时所获得的图像质量有时较低，甚至有摩尔条纹出现，增加扫描后加工的难度。

（2）选用转换工具软件

将原来的书刊排版文件转换成电子书，需要使用一定的转换工具软件。出版单位可以自行转换，也可以委托专业公司进行转换。

转换工具软件的选用与电子书的格式有关。目前国际上有 Adobe 公司的 PDF 格式，微软公司的 Microsoft Reader 格式，国际电子书联盟的 Open eBook 格式等。国内的电子书有两种类型，它们的格式和所选用的转换工具也不同。

①适合计算机上阅读的电子书转换工具转件。

如果要将纸介质书刊转换成可以在计算机上阅读的电子书（其中有些也可在便携式阅读设备上阅读），有两种转换工具软件可供选择：

一种适用于以计算机排版电子文件制作的电子书，如方正公司的 Apabi 和华康公司的 Dynadoc。转换形成的电子书格式分别为 CEB 和 WDL。

另一种适用于以页面扫描图片制作的电子书，如北京超星数字图书馆使用的专用转换工具软件。

②适合便携式阅读设备阅读的电子书转换工具软件。

供便携式阅读设备阅读的电子书也有专用的转换和制作工具，其代表是支持中文的“仓颉电子书”系统。

（3）数据转换

由于目前国内出版界制作纸介质书刊时采用最多的是方正书版排版软件，方正公司为此推出了与之衔接的 Apabi 电子图书制作系统，为将电子文件转换成电子书提供了方便。方正排版软件从 9.0 版起已启用 GBK 平台，不再需要将文件从 GB 码转换 GBK 码。

如果采用其他公司的电子书制作系统，需要将方正排版文件或由其他中文排版软件生成的书刊排版文件中的排版指令删除，并需要将文件从 GB 码转换到 GBK 码，同时将书版排版文件中的内码字转换成 GBK 码。

转换而成的电子书，其页面版式与原印刷版可以相同（如 CEB、WDL 格式），也可不同（如 OEB 格式）。

将纸介质书刊转换成电子书，也需要增加链接、检索等功能，进行数据加密、界面设计、集成、质量检测等。这些环节与前述原创性电子出版物的制作基本相同。

（三）电子出版物的复制

如果电子出版物是以光盘为载体的，出版单位可将已制作好的电子出版物源盘交给光盘母盘刻录单位制作出电子出版物母盘备用，出版单位也可以委托光盘子盘复制单位代为联系制作母盘。出版社联系好电子出版物复制单位，将母盘和已设计好的盘面软片交给复制单位，并给复制单位开具由新闻出版总署统一印制的《电子出版物复制委托书》，复制单位凭此委托书即可开始复制电子出版物。出版社对复制的电子出版物进行质量检测，如果存在问题，可与复制单位协商解决。电子出版物复制完毕后，出版社要将《电子出版物复制委托书》一联自留存档，并将红色的一联连同电子出版物样品送交省级新闻出版行政管理部门备案；复制单位要自留一联《电子出物复制委托书》存档，一联交给所在地省级新闻出版行政管理部门备案。出版社可以将已印制好的电子出版物外包装运至复制单位，委托复制单位包装，也可以自行包装。已包装好的电子出版物可予以发行。

（四）电子出版物的发行

出版社可以委托专门的电子出版物发行单位发行电子出版物，也可以自办发行。

电子出版物选题在正式进入实施阶段时，就可以开始征订。如果能够在征订时提供一个能体现出该电子出版物主要特征风貌的演示（Demo）盘用于演示，其效果会比较好。如果在征订时有已复制好的成品盘用于演示，则征订效果会更好。

第三节　互联网出版

利用互联网进行的出版简称网络出版。网络出版的出现再次在出版业掀起一场革命，网络出版和互联网出版物的特点和优势将改变人们传统的出版观念，改变整个出版业。

一、互联网出版概述

比尔·盖茨曾说："我相信，或者说我预测，今后全世界大多数的人们都将过上一种新型的网上生活。"

随着信息化进程的加快和网络技术的发展，网络的作用越来越大，已经成为人们生活中不可缺少的信息传播和交流的工具。2007 年 1 月 23 日，中国互联网络信息中心（CNNIC）发布的《第 19 次中国互联网络发展状况统计报告》显示，截至 2006 年底，我国网民人数达到了 1.37 亿，占中国人口总数的 10.5%。

现在互联网已逐渐成为一种重要的新闻出版媒介。作为继图书、报刊、广播电视之后的又一大新闻出版媒介，它甚至兼容和超越前三者。

网络的发展带来了人们生产和生活方式的重大转变，出版介质正以加速度方式演进，在出版产业方面则主要表现为新的出版方式——互联网出版。互联网出版的出现随之带来了传统出版相关概念的转变，产生了新的出版形态。

互联网出版习称"网络出版"，是指互联网信息服务提供者将自己创作或他人创作的作品经过选择和编辑加工，登载在互联网上或者通过互联网发送到用户端，供公众浏览、阅读、使用或者下载的传播行为。

互联网出版与其他出版活动的区别，从根本上说，是在于出版物的载体形式、物质生产方式和将出版物提供给消费者的方式不同。在出版物的内容方面，互联网出版与其他出版物的出版是基本相同的。因此，互联网出版中的编辑工作，在本质上与图书、期刊、音像制品和电子出版物出版中的编辑工作是一致的。当然，由于互联网的技术特性和互联网出版业务的特点，互联网出版中的编辑工作也有自身的一些特点。

互联网出版物从内容来源看，可分为：

- 已正式出版的图书、报纸、期刊、音像制品、电子出版物等出版物内容或者在其他媒体上公开发表的作品；
- 经过编辑加工的文学、艺术和自然科学、社会科学、工程技术等方面的作品。

互联网出版在欧美日等发达国家已经成为一种较为普遍的出版方式，随着互联网技术水平的提高和出版产业的进步，我国的网络出版业也得到了一定的发展。我国网络出版的产值已初具规模，形成了学术文献数据库、网络期刊、网络图书、网络游戏出版物、网络文学读物、网络教育读物、网络音像出版物、网络动漫作品等出版类型。

互联网出版在我国已经取得了一定的发展，但观念滞后、版权困扰、数字鸿沟等困难仍制约着出版业对新技术的应用和网络出版的持续快速发展，与欧美日等发达国家相比仍然存在着很大差距，有待在技术、观念、法制等方面的改进，以取得更快的发展。

互联网出版是一个新生事物，大家特别要注意区分互联网上发行和互联网出版两个不同概念：

- 互联网上发行

已出版传统出版物（图书、音像）和电子出版物通过网络，用户上网挑选订货，再通过银行或邮局付款、发货到用户。

- 互联网出版

出版与发行合而为一，均在网络上进行。内容为以 HTML（超文本）格式制作并链接数据库、文本、图片、声音、图像等内容。通过计算机上的浏览器软件（如微软的 IE 或网景 Netscape 的 Nevigator）联入出版商的服务器中进行阅读、选择、付款后下载到自己的计算机，可复制出某种具体形态的出版物媒体。HTML 格式的出版形式将是今后网络出版的主要形式。

二、互联网出版、互联网出版物及互联网出版单位

（一）互联网出版的形式

互联网出版形式正如互联网出版概念中所表述：互联网信息服务提供者将自己创作或他人创作的作品经过选择和编辑加工，登载在互联网上或者通过互联网发送到用户端，供公众浏览、阅读、使用或者下载到自己的存储阅读设备中。互联网出版是一种形式灵活的不断创新的出版形态，按其出版主体划分为以下几种形式：

1. 以个人为主体的互联网出版形式

个人将自己数字化了的作品上传到网络上，个人就是在线出版商，以供网络读者购买、下载、阅读，如个人的博客、播客等。

2. 以数据库公司为主体的互联网出版形式

数据库公司通过合法方式取得作品的版权以后，建立包括新闻、期刊、电子图书等数据库，向读者提供书目数据库并提供全文检索和浏览服务，并销售出版电子图书，然后给原出版商提成版税。如书生数字图书馆、超星数字图书馆、中国期刊全文数据库、万方——数字化期刊全文库等等。

3. 以原有出版单位为主体的互联网出版形式

原有出版单位在原来出版业务的基础上增加网络出版业务，

以此来补充传统的出版方式，适应网络出版的发展。这类网站主要以出版本版图书、期刊、报纸、音像制品和电子出版物的网络版为主，有些单位还利用网络提供资讯服务。

4. **以网络公司为主体的互联网出版形式**

这些网络公司通过建立自己的网站，挖掘网络写手，开发、培育、销售热门的网络出版产品，以实现盈利为目的。一般专营网络文学、网络游戏、网络音乐等互联网出版业务，这类网站主要有：榕树下、中文在线、联众、中国音乐网等。

（二）互联网出版的特点

以网络为主要传播媒介的互联网出版的出现，改变了传统的出版观念，实现了载体无实物化、虚拟化的出版，简化了出版流程，省去传统制版印刷、仓储、物流等环节，降低了成本，提高了出版发行速度，具有传统出版不可比拟的优势和特点。总体而言具有以下特点：

1. **出版流程互动化**

网络出版以网络为媒介，使作者、编辑、读者三者在从组稿到编辑再到流通的整个过程中的互动反馈加强，信息流通灵活迅速。作者可以跟编辑进行迅速的沟通，对写作的内容和进度进行调整，更重要的是读者可以对作品发表自己的看法，甚至可以参与到整个写作过程中。互动性的加强可以提高出版物的质量，以更好地满足消费者要求。

2. **出版物数字化**

互联网出版的产品就是互联网出版物，互联网出版物将文字图像等实体，进行数字化处理，变为计算机可识别的数字化产品，存储在网络上，供读者购买下载，实现了出版产品无实物化、虚拟化。

3. **复制后置化**

其他出版物都需要复制以后才能发行，而互联网出版物的复制与发行穿插进行。完成内容加工过程并制作成电子文件形式的出版物母本，并不进行复制，而是直接在互联网上发行。直到有读者需要购买时才进行复制（即把母本的信息内容下载到消费者的计算机或其他阅读工具中），所以永远不会有产品库存积压的烦恼。

4. **流通网络化**

互联网出版物最终以数字化的形式出现在网络上，并通过网络传输，到达消费者，完成其交易的过程，实现其商品的价值。网络是互联网出版物发行的渠道媒介，流通网络化，是区别于纸介出版物和电子音像出版物的本质特征。

5. **购买按需化**

按需购买，指读者可以根据自己需要，对已经贮存在计算机中的数字化书稿进行全部或部分地选择购买，读者对书稿的选择灵活度大，读者可以选择自己需要的出版物的一部分，如一本书的几页，一个音乐专辑的几首歌，进行购买，这样就增大了消费者选择余地，降低了消费者的阅读成本。

6. **出版周期短**

互联网出版中，在计算机上按出版工作的各种规范要求对作品进行审读和编辑加工，使之达到可以发稿的标准后，就可以通过网络开始发行，整个出版周期显然比其他出版方式要短得多。对已经出版的出版物修订再版也更加方便，周期更短。

7. **出版成本低**

互联网出版过程中没有胶片、印版基材、显影材料、定影材料等资源的消耗，除了按需印刷之外，一般也没有油墨、纸张、装帧材料等资源的消耗。所以，它不但是真正符合环保要求的“绿色”出版，而且可以大大降低出版成本。

此外，互联网出版物的发行直接面向受众，减少了很多中间环节的发行费用。这样也可以降低出版物成本中的期间费用，使出版物生产成本进一步降低。

8. **发行快捷化**

互联网出版突破了时空的限制，是一种高效快捷的出版模式。

无论是哪一种出版物，达到发稿标准的作品信息内容一旦进入网络发布服务器，就已经完成了传统意义上的发行，读者马上就可阅读到最新的内容。同时，进入网络发布服务器的出版物，凭借互联网仅需几分钟就可以传播到世界各地。无论读者距离出版者有多远，只要他们能够登录互联网，那就在任何时间都可从网上获得自己所需要的出版物。

9. **交易电子化**

互联网出版最终交易，一般通过电子商务的方式来实现，用户先用信用卡通过网上银行进行付账，再进行下载完成交易过程。

10. **信息交互化**

互联网出版提供了一种开放的双向信息传播渠道，具有良好的交互性，出版者与读者可以及时地直接交流信息。这种交互性是互联网出版相对于传统出版最显著的优势。

互联网出版物检索方便。超级链接功能、超文本技术所提供的主题检索等功能的运用，使读者通过网络搜索可以迅速找到所需的内容。

同时，读者对出版物的反馈信息能够及时为出版者获知。通过对读者检索信息内容的实时统计和对已有出版物销售情况的实时统计，出版者可以很方便地了解读者的需求和出版物市场的走势，从而可以有的放矢地持续开发新的出版物品种。

（三）互联网出版的类别

互联网出版的分类方式很多，在我国，一般按出版物的内容与功能进行分类，主要包括学术文献出版、游戏出版、教育出版和音像出版等。

1. 互联网学术文献出版

互联网学术文献出版是将学术作品经过专业的编辑处理后，发布到某一特定的互联网网站上，供读者获取与购买的服务。

利用互联网出版方式可以解决学术作品发行量小、读者分散而导致的出版成本高、读者购买费用贵的问题。目前的互联网学术文献出版主要有两种方式：一种是将纸介质书刊发表的学术作品，如学术著作、学术论文等，数字化之后集中在网络上进行传播；另一种方式就是把原创的专著和论文经过编辑后直接发表。

我国的互联网学术文献出版始于20世纪90年代中期，采用的主要方式是将全文数据库存放在网站上，远程用户通过网站登录或本地镜像方式获得在线阅读或下载服务。

2. 互联网游戏出版

互联网游戏出版主要由互联网游戏开发运营、电信支撑、销售推广等几个环节组成。它作为一种新兴的出版领域，近年来发展非常迅速。

3. 互联网教育出版

互联网教育出版是在网上提供经过选择、编辑的教育内容。互联网教育出版物主要有电子教材教辅、电子教案课件和题库等。它的主要经营模式，是网上的数字图书馆捆绑销售会员制和下载收费制。

4. 互联网音像出版

互联网音像出版是通过互联网传播音乐、影视和动画作品等。

通过音像出版网站，消费者不仅可以下载或者在线收听、收看音像作品，还可以阅读到很多有关的艺术家创作、拍摄、演唱等活动以及作品销售的信息。

（四）互联网出版物的特点

互联网出版的方式要比传统出版业的出版方式广泛得多。它以超文本的形式表现，文字不必一字字地排列，可以根据需要转来跳去，因而是一种立体结构的文本。此外，它还可以同时出版声音（音乐）和图像，网络出版的影视节目能很好地与超文本和声音结合在一起。网络出版中有一种方式是传统出版所没有的，即数据库出版。网络可以把庞大的数据以库的形式出版，使读者可根据需要查阅，数据库中的数据能自动地动态更新。所有这些出版方式构成了多媒体网络出版物。

1. 互联网出版物内容可存放在不同地方

互联网出版物的组织结构特点是可在同一个页面里将组成页面的内容存放在世界各个不同地方的不同计算机机上。对图片、文字、影视、声音剪切段的引用，只需在计算机的 HTML 页面里 URLS 处输入所引用材料在网络上的地址就行了。所以当你阅读到一个页面时，其文本可能放在美洲，图片放在日本，音乐则可在欧洲的某个计算机上。

2. 互联网出版物的出版内容广泛

传统新闻出版物和电子出版物能出版的，在网络上都能出版，包括新闻、资料和广告。

3. 互联网出版物出版时效快

互联网出版物出版时效甚至比电视的实况转播还快，如世界杯足球赛的现场直接发稿，很多具体资料和图像资料可实时通过计算机网络传送到世界各地，非常及时。

4. 互联网出版物的传播特点

互联网出版物传播的信息量大，不受时空限制，能提供详尽资料供全世界各地读者随时阅读、反复查阅，信息获取主动。

互联网出版物传播广，其出版源可长期保留，供随时随地检索，在网络延伸的任意角落都可查看，可多次获取，是最方便、最普及的出版物。

5. 互联网出版物具有交互性

网络出版物可以多媒体的形式表现，而多媒体的阅读特点是交互性，即读者可以成为节目的主角，可以控制节目的进展（交互式小说，作者只给出人物和线索，读者去发展情节，实质上这也成为一种创作）。

（五）互联网出版单位

互联网出版单位，是指经新闻出版总署和电信管理机构批准，从事互联网出版业务的互联网信息服务提供者。

从事互联网出版活动，必须经过批准。未经批准，任何单位或个人不得开展互联网出版活动。从事互联网出版业务，除必须符合国家关于设立出版单位的规定外，还应当符合《互联网信息服务管理办法》规定的条件。因此，互联网出版活动的主办者除了必须按照设立出版单位的程序报请新闻出版总署批准外，还应当持新闻出版总署的批准文件到省级电信管理机构办理相关手续。

从事互联网出版活动，必须具备国际联网的条件。根据国务院颁布的《中华人民共和国计算机信息网络国际联网管理暂行规定》，个人、法人和其他组织使用的计算机或者计算机信息网络，需要进行国际联网的，必须先通过接入网络与互联网络联通，才能实现国际联网。因此，互联网出版单位要根据这个文件的要求，征得接入单位的同意，并办理国际联网登记手续。

我国的互联网出版单位大致上可以分成两大类。

一类是经批准扩大出版业务范围，获得互联网出版业务许可的原有出版单位。已经合法设立的图书出版社、期刊社、音像出版社和电子出版物出版社，在经营原有出版业务的同时，依法办理相应审批手续后在原有的业务范围中增加互联网出版业务，就可成为互联网出版单位。

另一类是经批准新增互联网出版业务的新闻、信息服务等单位。有些原来并不经营出版业务的单位，如新闻机构、互联网服务企业、电信企业和信息技术企业等，依法办理相应审批手续后获得从事互联网出版活动的许可，从而成为互联网出版单位。

互联网出版单位在将各种作品用于互联网出版时，都应该遵循《中华人民共和国著作权法》《中华人民共和国著作权法实施条例》《信息网络传播权保护条例》《互联网著作权行政保护办法》等法律法规的规定，充分尊重、保护著作权人的权益。

三、对互联网出版活动的管理

《互联网出版管理暂行规定》2001 年 12 月 24 日经新闻出版总署第 20 次署务会和 2002 年 6 月 27 日（原）信息产业部第 10 次部务会审议通过，自 2002 年 8 月 1 日起施行。

《互联网出版管理暂行规定》规定互联网出版机构是指经新闻出版发行行政管理部门和电信管理机构批准，从事互联网出版业务的互联网信息服务提供者。

根据该规定，互联网出版物不得登载《出版管理条例》第二十六条、二十七条规定禁止出版的内容。互联网出版单位如发现所登载或发送的作品含有这些内容，应当立即停止登载或发送，保存有关记录，并向所在地省级新闻出版局报告，同时抄报新闻出版总署。违反该项规定者，由省级新闻出版局或者新闻出版总署没收违法所得，并处罚款；情节严重的，责令限期停业整顿或者撤销批准。

凡是涉及国家安全、社会安定等方面的互联网出版物重大选题，应当依照重大选题备案的规定，报新闻出版总署备案，并向所在地省级电信管理机构通报。对于违反该项规定者，由省级新闻出版局或者新闻出版总署责令停止登载或者发送未经备案的重大选题作品，予以警告，并处罚款；情节严重的，责令限期停业整顿或者撤销批准。

互联网出版单位应当在其网站主页上标明新闻出版总署的批准文号，并在批准的出版范围内从事互联网出版活动。对于违反该规定者，由省级新闻出版局或者新闻出版总署予以警告，并处罚款。

互联网出版单位应当记录备份所登载或者发送的作品内容及其时间、互联网地址或者域名，记录备份要保存60日，并在国家有关部门依法查询时，予以提供。违反该项规定，由省级电信管理机构责令改正；情节严重的，责令限期停业整顿或者暂时关闭网站。

从事互联网出版活动，应当遵守国家有关著作权的法律法规，应当标明与所登载或者发送的作品相关的著作权记录。

四、互联网出版需要具备的条件

（一）法律条件

互联网出版单位要从事互联网出版业务，必须先经批准，取得网络出版资格。未经批准，任何单位或个人不得开展互联网出版活动。从事互联网出版业务，除符合《互联网信息服务管理办法》规定的条件以外，还应当具备以下条件：

- 有确定的出版范围；
- 有符合法律、法规规定的章程；

- 有必要的编辑出版机构和专业人员；
- 有适应出版业务需要的资金、设备和场所。

（二）资源条件

1. 网络技术条件

互联网出版是以网络为出版媒介的出版形态，互联网出版单位要从事网络出版活动必须有完备的网络条件，经过合法的程序规划、设计和建立自己的网络服务平台，并有能力进行相关的网络维护和开发。

2. 稿源条件

互联网出版单位要进行出版活动就必须要有充足的稿件来源，即依法获得足够作品的网络信息传播权，没有稿源的出版活动等于是无米之炊。互联网出版单位要根据自己的出版方向和特点，挖掘相应的高质量的出版稿源，培育自己的出版作者，从而建立自己的网络出版数据库，实现出版单位的可持续发展。

3. 人力资源条件

互联网出版是基于计算机网络的技术性很强的出版活动，互联网出版单位需要有一批高水平的计算机和网络技术人员作为技术支持。另外互联网出版是我国出版业的一个重要组成部分，为了保证出版物的质量，互联网出版单位必须有一定数量的出版专业技术人员和信息技术人员，进行高质量的产品编辑加工，对互联网出版进行把关，实现互联网出版健康有序的发展。

五、互联网出版流程

互联网出版的制作流程同一般的出版流程一样，包括编辑加工阶段、产品制作阶段和产品流通阶段三个阶段，但在具体的环节上互联网出版又具有自己的特点。

（一）编辑加工阶段

互联网出版的编辑加工阶段和电子出版物的编辑加工阶段极其相似，依据互联网出版的特点，在互联网出版的编辑阶段主要应注意以下几点：

1. **互联网无容量限制**

互联网不像电子出版物有载体的容量的限制，其容量无限制，这一特点要求编辑策划人员，在选题的策划和编辑阶段，可以有更广阔的思维空间和体裁选择的余地，不必特意去考虑题材的容量问题。

2. **互联网具有开放性**

互联网开放性的特点，容易受到软件黑客的攻击，这要求编辑人员在进行互联网编辑时要充分考虑互联网出版物的加密问题，即著作权的保护问题，要与网络技术人员紧密合作提前做好这方面的工作。

3. **互联网互动性强**

互联网具有互动性强的特点，编辑人员应充分利用这一特点，设计互联网沟通的板块，并对互动的内容进行把关和引导，实现互联网出版的良性循环。

（二）产品制作阶段

互联网出版的产品制作阶段比较简单，只要将经过编辑流程的合格的稿件上传到出版单位的网络服务器中，就可以进行互联网出版物的流通工作了。

（三）产品流通阶段

互联网出版物的流通阶段，即读者通过购买等协议对出版物进行购买，出版单位将上传到网站上的出版物通过各种方式传送给读者，从而进行阅读的过程。按照传送的方式，产品流通过程可分为电子邮件发送、远程文件下载和交互订购三种。

六、互联网出版两个效益的实现

出版物是精神产品和物质产品两种属性的统一体，但由于出版物的价值实现形式更重要地表现在它对人们的思想道德素质、科学文化素质和健康素质的影响上，因此出版物的精神产品属性是其本质属性。也正是这种特殊的属性特点决定了出版活动社会效益的重要性，在出版活动中应该坚持“将社会效益放在首位，实现社会效益和经济效益相结合”的原则。《出版管理条例》中规定“从事出版活动，应当将社会效益放在首位，实现社会效益与经济效益相结合”。互联网出版物同样具有精神产品和物质产品的双重属性，同样要遵循“在坚持社会效益的前提下，实现社会效益和经济效益相结合”的原则。互联网出版活动要实现“双效益”可从以下几个方面做起：

1. 以社会效益为前提，把社会效益放在第一位

出版活动的社会效益是指有益于社会主义物质文明、精神文明和社会进步的出版效果。出版是重要的舆论宣传工具，出版有舆论引导、思想教育和促进社会整合的重要的政治作用。出版承担着宣传科学理论、传播先进文化、塑造美好心灵、满足人民群众精神文化需求的光荣而艰巨的任务，必须始终坚持党对新闻出版工作的领导，保持正确的政治方向，坚持社会效益第一的原则。

互联网出版作为一种以互联网为媒介的新的出版形态，与传统的出版形态相比，具有出版内容复杂，传播速度快、范围广，影响力大的特点，出版工作者应该不断提高网络素养和思想政治修养，时刻坚持社会效益第一的原则，结合互联网出版的特点，多出互联网出版的精品，实现以“以科学的理论武装人，以正确的舆论引导人，以高尚的精神塑造人，以优秀的作品鼓舞人”的目标。

2. **多出精品，提高经济效益**

随着出版体制的改革，多数出版单位成为自主经营、自负盈亏的经营实体，经济效益的重要性更加突显。出版物具有使用价值和价值，并通过市场交换来实现其价值，具有商品的属性和特点。出版单位要实现良好的经济效益，就必须在坚持社会效益原则的前提下，从选题策划、编辑加工到出版发行各个方面严格把关，寻求创新，多出畅销和长销产品，满足广大读者的需求。只有这样才能保证出版单位经济效益的最大化，实现可持续发展。互联网出版单位作为经济实体同样要自负盈亏，需要把好质量关，在坚持社会效益原则的前提下，实现经济效益的最大化。

3. **正确处理好两个效益的关系**

社会效益是前提和基础，只有端正“为人民服务、为社会主义服务”的出版方向，坚持“百花齐放、百家争鸣，古为今用、洋为中用”的方针，从事合法的出版活动，维护市场竞争秩序，多出精品、畅销和长销产品，满足消费者的要求，获得消费者的认同，才能取得良好的经济效益。在两个效益可以兼顾的情况下，首先考虑社会效益；在两个效益发生矛盾、难以兼顾的情况下，更要首先考虑社会效益。互联网出版单位有了一定的经济效益，就可以把更多的精力和资金投入到一些发行量小，但社会效益明显的出版物的出版上，如学术著作等，从而实现良好的社会效益。

思考题

1. 音像制品出版、电子出版物出版和互联网出版三者之间的联系与区别？

2. 什么是音像制品？音像制品包括哪些种类？有哪些特点？
3. 音像制品编辑、制作的要领有哪些？
4. 简述电子出版与电子出版物的概念和区别。
5. 电子出版物的种类和特点有哪些？
6. 如何进行电子出版物的编辑、制作、复制和发行工作？
7. 什么是互联网出版？互联网出版的形式和特点有哪些？
8. 如何在互联网出版中实现两个效益？

第九章　发行工作

第一节　发行工作概述

一、发行的概念

（一）发行的概念

“发行”一词最早见于《汉书·匈奴传》：“搜谐单于立八岁，元延元年，为朝二年发行，未入塞，病死。”这里的“发行”是启程的意思，后来指批发，现代意义的发行则专指出版物的流通与销售活动。

《汉语大词典》给“发行”下的定义是：“出版物经书店或邮局发售到读者手里的工作。”这个定义对发行的几个要素进行了联结：发行的对象是出版物，发行的渠道是书店和邮局，发行的目标人群是读者。新版的《出版物市场管理规定》没有给“发行”下定义，而是以外延方式来进行描述：“发行包括总发行、批发、零售以及出租、展销等活动。”这样的解释，概括了发行作为一种出版过程中的活动有哪些具体的表现形式。

综合上面的定义，我们可以将发行定义为：图书、报刊、音像制品等产品经过出版单位编辑、设计制作、印刷或复制完成后经总发行、批发和零售等环节，通过流通领域送到读者手中的一系列流通和储运活动的总称。在我国，图书发行包括通过新华书店系统发行和民营渠道发行以及出版单位自办发行三种流通活动。

（二）我国图书发行业的特点

图书发行业是文化产业的一个重要部门，又是分销领域的一个重要组成部分，因此兼有两者的特点。在我国，长期以来图书都被看成一种“特殊的商品”，因涉及意识形态的管理，发行系统实行严格的准入制。20 世纪 80 年代以后，随着计划经济的打破和市场经济的建立，图书发行的商品性越来越明显。书业供应链的发行渠道部分发生了重大变化，这主要表现在以下两个方面：

（1）面对日益多样化的市场需求，图书发行的中盘扩张迅速，并形成了代理和批发的等级体系。

（2）零售书店开始出现多样化，除新华书店外，民营书店、专业书店、其他国有书店、非书店零售店、网上书店以及其他无店铺的销售方式都得到了较大发展。

（三）图书发行的程序

图书发行包括总发行、批发、零售三个环节，每个环节的基本程序大致相同，一般都要经过以下一些步骤：

（1）信息交换。指图书销售方和购买方以各种方式交换可供购买的图书信息和图书的需求信息。

（2）确定购销关系。指销售方和购买方就图书的购销形式、折扣、付款期等做出约定。

（3）实物交割。指销售方按照事先约定将图书运送到购买方手中，购买方检验图书的品种和数量是否符合约定。

（4）货款结算。指购买方支付货款给销售方，表示此次商品交换活动的终结。

（5）收集反馈信息。指销售方搜集图书购买者的各种反馈信息，对图书市场进行调查分析，为下一步发行工作做好准备。

二、发行工作的重要性

发行工作作为图书出版过程中关键的一环，其重要性表现在以下几个方面：

（一）发行是出版工作的重要环节

图书发行在图书出版过程中履行着再生产过程中的交换职能，是生产与消费的桥梁和纽带。只有完成了图书的交换，图书产品才能成为“现实的产品”，实现其商品价值。因此发行是图书出版过程中不可缺少的重要环节。

（二）发行推动出版生产的发展

图书的发行保证了出版工作能够繁荣发展，如果没有发行流通，产品的价值就无法实现，出版活动也就无法正常进行。发行对出版业生产的重要作用主要表现在：

（1）节省产品的交换时间，大幅度减少交易次数。

（2）促进图书的销售数量，使图书的单位成本降低。

（3）能有效地开拓市场，使需求总量增加，促进图书生产规模的扩大。

（4）能促使图书迅速完成流通，有效减少出版单位的生产资金占用，提高出版生产的经营效益。

（三）发行沟通图书的生产和消费，对消费进行引导

发行不但促进生产环节的发展，而且可以服务读者，引导图书消费，是沟通生产和消费的桥梁和中介。其作用主要体现在对读者的引导方面：

（1）满足读者精神文化需求。

（2）促使读者积极阅读。

（3）促进出版物的销售，为读者提供增值服务。

三、出版物的市场需求与发行策略

所谓出版物市场需求，是指出版物市场的潜在读者在市场上获得自己所需要的出版产品并且具有现实货币支付能力的愿望与要求。这不仅是一种具有现实货币支付能力的商品需求，而且是一种潜在的需求，更是一种经常发展变化的需求。市场需求决定了出版社出版怎样的产品，也决定了发行出版物的途径和方式，即发行策略。

市场经济下的发行工作需要根据出版物市场需求来制订图书发行策略，应当根据图书市场调查结果来制订严密、切合实际、有科学依据的图书发行策略，这样来实现图书营销才是图书发行模式的发展方向。

四、出版物市场竞争

我们应当看到，有市场需求，也会有竞争的存在，竞争是市场经济的普遍规律。我国的出版业，同样存在着各种各样的竞争，进入 21 世纪，出版业加快了产业化发展的步伐。产业化要求出版单位尽快走向市场，加入 WTO 意味着市场开放与准入，其核心问题就是竞争。目前出版市场的竞争来自以下一些方面：

1. 现有出版单位之间的竞争

现有出版单位之间的竞争，主要表现在：

- 国有出版单位与多种经济成分企业之间的竞争。
- 同业务类型出版单位之间的竞争。
- 省与省之间出版单位的竞争。

2. 新进入者的威胁

新进入者的威胁主要来自两个方面：一是国内社会资本的进入；二是跨国出版资本的抢滩。

3. 替代品的威胁

对传统出版业形成替代威胁的主要是与高新技术、信息技术相关形成的多介质、多媒体出版物和网络服务。虽然这些出版物和服务受人们阅读习惯、资金实力、技术上的不确定性、支持系统不发达等诸多因素影响，暂时不会对传统出版业造成实质性冲击，但其潜在的市场前景是巨大的，吸引大量的社会资本迅速参与，使高新技术融入出版领域成了行业外资本参与出版的一大突破口。

4. 供应商的力量

由于出版业的供应商不是独立的物质生产部门，一般意义上是作为出版资源来看待的。从大的产业链看，出版业的供应商是指处于产业上游的为出版提供纸张、印刷器材等初级原材料的厂商。在我国，造纸、印刷机械等行业开放程度较高，国际、国内市场供应充分，一般情况下不会出现大量的短缺，因而对出版业讨价还价能力不高，形成的竞争压力不大。

5. 购买者的力量

出版业最终产品是各类型出版物，行业的最终购买者将是读者。读者对出版业竞争的压力主要体现在对出版物的选择上。读者的力量对出版业的竞争是决定性的。

目前，中国出版业现有竞争相对缓和，竞争尚不充分，较高的行业盈利水平正刺激行业外资本的流入。从趋势看，出版业面临着新进入者和替代品的巨大威胁，社会资本和国外资本进入将导致业内竞争激烈化，出版单位竞争对手转换，竞争核心将表现在与国外资本的对抗上。

第二节　图书市场调查

一、出版物市场的概念及其构成要素

（一）出版物市场的概念

出版物市场，指的是出版物商品交换所进行的各种经济活动并由此产生的各种经济关系总和的概括。出版物市场有卖方市场与买方市场之分，这是根据出版物商品供求矛盾性质的不同来划分的。卖方出版物市场是指在出版物供求矛盾运动中，卖方的发展满足不了需方要求时所带来的出版商品供不应求的市场状态。买方出版物市场是指在出版物供求矛盾运动中，卖方的发展超过了需方要求时所出现的商品供过于求的市场状态。

（二）出版物市场的构成要素

出版物市场的三大构成要素有经营者、出版物和消费需求。

1. **经营者**

一定规模出版物市场的形成，不仅要求拥有足够数量的经营者，而且还要求具有合理的经营者结构。生产商、批发商、零售商三者之间要保持相互适应的比例，并要根据生产力的发展与进步而不断地进行结构调整。

2. 出版物

构成出版物市场物质基础的出版物品种是否丰富，结构是否合理，面市时间与交换价格是否适合读者要求，对出版物市场是否繁荣都有着直接的影响。

3. 消费需求

消费需求包括读者、购买力和购买动机三个因素：

（1）读者。这是构成出版物市场消费需求的基本要素，读者扮演着倡议者、影响者、决策者、购买者和使用者等市场角色。

（2）购买力。购买力即读者购买出版物的货币支付能力。

（3）购买动机。只有具备了一定的购买动机，也就是说，读者不仅拥有货币支付能力，而且具有明确的购买目的，才能实现从需求到消费的转化，并形成现实的消费需求。

（三）出版物市场的作用

出版物市场的作用是巨大的，具体表现在：

- 出版物市场是联结图书出版活动与读者需求的纽带。
- 出版物市场是出版物商品再生产过程实现的重要条件。
- 出版物市场为出版发行企业生存创造竞争的环境。

二、出版物市场需求的特征和影响因素

（一）出版物市场需求的概念及其基本类型

1. 出版物市场需求的概念

出版物市场需求是指出版物市场的潜在读者想在市场上获得自己所需要的出版产品并且具有现实货币支付能力的愿望与要求。同时，出版物市场需求也可以解释为以满足读者的需要为主要目的的出版物消费需求。

2. **出版物市场需求的基本类型**

具体而言，出版物市场需求的基本类型大致可分为以下四种：

(1) 阅读需求

指以满足读者的阅读需要为主要目的的出版物需求。大致分为求知型、实用型、成就型、娱乐型四种。

(2) 自尊需求

指以满足读者的自尊需要为主要目的的出版物需求。

(3) 收藏需求

指以满足读者的收藏需要为主要目的的出版物消费。按收藏性质可分为专业性收藏、职业性收藏、崇拜性收藏。

(4) 交往需求

指以满足读者的人际交往需要为主要目的出版物消费。

(二) 影响出版物市场需求的主要特征

影响出版物市场需求的主要特征有以下六种：

1. **出版物市场需求的多样性**

指由于读者的经济来源、收入水平、文化程度、职业、性别、年龄、经历、个性、家庭情况和生活习惯等各方面情况的不同，而对出版物商品所具有的各种类型的需求。

2. **出版物市场需求的层次性**

由于读者文化知识水平不同，形成他们价值观的差异及精神追求目标的不同，这种差异表现在图书市场需求上，呈现出明显的层次性特征。

3. **出版物市场需求的可诱导性**

指出版物市场需求呈现出的可以进行引导和调节的特征，而且通过市场活动或改变影响读者需求的某些社会因素可以使需求发生变化和转移。可诱导性受两个因素影响：一是诱导购买图书的吸引力的大小；二是读者购书愿望的强弱程度。

4. **出版物市场需求的专指性**

指图书市场需求中读者对含有自己所需特定知识内容的图书商品具有专门的需求，无法用含有其他知识内容的图书来替代的属性。这主要是由知识产品生产的非重复性特点所决定的。

5. **出版物市场需求的伸缩性**

指出版物的市场需求不固定，呈现不确定性，变动性大的特征。人们对出版物的需求实质上是对出版物中知识与信息的需求，是一种精神需求，它既不像生理需求那样具有必然性，也不像生理需求那样有一个相对固定的满足量。所以从总体上说出版物市场，有着较大的需求弹性。所谓出版物市场需求弹性，是指人们对出版物的需求会因某些因素的影响而发生一定限度的量的变化。

6. **出版物市场需求的时效性**

指出版物市场因出版物中所含知识的时效性从而对市场需求产生影响的特性。读者对出版物的需求，本质上是对出版物中所含知识信息的需求。知识信息是否新鲜或陈旧过时，决定了出版物市场需求随其时效性而变化。

（三）影响出版物图书市场需求的因素

影响出版物图书市场需求的因素有很多，我们根据重要程度不同分为基本因素和重要因素进行介绍。

1. **影响出版物图书市场需求的基本因素**

（1）文化教育状况

文化教育状况对图书市场需求具有重要的影响，这是因为：

- 一个国家或一个地区文化教育的发展状况，关系到读者文化素质的高低和文化需求。
- 文化教育的发展，能促进全社会良好读书风气的形成。

● 文化教育的发展，还能直接刺激教材、课本及教学辅导读物等类型出版物的消费。

（2）经济发展水平

就消费个体而言，个人购买力状况与国家的经济发展水平是息息相关的。居民人均收入的增加依赖于社会经济的发展，也只有居民收入达到一定标准之后，满足其精神需要的出版物消费投入才能有效增长。

就出版物市场的整体消费而言，经济发展水平不仅仅对出版物消费的整体水平有影响，而且对消费结构甚至是消费方式都产生了十分重要影响。

2. **影响出版物图书市场需求的重要因素**

（1）人口状况

这是由于：人口数量决定出版物市场的总体消费量；人口结构决定消费结构；人口素质决定消费层次。

（2）书业状况

这是因为：书业状况决定读者消费需求的满足程度；书业界向读者所提供的服务状况也直接影响出版物消费需求的实现。

最后，我们也不能忽视，影响出版物图书市场需求还包括文化传统、社会形势、语言特点等其他因素。

三、出版物市场调查的方法

（一）出版物市场调查的重要性

市场调查，是出版工作的起点，也是每一家出版社进行选题策划和出版决策的基础，是出版社策划编辑必须掌握的技巧和最日常的事务之一。图书市场调查不同于一般物质产品的市场调查，图书市场调查是整个出版工作的基础。选题策划制定的可行性与可靠性，完全依赖于这种调查。首先，调查使出版社能根据自身的实际，明确选题思路。其次，调查研究可以为选题决策提供科学依据。再次，通过图书市场调查，可以把握市场需求的整体趋势。最后，有利于提高出版社经营活动的成功率。

（二）图书市场调查的内容和课题

图书市场调查，并非单纯的读者调查，除了要调查读者外，还应该调查出版社自身、批发业与零售点、读者与作者、印刷业与造纸业等等状况。图书市场调查概括起来，可以分为出版社自身调查、出版社组织环境调查两大方面。而就图书市场调查的课题，大致可以分为两类：

第一类可以称为描述性课题。这类课题通常是通过对某一部书的平面细节、数据、分布等因素的描述，把握有关的材料，以便对这种书的市场需求做出客观正确的评价。例如，某出版社想出版一种线装的《西游记》，于是便设定了“不同装帧形式的《西游记》在市场上的分布情况”这一课题，通过调查取得统计数据，以便了解在不同地区的不同类型的读者中对这本书的购买情况。

第二类是解释性课题。这类课题的确定目的是通过对图书市场既成事实的产生原因和发展状况及其发展规律的阐述，了解某些现象的因果关系并采取适当的对策。例如，根据上面一个课题的调查，已经知道在精装《西游记》销量上升的同时，平装《西游记》销量开始下降。现在假设，后者量的下降是由于前者量的上升而引起的。因此这二者之间具有因果关系。要对这个课题进行调查，就可以从纵横两方面开展。先从纵的方面，了解三年来这两种不同装帧形式《西游记》的销售总量及其比例关系，看是否是销售总量不变，精装《西游记》上升比例增大，平装《西游记》比例减小；再从横的方面，了解在购买《西游记》的人数中，是否是平装《西游记》购买者并未减少，而新增加了精装《西游记》购买者；尚未购买但准备购买《西游记》者，是打算购买精装还是平装，为什么增加，为什么减少，为什么愿意购买精装或者平装等等。经过这样的调查，可以得出一个比较客观的结论。

（三）图书市场调查的阶段

图书市场调查作为一种出版活动的先导，必须按照一定的基本步骤构成，遵循一定的程序来展开。其目的是保证图书出版市场调查的科学性和可靠性。从大的方面来看，大致可以分为下面几个阶段：

1. **准备阶段**

在这个阶段，首先应明确调查目的，即为什么进行调查。在调查中常见的主要目的有两类：一类是偏重于宏观的调查，即对整个图书市场进行的调查，目的在于掌握市场动向和发展趋势；另外一类是偏重于微观的调查，即就某一种图书或者某一类图书的市场需求及各种相关因素进行调查，力求做到详细具体，越详细越具体，调查结果的价值也就越大。

其次，要明确调查对象，根据不同的调查目的，确定不同的调查对象。比如作者调查的对象应是作者群，而读者调查的对象主要是新华书店和分销渠道、代理商，出版社本身调查主要是与这个出版企业有关的各类人员和历史上图书销售档案。

再次，确定调查的选题。出版市场调查的内容可以是多方面的，但对于一个具体的调查来说，它的课题可以是单一的，也可以是复合的。每次调查课题的确定，都应该回答这样一些问题：这次调查想达到什么目的，这次调查需要解决哪些方面的问题，这次调查有什么意义。这些问题的解答，有助于在出版活动中正确地进行决策、控制与反馈。

2. **方案设计阶段**

在调查课题确定之后，接下来就是制订总体调查方案。一般应该包括四个要素：调查对象、选择范围、测量方式和问卷设计。

3. **组织实施阶段**

在组织实施的阶段中，应该注意技术手段的恰当合理运用。技术手段的使用合理与否，直接影响资料的数量与质量。

4. **材料整理阶段**

整理步骤包括三个环节：

• 汇总信息。把所有信息按与本社或某一部书有关的和无关的分为两个大类，注意不能遗漏和丢失信息资料。

• 整理信息。通过去粗取精，去伪存真，由此及彼，由表及里的分析，对已经得到的资料进行鉴别、整理、分类、综合，并编制出目录检索。

• 贮存信息。对已经整理出来的信息分别登录、归档或者输入计算机。

5. **总结阶段**

这一阶段主要是调查报告的撰写。一份调查报告应该包括这些内容：调查目的是什么？谁要求进行这次调查？这次调查的主持人是谁？调查持续多长时间？调查中提出了哪些问题？备选答案是什么？回答结果如何？调查总体如何？调查所采用的方式是什么？样本总数是多少？如果是随机抽样，全部样本及抽样误差是多少？访问问卷的回收率是多少？对于各个问题的回答比率？在现有统计资料中，是否存在可以用来同样特征比较的数据？对同一问题采用的不同调查方式结果如何？为了准确生动地报告调查的结果，文中应该尽量采用图表和曲线。还可以将有的特别突出的典型事件与答案作为调查报告的附件上报。注意不要把全部样本的抽样误差当作部分样本的抽样误差，或把抽样误差造成的差别当成有意义的实际差别来报告。

第三节　发行的组织与管理

一、出版物发行制度

为规范出版物发行活动及其监督管理，建立全国统一、开放、竞争、有序的出版物市场体系，发展社会主义出版产业，根据《出版管理条例》和有关法律、行政法规，2003 年 7 月 16 日新闻出版总署第 2 次署务会议审议通过了《出版物市场管理规定》，并自 2003 年 9 月 1 日起施行，成为我国出版发行行业必须遵守的规范。

《出版物市场管理规定》共有五十四条。第一章是总则，不但说明了制定该规定的目的在于规范出版物发行活动及其监督管理，建立全国统一、开放、竞争、有序的出版物市场体系，发展社会主义出版产业，而且指出在我国实行出版物发行许可制度，未经许可，任何单位和个人不得从事出版发行业务。第二章对各类出版发行单位设立的相关条件做出了明确的规定。

二、图书的发行过程

图书从出版单位到达消费者手中的过程通常由总发行、批发和零售三大环节构成。

（一）图书的总发行

图书的总发行是图书发行过程的初始环节，是指由一个拥有总发行权的单位统一负责将出版单位出版的图书送入商业销售网络，即出版物总发行单位统一包销出版物。总发行单位可能就是出版单位，也可能是拥有总发行权的发行单位。此外还应注意，一种图书只能有一个总发行单位。

图书总发行具有以下一些特点：

（1）排他性。一种出版物只能由一个出版单位单独拥有总发行权，所以当出版单位将某种出版物的总发行委托给具有总发行资格的其他发行单位时，该出版单位也就不再具有该出版物的总发行权。

（2）总发行的销售对象主要是批发单位。一些大型出版物零售单位需求量大，一般也从总发行单位直接进货。

（3）总发行的销售形式主要是批发，但也有极少部分直接面向读者零售。

（二）图书的批发

批发是指按低于零售的价格成批量出售商品的活动。顾名思义，图书批发则是指图书所有者向出版物经营者批量销售出版物，即在图书流通领域按低于零售价格大批量出售图书。

图书批发处于图书作为商品流通的中间位置，所以对出版企业来说，图书批发是一个很重要的环节。其作用主要表现在：

（1）图书零售市场的效益依赖于批发市场的发展，零售市场的繁荣必须依赖批发环节的健全和高效。

（2）对出版单位而言，图书出版发行要靠强大的批发环节支撑才能完成，一本图书必须依靠规模化的批发市场作为后盾才有能力和可能完成销售的整个过程。而图书的批发机构也正是专门从事大批量图书转售而进行购进、储存、发货等一系列业务活动的经营机构，并且把图书作为它所经营的商品。出版单位的图书发行机构能进行信息沟通、大规模销售、存货运输、融通资金并承担风险。

（3）对零售商而言，图书发行机构能起到提供商品、预测需要、信用服务等作用。

《出版管理条例》把我国图书批发机构分为一级批发和二级

批发两种类型。一级批发指通过批准办理图书总发行、总经销业务的批发机构。二级批发是指从一级批发批进图书进行转批，主要包括全国各级基层新华书店、经批准的国有发行单位和集体发行机构。

图书批发的主要特点有：不与读者直接交易，销售对象只有各种出版物经营者；销售方式具有批量性，即出版物须成批量地销出；销售方必须给购货方留有一定的利润空间，即发行折扣额。

图书批发的具体形式包括目录征订交易、参加订货会现场交易、批发市场上进行现货交易，以及随着网络传播时代来临而发展起来的网上电子商务交易等。

在图书批发的具体工作中，应注意几点：首先，需要采用不同的批销形式来适应实际情况，批发形式一般分为批销和代销。其次，需要根据实际情况确定批发折扣，做到灵活变通，适应市场变化。最后，还应注意保持合理的库存，随时注意控制库存数量、有效控制库存等。

（三）图书的零售

图书的零售指直接与读者进行的图书零散销售活动，即图书经营者直接向读者销售出版物，这也是图书流通并实现图书价值的最后一个环节。图书的零售机构能够起到分销、增大销售覆盖面、信息沟通、直接为读者服务并能及时获得读者反馈等作用。

1. **图书零售的特点**

- 销售对象仅仅是读者。
- 销售量不确定。
- 一般按出版物定价销售，特殊情况可让利降价。

2. **图书零售机构的分类**

图书零售机构可以根据不同的情况进行分类。

- 按经济成分分为：国有店、民营股份合作店、个体店、中外合资店、中外合作店等。

• 按经营品种分为：综合店、专业店、代理专卖店等。

• 按经营组织形式分为：独立店、连锁店等。

• 按经营规模分为：超大型店、大型店、中型店、小型店等。

• 按有无固定销售场地分为：无店铺销售机构、有店铺店、售书亭、流动书摊等。

• 按经营方式分为：以门市销售为主的店、以预定销售为主的店、以邮购为主的店、网上销售为主的店等。

• 按出版商品的价格竞争策略分为：精品店、特价店、仓储式店等。

随着图书市场的不断丰富和扩大，图书的零售机构也越来越多样化、新颖化，并开始与网络等其他媒体进行联合营销，以适应市场不断变化的需要。平价店、书城、仓储店、小书摊都作为零售机构的一种拥有各自的特点。近年来，随着互联网络的兴起和社会的不断发展，网上购书、连锁店经营、书友会等形式的零售机构相继发展起来，为图书零售市场注入了新的活力。

三、图书进出口贸易

图书进出口贸易，是指不同国家和地区之间的图书交易活动。其交易活动综合运用总发行、批发和零售的方式进行，在具体交易中多采用仓储、经销、寄销、代理、以货易货、展销等方式。

（一）图书进口贸易

图书进口贸易由经国务院行政部门审查批准的具备图书进口资格的国有独资企业办理，实施途径包括向国外出版商直接购进和向国外批发商、代理商购进两种。进口的形式主要有目录征订、批量进货、零星代办进货、长期订单进货、主动进货、展销进货和代销进货等。

图书进口贸易的主要发行程序包括征订、汇总订货、货到发货、结算书款四个步骤。

● 征订：根据国外出版物目录提供的信息，结合国内各方面的需要，整理编印适合我国国情的征订目录，向国内的团体或个体客户进行征订。

● 汇总订货：统一汇总订单，按各种出版物的总订数分别向国外有关出版物经营者订货。

● 货到发货：根据客户原始订单，将一个客户的出版物集中打包发出。

● 结算书款：按照开给客户的票据，与每个客户结清货款。

（二）图书出口贸易的具体形式

图书出口贸易的具体形式主要有书商批销、个人代销、转手销售、团体订购和邮购服务、出国展销等。

● 书商批销：指图书由出版物出口企业批发销售给国外批发商、零售商。这是目前我国图书出口贸易主要采取的形式。

● 个人代销：指通过国外个人代销的方式，对读者征集订户、销售图书。

● 转手销售：指图书出售方将图书以较低的折扣委托购买方代销，图书的货权、运费、关税、手续费、保险费等由出售方承担，货款在买方将图书转手售出后支付。

● 团体订购和邮购服务：由国外团体或个人根据我方出口部门寄送的图书目录预定，通过寄送的方式销售。

● 出国展销：在国外举办兼有图书批发和零售业务的展览会，同时也为将要出版的图书开展预订工作。

四、出版物发行的商流、物流、信息流和资金流

在现代商品经济的条件下，出版物的发行过程表现为商流、物流、信息流和资金流的统一。这四种流通形式既各不相同，又

相辅相成，共同促进了出版物发行的完成。

（一）出版物的商流

出版物的商流指供销双方在相互了解、需求和供应相互适应的基础上达成商品交易，实现出版物商品价值的转移。

（二）出版物的物流

出版物的物流指根据出版物商品交易的需要，使出版物实体按照商流要求进行空间的物理移动，其主要环节有仓储、发货、运输等。

（三）出版物的信息流

出版物的信息流指在出版物市场上，通过运用各种信息传播手段和方式，使供需双方传递出版物商品信息，了解彼此需求，并由此形成潜在市场。

（四）出版物的资金流

出版物的资金流指货币资金由于出版物商品所有权的改变转移，需要发生货款收付行为，货币资金在出版物生产者、流通组织及读者之间的流动从而形成资金流。

第四节　图书的营销与促销

一、发行与营销——出版业最重要的观念转变

（一）营销学中的“6P”和“4S”理论

要了解图书的营销与促销，我们首先要了解营销学中的一些

重要概念。在营销学中有一个很重要的概念，那就是“6P”理论，这是由营销大师菲利普·科特勒提出的“大市场营销”战略。“6P”即：

• 产品（Product），企业提供给其目标市场的货物或劳务的组合。

• 价格（Price），顾客购买产品时的价格。

• 渠道（Place），企业使其产品达到和进入目标市场所进行的种种活动，其中包含各种分销渠道、区域、场所等等。

• 促销（Promotion），企业宣传介绍其产品的优点和说服其目标顾客购买其产品所进行的种种活动。

• 政治力量（Political Power），企业必须借助具有影响力的政府部门和立法机构的支持。

• 公共关系（Public Relations），企业要利用各种传播媒介及其他方法，在公众中树立良好的企业及产品形象，以打开封闭的市场、树立良好的整体形象。

此外，营销学中还有一个重要的理论，即“4S”理论。“4S”分别指：满意（Satisfaction）、服务（Service）、速度（Speed）、诚意（Sincerity）。“4S”的行销战略强调从读者需求出发，打破企业传统的市场占有率推销模式，建立起一种全新的“读者占有”的行销导向。要求企业对产品、服务、品牌不断进行定期定量，以及综合性读者满意指数和读者满意级数的测评与改进，以服务品质最优化，使读者满意度最大，从而提高自身“知名度”和读者“忠诚度”，同时强化企业的抵御市场风险、经营管理创新和持续稳定增效的“三大能力”。要求企业行销人员实行“温馨人情”的用户管理策略，用体贴入微的服务来感动用户，向用户提供“售前服务”敬献诚心，向用户提供“现场服务”表示爱心，向用户提供“事后服务”以送谢心。

（二）发行的营销学思考

我们可以将图书的发行与营销这样区别：传统的发行是把出版单位已经生产出来的产品卖出去，其主要特征是“卖产品”；而图书的市场营销是按读者的阅读需求生产图书产品，并出售其产品附加值，如服务品牌等。图书的市场营销作为出版业的一个完整的子系统，需要进行图书市场调研、选择目标市场、选题开发、图书定价、渠道选择、图书促销．以及售后服务等一系列的营销活动。

随着我国出版业的迅速发展，现代出版业的竞争早已不是简单的市场份额的竞争，而是全新的出版理念、独特的营销策略、广泛的市场营销网络连同深厚的文化前景的全面抗衡，同时更是出版人才的竞争。由于出版业长期以来处于计划经济体制之下，特别是意识形态的原因，出版物的商品属性没有充分得到重视，更没有充分地开发。有限的一些促销活动也大多局限于定价的降低和广告的投放。而且，大多出版发行单位依旧按照计划经济下的图书出版、发行模式惯性运作。随着出版改革的深入和市场竞争的加剧，出版业从发行观念转变为营销观念，从发行走向营销是历史的必然趋势。

（三）终端是图书营销的核心

在图书的生产、流通、消费环节中，只在流通环节上宣传是不够的，因为广大的读者才是真正的图书读者，只有读者购买书，销售企业提供了完善的售后服务，这才能算一个出版周期的完成。对出版社而言，只有在读者、书店中享有知名度和美誉度，才能使自己的图书有更广大的市场；相反，如果读者不购买，可能造成退货率上升，库存积压，信息流、物流、资金流迟缓，甚至导致图书发行萎缩，出版社和书店经营困难。从书店的角度来看，由于IT技术的飞速发展，使得科技图书的生命周期大大缩短，图书下架快、更新频繁，如果不让读者及时了解有关图书信息，使更多的读者最大限度地购书，图书退货会不断增加。所以，无论是出版社还是销售商，都要充分认识图书所具备的商品属性，充分挖掘其商品属性与市场之间的关系，从营销做起，重视终端的宣传与销售，引导读者，将读者的需求潜力挖掘出来。

二、出版物市场的细分

（一）目标市场的细分

市场细分，又叫市场分割，指商品经营者通过市场调研，根据消费需求的“异质性”，选用特定的分类标准，把某种商品的整体市场划分为若干个由需求相似的读者群所组成的子市场。进而结合自身条件确定目标市场和进行市场定位，即用“个性化的商品”去满足“个性化的市场需求”。

图书目标市场选择是指图书销售企业在对图书市场进行细分的基础上，选择出版单位要进入的一个或几个图书细分市场，然后针对细分市场选样，制订相应的图书目标市场营销方案，以便有针对性地挖掘市场潜力，更有效地满足读者的需求。

（二）目标市场细分的方法

1. 单维因素法

仅仅以某一个因素作为市场细分的标准，来决定出版物的投产。例如将读者对象的收入状况作为某一出版物的定价基础，从这个因素来计算出版物的成本，以确定出版工作的进行。

2. 二维因素法

由于读者对出版物的购买行为常常不是由一个单纯的因素来

决定的，在市场调查的时候，如果主要有两个因素起作用，就可以从这两个因素出发来细分。例如，读者对某一图书的购买行为，不仅仅受读者的收入状况影响，同时也与读者的文化层次有密切的关系。

3. **三维因素法**

如果影响读者购买行为的因素主要有三个，则在市场细分时，就需要从三个因素来考虑。

4. **多维因素法**

在实际市场中，读者对出版物的购买行为常常是受多方面因素影响的，所以就需要在调查时按照多因素来细分。先按照一定的标准，划分一定的购买群体，然后按照购买群体的不同，在群体内部进一步细分。

（三）图书市场细分是目标市场选择的前提

图书市场细分是图书营销企业进行图书目标市场选择的基础和前提，图书市场细分能够指出图书销售企业面临的市场细分机会，为图书目标市场选择提供可供选择的细分市场。图书市场细分是根据读者需求的差异性，如欲望、资源、阅读倾向、购买态度、购买习惯等的不同，对读者进行分类，从而形成很多不同的细分市场。图书市场细分的客观基础是读者需要和欲望的“异质性”，这些差异的存在，使图书市场细分成为可能。图书市场细分就是把一个异质图书市场划分为若干个相对来说是同质的图书细分市场。

三、出版物目标市场的定位策略

（一）出版物目标市场选择的依据

出版物销售企业对出版物细分市场进行选择之前，要对各出版物细分市场进行评估，然后综合考虑细分市场的市场潜力、竞争状况、本企业资源条件等多种因素，选择把哪一个或哪几个细分市场作为目标市场。出版物销售企业可以从以下几个方面考虑，对图书细分市场进行评估：

1. **出版物细分市场的潜量**

指潜在的图书细分市场是否具有适度规模和发展潜力。企业进入某类市场是期望能够有利可图，如果市场规模狭小或者趋于萎缩状态，企业进入后将难以发展。

2. **细分市场的竞争状况**

有些图书细分市场具备了企业所期望的规模和发展前景，但可能缺乏赢利潜力。根据迈克尔·波特的理论，有五种竞争力量决定整个市场或其中任何一个细分市场的长期内在利润吸引力。包括细分市场内激烈的竞争、潜在的竞争者、替代产品、购买者讨价还价能力、供应商讨价还价能力。这些市场结构能力都会影响细分市场的吸引力。企业可以根据波特的理论，结合自身情况来分析自己在细分市场是否具有竞争优势。

3. **企业资源与市场特征的吻合度**

即使某个细分市场具有适合的规模和增长速度，也具备结构性吸引力，企业仍需将自身的目标和资源与其所瞄准细分市场的情况结合在一起考虑。如果细分市场不符合企业的长远目标，甚至分散企业的精力，使之无法完成其主要目标，这样的市场应考虑放弃。另外，还应考虑企业的资源条件是否适合在某一细分市场经营。只有选择那些企业有条件进入，能充分发挥其资源优势的市场作为目标市场，企业才会立于不败之地。

4. **细分市场的投资回报水平**

企业选择某一细分市场时还要考虑市场的赢利能力、规模经济、投资回报率、经营风险等因素。要确保细分市场足够大且能获得合理回报。

（二）图书目标市场选择策略

目标市场覆盖策略的选择，即选择目标市场要进入的细分市场数量。根据上面我们对图书市场的细分，可以知道细分出来的市场有很多，图书销售企业应该选择哪一个或几个图书细分市场，这就是图书目标市场覆盖策略的选择。

1. 图书目标市场覆盖策略

（1）抢占密集单一的图书市场

指用某一类图书主要占领一种特定的图书细分市场。进入这一特定细分市场的图书销售公司一旦处于领导地位或对市场拥有绝对的发言权，那么它将获得很高的投资收益。

（2）图书专业化

指用一类图书占领不同的细分市场，利用比较优势服务于不同的读者群。通过这种策略，图书销售企业可以在特定的图书领域树立良好的信誉，并选择集中满足某一特定读者群体的各种需求。

（3）市场专业化

指专门为满足某个读者群体的各种需求而服务。例如图书销售企业可为大中专学生提供一系列图书，如教材、辅导材料、文学、英语考级、生活休闲、励志图书等，企业通过专门为这个读者群体供书而获得良好的声誉，并成为这个固定群体所需各种新图书的销售代理商。

（4）选择专业化

有选择地进入几个图书细分市场。这种多细分市场覆盖策略能分散图书销售企业的风险。即便一个细分市场丧失了吸引力，企业还可在其他细分市场上继续赢利。

（5）图书市场的全面覆盖

这是一种全面进入的策略。图书销售企业经营门类齐全的图书品种，试图为所有读者提供他们所需的服务，通过图书市场的全面进入，增强企业的综合赢利能力。

2. **图书市场全面覆盖策略的选择**

通过对图书目标市场覆盖策略的分析，我们可以看到这五种策略各有其优劣。企业应考虑自己的企业目标、竞争实力等多种因素来决定选择哪一种市场覆盖策略。作为大中城市的图书销售企业应该先采取区域性图书市场全面市场覆盖策略，即在对图书市场细分的前提下，先对本地区的每个细分市场尽可能地覆盖，在将来实现对整个图书细分市场的全面覆盖。而对一些县、乡图书销售企业或图书销售企业的下设专营网点，则可以根据不同的目标考虑采用其他四种目标市场覆盖策略之一。例如，图书销售企业的专营网点，则可以采用图书专业化或选择专业化市场覆盖策略。

从总体上来说，图书销售企业应该采用全面的市场覆盖策略。具体而言，这是因为：

第一，目前图书销售企业正积极进行股份制改造，实施连锁经营战略，努力增强自己的竞争实力，提高市场的集中度，希望最终形成全国性的大中盘，在图书市场的竞争中掌握主动。而大型企业为了取得市场领先者的地位，往往采取全面目标市场覆盖策略。全面目标市场覆盖策略的实施可以配合连锁经营的要求，为图书销售企业发展目标的实现奠定基础。

第二，全面市场覆盖策略是图书销售企业树立品牌形象的要求。图书销售企业一直以图书经营品种齐全而著称，这已成为其品牌概念的重要组成部分。图书销售企业通过全面市场覆盖策略，更能满足各类读者群的深层次需求，从而强化企业的品牌形象。

第三，图书销售企业具有实施全面市场覆盖策略的优势。图书销售企业与图书的供应商——出版单位在长期合作中形成的相互信任、相互支持的关系，为图书销售企业的图书采购创造了很大的优势。而且出版单位的人员、资源、技术等各个方面的优势都为图书销售企业实施全面市场覆盖策略铺平了道路。

四、出版物的发行渠道策略和卖场管理

（一）图书的发行渠道

图书的发行渠道可以有批发、零售、网上销售、邮购、读者俱乐部等。

1. 图书的批发

这是图书最传统的发行渠道。可以采用批发的方式，也可采用代理的方式。批发商直接转移了图书的所有权；而代理商间接转移了图书的所有权，他们不接触图书实体，但介入图书发行渠道中，在出版单位和读者之间传递信息，帮助销售。对出版商而言，选择前者意味着风险的分散，但是对图书的宣传和销售过程不易把握；而选择后者，便于对图书发行的整个过程加以控制与管理，却又增加了图书滞销的风险。所以，出版商应该结合自己的实际，选择最适合的方式。

2. 零　售

传统的图书零售终端多为书店。书店也有许多工作需要进行科学管理，比如，图书的“理货”工作、上架与摆放方式、图书销售终端的宣传工作，等等。因为图书的销售与一个醒目的摆放位置、一种好的摆放方式是分不开的。

而零售渠道的扩展是非常多的。比如图书摆在超市，或图书进入杂志的发行渠道。针对不同的图书以及不同的读者，图书的零售网点还有很多种。比如，一些商业类的图书就可以在大的酒店零售，为商业旅行人士提供便利；而一些针对儿童的图书则可

以在少年宫零售等等。

3. **网上销售**

随着互联网的日益普及，网上销售成为图书的一个重要发行渠道。网上销售已经成为一种重要的出版物直销形式，网上销售的优势在于信息发布量大且传递速度快、价格优惠、便于读者检索和选购等。但网上售书也需要综合考虑多方因素，如信用问题、支付平台的限制、成本，以及投递的效率问题等。

4. **邮 购**

邮购为那些偏远地区和在当地买不到书的读者提供了便利，也扩大了图书发行的覆盖面。但是，需要考虑邮递的低效率、邮费偏高，以及邮递的安全可靠性问题。

5. **读者俱乐部**

通过书店的读者俱乐部或出版单位的读者俱乐部，直接向会员售书，更直接、更有针对性。随着中国加入世贸组织，图书的零售、批发业务逐步对外资开放，在国外具有一定成本优势的折扣书店、专业书店、连锁书店以及读者俱乐部等，必将进入中国图书市场，加剧图书市场的竞争，对中国传统的图书营销渠道造成重大冲击。

图书市场竞争日趋激烈，要求出版单位的经营更加深入、细致，以提高对图书市场资源的可控程度。而图书销售渠道作为出版社最重要的资源之一，其不稳定性对出版社的经营效益、竞争力和经营安全形成的局限和威胁却逐渐显现，对图书营销渠道的管理和整合成为出版社管理工作的重点。

（二）卖场管理

随着图书市场的深入发展，“营销为王，渠道为先”的观念已经深入人心。目前，销售渠道的重要性不言而喻，而身处渠道末端的零售市场，已成为兵家必争之地。围绕零售卖场展开的各种活动，逐渐形成一个新的营销领域，即卖场营销。以往，卖场活动与卖场经营只是销售业务的一个小部分，缺乏全盘的详细规划。如今，由于整个竞争环境与市场态势的改变，卖场营销日益受到出版社的重视。对出版社而言，卖场的管理可以从以下方面入手：

1. **让本社图书码放到合适的架子上**

对于书店来说，产品决定位置，只有好产品才应占据好位置。出版社市场人员要对销售终端提供支持和辅导，从图书陈列展示和陈列展示生动化两个方面着手：集中陈列，这样可增加系列图书的陈列效果，吸引读者的注意力，刺激他们的购买欲望，还要争取人潮较多和读者举手可得的陈列位置。市场人员要注意观察，对营业员提出陈列建议，并经常理货，保持图书清洁。

2. **与卖场营业员建立良好的个人关系**

营业员的关注程度或多或少地影响着本社图书的销售，所以，图书市场人员应当与营业员构建良好关系。

3. **做好销售现场的市场推广活动**

（1）POP 广告

POP 广告是“Point of Purchase Advertising”的缩写，也称为“购买点广告”，即在读者购买商品的地点使用的广告物。在图书卖场常见的 POP 广告有：店头 POP、天花板 POP、地面 POP、柜台 POP、壁面 POP、陈列架 POP，等等。

这种广告方式的好处有：吸引读者对本社图书的注意力；提高图书的理解度，告知图书的特点；创造气氛，制造吸引力；诱发读者购买欲望。

（2）促销活动

促销活动包括：实惠型促销，如捆绑销售、提供赠品等；咨询型促销，如签名售书和讲座；联谊型促销，主要是加深与读者的情感交流；服务型促销，如举办一些服务活动、旧书换新书等；激活型促销，如抽奖等。

4. **聘用销售代表，做好卖场管理工作**

通常情况下，出版社仅仅依靠本社市场人员很难做好上述工作，尤其是图书上架、陈列、与营业员沟通等环节。所以，在当地聘用销售代表显得日益重要。销售代表可以定期、长时间地服务于当地几个大型零售卖场，解决现场销售的各种问题，及时向出版社反馈信息。这种方式对一些市场类图书品种较多的出版社尤为重要，实践证明，一些出版社采用这种方式后，卖场零售额大幅增长。

五、出版物发行的价格策略

在市场经济条件下，图书的价格本质上是由市场决定的，图书的价格反过来也影响着图书的销售情况和图书所能创造的利润。因此，给图书合理定价是一项非常重要的图书营销工作。

（一）图书定价的影响因素

图书的价格主要由图书印刷成本、预期利润、作者稿酬、批发商折扣和销售税金五大部分构成。通常情况下，图书的印刷成本大约占图书定价的25％～30％，作者版税占图书定价的8％～15％，出版单位合理利润占10％～20％，给批发商折扣大约5％～10％，零售商折扣大约占25％～35％。当然，图书的定价还会受其他一些因素的影响。具体而言，图书的定价主要受以下因素的影响：

1. **单本图书的印张数**

这是常规化图书定价的主要考虑的因素之一，目前我国一般性的图书是传统的根据印张多少进行定价。虽然我国有关部门曾在20世纪90年代初对图书单个印张的定价做出过规定，但随着经济的发展，这种规定正在不断被打破。

2. **图书的选用材料、印刷、包装和装帧**

这些构成了图书的直接成本。现在制作图书的材料已经越来越多，印刷也越来越精美，图书的装帧也别具一格，这些都会体现在图书的定价之中。

3. **图书的印数**

图书的印数与图书的一些固定成本，如编辑的审稿费、营销费用、印刷费等的摊销有直接关系。一般印数越大，单本书摊销的固定成本越少，在定价时可考虑利润的空间和价格回旋的余地也就越大。

4. **作者稿费**

作者的稿费根据支付方式的不同，对图书定价的影响也不同。一般而言，一次性买断版权支付稿费的方式成本较低；而支付版税成本较高，一般在图书定价的4%～12%。

5. **销售费用、销售折扣以及销售成本**

这些是决定图书价格的最主要因素。销售费用包括：市场营销费用、运输费用、差旅费；销售折扣指出版社给批发商、零售商的折扣；销售成本指各种合理的常规性的由销售造成的损耗，包括坏账损失、图书的破损等。其中，给批发商和零售商的销售折扣是影响图书的定价的最重要的因素。

6. **出版社的管理费用和税金**

为保障图书的顺利出版、发行和销售，出版社一般都设有一些后勤辅助部门和管理部门，这些费用间接与图书的销售收入发生联系，因此也要求在图书价格中有所体现。图书在销售时还要缴纳各种税金，主要是增值税（价外税，由购买者承担，并可以从进项税金中抵扣，占销售额的13%）、城市建设附加税（增值税额的7%）和印花税（购销合同金额的万分之三）。

7. **出版社的合理利润**

出版社出版图书的目的这一是为了赢利，毫无疑问，在定价时必须考虑自身的合理利润。出版社目前图书的利润率大约占定价的10%～20%。

8. **市场同类图书定价**

随着图书市场竞争的加剧，图书价格也成为一种重要竞争方式。在同种情况下，单印张定价低的图书对价格敏感的读者有吸引力；图书质量高，内容充实实用而定价低的图书往往会受到读者欢迎。

9. **图书的独特价值效应**

读者购买图书，主要针对的是图书的内容能够给其带来的对知识需求的满足。如果图书的内容与众不同，能够吸引人或满足读者的特殊需要，读者对该书的价格往往不会特别敏感，一般愿意花费更高的价格去购买。例如，《金庸全集》《鲁迅全集》价格均不低，但销量却都很不错。不但收藏书有这个特点，普通的畅销书和教辅类图书也有这个特点，这就是为什么教辅类图书和畅销书价格一般比其他书高的原因。

（二）图书定价的常用方法

对图书定价，目前各出版社主要采用以下几种方法：

1. **根据印张数和字数定价法**

目前，很多出版社对图书定价采取先由编辑考虑一些因素，如整本书字数，来估定每印张的单位定价，然后计算出整本书的价格，最后会同发行部门进行协商确定该书的定价的方法。即：

$$图书定价=单印张估价\times印张数 \quad ①$$

2. **利润倒扣法**

先确定该书的预期利润额，加上总的会计成本和销售折扣形成预期销售收入。而预期销售收入应当等于预期销售码洋（发行册数×定价），从而计算出图书定价。即因为：

预期销售收入＝预期销售码洋＝发行册数×定价

预期销售收入＝图书印刷成本＋图书稿费＋销售折扣和税金＋预期利润

预期销售码洋＝发行册数×定价

发行册数＝印刷册数

从而得出：

$$\text{图书定价}=\frac{\text{预期销售收入}}{\text{图书印刷册数}} \quad ②$$

值得注意的是这种定价方法是由会计人员、发行人员和编辑人员共同完成定价评估。

3. **利润率估价法**

利润率估价法是根据出版社已有图书的平均利润率或所要求图书完成的基本利润率来估计图书定价。公式表示如下：

$$\text{图书总定价}=\frac{\text{预期利润}}{\text{平均利润率}} \quad ③$$

$$\text{图书定价}=\frac{\text{图书总定价}}{\text{图书印刷册数}} \quad ④$$

这种方法适合于常规性图书的定价，在能够比较准确知道图书销量和利润的情况下定价。目前，出版社图书的常规合理利润率大约为10％。

4. **综合定价法**

这是在综合考虑各种因素的情况下较为精确的一种定价方法。即在一次性支付作者稿酬情况下：

图书定价＝（印刷成本＋作者稿费＋出版社合理利润）/印数/（1－图书平均销售折扣率）　⑤

图书定价＝（印刷成本＋出版社合理利润）/印数/（1－图书平均销售折扣率－支付作者版税率）　⑥

5. **主观判断法**

完全根据价格决策者的主观判断制定价格。价格制定的依据就是决策者的经验、知识和直觉。这种方法虽然不科学和不具规范性，但在对特定图书市场的基本状况不明的情况下，有时只能依靠决策者的主观判断来定价。

以上介绍的图书定价的方法是图书定价可考虑采取的常规性方法，适合于不同状况下对图书的定价。

（三）动态价格策略

目前，我国图书市场的竞争日益激烈，在对图书定价时必须考虑图书利润取得的时间因素和竞争态势，对此要预先考虑价格对策。这种价格对策是根据图书销售的特点，实际上包含针对读者的定价策略和针对运营商的销售折扣策略两个方面的动态价格策略。具体而言，一般有三种动态价格方案可供选择：

1. **撇油脂定价法**

适合于确实具有独特优势和市场潜力，能够带动市场需求的主打图书。针对图书的独特价值和优势，在图书刚刚面市时配合大量的营销宣传，采取较高的定价和折扣回收成本和获取利润。当进入图书生命周期中后期，成本完全收回、利润目标实现或市场出现强劲竞争对手时，采取低折扣和降价策略争取剩余利润。

2. **价格倾销法**

对于市场已经具有相似产品的图书可以使用这种方法。图书一上市就采取低价格和低折扣的办法尽快争取占领市场，获得更大的市场份额，通过薄利多销获得利润；并能够扩大影响，提高图书品牌的知名度。

3. **与时俱进法**

对维持稳定市场份额的图书可以采取价格阶段性升高的办法。这种方法在出版界也比较普遍，许多出版社的再版作为一种动态的定价方案，应当考虑图书所处生命周期的阶段，根据情况的改变和读者对图书价格的敏感度而积极改变价格和折扣。当然，由于受我国政策法规的影响，改变图书定价需要更改书号，一般可以通过将同版书对读者打折的方式进行变通或在改版和再版时调整价格。

图书的定价问题，实质上就是给图书进行市场定位和市场调整，它在一定程度上决定着一本书销售的好坏和创造利润的多少，应当把它当作图书营销最核心的问题加以重视。

六、图书发行的促销

图书发行的促销有人员推销、广告促销、营业推广、公共关系促销等方式。具体而言：

（一）人员推销

人员推销较常用的方式主要有三种：在网上，进行数据库行销；采用商业信函（DM）的方式，直接与目标读者互动；在书展会上集中向人群推荐图书。

人员推销的目的不仅仅是销售图书，还为了扩大图书的宣传，扩大图书的人际影响范围以及收集读者的反馈信息，等等。

（二）广 告

广告主要有两种，一种是单纯的广告宣传，另一种是以其他方式达到广告的目的。

1. **单纯的广告宣传**

（1）卖场（书店、超市等）广告，如POP、立体模型、宣传条幅等。

（2）大众媒体广告，为节约成本，多在目标读者常读的杂志上做广告，电视广告几乎没有出现。另外，进行作者签名售书等活动时，会有广播广告。

（3）户外广告和车体广告，图书要在某大型城市上市时，适当的户外广告和车体广告也可以采用。

（4）网上书店以及互联网广告，同时这还能与读者进行互动，达到直销的效果。

一般说来，大众媒体广告和户外、车体广告在单个图书发行时不宜采用，成本太高，如果是出版社集中推出系列图书时可以采用。

2. **其他广告方式**

（1）加入广播台、电视台的读书类节目，进行软性宣传。

（2）请专家或有影响力的人物在纸质媒介或互联网上刊登关于该图书的述评文章。

（3）新书上市时召开新闻发布会。

（4）建立电子论坛，引导和推动读者的口碑传播。例如《富爸爸，穷爸爸》这本畅销图书就建立了中文网站(www.fubaba.com.cn)，提供了读者交流的平台，收到了很好的广告效果。

（三）营业推广

营业推广有多种方式，主要包括以下几类：

（1）参加图书的展销会。

（2）可以采取向读者发放图书内容简介资料、赠阅图书、试阅图书（这多用于系列图书发行时）等方式。

（3）可以向读者进行有奖售书、附带赠品售书，推进销售。

（4）可以实行俱乐部制或会员制售书，这种方式多用于高层读者人群，以建立长久联系。

（5）还可以和一些适当产品的生产商进行互惠促销活动。

（四）公共关系

公共关系是图书发行营销的重要一环，出版社处理好公共关系能为图书发行打开渠道、开拓市场。具体而言处理公共关系包括以下一些内容：

1. 针对媒体

（1）不断创造市场热点吸引媒体关注，为媒体制造话题。

（2）在纸质媒介和互联网上发表关于图书的书评以及新闻等。

（3）请作者参加媒体的节目，扩大作者的知名度，从而带动图书的销售。

2. 针对特定人群

主要是一些本身有影响力、且对图书的销售有影响力的人群。比如，商业图书就可以免费赠送给商界名人，通过其口碑，迅速地在业内打出知名度。

3. 针对大众

比如全球畅销书《富爸爸，穷爸爸》在中国推广时，就采用了多种方式：先介绍作者传奇的创业经历，再让作者到清华大学进行“财商”的专题演讲，还让作者在新浪网与网友聊天，参与央视《对话》节目，在北京王府井图书大厦签名售书，等等。这些方式都值得借鉴和学习。

第五节 发行人员

一、发行人员的素质要求

（一）社会责任感

图书与一般商品不同的地方在于它有思想教化的功能和文化普及的功能。它追求的是精神文化的传播效果，或是宣扬一种观念，或是宣传一种思想，或是传播一种知识，对整个社会有极大的影响。所以发行人员作为图书出版环节上的一员，一定要有强烈的社会责任感，对图书的内容进行严格的把关。

（二）各种必备知识

一名合格的图书发行人员，不但需要全面掌握出版方面的基础知识，还应当具有图书发行方面的专业知识，以及其他一些相关知识。具体而言：

1. 基础知识

出版发行人员应具备的基础知识有以下三个方面：

（1）出版发行的基本知识

包括《出版管理条例》的基本内容和《出版物市场管理规定》的内容；编辑、出版业务以及印刷装订的知识；此外还要求图书发行人员应具备一定的政治素质、文化素质和业务素质，以及相应的职业道德规范；还有对图书发行质量的基本要求及其评价也需要了解。

（2）图书商品知识

这方面的知识包括图书形态的演变、我国书籍贸易的产生发展、近现代书店概况、图书版本及版本知识、图书分类依据及书店分类的专业特征、图书管理方面的知识等。

（3）企业管理与现代化知识

包括企业管理的意义、职能、任务和图书发行企业管理的基本原则，图书发行企业的管理范围及主要内容，高新科技及其与图书发行的关系，图书发行现代化的主要内容和实施等。

2. **专业知识**

图书发行人员还应具备一系列专业知识，其内容有：

（1）图书购销知识

包括学习图书发行网、总发行及出版社自办发行方面的知识，零售书店图书购进的特点、原则及进货根据，熟悉多种购销形式，了解图书零售的特点，了解书展、书市的概念，学习并熟悉购销业务洽谈的方法及技巧。

（2）图书市场及图书商品流通知识

其内容包括图书市场预测的相关知识，图书商流、物流、信息流、资金流的概念及其相互关系，图书市场信息的收集、整理、分析及应用，图书商品流通及商品流通环节（进、销、调、存、运）的相互关系，图书商品供求关系、供求矛盾及其表现形式，影响图书商品供求矛盾的因素与图书市场的商品供求平衡。

（3）图书宣传及销售技巧

这包括图书宣传推广的作用、方法及图书的陈列艺术与技巧，零售书店了解读者、扩大宣传的作用、原则及技巧，图书销售艺术和推销技巧的种类、形式及其应用，读者需求及其基本特征，读者购买动机和购买心理分析、购买动机的判断方法，读者购买行为和购买过程的分析。

（4）图书进、销、存业务管理

这要求发行人员掌握马克思列宁主义、毛泽东思想、邓小平理论的经典著作类、政治类、文学类、自然科学与技术科学类、少儿读物类、文化教育类、工具书等各门类图书的经销特点；掌握进货控制的目的及主要形式，以及进货审核的作用和主要方法的应用；了解进货全期管理，进、销、存计划管理，进货业务资料管理，发行纪录卡管理和进货码洋管理；了解影响和制约图书储备的比例关系及图书的合理储备；学习图书储备分析的作用、方法和检验储备质量的标准；了解图书销售管理（销售措施、销售纪律、管理制度和手续制度）的主要内容；学习图书商品管理的目标、内容和方法；熟悉图书商品盘点的准备与盘点方法；最后还应掌握全国及本地区主要出版单位的分布、专业分工、出书特色及重点图书的出版发行情况。

（5）经济核算基础知识

包括对图书发行企业经济核算的必要性及应具备的条件进行了解；熟悉图书发行企业经济核算的形式和零售书店简易经济核算相关知识；最后，还需了解零售书店六项简易经济核算的计算方法、作用和特点。

3. 相关知识

除了具备以上的出版基础知识以及图书发行的专业知识，图书发行人员还应具备一些必要的相关知识，以备实际工作中的不时之需。

首先是了解出版物的识别。包括盗版出版物的识别及其管理和非法出版活动的识别及处理两个方面。

其次发行人员还应具备计算机知识，就图书发行工作而言，主要是“销售店 POS 销售网络系统”的知识及其运用。

再次，发行人员还需要学习工商管理和出版财经法规知识。包括集体、个体、私营书店的登记注册及有关工商行政监督管理知识；国有书店、出版单位自办发行的企业法人登记、营业登记、年检及有关工商行政管理法律、法规知识；图书发行单位的税收法规、价格法规、纳税及财经管理知识。

最后，发行人员还应具备安全防范知识。具体就是对店堂、库房、办公室等业务场所的安全防范规章制度的了解和遵守。

（三）操作技能

除了具备各种相关知识，图书发行作为图书出版过程中一个实践性很强的环节，必然要求图书发行人员具备图书发行的操作技能。具体包括以下内容：

1. **售书的连续操作**

能进行照单配书、计算、开票、包扎连续作业。并应该做到配书迅速；计算、开票准确，字迹工整；码放整齐；松紧适度。

2. **熟悉图书信息**

对主管类常备书目和优秀图书的书名、著译者、版别、定价、内容提要、读者对象能进行甄别并了解上述图书的进、销、存等业务。

3. **熟练进行图书分类**

要求能按中小型综合书店的分类配置，对图书进行二级或三级类目分类，其中包括“跨类”“互见”图书。做到分类准确、填写清楚。

4. **了解简易经济核算的六项经济指标计算**

能够运用简易经济核算的方法，在实际工作中计算本店或本柜组的年度销售指标、存货及周转率指标、费用及费用率指标、利润及利润率指标、平均工作量（劳动生产率）指标、商品盘亏率指标等六项经济指标，并对简易经济核算的作用、特点及形式进行说明。要求做到分项计算，字迹工整，计算准确，说明清楚。

（四）业务技能

对图书发行人员的业务技能要求包括以下三个方面：

1. **图书的陈列宣传**

首先，能够按思想性、实用性、灵活性和统一性原则，对某一大类（柜组）图书进行书架、书台、柜台、张挂及橱窗的综合陈列宣传。并符合“因店制宜”、灵活掌握，充分利用店堂空间和设备条件的要求，注意陈列的章法和布局，既要照顾图书内容的系统和完整，又要考虑开本、装帧及色彩关系，做到美观醒目，方便读者。其次，能够制作图书宣传海报，并符合书写版式美观和字迹工整的要求。

2. **计算机操作**

能够按给定的资料、数据，在规定时间内进行汉字和数据录入；能熟练进行 POS 系统的销售、结账、查询、报表等功能的操作。

3. **批量购书**

能够根据实际情况为读者配书，并介绍同类新书和主管类库存图书；并按批量购书的程序，以较高的质量完成配书、介绍、推荐、计算、开票、包扎等项工作。

（五）安全工作与文明服务要求

图书发行人员还应遵守安全工作与文明服务的要求，具体包括以下两个方面：

1. **能够维护正常工作秩序**

按零售书店业务规范要求，正确执行班前、班中、班后的安全防范操作规程；会处理紧急（突发）事故，会使用消防设备。

2. **文明服务**

能够使用普通话，接待读者用敬语。招呼用语、交易用语、致歉用语、道别用语和不讲服务忌语等都需要规范。

二、发行人员的资格

因为图书发行工作具有特殊性，原国家劳动部批准图书发行员工种为就业上岗前必须培训的工种，并列为新闻出版行业特有工种。进行图书发行工作的从业人员需要通过图书发行员职业技能鉴定考试才能上岗。为提高图书发行员队伍整体素质，建立稳定、良好的图书市场秩序，国家自 1998 年起对图书发行的从业人员进行职业技能鉴定，实行就业准入控制和职业资格证书制度。

图书发行员职业资格分初、中、高三个等级，并针对初、中、高级图书发行员的不同鉴定要求，分别进行理论知识和操作技能鉴定。理论知识要求采取笔试闭卷考试方式，操作技能要求进行实际操作考核。考核成绩采取百分制，60 分为及格，两项考核均及格为本等级鉴定合格。考核鉴定的单项合格成绩两年内有效。

经考核取得初级技术等级证书的图书发行员，即获得图书发行员从业资格，可以从事图书发行工作；取得中级以上（含中级）技术等级证书的图书发行员，即获得图书发行员执业资格，可以依法独立开业。

各地新闻出版行政管理部门及其鉴定机构应接受当地劳动行政部门的监督检查，劳动行政部门对新闻出版行政管理部门组织进行图书发行员的资格鉴定工作要积极提供指导与业务。

思考题

1. 发行的概念、我国图书发行业的特点、图书发行的程序是什么？发行工作的重要性在于哪些方面？
2. 什么是出版物的市场需求？它与发行策略是怎样的关系？

3. 出版物市场的概念及其构成要素是什么？出版物的市场竞争主要来自哪些方面？
4. 出版物市场需求的概念及其基本类型包括哪些？出版物市场需求的特征和影响因素分别是什么？
5. 图书市场调查的内容是什么，调查的课题有哪几类？图书市场调查有哪几个阶段？调查的基本原则是什么？出版物市场调查的重要性在于哪些方面？
6. 图书的发行过程包括哪几个环节？图书的批发和零售分别的特点是什么？
7. 图书进出口贸易的具体形式包括哪些？进出口出版物的发行有哪些程序？
8. 什么是出版物发行的商流、物流、信息流和资金流？
9. 营销学中的“6P”和“4S”是指什么？图书的发行和营销有何区别？
10. 什么叫出版物市场的细分，细分的原因是什么？出版物目标市场细分的方法主要有哪些？
11. 出版物目标市场的选择依据有哪些？目标市场选择策略主要有哪几类？为什么图书销售企业主要采用全面的市场覆盖策略？
12. 图书的发行渠道主要有哪些？什么是图书的卖场营销？卖场营销主要包括哪几个方面？
13. 图书定价的影响因素和常用方法有哪些？动态价格策略的概念和实施方案有哪些？
14. 图书发行的促销包括哪些方式，各自有何特点？
15. 我国发行人员的素质要求包括哪几个方面？分别有哪些内容？

第十章　版权与版权贸易

本章从版权的含义、主体、客体等入手，对版权的载体、邻接权做了介绍。在此基础上，对当前出版活动中普遍存在的版权贸易的相关知识进行介绍。随着经济社会的不断发展，人们精神文化需求的深度和广度都发生了深刻的变化。出版活动日益国际化，版权贸易开展得如火如荼，已成为各出版社的一项重要工作和国际文化交流的重要渠道。

第一节　版　权

一、版权的含义

版权，也称著作权，是基于文学、艺术和科学作品而产生的法律赋予公民、法人和其他组织等民事主体的一种特殊的民事权利。版权是作者对特定的作品依法享有的专有权利，是作者及其他著作权人对文学、艺术、科学作品等作品所享有的人身权以及全面支配该作品并享受其利益的财产权的总称。

著作权和版权在源头上是同义词，版权一词是外来语，即英语“copyright”一词的汉译。1875 年日本的启蒙思想家福泽渝吉将“copyright”翻译成“版权”，并传入中国；1899年，日本法学家水野连太郎将其译为“著作权”，取代“版权”。在《大清著作权律》以及北洋政府和国民政府的有关法律中沿袭了“著作权”一词。

在《中华人民共和国著作权法》（以下简称《著作权法》）中版权和著作权是同义词。

版权也是一种内容不断发展的权利。在世界各国，版权包含的内容并不是固定不变的，而是随着社会文明的不断发展和使用作品的新技术的不断产生，而不断地发展变化的。

二、版权的主体

我国《著作权法》规定，版权的主体包括：作者，其他依照《著作权法》享有著作权的公民、法人或者其他组织。因此，可将版权的主体划分如下：

（一）版权的原始主体

1. 作　者

作者，即创作作品的自然人，是版权的原始主体。

联合国教科文组织在《版权基本知识》一书中，将作者描述为“在版权法中，文字创作者被称为‘作者’”。从严格意义上讲，能够创作作品的当然只有自然人。构成作者要具备三个条件：具有创作能力；产生了创作行为；完成了符合法律规定意义上的创作成果。创作本身是一种创造性的劳动，对于作品付出了创造性劳动，是视为作者的必要条件。由此，只对作品提出某些修改意见，或加进某些评论等，不能视为作者。

2. 其他主体

特殊情况下，作者以外的其他自然人或组织，甚至是国家，也可以成为版权的原始主体。

《著作权法》第十一条规定，由法人或非法人单位主持，代表法人或非法人单位意志创作，并由法人或者非法人单位承担责任的作品，法人或者非法人单位视为作者。如无相反证明，在作品上署名的公民、法人或非法人单位视为作者。

在这里法人是指依法成立，有必要的财产或者经费，有自己的名称、组织机构或经营场所，并能独立承担民事责任的组织。在民事法律关系中，法人作为主体，既享有权利，也承担义务；在刑事法律中，法人又可成为某类犯罪的主体。可见法人具有自己的意志，能够进行法律行为，因而可以根据自己的意志去进行创作并享受作者的称号。

非法人单位，虽不具备法人的条件，只是一种多个人的集合，如一个课题组，或共同参与某项创作的教研室等，但由于共同进行了创造性的劳动，并产生了劳动成果，其成果理应属于集体所有。在我国的著作权法中视这样的组织为作者。

（二）版权的继受主体

继受主体是指创作者之外的，通过受让、继承、受赠及其他法律认可的途径获得全部或部分版权的人。这是由版权的性质，即可转让性、时间性和可继承性决定的。与原始主体相比，继受主体获得的版权都是不完整的，而只能是原始主体财产权的全部或部分，而作品的人身权则只属于原始主体。

（1）通过继承、遗赠等方式而产生的版权主体。

版权作为一种民事权利，它可以通过继承、遗赠或者创作者死亡而由其继承人继承。在这种情况下，继承人所享有的是著作权人的财产权。通过继承、遗赠等方式获得版权的主体既可以是公民、法人或其他组织，也可以是国家。

（2）通过法律认可的途径获得全部或部分版权，产生的版权主体。

如依据委托合同，委托创作作品的版权归属，如果约定由委托人享有版权，委托人就是继受主体。依据转让合同，版权人还可以将其作品的财产权全部或部分转让给他人，受让人则是版权的继受主体。

（三）特殊作品的版权主体

在《著作权法》第十二条至第十五条中，规定了特殊作品的版权主体。

1. 演绎作品的版权主体

这是指改编、翻译、注释、整理已有作品而产生的作品，其版权由改编、翻译、注释、整理人享有，只是在行使版权时不得侵犯原作品的版权。

2. 合作作品的版权主体

两人以上合作创作的作品，著作权由合作作者共同享有。没有参加创作，仅提供意见、资料或其他帮助的人，不能成为合作作者。合作作品可以分割使用的，作者对各自创作的部分可以单独享有版权，但行使著作权时不得侵犯合作作品整体的版权。

3. 汇编作品的版权主体

汇编若干作品、作品的片段或者不构成作品的数据或者其他材料，对其内容的选择或者编排体现独创性的作品，为汇编作品。其版权由汇编人享有，但行使版权时，不得侵犯原作品的版权。

4. 影视作品的版权主体

电影作品和以类似摄制电影的方法创作的作品的版权由制片者享有，但编剧、导演、摄影、作词、作曲等作者享有署名权，并有权按照与制片者签订的合同获得报酬。在电影作品和以类似摄制电影的方法创作的作品中，剧本、音乐等可以单独使用的作品的作者，有权单独行使其版权。

5. **计算机软件作品的版权主体**

我国《计算机软件保护条例》中明确规定，计算机软件的版权归软件开发者所有。

三、版权的客体

（一）版权的客体

版权的客体指受著作权法保护的文学、艺术和科学作品。

（二）版权客体的构成要件

《中华人民共和国著作权法实施条例》（以下简称《著作权法实施条例》）第二条规定："著作权法所称的作品，指文学、艺术和科学领域内，具有独创性并能以某种有形形式复制的智力创作成果。"由此可见，成为著作权客体必须具备三个条件：文学、艺术和科学领域内的作品，具有独创性，并能以某种有形形式被复制。

（三）版权客体的类型

《著作权法实施条例》第四条指出著作权法所称的作品，包括以下形式创作的文学、艺术和自然科学、社会科学、工程技术等作品：文字作品；口述作品；音乐作品；戏剧作品；曲艺作品；舞蹈作品；美术作品；摄影作品；电影、电视、录像作品；工程设计、产品设计图纸及其说明；地图、示意图等图形作品；计算机软件；法律、行政法规规定的其他作品。

（四）不受著作权法保护的作品

（1）依法禁止出版、传播的作品；

（2）不适用著作权法的作品，包括法律、法规、国家机关的决议、决定、命令和其他具有立法、行政、司法性质的文件及官方正式译文；

(3) 时事新闻；

(4) 历法、数表、通用表格和公式；

(5) 已过保护期的作品。

四、版权的载体

版权作为一种特殊的知识产权，总是要借助于一定的载体形式体现出来。随着科学技术的发展，版权的载体形式日趋多样，归纳起来，有如下几类：

(一) 文字作品的载体

文字作品的范围十分广泛。只要是以文字、数字、符号的方式创作而成的作品都是文字作品，包括小说、诗歌等文学作品，各种工具书，各种期刊等。文字作品通常以印刷型、手写型或数字型形式体现。

(二) 口述作品和电影、电视、录像作品的载体

口述作品是作者通过即兴演讲、讲授而创作，没有形成文字的作品。演讲、报告和曲艺作品等都属于口述作品。口述作品虽然没有固定的物质载体，但就像电影、电视、录像作品一样，通常会借助某种技术手段，摄制在某种物质之上，如制作成 VCD，录制在磁带上，或记录在电影胶片上。这些记录声音、图像的物质便是上述作品的载体。

(三) 其他类型作品的载体

其他类型的作品如舞蹈的载体可以以一套设计好的造型来体现，摄影作品的载体可以是照相机底片、相片，绘画作品、地

理、地形图等作品也都需要借助一定的纸、墨或电脑技术来体现。

五、版权的内容

版权是作者及其他著作权人对文学、艺术、科学作品等作品所享有的人身权以及全面支配该作品并享受其利益的财产权的总称。版权包括以下两方面的内容：

（一）人身权

版权的人身权，又称为版权的精神权利或人格权，这是一项与创作者人身权益密不可分的权利，自作品创作之日起即产生，并且为创作者终生享有。即便作者死后，其作品的人身权也受到国家、其继承人及相关机构的保护。版权的人身权只属于创作者本人，不能够被转让、继承和被剥夺，也不会随着财产权的转移、变更而发生变化。

在我国《著作权法》第十条中，列出了版权的人身权，包括发表权，即决定作品是否公之于众的权利；署名权，即表明作者身份，在作品上署名的权利；修改权，即修改或者授权他人修改作品的权利；保护作品完整权，即保护作品不受歪曲、篡改的权利。

（二）财产权

版权的财产权，又称为版权的经济权利，指作者及经作者授权的其他人，通过使用该作品获取经济利益的权利。在《著作权法》第十条中，列出了版权的财产权，包括复制权、发行权、出租权、展览权、表演权、放映权、广播权、信息网络传播权、摄制权、改编权、翻译权、汇编权以及应当由著作权人享有的其他权利。

（1）复制权，即以印刷、复印、拓印、录音、录像、翻录、翻拍等方式将作品制作一份或者多份的权利。

（2）发行权，即以出售或者赠与方式向公众提供作品的原件或者复制件的权利。

（3）出租权，即有偿许可他人临时使用电影作品和以类似摄制电影的方法创作的作品、计算机软件的权利，计算机软件不是出租的主要标的的除外。

（4）展览权，即公开陈列美术作品、摄影作品的原件或者复制件的权利。

（5）表演权，即公开表演作品，以及用各种手段公开播送作品的表演的权利。

（6）放映权，即通过放映机、幻灯机等技术设备公开再现美术、摄影、电影和以类似摄制电影的方法创作的作品等的权利。

（7）广播权，即以无线方式公开广播或者传播作品，以有线传播或者转播的方式向公众传播广播的作品，以及通过扩音器或者其他传送符号、声音、图像的类似工具向公众传播广播的作品的权利。

（8）信息网络传播权，即以有线或者无线方式向公众提供作品，使公众可以在其个人选定的时间和地点获得作品的权利。

（9）摄制权，即以摄制电影或者以类似摄制电影的方法将作品固定在载体上的权利。

（10）改编权，即改变作品，创作出具有独创性的新作品的权利。

（11）翻译权，即将作品从一种语言文字转换成另一种语言文字的权利。

（12）汇编权，即将作品或者作品的片段通过选择或者编排，汇集成新作品的权利。

（13）应当由著作权人享有的其他权利。

著作权人可以许可他人行使上述（1）至（13）项规定的权利，并依照约定或者《著作权法》有关规定获得报酬。

著作权人可以全部或者部分转让上述（1）至（13）项规定的权利，并依照约定或者《著作权法》有关规定获得报酬。

六、版权的商品属性与资本属性

版权是一种私权，可以作为商品进入市场进行交易。同一般商品一样，版权具有使用价值和价值，并具有交换的功能；既可以是静态，也可以呈交换形态。版权交易有狭义与广义之分，狭义的版权交易仅指第一次发表之后，对著作权人授予出版商的权利及专有出版权进行捆绑销售；广义的版权交易则包括作者第一次转让其部分权利给出版商。与一般商品不同的是，一般商品的购买者购买商品是为消费，版权交易的目的是为了再生产，即在原始载体之外，使著作者方和出版商均获取最大化的利润。

版权不仅具有商品属性，还具有资本属性。它不仅具有使用价值和价值，而且通过版权交易，版权的价值还会增值。这是因为版权的主体是作者，版权交易的主体是作品，而作品中蕴含着大量的知识与信息，知识与信息可以创造无穷的价值。在当今社会知识已经作为一种有巨大潜力的资本，受到投资各方的重视，贸易双方通过对版权的深度开发与挖掘，可以最大限度地促使其价值增值。

七、版权的邻接权

（一）邻接权的概念

邻接权的英文表述是“neighboring right”，有与著作权邻近、相邻或邻接的意思。我国《著作权法》未使用邻接权的概念，而是将邻接权的含义规定为与著作权有关的权益，实际也是取与著作权相邻、相关的含义。

我国《著作权法》保护的与著作权有关的权益即邻接权，是指作品的传播者依法享有的权利，主要包括表演者、录音录像制品制作者、广播电视组织以及出版者的权利。一些国际公约和各国著作权法（主要是大陆法系国家，英美法系国家也保护类似权利）大多使用著作邻接权的概念，是为了表明邻接权邻接的是著作权，避免与民法上的相邻权相混，本书也使用著作邻接权的概念。

著作邻接权的概念也有广义和狭义之分。其广义概念包括表演者、录音录像制作者、广播电视组织和书刊出版者因传播作品活动依法享有的权利。狭义概念仅指表演者、录音制作者和广播组织、出版者因传播作品活动而依法享有的权利。我国《著作权法》采用了广义的著作邻接权概念，并以此规定与著作权有关的权益。

（二）著作邻接权与版权的区别

邻接权是从版权衍变而来的，它既依赖于版权，又具有相对独立性。著作邻接权与版权的区别，体现在以下几个方面：

1. 权利主体不同

版权的主体是作者和其他著作权人，著作邻接权的主体是传播作品的表演者、录音录像制作者、广播电视组织和出版者。

2. 保护对象不同

版权保护的对象是由作者创作的文学、艺术和科技领域的作品。邻接权则保护表演、录音录像制品、广播电视节目、书刊的版式装帧设计和图书的专有出版。

3. 权利义务的范围不同

版权和邻接权两种权利的主体不同，其法律关系的权利义务范围各不相同。前者权利范围包括著作人身权的发表、署名、修改、保护作品完整，以及著作财产权的使用权和获得报酬权，其中使用权包括的形式、范围又十分广泛。邻接权虽然也涉及某些精神权益，但一般仅为财产权，而财产权的范围也小于、窄于著作财产权的范围。如录音录像制作者的邻接权只包括对其制作的录音录像制品享有许可他人复制、发行与获得报酬的权利。

4. **保护的强度不同**

由于版权基于作者对作品的创造性劳动直接产生，权利的行使一般不受限制。因此，法律对版权的保护比较直接，保护的力度比较强。作品传播者享有的邻接权却总要受到所传播作品的版权的限制，其行使一般都要得到著作权人的许可和向著作权人支付报酬，并不得以任何方式侵犯作品原有的版权。从有无独创性或含有这种劳动成分的高低上分析，均使这两种权利的保护力度有所不同。

（三）邻接权的类别

从著作邻接权的概念中，我们知道著作邻接权主要包括表演者、录音录像制作者、广播电视组织和书刊出版者因传播作品活动依法享有的权利。

《中华人民共和国著作权法》第四章对上述四类邻接权做了详细的规定。

第二节　著作权法

一、著作权法的概念

著作权法的概念有狭义与广义之分。著作权法的狭义概念仅指《中华人民共和国著作权法》这部法律。著作权法的广义概念则指调整著作权、著作邻接权关系法律规范的总和，除《著作权法》及《著作权法实施条例》外，还包括《宪法》《民法通则》《计算机软件保护条例》《网络著作权法律保护》等著作权和邻接权相关法律和行政法规、规章，以及最高人民法院发布的相关司法解释等。

著作权法属于我国民法的重要组成部分。《民法通则》规定了有关著作权基本规定，《著作权法》则作为民法的特别法具体规定著作权法律关系。

二、《中华人民共和国著作权法》简介

著作权保护在中国虽然一直受到重视，但通过立法建立现代意义上的著作权法律保护制度却只有十几年的时间，而这十几年正是经济全球化和社会信息化的大发展时期。如何既立足于中国的国情，又尽量做到与国际惯例接轨；既保护好各类著作权人的合法权益，激发其创作积极性，又促进经济、科技的发展和文化、艺术的繁荣，是我国著作权保护工作需要解决的问题，也是著作权立法的出发点和根本目的。

1990 年 9 月 7 日，第七届全国人民代表大会常务委员会第十五次会议通过了《中华人民共和国著作权法》。该条例于 1991 年 6 月 1 日起生效。经过 10 年的发展，中华人民共和国第九届全国人民代表大会常务委员会第二十四次会议于 2001 年 10 月 27 日通过了对该条例的修正。

三、著作侵权行为的认定与处理程序

（一）著作侵权行为的认定

根据《著作权法》规定，凡未经著作权人许可而使用其作品，即构成侵犯著作权行为。按照我国《著作权法》的有关规

定，下列所有行为均属著作权侵权行为：

（1）未经著作权人许可，发表其作品的；

（2）未经合作作者许可，将与他人合作创作的作品当成自己的独立作品发表的；

（3）没有参加创作，为谋取个人名利，在他人作品上署名的；

（4）歪曲、篡改他人作品的；

（5）未经著作权人同意，以表演、播放、展览、发行、摄制电影、电视、录像或者改编、翻译、注释、编辑等方式使用作品的，《著作权法》另有规定的除外；

（6）使用他人作品，未按规定支付报酬的；

（7）未经电影作品和以类似摄制电影的方法创作的作品、计算机软件、录音录像制品的著作权人或者与著作权有关的权利人许可，出租其作品或者录音录像制品的，《著作权法》另有规定的除外；

（8）未经出版者许可，使用其出版的图书、期刊的版式设计的。

此外还有下列侵权行为：

（1）剽窃、抄袭他人作品的；

（2）未经著作权人许可，以盈利为目的，复制发行其作品的；

（3）出版他人享有专有出版权的图书的；

（4）未经表演者许可，从现场直播或者公开传送其现场表演，或者录制其表演的；或者将其表演制作成录音录像出版、发行的；

（5）未经录音录像制作者许可，复制发行其制作之广播、电视节目；

（6）未经广播、电视台许可，将其制作的节目复制发行的；

（7）制作、出售假冒他人署名的美术作品的；

(8) 其他侵犯著作权以及与著作权有关的权益的行为。

(二) 著作侵权行为的处理程序

在我国，对于著作权纠纷案件，如果仅属民事纠纷，一般通过当事人协商、仲裁或者民事诉讼方式解决；如果侵犯著作权行为同时损害公共利益的，著作权行政管理部门可予以相应的行政制裁；受害人也可将被告所在地或著作权侵权行为的发生地、结果向法院提出起诉。著作权侵权案件诉讼时效为两年，从受害人知道或应当知道侵权发生之日算起。《伯尔尼公约》《世界版权公约》于 1992 年 10 月 30 日在中国生效。因此，外国作品的版权，与国内作品的版权一样受到保护。

1. **行政处理程序**

根据《著作权法实施细则》规定，行政处罚包括给予警告、停止营业、没收非法制作的违禁出版物和复制设备、没收非法所得和罚款。著作权侵权行为的受害人可据上述规定向著作权行政管理机关投诉，请求对侵权行为进行行政查处。

2. **民事诉讼程序**

《著作权法》第四十五条和第四十六条对侵害著作权的行为，规定了以下民事责任：停止侵害；消除影响；公开赔礼道歉；赔偿损失。著作权侵权行为的受害人可向法院提出民事诉讼，要求侵权人承担相应的民事责任。

3. **刑事诉讼程序**

《中华人民共和国刑法》第二百一十七条规定：以营利为目的，有下列侵犯著作权情形之一，均会受到惩罚：

(1) 违法所得数额较大或有其他严重情节者，处三年以下有期徒刑或拘役，并处或单处罚金；

(2) 违法所得数额巨大或有其他特别严重情节者，处三年以上七年以下有期徒刑，并处罚金。

第三节 版权贸易

版权贸易作为知识产权贸易的一个重要组成部分，其产生要晚于实物贸易。随着科学技术的飞速发展，人们对知识重视程度的加深，版权贸易呈现出快速增长的态势并日益受到社会各界的重视。

一、版权贸易的概念

版权贸易是属于许可证贸易范畴内的一种基于版权的许可或转让过程中发生的贸易行为。究其本质，也是贸易行为的一种，之所以单列于其他贸易行为，是因为其贸易的标的对象不同。简单地说，凡是通过作品的版权许可或转让行为获利的贸易行为就是版权贸易。实物贸易是通过货物买卖行为获利的交易，在版权贸易这里不过是将实物所有权变为无形财产权中的版权而已。一般说来，版权贸易过程中许可或转让的主要是著作权人的经济权利。

从广义上讲，版权许可或转让行为过程中的当事人无论是否在同一地域，或为同一国籍，都可以称作版权贸易。但在实践中，我国业界所称的版权贸易往往是狭义的概念，主要指国际或不同地区间的涉外版权贸易行为，即著作权人与使用者不在同一国家或地区的情况，而国内的作者与国内的出版社间的版权交易行为不在此列。

二、版权贸易的途径

版权贸易是获得某作品版权或其使用权的一种途径，是按照一定的商业条件，通过一定的方式，在不同的法人或自然人中间进行的针对版权的贸易行为，它包括版权引进和版权输出两个方面。

（一）版权引进

版权引进是版权贸易的重要内容。积极开展版权贸易，引进适销对路的版权，可为出版社带来丰厚的利润，因而在利益的驱动下，各出版社竞相引进版权，或将引进版权作为新的经济增长点，投入大量的人力和财力作为支撑。然而版权引进不能盲目，众多国际国内的因素制约了版权的引进，下面介绍版权引进中需要注意的方面。

1. 版权引进的原则

首先，我们应该明确版权引进的目的，是为了把外版图书引进到国内，进行生产、销售，使它们为国内的广大读者所接受，因而引进的图书必须要考虑到我国的国情，选择适合我国社会需求的图书。

其次，要量力而行。引进版权需要花费大量的外汇，各出版社一定要根据本社的经济实力，量力而行。在引进版权的时候要保持清醒的头脑，不能不顾自身实力强行引进，给本社带来严重的经济损失。

再次，要进行可行性研究。要对拟引进版权的经济性、合理性和适用性进行分析，提高版权引进的科学性，减少盲目性，避免版权引进的失误。还要考虑到出版社作为文化机构所肩负的使命，在引进版权时要充分考虑其带来的社会效益，要引进先进的文化，促进我国社会健康发展。

2. 版权引进的程序

（1）获取版权信息。版权信息的获取途径很多，可以通过相关的外文报刊及书目、国际书展、版权代理机构、网络、书评、专家学者的推荐以及各种驻外机构等。充分利用国外一些大的媒体的畅销书排行榜引进图书，也是目前国内一些出版社较常采用的方法。

（2）市场定位及市场调研。出版社引进图书一定要有明确的思路，不能盲目跟风。一般说来，要根据各社的专业特色、发行特长进行引进。在市场明确的情况下，通过对国外版权信息的搜集和对国内市场情况的调研，再确定购买什么样的版权，选择引进的对象。

（3）明确版权所有者。在确定引进对象以后，便要进一步明确我们所要引进版权的真正拥有者。要搞清楚版权是由作者保留的，还是已经将翻译权委托给出版社，还是版权由版权代理公司处理。由于版权所有者是我们开展版权贸易的合作伙伴，事关版权贸易能否顺利达成，因而在明确版权所有者后要对其进行调查，了解其在版权拥有方面的情况（包括是否独占版权，是否为唯一版权拥有者，其版权的销售状况如何，以及信誉度）。

（4）向版权所有者发出申请函，询问对方该书的版权是否可以授予，并索要样书。同时介绍一下我方的情况，让对方对我方有一定了解与信任。

（5）进行可行性研究。版权所有者若收到我方的申请函，并明确版权可以授予时会给我方寄来样书，同时会明确该图书版权的选择期限，如三个月。我方在选择期限内，一定要对该书的市场前景进行充分预测，做好版权引进的可行性研究，力求调研准确，报告精确，并据此作出是否引进的决策。

（6）如果决定引进版权，就可以告诉对方我方的购买意图，并要求对方报价。此时可通过版权比较，掌握相近版权的引进价格，为后面的贸易谈判做好准备。

（7）对外谈判与签订合同。

（8）履行合同。

（二）版权输出

图书版权贸易是一种特殊的商品交易，它担负着文化传播的使命。因此，对外输出版权则承担着向世界彰显本民族文化的重任。目前我国的版权贸易存在严重的贸易逆差，版权引进与输出严重失衡，而且国内地区间版权输出的差别也相当大。究其原因主要有以下几方面：

一是我国市场经济、知识经济发展不完善，与他国的文化、意识形态存在明显差异。

二是我国的版权输出品种结构单一，多集中在传统文化方面。对出版人来说应引起足够的重视，如何开发适合版权输出的多元化的图书品种，从选题策划开始做准备，这才是解决贸易逆差的有效方式之一。

三是我国的版权输出渠道有待健全。在国外，版权中介机构，如国际版权代理公司在版权贸易中承担着重要角色。我国仅有的 20 多家版权代理机构却经营不善，最后还是出版社各自为政，独立地与海外出版商或海外版权代理机构进行业务往来，这样既加大了贸易成本，也加大了版权购买方的风险。

此外，还有语言、版权贸易人才缺乏等方面的原因。

对于版权的输出，其原则及程序如下：

（1）版权输出的原则

一是认真选择可供出口的作品。这些作品不能损害国家安全和国家利益。

二是平等互利、协商一致的原则。在版权输出中，要通过签订合理的出口合同，维护我方的经济利益，取得合理的报酬。

三是既要知己，也要知彼，了解引进国（地区）的版权制度及相关法规，选择适当的版权输出方式，保护好输出作品的版权。

(2) 版权输出的程序

版权输出与版权引进是版权贸易问题的两个方面，其基本程序大致相同：

- 筛选出可供输出的作品；
- 寻找外国出版公司；
- 选择出口方式；
- 准备对外版权许可或转让的方案；
- 进行市场预测；
- 就合作出版或许可版权，拟定建议草案；
- 确定潜在合作伙伴，对其进行市场和资信状况调查；
- 制定选择版权输出受让方的标准；
- 选择合适的伙伴，进行正式谈判；
- 确定并修改协议草案；
- 认真谈判，提供许可或转让。

三、版权贸易的方式

版权贸易最终都是通过版权合同的法律形式来实现的。在版权合同中规定了版权贸易的两种主要方式：版权许可和版权转让。

（一）版权许可

版权许可是指版权所有人将其版权经济权利中的某项权利，有偿地授予他人在一定期限、一定范围内使用。在这里，版权许可的权利是作品的使用权。一般说来，版权许可贸易通过发放许可证或签订许可使用合同，准许被许可人在合同有效期内使用某项权利，被许可人对该项权利并没有处置权，原版权所有权并不会发生转移。

在《著作权法》中规定了版权许可的大致内容，包括作品复制、发行、表演、放映、广播、汇编、通过信息网络向公众传播的权利，以及作品删除、修改权利等。

（二）版权转让

版权转让是指通过合同买卖版权中的一项或者多项乃至全部财产权的法律行为。版权转让与版权许可不同，版权转让后原版权中财产权的归属便发生了转移。

目前与我国版权贸易往来比较频繁的国家和地区都准许版权完全转让，我国的新著作权法中也有了关于转让的相应规定。只有极少部分大陆法系国家的法律规定版权不可以转让或者只可以部分转让。版权贸易人员，必须了解相关国家对版权贸易限制的规定，以便签订有效的版权贸易合同，维护自身的经济利益。

卖绝版权是版权转让的一种形式，指将版权的某一财产权项或全部财产权在其有效期内、在某一著作权法域内一次性有偿转让。通常这种转让范围是全球性的。除卖绝版权外，其他形式的版权转让贸易受权项、地域和期限的限制。所有的版权转让都应通过合同来约定，并受到法律保护。有些国家还规定版权转让贸易必须登记，否则受让的版权无对抗第三人的效力。

四、版权贸易的过程

（一）找到版权所有人

找到版权所有人，这是版权贸易的第一步。实物贸易中当然首先要找到贸易货物的所有权人，然后谈判如何以最低价格购入并利用该货物最大限度地获利；要开展版权贸易，第一步也是去找版权所有人，然后再谈如何从其手里购得其作品的版权，或者是征得其作品在本地的许可使用，或者干脆买断，令其转让作品的版权到自己手里，然后再通过对所获得版权的作品充分开发来获取最大利润。

按照我国的著作权法和世界上多数国家的版权法，以及《伯尔尼公约》中的规定，通常情况下版权归作者所有，在作品上署名的应当是作者。按照《世界版权公约》《罗马公约》的有关规定，在图书版权页上，在符号以及出版年份后的就是版权所有人名称，录音制品的外包装上跟在符号以及出版年份后的是版权所有人名称。

不过作品的版权未必一定在作者手里。英美法系国家中版权不在作者手里的情况很普遍，比如美国的电影公司通常会按照法律将某部畅销小说的版权独家买断，从而成为该作品的版权所有人；英国的一些作家会根据法律将自己的作品完全转让给某代理人，从而使代理人可以完全行使该作品版权的经济权利，作者自己只一次性从代理人那里获得高额报酬。我国 2001 年 10 月通过的《著作权法》中增加了版权可以转让的规定，意味着作品的作者可以依照法律将自己的作品版权卖断给他人，作品使用者也可以买断的方式从作者手里获得其作品版权的独家所有。

另外，版权所有人有时候并不唯一。比如多数国家法律规定合作作品的版权由合作作者共同享有，作为共同版权人之一并无权利单独签订版权的许可或者转让合同；又比如演绎作品，即使取得了演绎作品版权人的许可，在取得原作品版权所有人的双重许可前仍不能使用该作品；至于录音制品的复制发行权利许可转让等，还要考虑到该制品权利人之外的原作品版权所有人、表演者等人的权利制约。假使国内某唱片公司想出版发行国外某歌星唱片专辑，不但要取得该唱片公司的授权，还要确认该唱片公司是否可以代行专辑内的词曲作者、演唱者的权利，否则该唱片公司是无权签订许可合同的。

（二）签订版权许可或转让合同

找到版权所有人后，便应考虑如何签订版权许可或转让合同。

比较版权的许可与转让，获得版权转让当然有一定的有利之处，获得版权转让后，当事人可以独家享有所获得的原版权人全部或部分权利，而许可行为则通常可以是版权所有人一方向多方发放的；获得版权转让后，当事人可以在发现受到侵权时尽快以版权人的身份直接采取诉讼等措施，而仅仅获得许可的当事人是不能享有此种诉讼权利的；在有“著作权可以抵押”的法律规定的国家里，只有获得转让后，才能享有此项抵押权，仅仅获得许可的当事人是无法将还是别人的版权进行抵押的。

包括我国在内的多数国家都规定应当以书面形式签订版权许可或转让合同，书面合同不仅限于明文规定的格式合同，也可以有各种灵活形式，比如书信往来、传真往来、电子邮件往来等都可以形成版权许可转让合同。由于以其他形式达成版权许可或转让合同的过程中，可能会出现双方的意思表达不够完整，责任如何承担等规定不细的情况，所以在版权贸易过程中签订正规的明确的版权贸易合同是必要的。

五、版权贸易合同

版权贸易合同，是指版权所有人或代理人与作品使用人之间，就实现某部作品版权中的一项或几项权利（作品使用权）的有偿转移而达成的书面协议，它规定了双方的权利和义务。

（一）版权贸易合同的条款

版权贸易中，版权双方当事人会根据作品和要求不同，达成不同的意向，签订不同的合同条款。但一般说来，版权贸易合同都应具备以下一些条款。

1. **基本条款**

包括合同名称、合同编号、签约时间、签约地点、合同双方单位名称及地址。

2. **主要条款**

版权许可使用合同，在我国《著作权法》第二十四条中规定了此种合同必备的条款内容，包括许可使用的权利种类、该权利是否专有、许可使用的地域范围、许可使用的期间、付酬标准和办法以及违约责任。

针对版权转让合同，我国《著作权法》第二十五条同样规定了六项内容，包括作品名称、转让的权利种类和地域范围、转让价金、交付转让价金日期和方式、违约责任以及同样的伸缩条款。

此外，在我国《著作权法》第二十四条中还有一项伸缩条款，即可以将当事双方认为需要约定的其他内容写进合同条款。

（二）版权贸易合同签订的注意事项

1. **版权贸易合同要遵守相关国际规定**

由于我国已加入 WTO，版权贸易活动的开展及贸易合同的签订都要遵守国际惯例，要符合《伯尼尔公约》《世界版权组织公约》及《与贸易有关的知识产权协议》等国际公约的相关规定。

2. **版权合同应具体、完整**

比如，在引进方面，对作品内容拥有修改权是必须要写入合同的，凡是不符合中国国情的都要做修改，当然修改之前需要和对方指明要作出修改的地方以及这样做的原因。还有应考虑到翻译作品需要一定的时间，签订合同时应对出版日期留有余地，以免陷于被动。

3. **邻接权要明确**

如是否同时转让电子出版物出版权，是否允许以其他文字形式出版等，都应在合同中明确规定。要尽可能地为我方争取到更多的附加权利。

4. **充分利用伸缩条款**

实践中，除《著作权法》第二十四条、第二十五条中列举的内容外，根据伸缩条款规定还应当考虑的重要内容有两点：一是应当在合同中明确许可人或转让人的权利所有担保责任，要求许可人或转让人保证不侵犯其他人的版权以及其他诸如名誉权、肖像权等民事权利，同时规定如果使用者在使用作品过程中由于许可人或转让人的这种行为而引起侵权诉讼时，应当由许可人或转让人承担一切责任，并赔偿使用者的一切损失；二是在纠纷解决条款的规定中，应当争取将来发生纠纷时的仲裁、诉讼地在中国，同时适用中国法律或者有关的国际条约，尽量避免直接适用对方国法律，到对方国的仲裁委员会、法院去解决纠纷。

5. **应盖有效的合同专用章及法人代表签字**

版权合同的签约人应是双方的法人代表，或者法人正式授权的代理人；否则，所签的合同不具有法律效力。同时加盖合同专用章。

（三）合同的履行

版权合同的履行也是一项琐碎的工作，要执行好，必须熟悉合同的内容，严格遵守合同的各项规定。由于版权合同履行的复杂性，为便于管理和日后检查合同执行情况，必须保管好执行合同的记录。

履行版权合同分为两个阶段：

第一阶段是图书的翻译或编译—照排—审稿—印刷；

第二阶段履行合同的支付义务，包括样书寄送，版税支付。

在履行支付义务时，要严格按照合同规定审单，按期准确支付。通常对方还要求定期出具销售报告，也应按照合同，按时出具。

六、版权贸易谈判

版权贸易谈判是版权贸易工作能否取得成功的关键一步。由于东西方地域和文化的差异，版权贸易人员要熟悉谈判方的文化背景和社交礼仪，掌握一定的谈判技巧，最终实现贸易双方互利双赢，为开拓版权贸易国际市场，打下坚实的基础。

（一）遵守约定的时间，讲究谈判礼仪

西方人时间观念很强，约好谈判时间后一定要准时到场。男士西装领带在色彩搭配上要讲究一些，尽量和现场的氛围相融合；谈判时双方需要近距离接触，因此，着装一定要特别干净。面对面谈判时，不能光做听众，要适当地做一些记录。告别之前要给自己留两三分钟说上几句客套话。

（二）材料准备不宜过长，多问多听多看

谈判中，给对方的书面介绍材料不宜过长，在一些敏感问题上，不要讲得太细。谈话中多提问题，这样有助于我们从中知道外方更多的情况。如，对方的一些出版信息，他对这本书的期望值，他跟国内其他出版社曾经合作的作品，等等。

（三）不要轻易报价，也不能轻易拍板

当我们不清楚外方的底价时，不要轻易报价，也不要轻易拍板，尤其不要给他底线。谈判过程中，在图书的首印数、每年最低印数、版税率、价格等问题上，双方难免会意见不一致，可先持保留意见。待到充分了解对方和作品情况后，再做决定。考虑周全，了解细密，才能够在谈判进入讨价还价阶段时掌握主

动权。

在价格谈判中，可给外方做一个初步的预测，分析一下再版的可能性，并列举一些成功的例子。要注意跟他说“我们出版社会派最好的营销人员来做这本书”。

七、版权贸易人员的基本要求

所有的贸易活动最终要靠人来完成，目前我国从事版权贸易工作的人员整体水平不高，迅速提高我国的版权贸易水平，提升我国在国际版权贸易中的地位，是现阶段版权贸易工作的主要目标。要提高版权贸易水平，关键在于有关领导的重视、从业人员自身素质的提高。

由于版权贸易的复杂性、跨行业等特点，对从业人员素质的要求比较高。从事版权贸易工作，须具备全方位的知识体系。除应掌握法律、语言等工具性知识外，还应当熟悉市场，具备敏锐的判断能力以便及时准确地把握市场动向，此外，还应兼具大型宣传的策划组织能力，以及一定的文化修养与良好的沟通能力。

具体说来，一个优秀的版权贸易人才应当做到以下这些：

（1）掌握版权法律知识，熟悉我国的著作权法律法规以及相关的政策规定，了解有关的国际公约内容、成员国情况，迅速了解谈判对手所属国家地区的版权法，制订合同严密合理，保证版权贸易过程中既不侵犯他人版权也能保护自身版权。

（2）涉外的贸易谈判中没有语言障碍，能够清楚表达我方出版单位的意思、清楚了解对方的意思表达，避免语言不同引起的歧义。

（3）对出版市场以及其他版权产业市场动向能够准确把握，迅速作出判断，在某个版权作品没有热起来前，抢先获得版权，占领市场，以较低的成本获得较大利润。

（4）在将版权作品成功引进或者输出以后，能够及时有效地通过宣传手段将其转换成市场上的畅销产品。

版权贸易从业者只有具备上述素质，才能在激烈的版权贸易市场中创建自己的固定渠道，拥有相对稳定的合作伙伴，并不断开拓贸易范围，占领市场。当然这些素质需要长时间的积累才能获得。

八、版权代理

版权代理，也称著作权代理，是指版权代理公司或代理人接受作者或出版机构的委托，以被代理人的名义，就达成有关作品的著作权转让或使用许可所进行的中介事务。

（一）版权代理的特征

版权代理既然被冠以代理的名称，它具有三个方面的“代理”特征：一是代理人的代理活动须以被代理人的授权为前提。只有接受了作者或出版单位的委托，代理人才能就被委托的版权业务开展代理活动。二是代理人是以被代理人的名义进行活动的，只是版权交易的中介组织，在交易双方中起着纽带和桥梁作用，本身并不拥有版权。三是代理机构的代理活动是受作者和出版单位的旨意行使的，只要其行为符合授权要求，便是代表了作者和出版单位，若产生法律效果，也直接归属于被代理人。

（二）版权代理的作用

19 世纪末 20 世纪初，随着国际版权贸易活动开展的日趋频繁，版权贸易代理人和各种代理公司应运而生。其特征决定了其作用，即接受作者和出版单位的委托，联系和推广版权引进和输出业务，以及其他与版权贸易有关的事务。

一方面，版权代理由于其专业性和针对性，比起出版单位和作者个人开展版权贸易有了更广的空间，更多的联系平台，可以使出版单位和作者集中更多的精力，充分发挥出版资源优势，多出书，出好书，既节省了成本，又提高了工作效率；另一方面，版权代理机构可以随时把握谈判进程，协调各方面关系，平衡各方利益，避免不正当竞争。版权代理机构通过不断地积累资源，整合资源，可以更好地为出版单位服务。

（三）我国版权代理的现状

在国际版权贸易中，版权中介机构，即国际版权代理公司，往往承担着十分重要的角色，如英美的版权代理就相当活跃：英国有 200 多家版权代理公司，美国有 600 多家版权代理公司。然而当今我国的现状是：国内仅有 20 多家经国家版权局批准的版权代理机构却经营不善，造成各家出版单位无论大小都分别独立地与海外出版商或海外版权代理机构进行业务往来，很少借助于国内的版权代理机构商榷版权贸易业务，因而大大提高了交易成本，加大了版权购买方的投资风险，效率和效益低下。概括起来，我国版权代理制度存在的问题如下：

1. **体制僵化，所有制形式和行业环境混乱**

我国的版权代理机构多数属于事业单位，或者挂靠在各省版权局版权处。这些代理机构的代理人员主动适应市场经济需要还不够。

目前我国的法律并未对版权代理作出明确规定和准确定位，代理人也没有实行资格准入制度。除了国家批准的版权代理机构外，一些社会团体、文化公司和个人也参与到版权代理的行业中来。这些代理机构或个人并未得到国家版权局和工商行政管理局的批准，其代理活动缺乏一个公平、合理、规范的制度轨道。

2. **经营范围狭窄**

1996 年 4 月 15 日国家版权局、国家工商行政管理局颁布了《著作权涉外代理机构管理暂行办法》，对版权代理机构的主要业务做了如下规定：

- 接受委托，开发作品使用市场；
- 提供著作权法律咨询；
- 代理签订转让或授权使用合同；
- 代理收取版税或以其他形式支付的报酬；
- 接受委托，代理解决著作权纠纷；
- 代理其他有关涉外的著作权事务。

然而在实际操作中，我国的版权代理机构经营范围比较狭窄，远没有形成代理版权一揽子业务。有的代理机构主要业务集中在提供法律咨询和解决著作权纠纷上；有的只做专业化代理，如专攻作家的代理，走西方文学代理人的路子；有的仅向作品使用者提供版权法律咨询、代理收转版权使用费和图书代理等基础性服务。此外，大部分的版权代理机构均以图书版权代理为主。

目前，许多版权代理公司已经意识到业务范围的局限，正努力拓展业务，向版权综合代理发展。如中华版权代理总公司便在国内率先开展了数字化制品、数字图书馆的版权代理，并着手研究信息技术条件下的文字、美术摄影作品的版权代理业务等。

3. 版权代理人才匮乏

版权代理是一个特殊的职业，从业人员不仅要具有较高的外语水平，还应熟悉出版法律法规，对世界出版物市场分析和走势还要有很好的把握。而我国目前的版权代理人员中具有这些综合素质的较少，有些代理人员虽积累了一定的出版经验，但对选题把握欠火候。再加上版权代理业对人员素质有较高的要求，却未能为其提供相应丰厚的经济待遇，也未能建立有效的人才激励机制，难以留住人才。

除此之外，目前在版权贸易市场上，许多出版单位与国内外的民营版权代理公司、文化公司等建立了合作关系，有些出版单位直接与国外的出版机构取得了联系，进行版权贸易，这样国内版权代理机构占有的市场份额更加小，经济效益不容乐观。

随着国际文化交流的发展，版权利用的贸易活动也在不断扩大，版权代理机构在版权贸易中的作用日益凸显。尤其是对于没有设立专门版权部门的中小型出版单位，善于利用版权代理公司尤为必要。为了充分保护作者及其他版权所有人在版权贸易活动中的权益与权利，促进智力成果在世界范围的传播，加快建立我国版权交易的代理制度无疑已成当务之急。对这项对从业人员素质要求较高、前期投入大、收效又较慢的工作，有关主管部门必须给予一定的支持，以加快我国版权贸易代理制度的建立和完善。

九、新形势下版权贸易的发展趋势

在版权贸易活动日趋频繁的今天，中国将兑现入世承诺，逐步开放文化市场，版权贸易有了新的发展思路，面临着新的挑战和机遇。自 2005 年开始，中国政府提出了中国文化“走出去”战略。长期以来，中国图书更是承载着中国文化“引进来、走出去”的重任。这一政策进一步丰富了版权贸易的内容，扩展了其内涵。具体讲，新时代赋予了版权贸易如下三个方面的内容：

（一）转让版权

转让版权是版权贸易“走出去”的传统内涵。出版单位通过代理机构或者其他渠道对外转让版权，获取一定的版税收入或者一次性转让费。

（二）实物贸易

图书作为商品，当然能够直接进入市场销售，图书通过进出口公司销往国外由来已久。在文化全球化日益明显的今天，这种销售更是表现出了前所未有的良好势头。我国最近已决定逐步取消对生产企业实施多年的自营进出口审批制度，代之实行登记备案制。这是我国为进一步落实企业经营自主权，向国际惯例靠拢而采取的一项重要措施。出版单位只要经过一定的程序便可获得商品出口所有权。这种权利的获得为图书直接销往国外亮了绿灯。近年，出版单位以成品书形式开展的贸易品种逐渐增多，范围逐渐扩大。

（三）版权贸易逐渐由单向输出向深度合作发展

近年版权贸易已由单向输出向深度合作发展。在北京 2007 年国际图书博览会上，中国许多出版集团便与国外的出版巨头签订了战略合作协议。如辽宁出版集团已与贝塔斯曼成立了合资公司；山东出版集团在英国与英国版协成立中国出版公司；人民文学出版社已与美国哈伯考林斯签署 5 年出版 50 本中国图书的战略合作协议，双方将从选题策划开始直至全球范围内的营销展开广泛合作。这种深度合作，使中国出版站在了世界的高度和广度，出版物作为一种世界性文化的传播载体为世人共享。

思考题

1. 什么叫版权？其主体和客体分别是什么？
2. 著作权的邻接权指什么？包括哪些内容？
3. 熟悉《著作权法》及其实施条例的主要内容。然后分析下面的案例。

   某出版社拟出版一本图文并茂的图书，但苦于没有合适的插图。后来他们发现已出版的一本书上的系列插图非常漂亮，很适合他们的要求。由于种种原因，出版社没有联系上原图的版权。在此出版社想出了如下方案：

   (1) 直接用原图，在书封底或版权页的某个位置，注明“由于暂时没有联系上插图的作者及出版方，请相关人员及单位见书后与出版社联系”。

(2) 出版社将原书插图扫描下来，并将扫描件做切割、旋转等处理，取部分使用。

试问以上方式是否侵犯原作品版权？如果已构成侵权，这种侵权行为应受到何种惩罚？正确的方式应该是什么？

4. 简述版权贸易的概念及过程。

5. 某出版社拟引进牛津大学出版社《牛津精神病学教科书》(第 5 版)，请拟定一份引进版权的合同。

第十一章 出版管理

从宏观上讲，出版管理可分为出版行政管理和出版经营管理两个方面。

第一节 出版行政管理

一、出版行政管理的方式和特点

（一）出版行政管理的概念

出版行政管理是指政府有关部门依法对出版活动进行管理的行为。

我国出版行政管理的根本任务是保障公民享有出版自由的权利，保障和规范合法的出版活动，培育和规范出版物市场，惩处违法出版行为，促进我国出版业的健康发展和繁荣。

我国出版行政管理实行中央和地方分级管理。国务院出版行政部门负责全国的出版活动监督管理工作，县级以上地方各级人民政府出版行政部门负责本行政区域内的出版活动监督管理工作。国务院和县级以上地方各级人民政府的其他有关部门，也在各自的职责范围内负责有关的出版活动监督管理工作。

我国出版行政管理的主要对象包括新闻出版单位、印刷复制单位、发行单位、制作单位。

（二）出版行政管理的方式与特点

我国对出版单位的设立实行审批制（行业准入和许可制度），而不是登记制，实行宏观控制原则。

出版业是一种具有特殊性的行业。其特殊性表现在它隶属意识形态范畴，是党和政府的“喉舌”，是社会主义思想文化宣传阵地，担负着国家安全和政治稳定的重要责任。因此，国家规定从事出版活动应当将社会效益放在首位，实现社会效益与经济效益相结合。民营、个人或达不到准入条件的单位是不可以进入出版领域的，这极具中国特色。

国家出版行政部门对出版工作进行宏观调控，依法实施管理。（具体内容请参见本书第四章第二节）

二、对出版单位的管理

（一）出版单位的主管单位

根据1993年6月29日新闻出版署“新出政［1993］801号”的规定：主管单位是指出版单位创办时的申请者，并是该出版单位的主办单位（两个或两个以上主办单位的则为主要主办单位）的上级主管部门。

主管单位，在中央应是部级（含副部级）以上单位；在省、自治区、直辖市应是厅（局）级以上单位；在自治州、设县的市和省、自治区设立的行政公署，应是局（处）级以上单位；在县级行政区域，应是县（处）级领导机关。

主管单位对所属的出版单位及其主办单位负有下列职责：

（1）监督出版单位及其主办单位贯彻执行中国共产党的基本路线、方针、政策和国家的法律、法规、政策；采取行政措施和经济措施保证出版单位的出版工作坚持为人民服务、为社会主义服务的方向，坚持以社会效益为最高准则；有权决定所属出版单位的出版物发行或不发行；对出版单位在出版物内容等方面发生的严重错误和其他重大问题，承担领导责任。

（2）审核批准出版单位的重大宣传、报道或选题计划，批准有重要影响的稿件的出版或发表；决定出版单位或出版物的停办或变更，并向新闻出版行政管理部门提出书面报告。

（3）对主办单位对出版单位的领导和管理工作进行检查、监督、指导，并可提出意见或作出决定。

（4）扶持、协助主办单位为出版单位提供或筹措资金、购置设备。

（5）与主办单位共同负责出版单位或出版物停办后的资产清算、人员安置和其他善后工作。

（6）国家规定的其他职责。

（二）出版单位的主办单位

根据1993年6月29日新闻出版署“新出政［1993］801号”的规定；主办单位是指出版单位的上级领导部门。

主办单位所办的出版单位的专业分工范围，应与主办单位的业务范围相一致。主办单位所办的出版单位的办公场所应与主办单位在一同城市或同一行政区域。

两个或两个以上单位联合申办出版单位，应确定其中一个单位为主要的主办单位以及相应的主管单位。

主办单位对所办出版单位负有下列职责：

（1）领导、监督出版单位遵照中国共产党的基本路线、方针、政策和国家的法律、法规、政策以及办社（报、刊）方针、宗旨、专业范围，做好出版工作及有关各项工作；审核出版单位的重要宣传、报道或选题计划，审核批准重要稿件（书稿、评论、报道等）的出版或发表；决定所属出版单位的出版物发行或不发行；对出版单位在出版物内容等方面发生的严重错误和其他重大问题，承担直接领导责任。

（2）依照国家的有关规定为出版单位的设立提供和筹集必要的资金、设备，并创造其他必要条件，办理核准登记手续，依法取得企业法人或者事业单位法人资格。

（3）依照国家的有关规定，决定出版单位经营管理国有资产的责任制形式；遵循国家有关规定和责、权、利相统一的原则，保证出版单位的经营自主权，但应对出版单位各项经营活动切实担负监督职责；监督出版单位严格执行国家财政、税收和国有资产管理的法律、法规，定期进行审计，确保出版单位财产的保值、增值。出版单位为实现社会效目标而形成政策性亏损，主办单位应当给予相应的补贴或者其他方式的补偿。

（4）审核出版单位的内部机构的设置，考核并提出任免出版单位的负责人的建议，报主管单位批准。

（5）向主管单位汇报出版单位的工作情况，贯彻落实主管单位的有关决定和意见。

（6）承担出版单位或出版物停办后的资产清算、人员安置和其他善后工作。

（7）国家规定的和上级主管部门规定的其他职责。

（三）出版管理机构与社会团体

1. 新闻出版总署

新闻出版总署（国家版权局）是国务院主管新闻出版事业和著作权管理的直属机构。在著作权管理上，以国家版权局名义对内对外单独行使职权。

新闻出版总署（国家版权局）的主要职责是：

（1）起草新闻出版、著作权的法律、法规草案，研究拟定新闻出版业的方针政策，制定新闻出版、著作权管理的规章和重要管理措施并组织实施和监督检查。

（2）制定新闻出版业的发展规划、宏观调控目标和产业政策并指导实施；参与拟定新闻出版业的经济政策和有关的经济性宏观调节措施。

（3）审批新建出版单位（包括图书出版社、音像出版社、电子出版物出版社和报社、期刊社等，下同）和出版物（包括图书、报纸、期刊、音像制品、电子出版物等，下同）总发行单位；审批音像制品和电子出版物复制单位、报业集团和著作权集体管理和涉外代理等机构；核准新闻出版中外合资企业和中外合作企业的设立。

（4）对新闻出版活动（包括出版物的出版、印刷或复制、发行）实施监督管理；查处违禁出版物和出版、印刷、复制、发行单位的违法违规活动。

（5）监督管理印刷业。

（6）拟定出版物市场的宏观调控政策、法规并指导实施，查处或组织查处非法出版活动和非法出版物；拟定出版物市场“扫黄”“打非”的方针、政策和计划并指导实施，协调出版物市场“扫黄”“打非”集中行动和大案要案的查处工作。

（7）负责音像制品的出版、复制管理。

（8）组织、指导教科书、党和国家重要文献及其他重点出版物的出版发行工作。

（9）管理著作权工作，组织查处在全国有重大影响的著作权侵权案件和涉外侵权案件；代表国家处理涉外著作权关系，组织参加著作权的双边或多边条约、协议的谈判、签约和国内履约活动。

（10）负责新闻出版和著作权对外交流与合作的有关工作；

管理、协调书报刊和电子出版物的进出口贸易。

（11）负责国家古籍整理出版规划工作。

（12）编制新闻出版业科技发展规划和标准化规划并指导实施、组织协调新闻出版业的科技工作。

（13）编制新闻出版业和著作权管理队伍建设、人才培养规划并指导实施；负责新闻出版业和著作权管理工作全国性表彰和评奖活动。

（14）承办国务院交办的其他事项。

总署机关下设的职能管理司有办公厅、政策法规司、图书出版管理司、报刊期刊出版管理司、音像和电子出版物管理司、出版物发行管理司、出版物市场监理司、版权管理司、对外交流与合作司、人事教育司等。

2. **国家版权局**

国家版权局与新闻出版总署是同一个机构。新闻出版总署（国家版权局）下设"版权管理司"，具体负责著作权业务工作。

版权管理司的职能是：组织起草与著作权保护有关的法律、法规草案；拟定著作权管理规章并组织实施；检查著作权法律、法规的实施和我国加入的国际版权公约在我国的执行情况，组织查处有重大著作权侵权案件和涉外著作权侵权案件；承办设立著作权集体管理机构的审批并指导其工作；监督管理作品的著作权登记和法定许可使用作品的工作，管理国家享有著作权作品的使用；承办与国外及香港特别行政区、澳门特别行政区、台湾地区的著作权关系的有关事宜；承办参加著作权的双边或多边条约、协议的谈判、签约和国内履约活动的有关工作；联系国际著作权组织；承办设立著作权涉外机构、指定国（境）外著作权利认证机关、外国和国际著作权组织在华设立办事机构的审批工作；承办强制重印或翻译出版外国作品申请的审批工作并发放强制许可证；监督指导涉外著作权贸易、涉外著作权合同登记、外国著作权认证工作。

3. **出版单位的组织机构**

组织机构主要根据本社性质与任务而设立。各种类型的出版单位尽管其主管单位、主办单位不同，但其性质与总任务是相同的。机构的设立尽管名称不完全一样，但都大同小异，主要都是由编辑、印务、发行与管理部门组成。部门机构大致如图 11.1 所示。

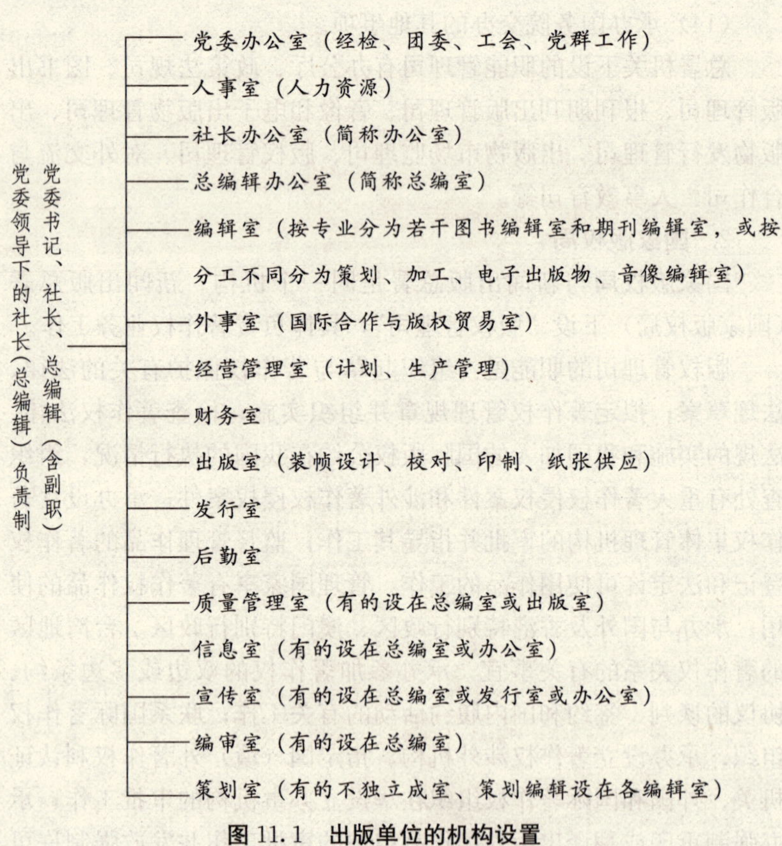

图 11.1　出版单位的机构设置

进入21世纪，我国加入WTO，出版社加大了改革步伐，机构设置趋向于与国际接轨，出现了出版集团、报业集团和发行集团，有的出版社走以内涵式发展为主的道路成为专业出版集团。集团制的出版社一般实行现代企业管理制度，下设出版分社（或事业发展部）和印刷公司、发行公司等。分社或事业部主要负责编辑与市场营销工作，对社本体承担经营责任，这种将选题等策划、组稿与市场营销策划工作，集于一身的新体制是适应现代市场经济的组织形式，是出版体制的一大进步。编辑工作机制同时也正在发生变化，编辑工作被细分为策划、组稿、审稿、编辑加工、营销策划等工作，分别设立岗位，有的还分设策划室、审稿加工室和营销策划室等等。

4. **中国出版工作者协会**

中国出版工作者协会简称中国版协，成立于1979年12月20日，是中国出版界自愿结成的全行业的、全国性的社会团体，是中国共产党和中国政府与出版界密切联系的桥梁、纽带和管理出版工作的助手，是非营利性社会组织。

协会在中国共产党的领导下，团结全国各族出版工作者，坚持马列主义、毛泽东思想、邓小平理论和“三个代表”重要思想，贯彻执行党的基本路线，遵守宪法、法律、法规和国家政策，遵守社会道德风尚，坚持为人民服务、为社会主义服务的方向和百花齐放、百家争鸣的方针，促进出版改革，加强出版人才培养和出版队伍建设，维护出版行业和出版工作者的合法权益，推动与香港特别行政区、澳门特别行政区以及台湾地区的出版合作，开展国际文化交流，为繁荣和发展社会主义出版事业，为把我国建设成为富强、民主、文明的社会主义国家而奋斗！

协会接受新闻出版总署和民政部的业务指导和监督管理。

协会的业务范围和主要任务是：

(1) 组织和推动出版单位和出版工作者学习马列主义、毛泽东思想、邓小平理论和“三个代表”重要思想，贯彻执行中国共产党和中国政府的方针、政策，坚持正确的政治方向，发扬出版工作的优良传统，解放思想，实事求是，勇于创新，开拓进取，不断提高出版工作的水平。

(2) 协助政府主管部门进行出版队伍的教育、培训工作，开展出版理论研究和业务交流活动，提高出版工作者的政治思想素质和业务水平，为培养一支政治强、业务精、纪律严、作风正的出版队伍作出贡献。

(3) 表彰和奖励先进的出版工作者，组织优秀出版物评奖活动，促进多出优秀作品，多出人才，为培养名出版家、名编辑及出版界各方面的专家作出贡献。

(4) 开展出版法制宣传，推动和监督出版单位和出版工作者遵纪守法，遵守职业道德，加强行业自律。

(5) 依照我国宪法及法律规定，维护出版单位和出版工作者的合法权益。

(6) 按照我国著作权法和政府有关法规的规定，促进出版单位广泛团结著译者，尊重著译者的权益。

(7) 关心离休、退休的出版工作者，支持并帮助他们从事力所能及的出版活动和其他有益社会的活动。

(8) 贯彻“一国两制”方针，加强同香港特别行政区、澳门特别行政区和台湾地区出版界的联系，增进同香港特别行政区、澳门特别行政区、台湾地区以及海外华侨、华人出版团体之间的友谊、交流合作。

(9) 广泛发展同各国出版界的友好往来，增进相互了解、友谊与合作。

(10) 在国家政策法规允许范围内，开展同本行业有关的有偿咨询服务和经营活动。

协会实行团体会员制，由会员单位法人代表组成。协会的最高权力机构是会员代表大会，第5年召开一次。

5. **中国编辑学会**

中国编辑学会成立于1992年10月，由从事编辑工作、编辑研究的团体和个人自愿组成，是全国性、学术性、非营利性社会组织。

学会以马克思列宁主义、毛泽东思想、邓小平理论和“三个代表”重要思想为指导，遵照中国共产党的基本路线和出版方针，开展编辑理论和编辑工作的研究，促进有中国特色社会主义出版事业的发展，更好地为我国的社会主义现代化建设服务。

学会在各项活动中遵守宪法、法律、法规和国家政策，遵守社会道德风尚。

学会接受新闻出版总署和民政部的业务指导和监督管理。

学会的业务范围与主要任务是：

(1) 组织编辑研究活动，制订研究工作计划，举行学术讨论会、报告会，推动国内编辑研究信息的汇集与交流。

(2) 组织编写编辑学、编辑业务、编辑史及编辑管理等方面的著作并推荐出版。

(3) 编辑出版编辑研究的学术性刊物。

(4) 组织评论出版物编辑质量。

(5) 举办编辑人员培训班、进修班及编辑业务咨询服务活动，组织评选优秀编辑论文和编辑人才。

(6) 与国外出版编辑学会建立联系，增进国际的学术交流与信息资料交流，吸取国外有用的经验，介绍我国的研究成果。

学会吸收个人会员与团体会员。会员代表大会为最高权力机关，每届任期4年。同时，中国编辑学会为开展工作需要，按照编辑工作的不同专业设立了若干个工作委员会。

6. **中国书刊发行业协会**

协会是从事书刊批发、零售、租赁、进出口和古旧书收售的国有企事业和集体、个体及其他经济成分的经营者自愿组成的全国性行业社团，成立于1991年3月6日。

协会坚持我国宪法规定的基本原则，团结全国书刊发行业，维护会员的合法权益，繁荣和发展具有中国特色社会主义书刊发行事业，更好地为人民服务，为社会主义服务。

协会遵守国家的法律、法规和有关规定，接受政府有关部门的管理和监督，树立本行业的良好风气。

协会由新闻出版总署归口指导。

协会的基本任务：沟通会员与政府之间的联系，积极发挥行业协会的市场中介组织作用，为全行业发展提供服务。依据市场规则，建立自律性运行机制，倡导会员积极发行优秀书刊，拒绝发行非法出版物。

该协会的主要工作：

（1）宣传贯彻党和政府对书刊发行工作的方针政策，向党和政府反映本行业的情况、问题和要求。

（2）协助政府对本行业进行规划、协调和监督。积极配合扫除黄色书刊和打击非法出版活动的斗争，维护和规范发行秩序，繁荣书刊市场。

（3）制定行规、行约，推动全体会员共同执行，加强自律。

（4）为维护本行业及会员的合法权益而采取的必要措施和行动。

（5）组织或协助会员开拓图书市场，举办各种书刊销售活动，组织市场信息交流，为会员提供促销服务和信息服务。

（6）开展全国优秀畅销书的评选活动，为全行业提供“评优导销”服务。

（7）促进会员之间及本会与有关行业之间的联系和合作，协调行业内部的关系。

（8）表彰为发展书刊发行事业做出显著成绩的单位和个人，

向全行业推荐信誉良好的书店。

(9) 开展书刊发行的调查研究和学术交流，推广研究成果。编辑出版本会报刊及有关出版物。

(10) 协助会员单位开展书刊发行工作人员的培训。

(11) 开展国际同业间的合作和交流。

(12) 为实现本会宗旨所必须进行的其他活动。

协会吸收团体会员与个人会员。协会的最高权力机构是全国会员代表大会，全国会员代表大会每 4 年召开一次。

7. **中国大学出版社协会**

由全国高等学校出版社自愿参加、自我服务的专业性团体，成立于 1987 年 6 月。

协会贯彻教育要“面向现代化、面向世界、面向未来”的精神和国家出版工作方针、政策，根据每个时期的中心工作，结合协会自身特点，开展各项工作，为办好大学出版社、为繁荣出版、为发展我国教育文化事业服务。

协会的具体任务是：

(1) 组织出版工作方针、政策的学习，努力提高出版工作人员的思想水平和政策水平。

(2) 开展对出版社领导体制、队伍建设、选题建设、出书质量、经营管理等重大问题的研究，总结推广各出版社的先进经验。

(3) 开展编辑、出版、印刷、发行、财务和行政管理人员的业务培训，提高有关人员的业务素质，提高出版社的管理水平和出版质量。

(4) 交流出版信息，组织大学出版社之间的协作，加强各出版社之间的横向联合，积极组织各种形式的图书销售订货活动。

(5) 组织大学出版社的先进人物和优秀图书的评奖活动。

(6) 开展对外协作和国际交流活动。

（7）创造条件，举办大学出版社协会的福利事业。

（四）对设立出版单位的管理

我国对出版单位的设立实行审批制。设立出版单位须经新闻出版总署批准，取得出版许可证，之后持出版物出版许可证，向所在地工商行政管理部门登记，依法领取营业执照。国家对出版单位应当具备的条件和申请、审批、登记等的程序作了具体的规定。

1. 设立图书出版单位的审批

对设立图书出版单位的审批，其具体要求及流程见表 11.1。

表 11.1　图书出版单位的设立

行政许可事项	设立图书出版单位的审批
许可条件	● 有出版单位的名称、章程； ● 有符合国务院出版行政部门认定的主办单位及其主管机关； ● 有确定的图书出版业务范围； ● 有 30 万元以上的注册资本； ● 有与主办单位在同一省级行政区域的固定工作场所； ● 有适应图书出版需要的组织机构和符合国家规定资格条件的编辑出版专业人员； ● 有确定的法定代表人或者主要负责人，该法定代表人或者主要负责人必须是在境内长久居住的具有完全行为能力的中国公民； ● 法律、行政法规规定的其他条件。
数量限制	有
许可程序	● 中央在京单位设立图书出版单位，由主办单位提出申请，经主管单位审核同意后，由主办单位报新闻出版总署审批； ● 中国人民解放军和中国人民武装警察部队系统设立图书出版单位，由主办单位提出申请，经中国人民解放军总政治部宣传部新闻出版局审核同意后，报新闻出版总署审批； ● 其他单位设立图书出版单位，经主管单位审核同意后，由主办单位向所在地省、自治区、直辖市新闻出版行政部门提出申请，省、自治区、直辖市新闻出版行政部门审核同意后，报新闻出版总署审批。

续表11.1

行政许可事项	设立图书出版单位的审批
许可期限	自收到申请之日起 90 日内
需要提交的材料	●按要求填写的设立图书出版单位申请表； ●主管单位、主办单位的有关资质证明材料； ●拟任图书出版单位法定代表人或者主要负责人简历、身份证明文件； ●编辑出版人员的出版专业职业资格证书； ●由依法设立的验资机构出具的注册资本验资证明； ●图书出版单位的章程； ●工作场所使用证明； ●设立图书出版单位的可行性论证报告。
法律依据	《出版管理条例》《图书出版管理规定》

2. 设立电子出版物出版单位的审批

对设立电子出版物出版单位的审批，其具体要求及流程见表 11.2。

表 11.2　设立电子出版物出版单位

行政许可事项	设立电子出版物出版单位的审批
许可条件	● 有电子出版物出版单位的名称、章程； ● 有符合新闻出版总署认定条件的主管、主办单位； ● 有确定的电子出版物出版业务范围； ● 有 200 万元以上的注册资本； ● 有适应业务范围需要的设备和工作场所，其固定工作场所面积不得少于 $200m^2$； ● 有适应业务范围需要的组织机构，有 2 人以上具有中级以上出版专业职业资格； ● 法律、行政法规规定的其他条件。
数量限制	有

续表11.2

行政许可事项	设立电子出版物出版单位的审批
许可程序	设立电子出版物出版单位，经其主管单位同意后，由主办单位向所在地省、自治区、直辖市新闻出版行政部门提出申请；经省、自治区、直辖市新闻出版行政部门审核同意后，报新闻出版总署审批。
许可期限	自收到申请之日起 90 日内
需要提交的材料	● 按要求填写的申请表，应当载明出版单位的名称、地址、资本结构、资金来源及数额，出版单位的主管、主办单位的名称和地址等内容； ● 主办单位、主管单位的有关资质证明材料； ● 出版单位章程； ● 法定代表人或者主要负责人及本规定第六条要求的有关人员的资格证明和身份证明； ● 可行性论证报告； ● 由依法设立的验资机构出具的注册资本验资证明； ● 工作场所使用证明。
法律依据	《出版管理条例》《电子出版物出版管理规定》

3. 设立音像制作单位的审批

对设立音像制作单位的审批，其具体要求及流程见表 11.3。

表 11.3　音像制作单位的设立

行政许可事项	设立音像制作单位的审批
许可条件	● 有音像制作单位的名称、章程； ● 有适应业务范围需要的组织机构和音像制作专业技术人员，从事音像制作业务的专业技术人员不得少于 5 人； ● 有 50 万元以上的注册资本； ● 有必要的技术设备； ● 固定经营场所面积不低于 $100m^2$； ● 法律、法规规定的其他条件。（经报请新闻出版总署同意，各省、自治区、直辖市新闻出版行政部门可以根据本地情况，对设立音像制作单位所需注册资本和经营场所面积另行规定）

续表11.3

行政许可事项	设立音像制作单位的审批
数量限制	有
许可程序	申请设立音像制作单位，由所在地省、自治区、直辖市新闻出版行政部门审批。
许可期限	自收到申请之日起 60 日内
需要提交的材料	● 申请书，申请书应当载明单位名称、地址，制作业务范围，资金来源及数额，法定代表人或者主要负责人姓名、住址等内容； ● 单位章程； ● 专业技术人员的资历证明文件； ● 由依法设立的验资机构出具的注册资本验资证明； ● 经营场所使用证明。
法律依据	《出版管理条例》《音像制品制作管理规定》

（五）对出版单位变更登记事项和注销的管理

出版单位发生变更登记事项或注销，应该按照《出版管理条例》的有关规定，办理相应手续。

1. **出版单位的变更**

出版单位变更名称、主办单位或其主管机关、业务范围，合并或者分立，出版新的报纸期刊，或报纸、期刊变更名称，均应当依照新设立出版单位的规定办理审批手续，经新闻出版总署审批同意后，到原登记的工商行政管理部门办理相应登记手续。期刊、报纸变更刊期，可由省级新闻出版局代行审批，并报新闻出版总署备案；但期刊、广播电视类报纸变更为周刊（含周刊）以上期刊，仍须报新闻出版总署审批。

出版单位如有除上列变更事项之外的其他变更，应当经主办单位及其主管机关审查同意，向所在地省级新闻出版局申请变更登记，并报新闻出版总署备案后，到原登记的工商行政管理部门办理变更登记手续。

其中，图书出版单位变更名称、主办单位或其主管机关、业务范围，合并或者分立的审批，其具体要求及流程见表 11.4。

表 11.4　图书出版单位变更事宜

行政许可事项	图书出版单位变更名称、主办单位或其主管机关、业务范围，合并或者分立审批
许可条件	符合《出版管理条例》等法规、规章、规范性文件的规定
数量限制	无
许可程序	由其主办单位向所在地省、自治区、直辖市人民政府出版行政部门提出申请；省、自治区、直辖市人民政府出版行政部门审核同意后，报国务院出版行政部门审批。
许可期限	自收到申请之日起 90 日内
需要提交的材料	《图书出版单位变更事项申请书》
法律依据	《出版管理条例》《图书出版管理规定》

电子出版物出版单位变更名称、主办单位或其主管机关、业务范围，合并或者分立，新增或者改变连续型电子出版物名称、刊期审批，其具体要求及流程见表 11.5。

表 11.5　电子出版物出版单位变更事宜

行政许可事项	电子出版物出版单位变更名称、主办单位或其主管机关、业务范围，合并或者分立，新增或者改变连续型电子出版物名称、刊期审批
许可条件	符合《出版管理条例》等法规、规章、规范性文件的规定
数量限制	无

续表11.5

许可程序	由其主办单位向所在地省、自治区、直辖市人民政府出版行政部门提出申请；省、自治区、直辖市人民政府出版行政部门审核同意后，报国务院出版行政部门审批。
许可期限	收到申请之日起90日内
需要提交的材料	1. 电子出版物出版单位变更名称、主办单位或其主管单位、业务范围、合并或者分立，需提交如下材料： ●《变更事项申请书》； ●主管单位关于变更事项的审核同意文件； ●省、自治区、直辖市新闻出版局的审核同意文件。 2. 新增连续型电子出版物，分两个类别提供材料： (1) 独立连续型电子出版物 ●《独立连续型电子出版物创办申请表》； ●主管单位审核同意文件； ●省、自治区、直辖市新闻出版局的审核同意文件。 (2) 配报刊的连续型电子出版物 ●《配报刊连续型电子出版物创办申请表》； ●主管单位审核同意文件； ●省、自治区、直辖市新闻出版局审核同意文件； ●报刊样本。 3. 改变连续型电子出版物名称，视同于新增连续型电子出版物，提交材料与新增连续型电子出版物相同。 4. 改变连续型电子出版物刊期，提交以下材料： ●主管单位关于变更事项的审核同意文件； ●省、自治区、直辖市新闻出版局的审核同意文件； ●填写《变更事项申请书》； ●如属于配报刊连续型电子出版物改变刊期，需提交新闻出版总署同意该报刊变更刊期的批准文件。
法律依据	《出版管理条例》《电子出版物管理规定》

音像出版单位变更名称、主办单位或其主管机关、业务范围，兼并或者合并、分立审批，其具体要求及流程见表11.6。

表 11.6　音像出版单位变更事宜

行政许可事项	音像出版单位变更名称、主办单位或其主管机关、业务范围，兼并或者合并、分立审批
许可条件	符合《音像制品管理条例》等法规、规章、规范性文件的规定
数量限制	无
许可程序	由所在地省、自治区、直辖市人民政府出版行政部门审核同意后，报国务院出版行政部门审批。
许可期限	自收到申请书之日起 60 日内
需要提交的材料	●《音像出版单位变更事项申请表》； ● 主办单位及主管机关的有关证明材料； ● 省级新闻出版行政管理部门的审核意见和申请报告。
法律依据	《音像制品管理条例》《出版管理条例》《音像制品出版管理规定》

2. **出版单位的注销**

出版单位发生停业，或发生违法行为被吊销出版许可证时，都应当向所在地省级新闻出版局办理注销登记，并报新闻出版总署备案后，到原登记的工商行政管理部门办理注销登记手续。

图书出版单位、音像出版单位、电子出版物出版单位和互联网出版单位自登记之日起满 180 日未从事出版活动的，报社、期刊社自登记之日起满 90 日未从事出版报社、期刊的，由原登记的省级新闻出版局注销登记，并报新闻出版总署备案。因不可抗力或其他正当理由发生上列情况，出版单位可向原登记的省级新闻出版局申请延期。

（六）出版单位年检登记制度

出版行政部门对出版单位实行年检登记制，目的是加强对出版活动的日常监督管理。

新闻出版总署制定的《出版单位年检登记制度（试行）》《报

纸登记项目年度核验办法》《期刊年度核验暂行办法》等规章，明确了出版单位年检的具体要求。如，每逢单数年，图书出版单位在自查年检的基础上，进行年检登记工作；每逢双数年，图书出版单位在社领导主持下，自行检查总结工作。

新闻出版总署审核后，对不符合年检登记条件的出版单位予以缓期登记，并根据不具备年检登记基本条件的实际情况，分别作出批评、警告、没收利润、罚款、停止某一部分图书的出版权、全社停业整顿等处理。被暂缓登记的出版单位，自发文之日起 6 个月内经整顿仍达不到年检登记基本条件的，将被取消登记资格。

（七）领导岗位持证上岗制度

国家对新闻出版行业的领导岗位实行持证上岗制度。新闻出版总署规定，新闻出版行业的主要负责人，均须持有《岗位培训合格证书》。

新闻出版行业的领导无论是在职的还是拟任职的，都要在当年内或任职后半年内按规定参加由新闻出版总署和各省级新闻出版局组织或指定培训机构举办的相应的岗位培训班，学完规定的全部课程，并经考试、考核合格，方可获得《岗位培训合格证书》。该证书在全国新闻出版行业有效，有效期为 5 年。持证人在有效期满后的第一年内再参加培训，重新取得。

各个岗位的规范内容和培训要求，由新闻出版总署统一规定。

单位领导持证上岗率列入出版单位年检内容，达不到要求的，年检主管机关将视不同情况给予警告或暂缓登记。被警告或暂缓登记的出版单位，要在年检主管机关规定的时间内使持证上岗率达到要求。

（八）出版专业职业资格制度

《出版专业技术人员职业资格管理规定》于 2008 年 6 月 1 日起施行，国家对在报纸、期刊、图书、音像、电子、网络出版单位从事出版专业技术工作的人员实行职业资格制度，对职业资格实行登记注册管理。

出版专业职业资格，是国家对出版从业人员从事出版专业技术工作所必备的素质和能力的认定。

这里所称出版专业技术人员包括在图书、非新闻性期刊、音像、电子、网络出版单位内承担内容加工整理、装帧和版式设计等工作的编辑人员和校对人员，以及在报纸、新闻性期刊出版单位从事校对工作的专业技术人员。

出版专业职业资格制度的基本要求：凡在出版单位工作的专业技术人员，必须通过国家统一组织的出版专业职业资格考试，取得规定级别的出版专业职业资格，持相应的《中华人民共和国出版专业技术人员执业资格证书》上岗。

出版专业职业资格制度的具体要求：凡新进入出版单位担任社长、总编辑、主编、编辑室主任（均含副职）职务的人员，除应具备国家规定的任职条件外，还应当具备中级以上出版专业职业资格并履行登记、注册手续。若不具备，应当在到任后两年内取得。否则，不能继续担任出版单位的领导职务。凡在出版单位从事出版专业技术工作的人员，必须在到岗 2 年内取得出版专业职业资格证书，并办理登记手续；否则，不得继续从事出版专业技术工作。在出版单位担任责任编辑的人员必须在到岗前取得中级以上出版专业职业资格，并办理注册手续，领取责任编辑证书。这里所称责任编辑是指在出版单位为保证出版物的质量符合出版要求，专门负责对拟出版的作品内容进行全面审核和加工整理并在出版物上署名的编辑人员。

出版专业职业资格分为初级、中级和高级三个级别。初级和中级资格的取得实行全国统一考试制度，考试每年举行一次。高级资格的取得实行考试与评审相结合的制度。

表 11.7　出版专业职务系统

<table>
<tr><th>出版专业职务</th><th>高级职务</th><th>中级职务</th><th>初级职务</th></tr>
<tr><td rowspan="2">编辑
（含美术编辑）</td><td>编　审</td><td rowspan="2">编　辑</td><td rowspan="2">助理编辑</td></tr>
<tr><td>副编审</td></tr>
<tr><td rowspan="2">技术编辑</td><td rowspan="2">副编审（技术）</td><td rowspan="2">技术编辑</td><td>助理技术编辑</td></tr>
<tr><td>技术设计员</td></tr>
<tr><td rowspan="2">校　对</td><td rowspan="2">副编审（校对）</td><td rowspan="2">一级校对</td><td>二级校对</td></tr>
<tr><td>三级校对</td></tr>
</table>

已取得出版专业技术人员职业资格证书的人员应当在取得证书后 3 个月内申请职业资格登记；未能及时登记的，在按规定参加继续教育的情况下，可以保留其 5 年内申请职业资格登记的资格。职业资格首次登记，应提供以下材料：出版专业职业资格证书原件；身份证复印件；职业资格登记申请表。

职业资格登记有效期 3 年，每 3 年续展登记一次。续展登记时，由申请人所在出版单位于有效期满前 30 日内申请办理续展登记手续；如有特殊情况，登记有效期可适当延长，但最长不超过 3 个月，逾期仍不办理续展登记手续的，原登记自动失效。职业资格登记失效后，按规定参加继续教育的，可以保留其 5 年内申请职业资格续展登记的资格。已按规定办理责任编辑注册手续并取得责任编辑证书的人员，无需办理续展登记。

在出版单位拟担任责任编辑的人员，应首先进行职业资格登记，然后申请责任编辑注册，取得责任编辑证书后，方可从事责任编辑工作。责任编辑注册申请可与职业资格登记申请同时提出。申请责任编辑注册的人员应具备与责任编辑岗位相适应的政治素质、业务能力和职业道德；出版单位应对拟申请责任编辑注册人员的上述情况进行审核。

责任编辑首次注册应当提交以下材料：中级以上出版专业职业资格证书原件；身份证复印件；责任编辑注册申请表；继续教育证明材料。

责任编辑注册有效期 3 年，每 3 年续展注册一次。续展注册时，由申请人所在出版单位于有效期满前 30 日内申请办理续展注册手续；如有特殊情况，注册有效期可适当延长，但最长不超过 3 个月，逾期仍不办理续展注册手续的，原注册自动失效。责任编辑注册失效后，按规定参加继续教育的，可以保留其 5 年内申请责任编辑续展注册的资格。

三、对出版单位业务活动的管理

1. **图书质量管理**

图书兼有精神产品与物质产品双重属性，对其产品质量有着更高的要求。新闻出版总署制定了《图书质量管理规定》和《图书质量保障体系》两个重要规章，以保证图书的质量。

2. **年度出版计划备案制度**

年度出版计划也称年度选题计划，是出版社准备在某一年度安排出版的产品计划。

年度出版计划备案制度是出版行政管理宏观调控的重要手段之一，也是保障图书质量的出版宏观调控机制预报机制的组成部分之一。出版社未将年度出版计划上报备案或在出版物出版后再补报计划的都将受到行政处罚。

3. **重大选题备案制度**

重大选题备案制度也属于保障图书质量的出版宏观调控机制

预报机制的组成部分之一。新闻出版总署制定了《图书、期刊、音像制品、电子出版物重大选题备案办法》，具体规定了需报备案的选题范围。重大选题未经备案，不得出版。出版单位违反备案办法，未经备案而出版属于重大选题范围的出版物，无论内容有无问题，一律先停止出版发行。同时，由出版行政部门责令该出版单位按照规定办理申报备案手续，待问题查实后给予相应的行政处罚，并责成出版单位的上级主管部门对出版单位主要负责人给予行政处分。

4. **特殊选题专项报批**

特殊选题专项报批，是指某些选题除列入年度选题计划备案外，还须向出版行政部门单独报批，获准后才能出版。

5. **书号、刊号与版号管理**

书号、刊号、版号都是出版物的标准化识别代码。

书号是“中国标准书号”的简称。主要用于图书、音像制品、非连续型电子出版物。

刊号是“中国标准连续出版物号”的习称。刊号由国际标准连续出版物号和国内统一连续出版物号两部分组成。主要用于报纸、期刊和连续电子出版物。

版号是“中国标准音像制品编码”的习称。由国际标准音像制品编码和类别代码两部分组成。主要用于音像制品。

国家对书号、刊号和版号主要的管理规定有：

● 书号、刊号、版号不能相互替代使用；

● 一个书号、刊号、版号只能用于相应出版物的一个品种，不得“一号多用”；

● 严禁买卖书号、刊号和版号。

6. **出版物样本缴送制度**

国家规定，出版单位发行其出版物前应当向中国国家图书馆、中国版本图书馆和国务院出版行政部门免费缴送出版物样本。出版行政部门要求出版单位缴送出版物样本，也是出版行政管理的重要手段之一。

7. 对出版物的导向管理——奖励与惩罚

《出版管理条例》中明确规定了国家支持、鼓励出版的优秀、重点出版物的范围，体现了出版行政管理的导向。

国家对违反有关出版活动的法律法规的行为，必定予以惩戒，责令其承担一定的法律责任。

四、图书质量管理的实现

（一）图书质量保证体系

图书质量保证体系由出版管理宏观调控机制、编辑出版责任机制和社会监督机制三部分构成。

1. 出版管理宏观调控机制

出版管理宏观调控机制系统由六个部分组成：

- 预报机制要求坚持年度选题计划审批和备案制度，重大选题备案制度等。
- 引导机制要求坚持出版通气会制度，出版法规强化培训制度，制定和实施中长期出版规划制度，出版基金保障制度等。
- 约束机制要求坚持出版单位年检登记制度、书号使用总量宏观调控制度、图书跨省印刷备案制度等。
- 监督机制要求坚持随机抽样审读制度，图书出版定期综合分析制度，图书编校、印装质量检查制度，图书市场动态监测制度等。
- 奖励机制要求坚持优秀图书奖励制度，优秀编辑出版人员表彰制度，优秀和良好出版社表彰制度，对违规出版社和责任人的处罚制度等。
- 责任机制要求坚持分级管理责任制度，主管、主办单位负责制，出版社业务人员持证上岗制等。

2. **编辑出版责任机制**

编辑出版责任机制由三部分组成：

• 前期保障机制要求坚持按专业分工出书，加强选题策划工作，坚持选题论证制度等。

• 中期保障机制要求坚持稿件三审责任制度，责任编辑制度，责任校对制度，责任设计编辑制度，设计方案三级审核制度，“三校一读”制度，印刷质量标准和《委托书》制度，图书书名页、中国标准书号和图书条码使用标准等。

• 后期保障机制要求坚持图书成批装订前的样书检查制度，出书后的评审制度，图书征订广告审核制度，图书样本缴送制度，图书重印前审读制度，稿件及图书质量资料归档制度，出版社与作者、读者联系制度等。

3. **社会监督机制**

社会监督机制要求坚持出版行业协会监督制度，社会团体监督制度，读者投诉反馈制度，社会舆论监督制度等。

（二）图书质量管理规定

根据《图书质量管理规定》，图书质量包括内容、编校、设计、印制四项；分合格、不合格两个等级。

内容、编校、设计、印制四项均合格的图书，其质量为合格。这四项中若有一项不合格的图书，其质量为不合格。

图书内容质量标准以《出版管理条例》的相关规定为依据。

图书编校质量标准以差错率为依据。差错率不超过万分之一的图书，其编校质量为合格；差错率超过万分之一的图书，其编校质量为不合格。实际工作中应根据《图书质量管理规定》之《图书编校质量差错率计算方法》中的方法和标准进行计算。

图书整体设计和封面、扉页、插图等设计，若全部符合国家的有关技术标准和规定，其设计质量为合格；若有一项不符合有关技术标准和规定，则为不合格。

印制质量标准以《书刊印刷产品质量监督管理暂行办法》《印刷产品质量评价和分等导则》的相关规定与标准为依据。符合规定与标准的图书，印制质量为合格；否则就为印制质量不合格图书。

（三）图书抽样检查

为保证和督促图书质量提高出版行政部门对出版单位的出版物实施抽样检查。抽查方式主要有两种：

1. 自　查

出版单位每年对自己已出版图书的质量至少应进行两次自查，自查结果和相关情况应于次年 1 月 31 日前上报出版行政部门。在出版单位自查的基础上，省级新闻出版局和出版单位的主管单位组织图书质量检查小组，对其所辖出版单位的图书进行抽查。

2. 抽　查

新闻出版总署根据全国图书质量实际情况及读者的反映，每年选取部分出版单位的图书进行质量抽查。出版行政部门须将审读记录和检查结果书面通知出版单位。出版单位如有异议，可请求复检。对复检结果仍有异议，可向上一级出版行政部门请求裁定。

第二节　出版单位经营管理

出版单位从事着生产经营活动，便具有企业的属性，即生存、发展、赢利。出版单位作为法人实体和市场主体，依法自主经营、自负盈亏；出版单位的资本属国家资本，担负着实现国有资产保值增值的责任。出版单位应建立能够适应市场经济的经营管理模式，合理、有效地配置资源，优化结构，扩大市场份额，从而实现盈利。

一、出版单位经营管理的含义

出版单位的经营管理是指出版单位根据党和国家的出版方针，适应读者需要，顺应出版物市场变化，以取得良好的社会效益和经济效益为目的，筹划、配置资源，组织出版物生产与销售等一系列活动。

二、出版单位经营管理的目标和决策

（一）出版单位经营管理的目标

多出优质图书，不断提高社会效益和经济效益，是出版单位经营的基本目标。围绕基本目标，出版单位经营目标具体包括下列几个方面：

第一，社会效益应放在首位。

第二，出版单位要明确自己的目标市场，为图书定位。

第三，出书的规模和结构要合理。

第四，出版单位应提升市场竞争的能力，确定自己的品牌。这是出版单位经营目标的一个重要方面。

第五，出版单位在实现社会效益的同时也应注重经济效益的实现，增强自身的经济实力。

第六，根据出版单位自身的实际情况，确定目标期的发展速度。这是出版单位经营目标的又一个重要方面。

第七，出版单位发展的最重要因素就是其人力资源的开发、提升和有效利用。这也是出版单位经营目标的一个重要方面。

（二）出版单位经营决策

1. 经营决策的内容

出版单位的经营决策就是对关于出版资源配置的多种可选择方案进行比较、分析、研究，从中找出能实现经营目标的最优方案。经营目标受外部环境和内部环境的制约。

2. 经营决策的步骤

经营决策的过程通常分为七个步骤：确定目标，明确问题，找出原因，提出方案，收集数据，方案评价和选优，实施和监控。

三、出版单位管理的职能和种类

（一）出版单位管理的基本职能

出版单位管理的基本职能有领导职能、组织职能、计划职能、控制职能等。

1. 领导职能

主要表现为通过指导、激励和沟通，来统一思想，协调步伐，化解矛盾，引导职工向着经营目标努力。

2. 组织职能

主要表现为界定各部门的职权，组织各部门人员既有分工又有协作地完成为实现经营目标而必须完成的任务。

3. 计划职能

主要表现为对未来活动进行筹划，引导出版单位的工作有条不紊地进行。

4. 控制职能

主要表现为通过监控经营活动的过程，将实际绩效与预期目标进行比较，以便采取措施纠正偏差，保证为实现经营目标而进行的各项工作能够正常进行。

（二）出版单位管理的种类

1. 按管理范围划分

按管理范围划分有整体管理、具体环节管理、项目管理。

● 整体管理是对全出版单位经营活动的管理，着眼于出版单位的整体利益。

● 具体环节管理是对具体经营活动各个环节的管理。

● 项目管理是对某出版物生产全过程的专项管理，并独立考核其效益。

2. 按管理对象划分

按管理对象划分有计划管理、财务管理、生产管理、营销管理、质量管理、人力资源管理等。

四、出版单位管理机制

（一）目标管理

目标管理是出版单位以组织制订和实现工作目标为内容的管理机制。

目标管理将全社任务量化为一定的指标体系，分解到各个部门、岗位。使所有的部门和岗位都明确自己所应承担的目标责任，并围绕目标的实现发挥自己的主动性和创造性。目标管理可分为以下几种层次：

1. 宏观层次的目标管理

即以出版单位为单位的目标管理。目前实行的主要是社会效益和经济效益“双效益”的评估考核。

2. 中观层次的目标管理

即以部门为单位的目标管理。它以各出版单位总体目标的分解和结构优化为基础，着眼于微观目标的最佳组合，主要在编辑、校对、出版以及发行等部门实行。

3. **微观层次的目标管理**

即以个人或项目小组为单位的目标管理。它是对全出版单位目标管理的进一步细化，主要在编辑、校对、发行人员中采用。

（二）岗位责任管理

出版单位通过岗位责任管理，明确各个岗位工作人员的责任，赋予相应的职权，并按其完成任务、履行职责的情况，给予相应的劳动报酬，实现责、权、利的相互结合与制约。

岗位责任管理的关键是科学的、合理的定岗定员并建立相应的考核制度。

（三）项目管理

图书项目管理包括全过程管理和职能管理。

1. **项目全过程管理**

项目全过程管理包括 6 个过程：

（1）项目的计划、设计过程

初步确定出版项目计划，对项目的可行性进行调研，确定项目目标并形成书面报告。

（2）项目的计划审定过程

在这个过程中，要充分考虑市场及风险成本因素，确认项目、出版流程、详细计划和阶段目标，以及实施项目计划所需的必要条件，最终形成选题论证书。

（3）项目的出版实施过程

一旦出版单位采纳了项目组的论证书，该图书项目便进入了出版流程，出版单位应组织和调动社内资源，协调各部门工作，按时按质出版图书。

（4）项目的控制分析过程

项目在实施过程中难免与计划发生偏差，项目管理部门应即时监督并与项目责任人沟通，分析差异和问题，采取纠偏措施等管理活动。

（5）项目的结束总结过程

图书投入市场后，应及时了解销售情况，收集读者意见及建议，便于日后的修订与再版，以及其他的新项目计划。

（6）项目效益评估与结算

图书经过一段时间的销售后，按照项目目标和既定的评估方法对项目的效益进项评估，并对项目进行经济核算，对所实现的利润依照预先的约定进行分配。

2. 项目职能管理

项目职能管理包括 9 个方面：

（1）项目的综合集成管理

项目的综合集成管理包括：制订图书项目的综合计划，计划需要变更时的控制程序。

（2）项目的范围管理

项目的范围管理包括：图书出版、营销工作的确定、实施和核实，将计划分解成阶段目标按照集成管理的要求去控制、管理好图书范围的变动。

（3）项目的时间管理

项目的时间管理包括：决定出版工作顺序，制订图书出版进度计划并进行时间控制，确保图书如期出版。

（4）项目的成本管理

项目的成本管理包括：确定出版项目需要投入的资源种类、数量、时间，从而确定项目预算和费用定额；通过项目成本管理，将实际成本控制在计划和预算范围内。

（5）项目的质量管理

项目的质量管理包括：确定图书应达到的质量标准，在组稿、编辑、印刷、发行过程中严把质量关。

(6) 项目的人力资源管理

项目的人力资源管理包括：采取内部和外部招聘的方式确定项目组成员并分配工作，选取适当的管理模式，提高项目组的运行效率。

(7) 项目的沟通管理

项目的沟通管理包括：策划、审读、加工、发行等项目的参与者对于交流和沟通的要求，信息内容及交流方式；出版单位、作者、合作方及读者之间的信息沟通和反馈。

(8) 项目的风险管理

项目的风险管理包括：风险的识别，风险的量化，风险的回避。

(9) 项目的采购管理

项目的采购管理包括：明确图书生产时间，需要采购的纸张等材料，编制详细可行的采购询价、订货、签订合同的计划并实施，确保采购的材料能够在规定的时间到位并符合要求。

(四) 不同管理机制的关系

目标管理、岗位责任管理、项目管理这三种机制间有着密切的关系。

目标管理强调的是工作的目标和预期的效果，着眼于出版单位的整体工作。岗位责任管理强调的是员工在本岗位上必须承担的责任和义务，是目标管理的分解和细化。项目管理是采用新管理模式对重点出版项目的全程、全方位管理。出版单位实施目标管理、岗位责任管理、项目管理的目的是为了明确出版工作的规范和要求，保证生产经营有效地进行。

五、出版单位计划管理

出版单位的计划主要是指本单位出版物的生产与经营计划。

（一）出版单位计划的特点和作用

1. 出版单位计划的特点

（1）原创性

原创性越强，图书的生命力、竞争力越强。

（2）长期性

与报纸、期刊等出版物相比，图书出版的周期要长得多。完整、周密的长期计划、年度计划以及阶段性实施方案，是图书出版工作得以顺利进行的保障。

（3）多样性

出版单位每年出版的图书品种丰富，数以百计，涉及面也很广泛。这使得出版单位的计划具有多样性。

2. 出版单位计划的作用

（1）优化出书结构

出书结构反映出版单位所生产图书的各种比例关系。这些比例关系体现在出书的品种数量、印数、印张数、总定价、利润等指标上。

（2）确定出书规模

出书规模的大小主要取决于出版单位自身的能力。计划的制订就是在保证图书质量的前提下合理安排出书规模。建立在正确估量人、财、物基础上的计划，可使出书规模更切合实际。

（3）全面整合营销

营销的核心是提高读者和市场的满意度，扩大市场份额。计划的制订可使出版单位内部各部门彼此协调，各自有着明确的阶段性目标，从而达到最终理想的目标。

(4) 协调全社行动

出版单位的计划，一方面可使员工了解一定时期内社里的经营目标及保证实现的措施，共同按照既定程序、质量标准和时间进度工作，以保证经营目标的实现；另一方面便于领导根据外部环境的变化及时协调内部各环节的工作。

(二) 出版单位计划管理的内容

根据所订计划涉及时间的长短，出版单位的计划可分为长期计划、年度计划、季度或月度计划，其中年度计划是重点。根据计划的类型，可分为编、印、发、财务等专项计划。

1. **选题计划**

选题计划是出版单位一切计划的基础。分为年度计划和长期计划。

2. **出书计划**

出书计划是出版单位为某一年度制订的全年所准备出版图书的计划，包括初版、再版和重印图书。

3. **发稿计划**

发稿计划是出版单位为某一年度制订的列有全年准备发交印制加工的全部书稿的计划。

4. **印制计划**

印制计划是根据出书、发稿计划制订的生产计划。

5. **营销计划**

营销计划是关于如何将营销对象推向市场并占有更多市场份额的计划。

6. **财务计划**

出版单位计划期间的经济效益，最终要通过一系列的财务计划来实现。

第三节　出版单位财务管理

财务管理是出版单位管理的一部分，是有关资金的获得和有效使用的管理工作。财务管理的目标取决于出版单位的总目标，而出版单位的总目标又概括为生存、发展、获利。出版单位赖以生存的是市场，包括商品市场、金融市场、人力资源市场等。出版单位要在市场中长期、稳定地生存下去就要力求保持以收抵支和偿还到期债务的能力，减少破产的风险。出版单位要发展必须不断推出更好、更新、更受读者欢迎的出版物。出版单位的发展集中表现为扩大收入，要扩大收入就必须提高人员素质、出版物的质量、销售数量。出版单位只有实现获利，才有存在的价值。

一、出版单位财务管理的对象

出版单位财务管理的对象是资金及其流转。资金流转的起点和终点是现金，其他资产都是现金在流转过程中的转化形式，因此，出版单位财务管理的对象也可以说是现金及其流转。在生产经营中，现金变为非现金资产，非现金资产又变为现金，这种流转过程称为现金流转。这种流转不断循环下去，称为现金循环。在出版单位日常的生产经营中，现金的流入量与流出量常常会出现不平衡。盈利的出版单位如果不扩充规模，其现金流转一般比较顺畅。亏损的出版单位，以长期的观点来看，其现金流转是不可能维持的，亏损额小于折旧额的出版单位，在固定资产重置前可以维持下去；亏损额大于折旧额的出版单位，如不从外部补充现金将会面临破产。任何要迅速扩大经营规模的出版单位，都会面临相当严重的现金短缺。管理当局不仅要维持目前经营的现金收支平衡，设法筹集出版单位扩大所需的现金，并且还要力求保证出版单位扩充的现金需求不能超过扩充后新的现金流入。另外市场的季节性变化，国家经济的波动，通货膨胀，以及竞争都会影响出版单位的现金流转。

二、出版单位财务管理的目标

出版单位经营管理的总目标是企业效益最大化，出版单位财务管理的主要目标便是利润最大化。

图书是出版单位的主要商品，它具有双重性——既是精神产品，又是物质产品。因此，出版单位在把社会效益放在首位的前提下，应积极追求经济效益。如果不重视经济效益，出版单位在市场经济条件下就难以持续发展，甚至无法生存。

三、出版单位财务管理的主要内容

出版单位财务管理的主要内容是投资决策、筹资决策和利润分配。

（一）投资决策

投资是指以收回现金并实现收益为目的而发生的现金流出。出版单位的投资决策，分为长期投资和短期投资。长期投资又称资本性投资，是指影响所及超过一年的投资。例如，购买照排设备、建造出版大楼等等。短期投资又称流动资产投资，是指影响所及不超过一年的投资。出版单位主要是对图书出版的投资。投资出版周期特别长的大型辞书、套书、丛书因涉及的时间长、风险大，因此，在决策分析时更应重视货币的时间价值和投资风险价值的计量。

（二）筹资决策

筹资就是筹集资金。筹资决策要解决的问题是如何取得出版单位需要的资金。筹资决策的关键是确定资本结构，即决定各种资金来源在总资金中所占的比重，主要是指权益资金与借入资金的比例关系。出版单位属国家所有，其权益资金是国家投入或增拨的资金；借入资金是债权人提供的资金。出版单位为了扩大经营规模需要增加投入时，完全通过权益资本筹资较难实现，可以通过银行或其他金融机构融资，但负债的比例大，则风险大，出版单位随时可能陷入财务危机。

（三）利润分配

利润分配是指对出版单位赚得的利润的分配。根据国家有关法规的规定，出版单位当年实现的净利润，一般应按照如下顺序进行分配：用于弥补以前年度亏损；提取法定公积金、法定公益金及任意公积金；向投资者分配利润。

四、出版单位的成本控制

（一）出版物成本的概念及分类

现代企业会计分为财务会计和管理会计两大分支。财务会计中的成本与管理会计中的成本是有区别的。

1. **财务会计中的成本**

财务会计中的成本是指取得资产或劳务的支出。就出版物而言，其成本是指取得可为出版单位带来当期利益或未来利益的某种产品或者服务而付出的现金或现金等价物。即成本也是指出版单位为生产产品、提供劳务而发生的各种耗费。出版物发生的费用包括成本和期间费用。其中，出版物的成本可分为直接成本和间接成本。

(1) 直接成本

直接成本是指能直接计入各品种、类别、批次产品等出版物成本对象的成本。对于只有一种出版物的期刊等出版单位而言，所发生的产品成本都是直接成本。直接成本包括稿酬及校订费、租型费、原材料及辅助材料、制版费用、印装（制作）费、出版损失、其他直接费用。

• 稿酬及校订费：是指付给著者、译者、校订者的基本稿酬、印数稿酬、版税、额定稿酬等所有报酬及翻译文字的校订费用。

• 租型费：是指从境内外出版单位租赁型版、本单位印制发行而付给出租版型的专有出版权再许可使用费。

• 原材料及辅助材料：是指出版物生产所需的纸张、装帧材料等原材料以及辅助用料的成本。

• 制版费用：是指在出版物的排版、制版以及纸型、胶片、母片、母带的型版生产过程中支付的各种加工费。

• 印装（制作）费：是指在出版物生产过程中支付的纸质出版物印刷费用、装订费用，音像制品、电子出版物的复制刻录费用、印刷费用、包装费用，投影片（含微缩制品）的复制费用和装帧费用等。

• 出版损失：是指生产过程中某种产品尚未完工之前发现的各种损失，包括扣除相关责任人应承担的赔偿或保险公司赔款和残料价值后的报废净损失；因出版单位的责任造成的重新生产所支付的原材料、辅助材料及加工、退稿等费用；非管理原因造成的报废损失等。

• 其他直接费用：是指除上述各种费用以外的其他直接成本。包括选题策划、开发、设计制图、审稿、编辑加工、校对、专题会议、音像制品和电子出版物的实验以及各类专项费用。

(2) 间接成本

间接成本是指不能分清为哪种产品耗用，不能直接计入各品种、类别、批次产品等出版物成本对象，而必须按照一定标准分配计入有关成本对象的成本，如编录经费等。间接成本应按照因果原则、受益原则、公平原则，采取较科学和大体合理的方法，将其分配到某一种出版物的成本中去。实际采用的分摊方法大致有：传统方法；按部门归集分摊；组合分摊；定额分摊。出版单位具体采用何种分配方法自行决定，但方法一经选定，不得随意变更。如需变更，应在报表附注中加以说明。

(3) 期间费用

期间费用是指不能直接归属于某种产品或服务的费用。包括管理费用、营业费用、财务费用。期间费用应直接进入当期损益。

• 管理费用：是指出版单位为组织和管理出版经营所发生的费用。包括管理人员工资、福利费、工会经费、职工教育经费、业务招待费、差旅费、办公费、印花税等相关税金、技术转让费、无形资产摊销、研究与开发费、咨询费、诉讼费、聘请中介机构费、坏账损失、劳动保险费、董事会费等。

• 营业费用：是指出版单位在销售商品过程中所发生的费用。包括出版单位销售出版物所产生的运输费、装卸费、包装费、保险费、展览及广告费，以及为销售出版物而专设的销售机构的人员工资及各项福利保险、工会经费、职工教育经费、办公费用、差旅费、会议费、业务招待费等，以及外购商品发生的进货费用。

• 财务费用：是指出版单位筹集生产经营所需资金而发生的费用。包括利息净支出、汇兑净损失、金融机构手续费等。

2. **管理会计中的成本**

从管理会计的角度看，成本是指企业在生产经营过程中对象化的，以货币表现的，为达到一定目的而应当或可能发生的各种经济资源的价值牺牲或代价。全部成本按其性态可分为固定成本、变动成本、混合成本三大类。

(1) 固定成本

固定成本是指在一定相关范围内，其总额不随业务量发生任何数额变化的那部分成本。就出版物而言包括：稿酬中的一次性稿酬及基本稿酬、制版费用、其他直接费用。

(2) 变动成本

变动成本是指在一定相关范围内，其总额随业务量成正比例变化的那部分成本。包括：出版物成本中的租型费用、稿酬中的版税及印数稿酬、原材料及辅助材料费用、印装（制作）费等等。

(3) 混合成本

混合成本是指介于固定成本和变动成本之间，其总额既随业务量变动又不成正比例的那部分成本。在出版物的间接成本与期间费用中有些费用就属于游离于固定成本和变动成本之间的混合成本。在进行本量利分析时，应将其分解成为固定成本和变动成本两部分。例如出版物发行过程中产生的运费。

(二) 出版物的成本控制

成本控制是指在出版单位的生产经营过程中对能影响出版物成本的诸因素进行管理，是出版单位财务管理的中心。

1. 成本控制的原则

(1) 经济原则

经济原则，是指因推行成本控制而发生的成本，不能超过因缺少成本控制而丧失的收益。

经济原则要求成本控制能起到降低成本、纠正偏差的作用，具有实用性；对正常支出的成本费用可从简控制；要贯彻重要性原则，对数额很小的成本费用和无关大局的事项可从略。

(2) 因地制宜原则

因地制宜原则，是指成本控制必须个别设计，适合成本项目的特点。对材料费、人工费、制造费用和管理费用的各明细项目、资本支出等，控制的方法应有区别。

(3) 全员参与原则

有效控制成本的关键就是调动全体员工的积极性。让员工具有控制成本的愿望与成本意识，关心成本控制的结果，具有合作精神，理解成本控制是一项集体努力的过程，能够正确使用成本控制信息，据以降低成本。

(4) 领导推动原则

由于成本控制涉及全体员工，并且不是令人欢迎的事情，因此必须由领导来推动。领导层要重视并全力支持成本控制；具有完成成本目标的决心和信心；具有实事求是的精神；以身作则，严格控制自身的责任成本。

2. **成本控制涉及的具体生产环节及成本项目**

(1) 选题策划和其他各项编辑工作的成本控制

编辑部门是出版单位主要的生产部门，选题是出版工作的首要环节，选题的确定对出版物的生产起着决定性的作用，成本控制首先应从选题策划开始。最经济有效的市场调研，最少的会务费及差旅费开支，都能有效地降低本阶段的成本。要控制好选题策划阶段的成本，就要充分理解国家有关出版的方针、政策，把握市场脉搏，掌握市场需求，策划出符合市场需求的选题，避免因选题策划不成熟带来的图书库存积压。组稿时物色好的作者，审稿和加工中审慎行事，发稿保证稿件齐、清、定，从而避免废稿损失。出版物的装帧设计，在材料的选用上要以符合读者需求为原则；在充分体现图书内容的前提下，减少浪费，不盲目追求豪华、奢侈，尽量避免使用异形开本；在装帧制作工艺上优先采用新工艺、新技术，更有效降低成本。

(2) 原材料的成本控制

纸张费用在纸质出版物成本中占据了很大的比重，并伴随出版物印量的增加成正比例变化。所以，纸张材料的合理使用和管理也是成本控制的重点。在纸张的使用方面，要根据出版物的不同内容，采用的不同工艺制作方式选择适当的品种。纸张的规格不同，就应设计与稿件需要相匹配的规格，避免片面追求豪华。巧妙安排文中彩色插页，精心设计版面，化零为整。还应根据印刷工艺的要求精确计算，合理开切，提高纸张利用率。在纸张管理方面，应该科学采购，测算最佳进货批量，在确保纸张质量的基础上追求低价，根据市场供求变化，调整采购策略；加强库存管理，防止纸张因霉变等原因引起的残损；制订符合生产需求的仓储定额，避免造成资金的浪费；科学合理地计算纸张加放率，减少出残率。

(3) 委托加工制作的成本控制

在保证出版物印制质量的前提下，合理选择生产工艺，对降低成本至关重要。委托印刷出版物时要选择合理的印刷设备，以减少印刷工价的增加。合理安排印件尺寸，减少纸张零边出现；合理确定装订方法，以减少装订费用；制版时也可采用一些灵活的方法，以减少制版费用；印量少的出版物，其封面印刷可采用将不同品种合在一起套印的方式，以避免因印数达不到印工价结算起印点而带来的成本加量。根据稿件内容的不同要求，灵活选择不同的承印单位，也能降低制作成本。在实际工作中处处留心，总会发现能节约成本的好方法、巧方法。

(4) 间接成本和期间费用的控制

出版单位日常发生的间接成本和期间费用的金额也是较大的，对其的控制也是成本管理工作的重要组成部分，应该是全员参与，不能简单认为其仅仅是财务部门的职责。预先制订各项费用标准，并加强事前、事中的控制，事后的分析。

(5) 财务部门加强监管

财务部门要严格依照定额、标准、预算，加强费用支出的控制力度。对费用支出的明细项目采用一定的方法进行分析对比，挖掘潜力，节约费用。

(6) 仓储物流管理成本的控制

仓储物流是出版物发行工作中的重要环节。其管理工作的重心是减少产品的丢失、残缺和错发。仓储部门必须建立收货验收、发货检验、结存盘点管理机制，建立完善的出入库手续。不定期地进行实物与账目、账目与账目之间的核对。每年至少对库存实物盘点一次，对出现的盘盈盘亏，应查明原因并履行相关审批程序后，办理库存调增或调减的手续。对拟报废的出版物，应经仓储责任人和相关部门负责人共同检验、核对后，由发行部门提出申请，履行相关审批程序后实施。合理选择发货包装方式、运输工具，加强对退货费用的控制。

五、出版生产的本量利分析

出版单位经营管理工作，通常以数量为起点，以利润为目标。管理人员在决策生产和销售数量时，非常想知道其对利润的影响。但传统的成本分类已不能满足要求，因为当出版物的数量发生变化时，单位成本会随之变化，从而引起总成本的相应变化。成本—业务量—利润三者之间有依存关系，管理人员要弄明白三者间的依存关系就要引入本量利分析。本量利分析也称保本点分析，是在变动成本法的基础上，以数量化的会计模型与图形来揭示固定成本、变动成本、销售量、销售单价、销售收入、利润等变量之间的内在依存关系，为出版单位的预测、决策等提供必要的财务信息的一种常用技术方法。本量利分析原理可用于出版单位的保本预测、目标销售量的预测、生产决策、经营风险分析、成本控制等方面。

（一）本量利分析的基本公式

本量利分析主要考虑的相关因素包括固定成本总额、单位变动成本、销量、销售单价、销售收入、利润等。这些因素之间的关系可表达如下：

利润＝销售收入－总成本　①

由于：

总成本＝变动成本＋固定成本
　　＝单位变动成本×产量＋固定成本　②

销售收入＝单价×销量　③

假如出版物的产量与销量相同，则有：

利润＝单价×销量－单位变动成本×销量－固定成本　④

这个方程式是明确表达本量利之间数量关系的基本方程式。在规划利润时，通常把单价、单位变动成本、固定成本视为稳定的常量，只有销量、利润两个自由变量。给定销量时，利用公式便可计算出预期利润；给定目标利润时，便能计算出应达到的销量。

本量利的基本方程式把“利润”放在等号的左边，其他变量放在等号的右边，这种形式便于计算预期利润。若待求的是其他变量，则可将方程进行恒等变换。

计算销量的方程式：

$$销量=\frac{固定成本+利润}{单价-单位变动成本} \quad ⑤$$

计算单价的方程式：

$$单价=\frac{固定成本+利润}{销量}+单位变动成本 \quad ⑥$$

计算单位变动成本的方程式：

$$单位变动成本=单价-\frac{固定成本+利润}{销量} \quad ⑦$$

计算固定成本的方程式：

$$固定成本=单价\times销量-单位变动成本\times销量-利润 \quad ⑧$$

（二）保本数量（保本点）预测

保本数量，也称保本点，是指出版单位收入与成本相等，既不赢利也不亏损，即利润为0时的经营状态。

在利润为0时，对利润公式进行转化

$$保本数量=\frac{固定成本}{单价-单位变动成本} \quad ⑨$$

例如，某出版单位一图书单价20元，单位变动成本15元，固定成本5 000元，则该图书的保本数量为：

$$保本数量=\frac{5\,000}{20-15}=1\,000（册）$$

（三）保利分析

保利分析是利用本量利分析的方法针对目标利润进行的分析。

1. 目标利润测算

在出版物销售数量已知的情况下，可以直接测算出能实现多少目标利润。

仍以上述图书为例，其销售数量为 3 000 册，单价 20 元，单位变动成本 15 元，固定成本 5 000 元，可实现的利润为：

$$目标利润=（20-15）\times 3\,000-5\,000=10\,000（元）$$

2. 目标销售量测算

在目标利润已知的情况下，可以测算出出版物应达到的销售数量。

例如，上述图书预测其目标利润为 15 000 元，单价 20 元，单位变动成本 15 元，固定成本 5 000 元，其销售数量应达到：

$$目标销售量=\frac{5\,000+15\,000}{20-15}=4\,000（册）$$

（四）目标成本测试

1. 预测保本成本

保本成本意味着利润为 0。在出版物的生产数量、单价等已知的情况下，便可预测出版物保本时的总成本。

将利润公式中的销量变换成产量，在利润为 0 时利润公式可改写为：

$$保本成本=单价\times产量 \quad ⑩$$

例如，某出版单位某图书预计印刷数量 5 000 册，单价 25 元，其保本成本为：

$$保本成本=25\times5\ 000=125\ 000（元）$$

2. **预测单位变动成本**

在出版物单价、产量、固定成本、目标利润已知的情况下，可进行单位变动成本的预测。

例如，某出版物固定成本 5 000 元，目标利润 10 000 元，单价 20 元，单位变动成本 15 元，生产数量 5 000 册，其单位变动成本为：

$$单位变动成本=20-\frac{10\ 000+5\ 000}{5\ 000}=17（元）$$

3. **预测固定成本总额**

在已知出版物单价、单位变动成本、生产数量、目标利润的情况下，可进行固定成本总额的预测。

例如，若某出版物单价 15 元，单位变动成本 7 元，生产数量 3 000 册，目标利润 10 000 元，便可计算出固定成本总额：

$$\begin{aligned}固定成本总额&=（15-7）\times3\ 000-10\ 000\\&=14\ 000（元）\end{aligned}$$

（五）单位印张成本预测

印张是纸介质出版物的一种基本核算单位，不同书刊的单位印张成本具有可比性。因此，测算单位印张成本的方式被广泛应用在纸介质出版物的本量利分析中。

预测单位印张变动成本，可利用以下的公式：

$$\text{每印张变动成本}=\frac{\text{每种书刊的单位变动成本}}{\text{每册印张数}} \quad ⑪$$

预测单位印张固定成本总额

$$\text{每印张固定成本}=\frac{\text{每种书刊的固定成本总额}}{\text{每册印张数}\times\text{印数}} \quad ⑫$$

（六）预测出版物定价的方法

出版物定价方法有许多种，本书重点介绍成本定价法和印张定价法。

1. **成本定价法**

在核定出版物定价时，销售尚未进行，而在本量利分析中，销售量又等于产量，所以公式如下：

$$\text{定价}=\frac{\dfrac{\text{固定成本总额}+\text{利润}}{\text{生产数量}}+\text{单位销售税金}+\text{单位变动成本}}{\text{发行折扣率}}\times(1+\text{增值税率}) \quad ⑬$$

在实际工作中，假设增值税进项税额为0，得出以下经验算式：

$$定价=\frac{\frac{固定成本总额+利润}{销售数量}+单位变动成本}{发行折扣率}\times[1+增值税率\times(1+城市维护建设税率+教育费附加率)] \quad ⑭$$

这个经验算式，实用性较强，在实际工作中定价的测算过程可简化。

例如，某图书预计销售数量 3 000 册，发行折扣率 60%，单位变动成本 5 元，固定成本总额 8 000 元，目标利润 10 000 元，适用增值税率 13%，城市维护建设税率 7%，教育费附加率 3%，该书的定价为：

$$定价=\frac{\frac{8\,000+10\,000}{3\,000}+5}{60\%}\times[1+13\%\times(1+7\%+3\%)]$$

$$\approx 20.95（元）$$

2. **印张定价法**

定价＝正文印张价格标准×正文印张数＋封面价格＋插页$_1$价格标准×插页$_1$数量＋插页$_2$价格标准×插页$_2$数量＋…＋插页$_n$价格标准×插页$_n$数量　⑮

上式中“正文印张价格标准”的单位是元/印张，“插页价格标准”的单位是元/页，“插页$_1$，插页$_2$，…，插页$_n$”表示不同类别的插页。

例如，某图书正文用纸 15 个纸张，每印张的价格 1.20 元；封面价格 1.5 元；书名页 1 页，价格 0.20 元；环衬 4 页，价格 0.25 元；彩图插页 6 页，价格 0.50 元。该书定价为：

定价＝1.20×15＋1.50＋0.20×1＋0.25×4＋0.50×6

＝23.70（元）

六、出版单位的纳税管理

出版单位所涉及的最主要税种有增值税、营业税、所得税和附加税费等。

（一）增值税

增值税是对从事销售货物或者提供加工、修理、修配劳务以及从事进口货物的单位和个人取得的增值额为课税对象征收的一种税。我国以纳税人年销售额的大小为依据将增值税纳税人划分为一般纳税人和小规模纳税人。税法规定对一般纳税人实行纳税抵扣法，对小规模纳税人实行简便易行的计税征收管理方法。

1. 增值税税率

国家相关税法规定，出版单位属于增值税一般纳税人，其出版物销售收入应缴纳增值税。一般适用17％的税率，但图书、期刊收入实行13％的低税率。对科技图书所取得的销售收入，国家在计征增值税时还实行先征收再退还的税收优惠政策。

2. 增值税计算中的相关项目

在具体计算某月应纳增值税金额时，会涉及以下的相关项目。

(1) 当期含税销售额

含税销售额是指某月出版单位销售出版物所获得的总收入。增值税属于"价外税"，即在销售实现时向购买方收取的价款中已包含了出版物应取得的收入及相应的增值税款。所以这部分销售额中已包含了增值税税款在内。

(2) 当期不含税销售额

不含税销售额是指将某月销售额中所包含的增值税税款分离

出去，剩下的便是出版单位应取得的销售收入。这才是出版单位正确计算当期增值税销项税额的依据。

（3）当期增值税销项税额

增值税销项税额是指按照当期不含税销售收入和规定的增值税税率计算的增值税额。

（4）当期增值税进项税额

当期增值税进项税额是指出版单位在购进纸张、装帧材料等货物或接受书刊印刷、装订、货物托运等应税劳务时，也支付了相关的增值税款，故可凭取得的增值税专用发票进行进项抵扣。

（5）当期累计进项增值税额

当期累计进项增值税额是指当期增值税进项税额与此前尚未抵扣完的增值税进项税额之和。

（6）当期应纳增值税税额

当期应纳增值税税额是指某月实际应缴纳的增值税税款，即当期增值税销项税额扣除当期累计进项增值税额后的差额。

3. 增值税计算步骤

出版单位实际缴纳的增值税税额不能直接根据当期销售收入计算，而是采用抵扣法计算。具体计算步骤如下：

（1）计算当期不含税销售额

将当期含税销售额中所含有的增值税款分离出去，便可得到当期不含税销售额。计算公式如下：

$$当期不含税销售额=\frac{当期含税销售额}{1+增值税税率} \quad ⑯$$

（2）计算当期增值税销项税额

得出当期不含税销售额后，便可计算当期增值税销项税额。计算公式如下：

当期增值税销项税额＝当期不含税销售额×增值税税率 ⑰

（3）计算当期应纳增值税税额

当期增值税销项税额扣除当期进项增值税额后的余额，便是当期应纳增值税税额。计算公式如下：

当期应纳增值税税额＝当期销项税额－当期进项税额 ⑱

如果销项税额大于进项税额，计算出的差额就为出版单位当期实际应缴纳的增值税税额。如果销项税额小于进项税额，计算结果为负数，表示当期不用缴纳增值税税款，多余的进项税额可留待下期继续抵扣。

例如，某出版单位某月含税的图书销售额为120万元，当月累计进项增值税额20万元，则：

$$当期不含税销售额=\frac{120}{1+13\%}\approx 106.19（万元）$$

当期增值税销项税额＝106.19×13%≈13.80（万元）

当期应纳增值税税额＝13.80－20＝－6.20（万元）

当期应纳增值税税额为负数，表示当期不用缴纳增值税，多余的6.20万元进项税额可留待下期继续抵扣。

又如：某出版单位某月含税的图书销售额为200万元，当月累计进项增值税额10万元，上期进项税额留抵数6.20万，则：

$$当期不含税销售额=\frac{200}{1+13\%}\approx 176.99（万元）$$

当期增值税销项税额＝176.99×13%≈23（万元）

当期应纳增值税税额＝23－10－6.20＝6.80（万元）

则当期应纳增值税税额为6.80万元。

（二）营业税

营业税是对单位和个人在我国境内提供应税劳务（增值税征税范围以外的劳务）、转让无形资产或销售不动产所取得的营业额征收的一种流转税。

（三）企业所得税

企业所得税是以企业取得的生产经营所得和其他所得为征税对象所征收的一种税。企业所得税采用25％的比例税率。新税法规定2007年3月16日以前经工商等登记管理机关登记设立的企业，享受过渡优惠政策。另享受企业所得税过渡优惠政策的企业，应按照新税法和实施条例中有关收入和扣除的规定计算应纳税所得额。原税法规定，对设在西部地区国家鼓励类产业的内资企业，在2001年至2010年期间，减按15％的税率征收企业所得税，西部地区的出版单位也享受此项税收优惠政策。新税法规定自2008年1月1日起，享受企业所得税15％税率的企业，2008年按18％税率执行，2009年按20％税率执行，2010年按22％税率执行，2011年按24％税率执行，2012年按25％税率执行。为了支持出版事业的发展，目前国家一般将出版单位上交的企业所得税用于宣传文化发展专项基金，以一定的方式返还给出版单位主管部门。相关税法规定对宣传文化企事业单位按照有关规定取得的增值税先征后退收入和免征增值税、营业税收入，不计入其应纳税所得额，并实行专户管理，专项用于新技术、新兴媒体和重点出版物的引进和开发以及发行网点和信息系统建设。

企业所得税的计税依据是应纳税所得额，即纳税人在一个纳税年度的收入总额扣除各项成本、费用、税金、损失等支出后的余额。计算应纳税所得额要按照《中华人民共和国企业所得税法》（新税法）和《中华人民共和国企业所得税法实施条例》的相关规定。其基本公式为：

应纳税所得额＝收入总额－准予扣除项目金额 ⑲

企业所得税实行按年计征、分期预缴、年终汇算清缴、多退少补的办法。基本计算公式为：

应纳税额＝应纳税所得额×适用税率－减免税额－抵免税额 ⑳

公式中的减免税额和抵免税额，是指依照企业所得税法和国务院的税收优惠规定减征、免征和抵免的应纳税额。

（四）个人所得税

个人所得税是以个人（自然人）取得的各项应税所得为征税对象所征收的一种税。我国个人所得税实行代扣代缴和个人申报纳税相结合的征收管理制度。税法规定，凡支付应纳税所得的单位或个人，都是个人所得税的扣缴义务人。所以，出版单位必须履行代扣代缴的义务。出版单位涉及需代扣代缴的个人所得税有：

1. 出版单位职工的工资薪金所得

工资薪金所得是指工资、薪金、奖金、年终加薪、劳动分红、津贴、补贴以及与任职或者受雇有关的其他所得。工资薪金所得税实行按月计征的方法。因此，工资薪金所得以个人每月收入额固定减除 2 000 元（个税起征点）费用后的余额为应纳税所得额。其计算公式为：

应纳税所得额＝月工资薪金收入－2 000 元 ㉑

然后按照适用税率计算纳税额。其计算公式为：

应纳税额＝应纳税所得额×适用税率－速算扣除数　　㉒

工资、薪金所得适用5%～45%的九级超额累进税率：（见表11.7）

表11.7　工资、薪金所得适用税率表

级数	全月应纳税所得额（含税）	税率（%）	速算扣除数（元）
1	不超过500元部分	5	0
2	超过500元至2 000元部分	10	25
3	超过2 000元至5 000元部分	15	125
4	超过5 000元至20 000元部分	20	375
5	超过20 000元至40 000元部分	25	1 375
6	超过40 000元至60 000元部分	30	3 375
7	超过60 000元至80 000元部分	35	6 375
8	超过80 000元至100 000元部分	40	10 375
9	超过100 000元部分	45	15 375

2. **稿酬所得**

稿酬所得，是指个人因其作品以图书、报刊形式出版、发表而取得的所得。稿酬所得以个人每次取得的收入，定额或定率减除规定费用后的余额为应纳税所得额。每次收入不超过4 000元的，定额减除费用800元；每次收入在4 000元以上的，定率减除20%的费用。

（1）每次收入的确定

• 个人每次以图书、报刊方式出版、发表同一作品取得的收入为一次，不论出版单位是预付还是分笔支付稿酬，或者加印该作品后再付稿酬，均应合并为一次征税。

• 在两处或两处以上出版、发表或再版同一作品而取得的稿酬，则可以分别各处取得的所得或再版所得分次征税。

• 个人的同一作品在报刊上连载，应合并其因连载而取得的所得为一次。连载之后又出书取得稿酬的，或先出书后连载取得稿酬的，应视同再版稿酬分次征税。

• 作者去世后，对取得其遗作稿酬的个人，按稿酬所得征税。

(2) 应纳税额的计算方法

稿酬所得适用 20%的比例税率，并按规定对应纳税额减征 30%，即实际缴纳税额是应纳税额的 70%，其计算公式为：

应纳税额＝应纳税所得额×适用税率 ㉓

实际缴纳税额＝应纳税额×(1－30%) ㉔

例如，某作者 2007 年 1 月因其著作出版，获得稿酬 9 000 元，2007 年 7 月因其著作加印又获得稿酬 4 000 元。计算该作者取得的稿酬应缴纳的个人所得税。

该作者稿酬所得按规定应属于一次收入，须合并计算应纳税额。

应纳税额＝（9 000＋4 000）×（1－20%）×20%

＝2 080（元）

实际缴纳税额＝2 080×（1－30%）

＝1 456（元）

因其所得是先后取得，实际计税时应分两次缴纳税款：

第一次实际缴纳税款 =9 000×（1−20%）×20%×（1−30%）
=1 008（元）

第二次实际缴纳税款 =(9 000+4 000)×(1−20%)×20%×(1−30%)−1 008
=448（元）

（五）附加税费

出版单位在缴纳增值税、营业税的同时，还必须缴纳相关的城市维护建设税和教育费附加。

城市维护建设税的税率为 7%（纳税人所在地在市区的），教育费附加税率为 3%。计算公式如下：

应缴城建税=（实缴增值税+实缴营业税）×7%　　㉕

应缴教育费附加=（实缴增值税+实缴营业税）×3%　　㉖

（六）其他税收

出版单位在日常的生产经营中，对主营业务之外的收入也要按照税法相关规定缴纳税金。按照税法规定，出版单位还应缴纳房产税、土地使用税、车船使用税、印花税等。

第四节　出版业的风险管理

出版单位从事生产经营，就会存在经营风险。出版单位的经营风险主要涉及三个方面：编辑风险、印刷风险、发行风险。

一、编辑风险

编辑风险主要来自于出版物策划失误以及出版物的质量出现严重错误带来的损失。要控制编辑风险就必须做到：对策划的出版物建立选题集体论证制度；对涉及政治、军事、国家安全、社会安定、外交、民族、宗教等敏感问题的重大选题，必须按照《出版管理条例》和新闻出版总署的有关规定实行审核备案制度；对出版物严格执行三审三校制度；责任编辑和编辑持证上岗制度；特殊出版物建立专家审读制度；成品书审读制度。

二、印刷风险

印刷风险主要来自于印刷装订质量的高低，以及装帧设计质量的高低。要控制印刷风险就要严把质量关，认真做到：出版物的封面、扉页、插图等要保证政治思想正确，能正确反映出版物的主要内容，格调清新、高雅能给人以美的享受，字体、字号协调统一。出版物的印刷装订质量应具体落实到印刷和装订用的原辅材料的质量、安排的工艺流程、成品书的外观质量及牢固程度等方面。

三、发行风险

发行风险主要来自于应收账款不能收回的风险，以及退货风险等。自 20 世纪 80 年代开始，出版业逐步由新华书店包销转变为自办发行，销售方式也以委托代销方式为主。这种发行模式的主要风险有：在确定出版物印数时，不再有已知的大订单数，只能凭经验对市场进行判断，加大了生产的盲动性；现代信息传播速度快、更新快，靠传统载体传播的出版物其时效性增强，销售周期缩短；急功近利也使得出版物在内容和制作质量上出现问题。这些都是导致退货风险加剧的主要原因。激烈的商业竞争使得出版单位不得不以赊销或其他优惠方式招揽顾客，于是产生了应收账款。应收账款发生后，出版单位应采取各种措施，尽量争取按期收回款项，否则会因拖欠时间过长而发生坏账，使出版单位蒙受损失。这些措施包括对应收账款回收情况的监督、对坏账损失的事先准备和制订适当的收款政策。实施对应收账款回收情况的监督，可以通过编制账龄分析表进行。利用账龄分析表，出版单位可以了解到有多少欠款尚在信用期内；有多少欠款超过了信用期，超过时间长短的款项各占多少，有多少欠款会因拖欠时间太长而可能成为坏账。对不同账龄的欠款，应采取不同的收账方法，制订出经济、可行的收账政策。比如，对过期时间较短的客户，不便过多地打扰；对过期时间稍长的客户，可以通过寄发措辞婉转的信件，加以催收；对过期时间较长的客户，可以频繁的催收；对过期时间很长的客户，催收时可以措辞严厉，必要时可以提起诉讼或提请有关部门仲裁。对可能发生的坏账损失，应提前做好准备计算提取坏账准备金，充分估计这一损失对损益的影响。

四、处理报废库存出版物

出版物是时效性很强的商品，随着时间的推移，其使用价值会逐渐降低，甚至会变成废品。这样一来便不能为出版单位带来经济利益或经济利益低于其账面价值，发生资产减值。对已过时效期的出版物，已没有销售的价值，就需要做报废处理。出版物的报废应遵循国家的相关规定。

其报废程序如下：

(1) 出版物报废应由专门的鉴定技术机构做出鉴定。

(2) 鉴定库存出版物可报废的标准。

①硬性标准

图书、期刊：风黄污损残缺，蚊蛀、水浸、火烧等，影响阅读，不能销售。

音像制品、电子出版物：外包装风黄污损残缺、蚊蛀、水浸、火烧等，或发生其他事故致使信息面划花破损，影响播放，不能销售。

②软性标准

• 时效性较强的出版物

教材及配套教辅读物：同一教材发生变动，原教材及配套教辅读物失去使用价值。

学习辅导性读物：用于某一特定时期的学习辅导，期限已过，原读物失去使用价值。

过期的期刊：时间性强的一般为过期半年以上，时间性不强的一般过期一年以上。

• 时效性一般的出版物

在《中国图书馆分类法》（第 4 版）中，将出版物分为 22 类。

A 类出版物：此类出版物可长期销售，但同类出版物已修订再版的，原版本可报废。

B、C、H、N 这 4 类出版物：这 4 类出版物，出版时间超过 5 年（含 5 年）以上的，原则上可报废，但经典名作和具有较高学术（文献）价值的，应依据书籍价值和销售情况，采取分年核价的办法或延长报废时间。

除 A、B、C、H、N 这 5 类以外的其他 17 类出版物：这 17 类出版物，出版时间超过 4 年（含 4 年）以上的，原则上可报废，但经典名作和具有较高学术（文献或艺术）价值的，应依据书籍价值和销售情况，采取分年核价的办法或延长报废时间。

（3）组织出版物鉴定专家组。

（4）办理库存积压出版物鉴定报废程序。

①清理、准备阶段。

各出版、发行单位成立由单位负责人牵头，有若干个业务部门派员组成的专门工作小组。

各出版、发行单位依照报废出版物鉴定标准，对库存积压出版物进行清理，对需报废的出版物分类造册登记，备齐样本。

②初审、复审阶段。

各出版、发行单位的专门工作小组，对需报废出版物的实物及分类造册登记情况进行初审。

工作小组将初审意见报本单位法定代表人复审。

③抽查、复核阶段。

专家组到出版、发行单位，在待报废出版物现场拍照，对待报废出版物进行抽查。

专家组对待报废出版物作出鉴定意见。

④审批、备案阶段。

待报废出版物单位持鉴定证明等材料，作为清产核资审计报告附件，向有关政府主管部门办理报废手续。

思考题

1. 什么是出版行政管理？
2. 我国对出版单位的设立实施什么制度？出版单位的变更和注销应办理什么手续？
3. 出版单位年检登记制度包括哪些内容？
4. 什么是出版单位经营管理？
5. 出版单位经营目标是什么？经营决策有哪些具体步骤？
6. 出版单位管理机制有哪些？各自包含哪些内容？
7. 出版单位计划管理的特点、作用及内容有哪些？
8. 出版单位财务管理的目标和内容是什么？

9. 出版物的成本由哪些组成？各自包括哪些主要项目？

10. 简述固定成本和变动成本。

11. 本量利分析的基本公式是什么？如何将其应用于出版物成本、利润或产销量的预测？

12. 出版单位涉及的税种有哪些，其纳税金额如何计算？

第十二章　出版资源与出版产业化

第一节　出版资源及其特点

一、出版资源的含义

出版资源有广义出版资源和狭义出版资源之分。广义的出版资源是指构成出版经济活动的各种要素的集合。狭义的出版资源仅指与图书的编辑加工有着密切联系的各种信息和选题资源。

二、出版资源的构成

我们根据出版资源的属性以及出版资源在出版经济活动中的功能，将其划分为人力资源、出版信息资源、出版资本资源、出版政策资源、出版作者资源、出版读者资源、出版技术资源、选题文化资源、国际出版资源、版权资源。

（一）出版政策资源

出版业是一个政策性非常强的产业。它和一般的商品有很大的差别，不仅要实现出版物的经济效益，还要实现它的社会效益。美国出版家小赫伯特·S. 贝利在《图书出版的艺术和科学》

一书中写道："出版业的不同，首先在于它的文化事业的性质。大部分出版商非常重视各类图书的文化作用……惟利是图而不问其他的出版商是很少的。"英国著名出版家斯坦利·昂温在他的《出版概论》里也认为，出版家的工作就是"使他们和那个时代的文化生活密切接触"。他还告诫人们："如果赚钱是你的首要的目的，那就不要从事出版业。出版业的报偿远不只是金钱。"我国出版业，不仅是产业，也是事业，是党和国家的舆论宣传阵地。党和国家的政策，既是出版业应该遵守和贯彻的规则，又是出版的重要资源。通过对政策的解读，可以衍生出大量中国社会和各阶层读者喜闻乐见的优秀出版物。

（二）出版作者资源

作者是出版之源，没有作者就没有出版。作者撰写书稿，编辑对作者的书稿进行选择、整理和修改，从而产生了可以公开传播和保存的书籍刊物。作者和作者提供的作品是编辑工作的前提和基础，没有作者的劳动，就没有可供编辑修改、读者阅读的书籍；当然，从另一方面来讲，没有编辑人员的加工，作者的作品也不可能成为社会的文化财富、精神食粮。

书的灵魂只能由作者赋予，而不可能是任何高明的编辑来塑造。在书稿的创作和编辑过程中，作者始终起着主导作用。编辑不能代替作者，不能把自己的观点强加到作品中去，不能改变作者的写作风格。编辑的任务在于发现作者，正确判断作者提供的书稿价值和发挥作者的潜能和作者的创作潜力。编辑应该从作者的实际情况出发，对作者提供的书稿提出意见和建议，提供修改方案，帮助作者实现写作计划和完善作品。

（三）出版人力资源

人力资源是一种以人为载体、以智能为特征的资源。出版人力资源分初级和高级两个层次及存量和增量两个变化阶段。初级出版人力资源是出版从业人员健康体能、经验、生产知识和技能的总和。高级人力资源是指出版从业人员的天赋、才能和源源不断被发掘出来的潜能的集中体现——智能。作为一种知识密集、信息密集的产业——出版业，其人力资源的存量是指当前条件下的资源贮存量；其增量是指从业者在出版活动中的知识和经验积累及接受教育培训和自我学习、研究而获得的技能和智慧。

出版人力资源主要有：

(1) 编辑人员

编辑人员是指在出版业中从事编辑工作的从业人员。编辑人员可以做以下划分：

- 按照工作性质划分，编辑人员可分为文字编辑与美术编辑。
- 按照出版媒体划分，编辑人员可分为图书编辑、报纸编辑、期刊编辑。
- 按照编辑加工对象的学科属性划分，编辑人员可分为社会科学编辑、文化艺术编辑、科学技术编辑、少年儿童著作编辑。
- 按组织人事关系的隶属划分，又可分为本社编辑、特约编辑。
- 按照工作职责划分，编辑人员又可以分为总编辑（负责稿件终审）、编辑室主任（担任稿件复审）、编辑（负责书稿初审）。

编辑人员所从事的选题策划、组稿、审读、加工整理等活动，无一不融入了其体能和智能，特别是其智能的投入，使得著作物从内容到形式更加完备。因此，编辑的劳动是一种创造性的劳动，是出版人力资源智能特性的集中体现者。

(2) 图书发行人员

图书发行人员主要由批发商、零售商、出版单位自办发行人员组成。我国图书发行人员由新华书店、外文书店、古旧书店、对外图书贸易机构工作人员以及集体和民营书店、出版单位自办发行人员构成。图书发行人员处于出版经济活动的图书流通领域，起着沟通图书生产与消费的中介作用。图书发行人员担负着传播出版和出版物信息、实现出版物商品价值、保证出版功能最终完成、促进出版事业的繁荣与发展的重要使命。

出版发行人员是出版业一种重要的人力资源，在某种意义上说，他们决定着出版经济活动效益的高低。

（3）印刷人员

著作物经编辑加工后，便进入印刷阶段。装帧工艺设计、排版、制版、印刷、装订等工作环节从业人员的素质（特别是智能素质）对出版物的质量也有重要影响，印刷人员也成为出版人力资源的重要组成部分。

（4）出版管理人员

管理本身就是一种重要的战略资源，掌握了科学的管理理论、方法和技术的出版管理人员，能成为出版人力资源中的佼佼者。出版管理人员既包括从事宏观出版管理的行政管理人员，也包括在出版单位从事行政管理、业务管理、财务管理的各级各类管理人员。

（四）出版信息资源

1. 出版信息资源的定义

出版信息资源是出版活动赖以生存和发展的基础。狭义的出版信息资源是指储存在出版物载体上的信息内容，广义的出版信息资源是指出版物的信息内容以及出版活动所需要信息资源的集合，主要包括出版物信息、出版物动态信息、出版物需求信息、出版业运行宏观环境信息、出版业经济状况信息、出版资源市场信息。

（1）出版物信息

包括反映出版物内在本质与价值的信息，如出版物的内容、主要观点和价值；反映出版物外在形态的信息，如出版物的篇幅、装帧形式等。

（2）出版物动态信息

新策划的选题，即将推出的新出版物的出版时间、出版者、出版价格等。

（3）出版物需求信息

读者数量及其构成变化，购买力状况及其投向变化，影响购买动机形成的各种因素，读者的需求热点、重点，读者对出版物反馈信息等。

（4）出版业运行宏观环境信息

党和国家制定的方针、政策、法规，社会经济发展状况，国民消费水平及消费结构，国家科技、教育、文化发展水平，社会成员的文化素质以及一些重大的社会活动安排等。

（5）出版业经济状况信息

出版产业年度出版物生产量、产业结构和品种结构信息，出版物销售状况和结构信息，出版理论研究成果与进展，出版教育培训情况等。

（6）出版资源市场信息

出版选题，出版资本，出版技术人才的分布、使用、变化态势信息。

2. **出版活动和信息**

出版活动和信息紧密相连，任何出版活动都离不开信息的参与，同时，出版活动中又包含着大量的信息，我们需要从出版活动中收集和整理这些信息，并再次反作用于出版活动。

（1）出版信息的特征和作用

信息是人类对事物存在方式和运动状态差异的综合反映，其本质特征在于对事物认识过程中不确定性的消除和减少。任何事物在未来的发展变化中都存在着多种变化的可能性，而信息则为人们指出最有可能的变化，从而消除一些不确定性。一旦信息缺乏，即使是再优秀的编辑也无法做出好的选题，或者即便有了好的选题，也会因作者信息的缺乏而无法将这些选题实施出来，盲目生产所导致的市场上大量书籍的积压也正是因为出版单位对市场上图书的品种和销售量信息把握不够。要使这类问题得到解决，就需要出版单位在平时的出版活动中积累足够的信息来消除出现的一系列不确定性从而缓解甚至消除因信息缺乏所带来的出版社利益的损失。

（2）信息积累过程中应注意的问题

积累信息应该有一定的针对性，这是出版信息资源的对应性决定的，出版信息资源并不是可以任意分配到所有的出版单位中的，只有在一定的出版单位中，出版资源才能发挥它的实用性。举例来说，对少儿出版社有用的关于童话故事的选题资源，对一个选题资源较为严肃的科技出版社则会失去作用。

在信息的积累中还要注意优质信息的积累，优质信息是指那些具有可靠性、真实性和实用性的信息。优质的信息资源不仅可开发出一系列具有坚实市场基础的出版产品，而且还具有二次或者多次开发利用价值，为出版单位的可持续发展提供有利条件。优质信息表现在出版物知识内容方面，主要是以下两类信息资源：一是优秀的原创性作品，原创作品里新的信息不仅具有长久的生命力，而且在为读者带来新鲜知识的同时还能为出版单位带来好的收益，并且为二次开发利用提供基础。二是一系列市场需求量广的书，如工具书、手册等，这类作品包含丰富而重要的信息，不仅是不少读者所必不可缺少的书目，同时也是出版单位宝贵的资源。

出版信息资源的积累还应面向未来，因为相对于其他资源来说信息资源更具有时效性。除此之外还应当注意对信息资源的系统性收集，信息的收集应该涉及多个领域，使信息不仅呈现多样化状态而且相互间又互相联系。从纵向来看，在信息的收集过程中，既要注意收集短期信息，还要考虑到长远的信息；既要收集当前的信息，更要回顾相关的之前的信息，这样收集到的信息才会更丰富更全面。

（五）出版读者资源

一般意义上，读者是指具有一定阅读需要和阅读能力的社会群体，是出版物的阅读者和消费者。他们通过购买、阅读书籍成为出版单位的读者，或者通过订阅报刊成为报社、杂志社的读者。从编辑学的角度来看，读者既是出版物的阅读者，又是出版物的购买者。书籍与读者之间存在着辩证关系：书籍数量的不断增加，书籍的读者群不断扩大，并不断产生新的读者群；读者群的扩大，又进一步推动书籍刊物出版事业的发展，产生更多的书籍。周而复始，循序渐进。一些出版社的出版特色和水平可以形成自己相对稳定的读者群。

（六）出版技术资源

出版技术资源是指作为出版资源的技术和工艺，主要包括排版技术、制版技术、印刷技术、装订技术。

马克思在《经济学手稿》一书中，曾对出版技术手段印刷术大加赞赏，认为印刷术是“科学复兴的手段，是对精神发展创造必要前提的最强大的杠杆”。恩格斯则把印刷术同蒸汽机、电的发明视为一种革命。由此可见，出版技术资源在出版经济发展中具有特殊的重要性。出版技术历经手抄、雕版、活字印刷，至今已告别铅与火，进入了光与电的多媒体时代，而出版媒体也由单一的纸质材料进入了纸、磁、光、电等多种媒体并存时代。

（七）选题文化资源

选题文化资源是指可供出版单位作为出版选题的、以文化形态存在的社会资源。

出版就其本质来说是一种知识生产，知识性是出版物的核心和灵魂。选题文化资源注重的是可供出版选题的文化资源是否具有真理性、原则性、进步性，其中，真理性是基础，原则性是核心，进步性是导向。

我们依据可供出版选题的文化资源的载体特征，将选题文化资源作如下划分：

（1）著译者（作者）。著译者通常又称为作者，是以人脑为载体、能提供出版选题或稿源的文化资源。作者是出版选题文化资源中最具活力、最具创造性的选题资源。作者的劳动成果——著作物是出版活动的源头，高质量、高水准的作者队伍是出版单位的无价之宝，也必然成为出版单位竞争和争夺的重要资源。

（2）古今中外的出版物。以文献形态存在的古今中外的出版物也构成出版选题的文化资源。据不完全统计，自西汉到清末，我国共有历史典籍 18 万余种，如此丰富的典籍，为出版选题提供了源泉。

（3）现实的社会文化资源。自然科学和人文科学的研究成果，丰富多彩的社会生活、乡土民情、异域风情等等，都可以成为出版选题。

（八）国际出版资源

国际出版资源是出版资源的重要组成部分，其跨国流动已成为现实。每个国家出版业的发展都面对着两种资源、两个市场。出版资源的跨国流动的方式：

- 出版单位的跨国经营；

- 国际的图书贸易与版权贸易；
- 出版单位间的跨国合作出版。

（九）版权资源

版权作为重要的出版资源，在出版过程中有着举足轻重的作用，出版的职能之一就是要将版权转化为资本，版权资源由于其自身的特点，比其他资源更易向资本转化。利用好版权资源，不仅可以优化资源的配置，而且可以增加出版单位的收益。

1. 版权的商品性

版权既是重要的出版资源，同时也是特殊的文化商品。从商品特征来讲，版权具有使用价值和价值，版权贸易也具有一般商品交换的特征，即可以交换形态的方式出现。版权作为一种特殊的商品，在使用过程中却不仅会实现价值，而且会创造新的价值，使其价值得到增加而不会消失。一般的商品，可以通过买卖进行交换，获得收益；而版权这种资源，却既可以通过买卖获取收益，也可以不通过买卖便能获得收益。也就是说，版权可以通过形态的转化（如对其改编、转载、录制）或通过购买实物后，通过自身复制来创造产品，再通过市场实现价值的增值；也可以直接使用，实现价值。

2. 版权的资本化

作品在未出版前，作者拥有的版权是出版单位的上游资源；出版过程完成后，则成为出版单位的存量资产。版权是出版单位最重要的存量资产，是出版单位的战略资源。出版单位最重要的资源不是库存的图书，也不是未收的欠款，而是版权。存量资产在一定条件下，可以转化成增量资产，成为出版单位的新经济增长点。尤其是全社会趋于平均利润的情况下，更是如此。

3. 版权资本经营的多样性

版权资本经营的形态是多样化的。应该以版权为纽带，进行作者与出版单位的合作，如：

(1) 出版单位可以选择一批与本单位出书风格相宜的投资者、出版社，进行长期的战略合作。

(2) 可以有出版单位之间的合作，不同的出版单位发挥各自的优势。

(3) 可以有出版单位与工作室的合作，解决出版单位自身编辑人员策划能力与风险意识的“短板”。

(4) 可以有与发行商的合作，共同培育市场；或者在一个区域市场建立股份企业，将出版业经营这一块交给社会。

(5) 对于大型版权的经营项目，也可以有出版业以外的国有资本之间的合作，实行资本的有偿进入。

(6) 可以与不同所有制企业合作，有的民营书商，从国外购得图书版权，再选择国内的出版单位进行合作出版。将内容审查的功能交给出版单位，而自己则在上游和下游下工夫，即着力于版权的购得与市场的营销。

三、出版资源的特点

出版资源作为一种特殊资源有着区别于其他资源的一些特点。对出版资源特性的认识，在很大程度上决定着出版人对出版资源的开发和利用，进而影响着整个出版单位的效益。

(一) 出版资源的物质形态是和精神形态同时并存

1. 出版资源的精神形态

出版资源是以一种无意识的形态潜藏在作者大脑里，然后经过开发而得到的。教师、演员、医生、工程师等这类学有专长的人员，他们的大脑中都孕育着无形的资源，这种资源可以由编辑的选题策划和主动组稿得到开发。

2. **出版资源的物质形态**

好的创意还需要通过把它们变成铅字或其他形式才能使之得到人们的了解和认识，从而获得其本身的价值，如果不用物质形态将其包装起来，而是一直让它们只停留在作者或者编辑人员的脑海中，那就无法形成出版物，同样地，仅有物质载体而没有任何内容的东西，也不能称它为出版物，也就无法包含自然的或社会的出版资源。

（二）出版资源的开发利用是长期的

出版资源的开发和利用是一个缓慢的过程，这表现在：

1. **出版资源开发和利用的缓慢性**

选题的策划，以及后期的编辑制作，都不是一朝一夕所能完成的工作，好质量的出版物，需要长期的酝酿，策划。出版资源的整合也是一个缓慢的过程，在出版资源的开发利用过程中急功近利，只能导致出版物质量的下降。

2. **出版资源的特点决定其开发时间的长短**

大部分的出版资源都是要经过长期的酝酿才逐渐形成的。出版物承担着传承文化、启发心智、陶冶情操的作用，但是文化的积淀、科学的发展都是长期的过程，对知识的总结创新也非一朝一夕能完成，如果要把最终的科学成果作为出版资源来开发，就需要经过无数次的科学实验，及无数人智慧的积累。

3. **各种潜在资源的利用和发现需要一定时间**

潜在资源大致有三种表现方式：

（1）客观存在但尚未被发现的隐性资源，如大量散失和流失于民间的古代文学作品，埋藏于地下尚未挖掘整理的古代文化精品。

（2）一部分已被发现且已作为出版资源进行出版生产，其他部分则需要进一步挖掘验证的延伸资源。

(3) 具有良好发展前景、需要出版部门和其他社会有关方面悉心研究并加以开发利用的未来资源。只有深刻理解出版资源的这一特点，才能在出版工作中探索创造出优秀的出版物。

(三) 出版资源具有可再生性

任何科学文化活动都不可能固化为一种模式、停滞于一种水准，人类科学文化活动的进步，促进出版资源不断以新的形式进入出版生产的各个领域。出版资源产生于人类的实践之中，实践存在于人类社会存在的始终，出版资源的形成也因此不会终结。

(四) 出版资源具有有限性和无限性

1. 出版资源的有限性

出版资源的有限性往往表现在出版资源开发的时效性上。出版资源的使用价值和价值虽然是客观的，投入生产后能够在一定的时期内为出版部门创造经济效益，但其时效性并非恒定长远的。显性出版资源的时效性相对较为短暂。显性出版资源是指已被发现并证明了其出版价值，能够作为出版要素直接投入出版经济过程的出版资源。多数显性出版资源的时效性都是极其短暂的，当这类资源失去了最佳开发和投入时机时，其使用价值和价值也就会随之消失。

2. 出版资源的无限性

出版资源的无限性是指出版资源具有可重复利用的特点。同样的出版资源，在不同的角度都可以被加以利用，这样就使出版资源具有无限性的特点。各类古今名著，流传了若干年，但到今天仍以不同的版本出版发行。以《三国演义》为例，市面流传的有《三国演义》的精装版本、简装版本，以及供中学生阅读的简缩本，供少儿阅读的《三国演义连环画》，作为课文选入教材的《三国演义》的片段。由此可见，即使是同样地以“三国”为体例的出版资源，在不同的选题策划下，开发出了不同价值和意义的出版物，并且《三国演义》还可以一直以不同的版本形式开发下去。作为出版人，要充分利用出版资源无限性的特点，去发掘出更多更好的出版资源。

第二节　出版资源优化配置

一、出版资源优化配置简介

（一）出版资源优化配置的概念

出版资源配置是指出版资源在出版单位之间和出版单位内部以一定的方式进行分配和组合。出版资源的配置源于出版资源的稀缺性对出版产业的束缚，而出版资源优化配置能够减少配置成本，提高出版资源的使用效益。

（二）出版资源优化配置的目标

1. 增强出版业多媒体综合经营能力

打破以往出版媒体间互相割裂的格局，力图使出版资源得到多层次开发，通过合力经营，有效地实现出版资源在多种媒体间的有效利用，最大限度地发掘出版资源的内在价值，实现多种媒体互动发展的综合效应。

2. 提高出版资源在出版产业组织配置上的集中程度

提高出版资源在出版产业组织配置上的集中程度，培育若干个超大型的出版组织。而超大型出版组织的形成，主要是靠出版资源存量的流动、重组和优化，其主要方式是出版组织间的联合、兼并、重组。

3. **促进产业优化**

通过出版资源的倾斜配置，调整出版业的产业结构、品种结构、区域结构，提高出版资源的配置效益，促进出版业经济增长方式从规模数量型向质量效益型转变；优化产品结构，实现出版物内容丰富多彩、服务对象多层次、品种多样化的新格局；优化地区结构，实施不均衡发展战略，打破地区性的贸易壁垒，在全国形成若干个能辐射区域市场的出版发行中心。

二、出版资源优化配置的基本原则

在有限的出版资源条件约束下，要取得尽可能大的效益，实现出版资源优化配置的目标，在出版资源配置中应该遵循以下基本原则。

（一）效益目标原则

出版资源配置的主要目标，就是要使有限的出版资源尽可能提供较多较好的出版物和服务，或者为了实现一定的产出，尽可能地节省出版资源的投入。这是由出版资源的稀缺性特点决定的。

效益目标包括出版的社会效益目标与经济效益目标两方面。处理两个效益相互发展关系的原则是：坚持社会效益优先，社会效益与经济效益有机结合。因此，在配置出版资源时要发挥市场机制对出版资源配置的基础性功能；同时，要针对市场机制在出版资源配置中的“失灵”和“失效”等局限性，合理运用政府配置出版资源的形式，弥补和限制市场机制之不足，使两种资源配置方式有机结合，优化资源配置，实现资源配置效益的最大化、合理化。

（二）动态配置原则

优化资源配置可以通过出版资源增量调整和存量调整两种方式进行。这是由出版资源的稀缺性和选择性所决定的。我国出版资源配置中，最突出的问题是存量结构严重失衡，而增量资源又极为短缺，因此，盘活存量资源是当前出版资源配置面临的首要问题。出版资源的存量调整是一种动态调整，主要采用联合、转制、改组、租赁、合资、托管等，其中联合与兼并是优化资源配置的形式。由于出版资源的存量调整是经常性的，资源形态是动态的，因而，动态配置也就成为出版资源配置的基本原则之一。

（三）可持续发展原则

出版业是一种知识产业，知识总是在累积和发展的。出版经济活动在耗费一定的出版资源的同时，也在不断地生产出版业再生产的生产资源，这主要体现在为社会提供能惠及子孙的优秀出版物。出版资源中的人力资源、选题文化资源的再生性，其表现就集中在这里。因此，出版资源的优化配置不仅只表现在出版资源的投入总量、投入结构、投入过程中，更重要的是要体现在出版经济活动的结果上，要优化产品结构，多出精品，保持出版业健康、稳定、持续发展。

（四）倾斜配置原则

出版产业结构的调整、升级与经济增长是现在乃至今后相当长的历史时期内出版业发展的中心问题。出版资源在产业、地区、部门间的倾斜配置既有实现经济增长的功能，又有转变出版产业结构的功能。没有出版产业结构的转变，也就没有出版经济的发展。出版资源的倾斜配置，意味着投入的增加，这必然会带来产业的增加；同时，又意味着出版资源在产业间投入增加的速度有差别，即新旧产业的兴衰更迭，产业间主导地位的移易，由此引起出版业的不平衡增长，从而带来产业结构转变。因此，出版资源的倾斜配置是产业结构转变和升级的必要条件。

（五）系统配置原则

出版资源是一个有机的系统，无论是从宏观还是从微观层次看，出版经济发展是多种出版资源相互联系、通力合作的结果。因此，优化资源配置意味着，一方面要统筹兼顾，合理分配；另一方面还必须根据不同资源的不同特点，确定不同的比例和结构。

三、出版资源优化配置的手段

出版资源优化配置的实现有赖于利用市场配置和政府的宏观调控来实现。这两个方面是出版资源优化配置的主要手段。

（一）微观层面的出版资源优化配置

1. 出版资源优化配置的核心

微观层面所进行的出版资源优化配置主要是运用市场配置这个手段。所谓出版资源的市场配置是指通过市场机制的作用使出版资源在各类出版物生产活动之间自由流动来实现出版资源的合理分配。市场配置的核心是市场机制的作用。市场机制是指与出版物市场活动相关的各种要素之间相互联系、相互制约的作用与影响方式，其核心由价格机制、供求机制、竞争机制构成。

2. 出版资源优化配置的条件

出版资源的市场配置，需要具备一定的社会条件。其中最基本的条件包括：

（1）产权的独立性与分散性

我国出版产业的主体是全民制国有事业单位实行企业化管

理。这种制度安排，使得出版单位的权利界限十分模糊，出版社的自主权因人而异、因单位而异。名义上出版社属于国有，实际上出版社是上级主管单位所有，出版社干部的任免、资金调度以及奖金分配等等都由主管部门说了算。这样直接导致出版社产权的不明晰。

产权的不明晰导致市场的配置作用降低。由于市场供求关系不断变动，各种经济资源的计量和相互之间的比较都是无法确定的，产权的不明晰导致出版社在市场活动中缺乏主动性，因此难以应对市场的供求关系的变动。

产权的不明晰也导致了劳动分配处于被管制的地位，出版社的经营业绩既不和负责人的考核评价直接相关，和其奖励分配也无直接的关联性。因此市场配置所带来的竞争激励机制也难以发挥作用。

市场配置作用的发挥，需要产权的独立。为了彻底改变这种现状的存在，必须明晰产权，将产权分散到各出版社本身，而不是由上级出版单位一手掌握，只有产权的真正独立，才能发挥市场配置的作用，才能让出版社重新充满活力，才能创造出更优秀的出版产品和更多的经济利益。

（2）资源的流动性

市场需求和技术的变化以及不同企业竞争力强弱的差别，决定了资源在出版产业内各企业间不断流动和重组。其流动的方向是由利润率低的企业流向利润率高的企业，由供给过剩的企业流向供给不足的企业。流动的结果是优势企业不断成长壮大、劣势企业不断被淘汰，产业的生产能力与市场需求相适应。资源流动的重要性主要表现在：

- 如果整个产业存在资源流入的障碍，则使处于垄断地位的企业凭借其垄断地位获得利润或超额利润，这不仅不利于技术的进步和劳动生产率的提高，而且也使价格机制不能有效地发挥资源配置的作用。

• 如果整个产业的生产能力长期大于市场需求，而生产要素和劣势企业不能及时退出，则会造成供给过剩，资源闲置。

• 出版产业的资源流动，是实现资源高效配置和有效利用的保证。

因此，资源良好的流动性是市场发挥其配置作用的表现，两者互相作用，资源的流动促使市场配置作用的有效发挥，而市场对资源的配置又导致资源的良性流动。

(3) 信息的及时性

①信息是重要的生产力要素

现代生产力理论表明，生产力包含的要素是一个系统：既包括劳动者、劳动对象和劳动工具这三个要素，同时还应包括管理、科学技术以及信息等要素。科学技术成为第一生产力，而信息不仅作为生产力的“软件”渗透到劳动者、劳动对象、劳动工具、管理和科学技术的其他要素之中，其本身又从其他要素中独立出来，成为生产力的关键要素。

②信息的及时性是掌握市场的关键要素

信息的及时性将利于出版单位对市场做出及时的反应，调整出版政策来适应市场需求，生产出市场需要的出版物。

出版产业作为知识产业、信息产业，图书信息对出版产业的发展至关重要。只有掌握了图书信息，才能有效地优化利用出版资源，使自己的出版物长久地占有市场。重视图书出版信息，可了解已出版的图书在市场上的需求情况，适时地对已占有市场的图书选题进行深层次开发，综合利用出版资源。

(4) 竞争的充分性

①竞争是构建统一开放、竞争有序的出版物市场的保证

竞争是促使出版单位改善其经营管理、开拓市场和降低成本的重要动力，企业因为竞争而充满活力，但是盲目无序的竞争则

会损坏出版产业的整体经济效益和社会效益。有效的竞争秩序是优化资源的保障，是促进总供给有效增加的必然条件。产业组织形式如能确保形成有效竞争秩序，则能使出版产业整体经济高质量、高效益地增长。

②实现竞争的充分性

消除地方垄断、区域封锁、部门分割的格局，创造能够实现充分竞争的环境，对于出版产业的发展很重要。

出版单位要积极参加国际竞争，利用好国际、国内两个资源市场，实现资源的优化配置，提高自身的国际竞争力。

要实现竞争的充分性，还要求政府的积极配合。政府必须加强法制建设，建立健全出版物的监管机制，严厉打击各种违法犯罪行为，净化出版物市场。

作为竞争的主体，出版单位只有在图书选题的竞争、图书质量的竞争、图书价格的竞争、销售渠道的竞争以及经营管理的竞争和出版资源、出版品牌和特色的竞争、市场占有率的竞争以及人才资源的竞争上积极作为，才能实现充分的竞争，才能使市场的配置作用得到充分发挥。

（二）宏观层面的出版资源配置

宏观层面的出版资源配置主要是依赖政府实现的。所谓出版资源的政府配置主要是指政府利用行政手段对出版资源进行计划、协调和分配。出版资源行政手段的运用，是通过各种行政调控方式来实现的。

1. 对出版资源的开发利用进行规划与导向

这主要是由于：

(1) 出版发展计划，是国家经济发展计划的一个重要组成部分，是国家进行出版宏观调控的一个重要手段。出版发展计划有短期的出版计划和中长期的发展计划。

(2) 出版发展的短期计划主要供出版单位和地方管理部门参考，如对一个年度的出版生产和发展指标（如书与报刊出版总品种、报纸、期刊、出版社的发展量等）作出预测性规定。

(3) 出版的中长期发展规划，是对整个出版业带有方向性和结构性的调节而制订的综合性计划。

(4) 出版发展计划的重点在于确定出版发展的战略目标，控制出版物总量，合理安排出版物生产结构及其布局，集中人力物力进行重点出版工程建设。

(5) 出版产业的发展计划应该建立在市场经济基础上，以指导性和政策性为特征，其作用在于指示出版产业的发展方向，提供出版市场信息，指导出版微观运行，因此不应具有行政指令性。

2. 对出版业的结构和发展进行导向

出版业发展的指导方针既是国家进行宏观调控的指导方针，也是实现出版宏观调控的重要手段，它主要包括出版产业政策和财税政策。

(1) 出版产业政策

出版产业政策是调整出版产业结构和出版单位结构的经济政策，其主要内容是：

• 在正确认识国情、经济文化发展水平和所处的发展阶段的基础上，规划出版产业逐级提高的目标和对策，正确处理出版产业与其他产业之间的关系，实现出版资源的合理配置。

• 规划出版产业包括编、印、发、供的出版单位的合理规模和结构，使出版单位能够平等竞争，防止出现垄断。

(2) 出版财税政策

出版财税政策作为出版经济政策的一个重要部分，是指国家通过制定出版财政税收政策，来扶持和限制出版业的发展，从而达到宏观调控的目的。目前，国家对出版业采取了较为优惠的财税政策，如对出版单位增值税、所得税适当减免，上交税利返还，部分低利率贷款等。这些出版政策的出台，让出版资源得到了最充分合理的配置。

3. 对出版资源配置进行监督与规范

（1）从某种意义上说，市场经济就是法制经济

为了保障出版业健康顺利的发展和出版资源的优化配置，防止出版旧体制的复归，必须完善出版法律法规，充分发挥法律法规的作用，实现出版宏观调控的法制化：

- 出版单位的生产经营活动以及市场竞争，必须在法律的范围内进行。
- 国家对出版的宏观调控，无论是制订出版发展计划和出版经济政策，还是进行行政干预，都必须有法律依据。

（2）我国出版法规的现状

目前我国的出版法规尚不健全，一些重要的出版法规如《出版法》尚未出台，而且由于出版体制的转换，过去许多指导出版的行政性规章制度应作相应变革，向表现为法制形式的规则转变。因此，制定尽可能完备的出版法规，加紧建立适应社会主义市场经济的出版法律体系，成为我们当前尤为重要和紧迫的一项工作。

（3）建立健全出版法规

要有规范出版单位市场主体地位和行为的法规，而且还应有维护出版市场秩序、改善和加强宏观调控、促进出版协调发展的法规，同时还应有与出版有关的其他方面，包括文化、科学技术、教育等方面的法规。

4. 行政干预的作用

行政干预是国家出版管理部门运用行政手段对出版单位的经营活动和出版市场所进行的管理，可以对出版物市场进行日常监督，将不合理的出版资源进行重新分配，也能够为出版资源的配

置提供一个正确合理的导向。

行政干预是出版宏观调控的一种特殊方式。在社会主义市场经济条件下，出版行政干预应减少到最低限度，但绝不是取消。在特殊情况下，行政干预可以起到其他调控手段所起不到的作用，这对出版的健康发展无疑是非常必要的。

行政干预有时也会有副作用，力度难以掌握，容易导致一刀切，因而要十分谨慎。在运用行政干预手段时，要充分考虑各方面的关系，权衡利弊得失，而且必须在国家的法律和出版法规的范围内进行。

我国现阶段出版资源配置手段的选择，应采用市场配置与政府配置相结合的模式，并逐步扩大市场配置的比重，缩减计划配置的比重，并最终实现以市场配置为基础性手段的目标。

四、我国出版资源优化配置的基本要求

（一）强化出版资源意识

面对竞争日益激烈的出版市场，每个出版工作者都要有强烈的出版资源意识。出版的过程是对出版资源综合利用的过程，因此，每一个出版资源要素都尤为重要，对其中一个要素的忽略都会影响到出版产品的产出。

1. 强化作者资源意识

编辑需要随时关注相关领域的作者信息，了解作者的基本情况，这些情况包括：相关学科作者群的分布情况和结构情况，也包括对作者群体中各人的专长、学识水平的了解和分析；作者信息还包括作者的人际关系、性格、爱好。

编辑可以通过与作者的互访、通信或其他方式和作者联络，通过同各类与出版业务相关的人士进行交流，通过参加各类学术会议以及有关的社会活动，来了解出版的信息。

2. **强化信息资源意识**

编辑要取得好的选题，广博的信息量是一个必须的条件。利用大众传媒来收集并获得信息，是积累信息资源的重要途径。编辑在日常工作中，要随时懂得从报纸、期刊、广播、电视和互联网中去挖掘有用信息，这些有用信息包括：社会发展信息、科学文化信息、出版动态信息等。

（二）重视与加强出版资源的调查

加强对出版资源的调查将会为制订和完善长远出版规划，缩短出版计划提供可靠的依据。在日常出版工作中，制订选题规划，了解作者、书稿以及社会需求等等情况，就要进行出版资源调查。

1. **对一定范围内的出版资源进行调查**

根据出版资源的含义，对其进行调查可以从以下三方面入手：

（1）编辑和作者的队伍情况。没有编辑就不能把书稿变成可供传播的图书。可以根据调查得出的情况，对编辑人员的内部结构或者编辑人员本身的知识结构和比例进行调整，以期达到最佳的组合状态。

（2）调查选题资源，特别是重点书选题资源，选题跟作者关系很大，可以从对作者的调查中发现选题。但是，对于出版单位来说，选题的调查主要不是靠作者调查产生的，而是靠综合调查后经过认真分析和论证后才产生的。

（3）省情和国情的调查。省情、国情调查是贯彻“立足本省，面向全国”的出版方针的根本保证，要做到立足本省，就得对本省情况了如指掌；要做到面向全国，就得对外省情况有全面的了解。

除此之外，还应进行出版单位经济状况、印刷厂和发行单位以及物资、纸张生产和供应情况的调查，至少要掌握这几个方面的基本情况及其变化。这样，才能为出版资源的开发提供可靠的依据。

2. 出版资源调查要在寻找资源优势方面下工夫

各个出版单位应看到该企业所处环境下的各种资源优势，如人文地理以及环境优势，某一出版社地处人文资源丰富的地区，该地区有着悠久的人文历史，古籍文献相当丰富，地方历史文献多，那么该出版社可以充分利用这一资源优势，形成具有自己特点的出版风格。

（三）加强出版信息网的建设

信息作为知识、智力，已日益成为当今社会发展所依靠的重要资源。在这种时代背景下，出版产业是否能掌握足够的信息资源，已经成为影响其自身竞争力的重要方面。因而利用计算机网络技术获得最大可能限度的空间、社会、经济、科学及出版业信息资源的支撑，为出版产业的发展服务，已势在必行。加强出版信息网的建设，有助于促进出版产业的规模发展，为出版单位选题建设提供强有力的信息基础支撑，提供全新的出版单位经营管理的调控手段。

而在进行出版信息网建设的时候，可从以下两方面入手：

- 拥有先进的计算机网络设施，更重要的是如何开发和利用网络中的信息资源，以保证出版信息的准确性、时效性、资料性。
- 有完整的规划和明确的指导思想，在此基础上利用计算机网络技术，将网络中丰富的、流动的信息资源按照出版工作要求，不断进行跟踪、收集、编辑、整理、加工，从而转化为出版信息资料库，为出版信息网的建设准备好一手材料。

第三节　出版的产业化建设

一、出版产业化是我国出版业的必然选择

出版产业化是我国出版业的必然选择，这主要体现在以下几个方面：

• 出版事业在党的领导下得到了很大发展，在全面提高中华民族思想道德素质和文化素质方面，起到了重要作用。

• 出版事业作为一种产业在国民经济中的重要地位日益显现出来。

• 产业化是社会主义出版事业自身发展的需要，是建立适应社会主义市场经济的出版体制的客观要求，也是出版业跨世纪发展的必然趋势。

• 党的十一届三中全会以来，我国出版业的发展令人瞩目，不仅各类图书的印数和销量显著增加，而且出版法制建设也取得了重大进展，图书出版逐步纳入法制轨道。

但是，按照社会主义市场经济的发展要求，与世界发达国家的出版业相比，我国的出版业无论是在出版实力，还是在出版效益方面，都存在着相当的差距。

二、我国出版行业存在的问题

（一）出版业政企不分

很多出版单位属于行政性领导，自身没有充分的自主经营权和人事权，人才的提拔由上级说了算，和本人创造的经济效益没有直接关联，抹杀了人才的积极性。在各行各业已逐步实现“自

负盈亏，自主经营，自我约束，自我发展”的今天，若出版单位不能成为独立的法人实体和市场经济实体，则与市场经济的发展不相适应。

（二）出版单位的部门、地区分布仍为计划经济的基本格局

在长期计划经济的影响下，我国出版业格局呈平衡状态分布。这种出版设置的同构性，致使出版资源竞争激烈化和闲置并存，同时并举的则是出书结构的雷同。许多出版社为了片面追求经济效益，争夺热点，低水平的重复出版，造成大量库存积压和浪费。

（三）出版单位规模偏小，规模效益低

近几年来虽然我国出版业有较快发展，但和世界大型出版集团相比，其规模和市场控制力都相差很多。大部分发达国家都拥有知名度很高的大型跨国公司，这些公司的年营业额都能达数十亿甚至上百亿美元，有极高的经济效益。这些大公司在其本国出版业中占很大比重，对所在国的图书市场起着重要支撑作用。而我国出版单位的营业规模一般只在几千万人民币上下。另外，我国出口图书数量很小，仅占世界图书市场的0.1%，与我国的国际地位不相适应。

（四）过度竞争与行政垄断并存，出版业竞争秩序混乱

这主要表现为相同领域内进入的企业过多，地方出版产业结构趋同，出版物选题重复，生产能力大于市场需求，出版资源无效利用及各出版单位间的相互压价大战。出版产业的过度竞争造成的直接后果是出版资源的浪费和出版市场秩序的混乱。

三、出版行业产业化之路

在严峻的现实条件下，把出版业作为一项重要产业来发展，通过市场化和集约化经营，走出版产业化发展道路，从而提高出版业在整个国民经济中的地位和作用。走产业化发展的道路可以从以下四个方面入手：

（一）出版单位要实现企业化

按照市场经济条件下出版产业自身发展的客观规律从事经营活动，使绝大多数出版社成为自主的企业。这是建立持续、快速、稳定、健康发展的出版产业的基本条件。出版业要优化经济结构，就须：

第一，将深化出版体制改革和产业发展战略调整结合起来。

第二，通过资产重组，实现规模经营，支持股份公司的建立和上市。

第三，要打破地区间的平衡发展，优化地区结构，按照产业发展和市场的内在要求办事，要坚决打破计划经济造成的布局平衡、市场割据的局面。

第四，通过努力学习国外出版业先进的管理经验，促进版权贸易，开拓国际市场。

（二）建立和规范出版物市场竞争秩序

合理规范的竞争秩序，是出版产业组织合理化的表现，也是提高产业素质，促进经济增长方式转变的重要条件。当前应从建立健全市场竞争规则，加大市场监管力度等方面来保护、展开和维护有效竞争秩序。

（三）实现出版经营集约化，以资产为纽带组建出版集团

出版经营的集约化是出版产业发展的必然趋势。出版经营集约化的实现有利于降低企业成本，提高生产要素的质量，优化资源配置，形成较强的市场竞争能力，从而取得最佳经济效益。通过结构调整，建立一些辐射全国市场或区域市场的出版基地和依托于这些基地的发行中心，推动培育大型出版集团。同时，扩大经营规模，实现资本一体化，经营多样化，手段现代化的跨地区、跨国界的大型出版集团也很重要。

（四）推进科技进步，积极培育新的经济增长点

随着知识经济时代的来临，加大出版业的科技知识含量是时代发展的必然要求。因此我们必须：

- 要坚持利用高新技术从整体上提高全行业的装备及现代化管理水平，通过科技进步推动产业结构的调整，提高产品质量和劳动生产率。
- 加强队伍建设，全面提高出版人员的科学文化素质，建立有效的竞争激励机制，为出版实现产业化发展培育合格人才。

四、出版集团化是出版产业化的趋势

（一）出版集团的定义及其作用

1. **出版集团的定义**

出版集团，是指以资产为纽带，以母子公司为组织构架，以集团章程为共同行为规范的包括核心层、紧密层、松散层共同组成的具有较大规模的企业法人联合体。

2. 出版集团在出版产业化过程中发挥的作用

出版集团以实力雄厚的大企业为核心，以产权为纽带把众多的相关企业联系在一起，在提高规模效益和专业协作水平，改善企业之间的技术经济联系，遏制低水平重复建设，带动中小企业发展，加快新技术和新产品的开发，增强国际竞争力等方面有着非常重要的作用。

（二）出版集团化最突出的特点便是规模集团化

很多出版集团都是将出版社、杂志社、印刷厂等进行合并组建。在现代市场经济条件下，资产重组是组建和壮大企业集团的最有效方式。当前要特别注重以资产重组方式推动现有出版企业集团规模的扩张和出版企业集团的建立。资产重组主要是采取“以强联弱”和“强强联合”的方式。

以强联弱是指一批名牌出版单位或现有出版企业集团通过兼并、收购等手段，投资改造和接受劣势企业，实现资本集中和资本扩张，以壮大企业集团的资本实力和竞争能力。

强强联合是指出版同一类出版物或出版不同类别出版物但经济技术联系密切的大型出版单位或出版集团，按企业集团的模式和市场经济的要求联合起来，统筹规划，以优化资源配置。

成立出版集团的根本目的是为了把中国出版“做大做强”，两者既有区别又有统一，这主要体现在：

- “强”和“大”的量度不同。“强”是指竞争力，“大”是指规模。
- “强”和“大”的统一性。要有竞争力必须有一定的规模，如果企业集团达不到合理规模，就难以有较高的产出，也就不会产生规模效益。企业集团规模过小，难以降低单位产品成本，产品就不会形成价格竞争优势。
- 处理好“强”和“大”的关系，将两者统一、协调起来。

在重视形成出版集团化的同时，也要注意对出版集团核心竞争力的培养。如果出版单位仅仅具有规模而忽视了效率就会造成企业规模过大，战线过长，管理幅度过大或层次太多，各方活动进行协调的难度增加、交易成本过高，并且信息传递变慢，信号失真，致使企业效率降低，出现规模不经济。

因此，在出版集团发展过程中既要重视规模，更要重视培养核心竞争力，要围绕提高核心竞争力坚决对企业进行重组或调整，其中，重中之重是要提高出版单位创新和应对市场竞争的能力。

（三）出版集团规模化的多元化经营

多元化经营，又称多角化经营或多样化经营，是指企业不只生产某一种产品或不只提供某一种服务，而是同时生产多种产品甚至跨行业经营。根据企业集团新进入领域与原有经营领域的关系，多元化经营可划分为：

1. **横向多元化**

指企业经营领域扩展到与原有产品存在较高竞争程度的同类产品领域。

2. **纵向多元化**

指企业进入本企业所从事的生产经营活动或产品的上游产业或下游产业领域。

3. **中心多元化**

指企业新进入的产业领域与原有经营领域具有高度的相关性。

4. **无关联多元化**

指企业新进入的领域与原来经营的行业基本上不相关。

前三种属于相关多元化，第四种则属于无相关多元化。出版集团多元化经营不仅指出版集团的生产经营超出了出版行业的范畴，同时生产或提供两种以上产品和服务的一种经营方式，还包括能给出版集团带来收益的各项长期投资活动，是出版集团成长过程中带有全局性、长远性的一种战略选择。

（四）出版集团在发展过程中存在的问题

虽然，我国出版集团在最近几年发展很快，但在发展过程中还存在着一些尚需解决的问题，尤其是出版集团的属性问题。

1. **出版集团属性问题存在的背景**

由于我国的出版市场主体发育不充分、生产要素自由流动差、市场机制作用未得到充分发挥，加上出版产业的计划色彩比其他行业更浓，因此在目前的情况下，采取政府主导建立出版集团，对于尽快把集团建立和运行起来是一种有效的和经济的做法，政府在组建出版集团过程中都起到主导作用。一些企业集团特别是由行业主管局转制组建的企业集团，仍行使着政府的行政出版管理职能。

2. **出版集团转制以最终解决出版集团的属性问题**

按照现有规定，出版集团是事业单位，实行企业化管理。出版作为事业单位，是我国特有的计划经济的产物。在高度计划经济的条件下，出版作为意识形态的重要组成部分，可以不讲经营，不计成本，不问效益。因为整个生产过程都是计划安排的，整个价格机制都是扭曲的，效益是难以考核的，在这种情况下，将其作为事业单位是理所当然的。但伴随着我国从计划经济向市场经济转轨，我们从最初强调在出版中要重视经济核算，到要求出版从生产型向生产经营型转变，再到后来对出版社进行企业化管理，这是一个逐步市场化、企业化、生产化的过程。出版事业在向两个方向转变：一种是承担公共物品服务的单位，要初步转化为国家投资、拨款的非盈利性组织；另一种是生产可以作为商品交换的、有赢利能力和潜力的单位要向自负盈亏的企业过渡，变成完全意义上的企业。

五、出版产业化过程中的品牌战略

（一）品牌的定义

品牌作为市场营销的一种新手段，是指用以识别某个销售者或某群销售者的产品或服务，并使之与竞争对手区别开来的商业名称及其标志品牌。

（二）品牌在企业发展中占据着重要地位

商标、产权等知识资本在出版总资产中的比重随着时代的发展不断加大，由品牌等知识资本所带来的出版单位资本的市场价值越来越占据显著地位。品牌，尤其是具有良好知名度和美誉度的品牌，被视为企业的无形资产，是企业获取竞争优势、进占市场的一张王牌。

（三）出版品牌的营造

出版单位作为知识型企业，要想其知识资本的价值被市场确认，必须要靠知识资本在市场中确立某种垄断优势，而这种优势归根结底，是由该出版单位的出版品牌决定的。品牌的社会认可度，在一定程度上决定着出版单位的兴衰。

（四）出版单位之间的竞争就是品牌的竞争

现在，出版单位之间的竞争已开始进入了品牌形象之间的竞争，各出版单位都开始营造有自己风格的“标志性读物”，力求在保证图书质量的前提下，扩大自身知名度，营造出版品牌。而品牌形象的树立有赖于以下几方面的作为：

1. 出版品牌的设计

出版品牌的设计在品牌战略中发挥着不可忽视的作用。出版品牌设计是品牌运营的基础，是出版品牌得以传播、发展的前提。富含美感和文化意蕴、具有感召力的品牌是出版单位内在风格和特色的体现，是出版单位企业理念和精神的影射和缩影。具有感召力和亲切感的品牌能够缩短出版单位和读者的距离，加强宣传效果。

品牌的名称和标志的设计需要简洁醒目、个性鲜明、构思精巧、内涵深厚、贴近读者、富有美感。出版品牌整体形象（包括外在形象、图书风格、企业理念等）的树立都统一于所设计出的品牌形象的综合反映。

出版品牌的设计要注重凸现品牌。一些有深厚文化积累的出版单位在已形成的出版形象系统的基础上，进行适当调整，注重凸显品牌，使优势图书系列化、规模化，在图书市场中产生号召力。以三联书店为例，提到“三联”，读者会自然产生一系列的认同和信赖心理。因为三联的学术性、公信力还有编辑水准都构成了三联特有的识别系统，而三联统一的书形、书封版式以及一贯的书后附录预告、三联的社标、三联的书籍装帧等都使三联图书成为高品质的一个图书品牌。

2. 出版品牌的传播

出版单位在形成优良品牌的基础上进行出版品牌的传播，使品牌在读者和市场中接受检验，这样才能出版的品牌特色真正在读者心中树立起来。通过品牌传播这一环节，出版单位能有效地实现品牌的造势和品牌与目标市场的有效对接，为品牌及其产品进占市场、拓展市场奠定宣传基础。通常在实践中，主要有广告、公关、促销等传播手段。

（1）广告传播

①广告传播的定义

广告传播是广告主以促进销售为目的，付出一定的费用，通过特定的媒体传播品牌、商品等的大众传播活动。

②广告传播的形式

出版品牌的广告传播主要借助于报纸、杂志、广播、电视、户外广告、邮寄、互联网等形式。在我国，用广播电视来传播出版品牌的并不多见，我们所见的用电视来做传播手段的通常都是电视台设立各种书评、新书介绍等文化栏目来达到宣传推广的目的，但这不是纯粹的图书广告。最常见的出版品牌传播手段还是出版单位通过邮寄的方式来达到宣传新书的目的，这也是国外图书俱乐部运作的主要手段。例如，贝塔斯曼图书俱乐部便是通过免费邮寄的方式，向读者推销自己的图书。

（2）公关传播

①公关传播的定义

公关传播，指出版单位在从事市场营销活动中，通过正确处理出版单位与社会公众的关系，来树立出版单位和产品的良好形象，从而促进产品销售的一种活动。

②公关传播的形式

公关传播一般通过赞助文化、教育、体育、卫生等事业，支持福利事业，开办各种咨询业务，信息交流，或者各种实惠服务等形式，以达到预期的公关效果，进而树立品牌形象，完成品牌的有效传播。《中国图书商报》向国内知名专家赠送《书评周刊》，外研社对各地大学英语教师的免费培训活动，这些都是品牌公关品牌传播的具体应用。

（3）促销

促销在出版单位的应用也很普遍。它是出版单位或书店利用各种形式的优惠、打折、赠送活动等来鼓励消费者产生购买行为的一种方式。这种方式是最常见的品牌传播方式，在短期能产生积极效应，但这种让利销售会引起业内的不公平竞争，使出版单位或书店的利润降低。

3. **出版品牌的扩展**

出版品牌扩展，也称出版品牌扩张或出版品牌的延伸，是品牌资产的有效利用方式。当出版单位成功创立了一种出版品牌并具有一定市场影响力时，经常会把这一成功品牌推广到其他类型的产品上，以凭借现有的成功品牌的市场效应为新型产品扩大知名度和市场，以此来给企业打开更大的发展空间。例如，春风文艺出版社在成功运作了“布老虎”这一品牌后，又继续从“都市爱情小说”向“随笔”“儿童文学”“小长篇小说”等领域扩展，推出了“布老虎中篇小说”“小布老虎”“金布老虎”“红月亮”等系列品牌。

六、出版资源资本化是出版产业化的重要表现

（一）出版资源的资本化

出版资源的资本化是以出版资源为对象，最终实现出版资源资本增值的一个过程。出版资源的资本化有赖于出版业资本运营的有效实行，资本运营是企业以资本为经营对象，以资本保值增值为追求目标，依托资本市场、产权市场实现扩张和发展的现代资本运作方式。出版资源资本化的实现需要良好的资本运营过程，而目前出版业的现状使出版业的资本运营显得越来越迫切。目前，我国出版业存在着企业机制不健全、规模过小、重复出版、重复建设等问题，我们必须抓住机遇，按市场规律要求进行资本运营，抓企业改制、企业重组，组建企业集团，实现出版资源的资本化，由此来应对我们即将面临的来自国际国内的双重竞争。

（二）实现出版资源资本化的必要条件

第一，积累起雄厚的物质基础，形成了庞大的生产能力和资本存量。

第二，传统产业和现代产业的矛盾日益尖锐，适应资产重组、产业升级要求，进行大规模生产要素重组和资本运营迫在眉睫。

（三）实现出版资源资本化的有效途径

1. 扩大出版单位规模

出版业垄断与竞争并存的市场结构，客观上也需要各个独立的出版经济组织之间，通过资本运营，以资产为纽带形成新的集团机制，实现规模扩张，以争取更大的市场份额。目前，世界出版业的竞争日趋激烈，这种竞争具体体现在规模、质量和效益上。随着我国经济的国际化，国际出版业也最终将进入中国市场，到那时，我国的出版业将不再是垄断与竞争并存的国内竞争了，而是国内市场国际化的自由竞争时代了。面对这种情况，我们须使出版单位在更大范围和更高层次内实现资源的重新配置，实现资本市场的重组和扩张。

2. 调整出版产业结构

目前，我国出版业的增长方式基本上是粗放型经营，出版业的发展侧重于生产要素的扩大和生产规模的扩张，有限的资金用来扩大规模，进行低水平重复建设，造成出版产业结构趋同，出版产业整体水平和效益偏低，产业升级困难。为了适应我国经济文化发展需要，为了适应出版业即将面临的国际竞争，我国出版业必须转变经济增长方式，促进产业升级和产品结构的调整。促进产业结构调整最有效的方式就是资本运营，出版单位采用兼并、合并的方式，集中财力、物力、人力出版高质量的、有影响有分量的、高效益的书刊。

3. **优化出版单位管理**

出版单位的管理者要运用新的管理手段，实现出版业由商品化向资本化的过渡。对出版单位的管理者来说，不应只关心产品的市场占有率，更应关心存量资产的流动和重组。要在确保社会效益的前提下，按资本增值最大化的要求实施资本运营，实现资本的优化配置。

4. **建立现代出版企业制度**

目前，我国出版单位普遍存在产权不清、政企不分等问题。这些问题的存在严重阻碍了我国出版业的发展。因此，出版业必须建立现代企业制度，进行规范化的公司制改造，成为适应市场的法人实体和竞争实体，成为合格的资本运营主体。出版业应当允许多种所有制形式并存，积极尝试采用有限责任公司和股份公司的现代企业制度，以求改变出版单位体制单一的情况。与此同时，还要大力抓好出版单位的领导班子建设，进行经营管理队伍的调整，建立现代企业人事制度改革和一系列的约束激励机制，依据经营业绩决定人才的去留。

出版资源资本化的实现，将有利于我国出版业完成从产品生产者转变为商品生产者的角色转换，实现出版业由商品化向资本化的飞跃，将我国出版业的发展带向另一个高度。

第四节　出版资源的可持续发展

一、出版资源可持续发展的含义

(一) 可持续发展的含义

可持续发展一词来源于 1987 年联合国环境与发展委员会在

《我们的未来》这篇报道里的定义：既满足当代人的需要又不对后代人满足其需要的能力构成威胁和危害的发展。可持续发展是一种新的社会、经济发展观。其基本含义是保持人类社会具有长远的、持续发展的能力。这一观点，最早是指人类在经济发展中，如何对自然资源进行合理的开发利用，使环境、资源与发展达到和谐统一。

（二）可持续发展概念的延续和加深

随着社会的发展，人们对可持续发展这一概念的认识也在逐渐丰富与加深。从哲学意义讲，可持续发展理论，包含着经济发展的整体利益和局部利益、长远利益和眼前利益的矛盾。这种矛盾，具体到某一产业的发展，则是资源与发展之间如何达到最佳统一的问题。

（三）出版产业中的可持续发展问题

在我国国民经济构成中，出版业占有一定的比例，并且出版业关系到整个国民素质的培养和发展，起着政治导向的作用，因此出版业的地位不可忽视。作为一个产业部门，出版业本身也存在着如何进行可持续发展的问题，也有资源与发展的问题。

二、可持续发展存在的问题及解决方式

（一）出版业可持续发展存在的问题

近几年来我国出版业保持着强劲的发展势头，其所创造的经济效益和社会效益都很显著，但是从拥有量来看，我国出版资源的总量和人均拥有量与发达国家相比都有很大的差距。因此国家出版管理部门一再强调，出版业的发展要深化改革，要从规模数量向优质高效转变，这说明，在繁荣背后，存在着出版业进一步

发展的重大问题，也说明规模和数量并不是繁荣发展的主要标志。用可持续发展的观点，具体分析我国出版业的现状，就不难发现，出版业的发展，在整体利益和局部利益、长远利益和眼前利益等方面，存在着以下问题：

第一，由于出版业的行业保护性，在很大程度上淡化了人们的忧患意识，出版社大量成立，图书选题也互相重复，致使出版物需求总量失衡，出版资源浪费严重。许多出版单位仍然在追求规模经营方式，只重视出版数量不重视图书市场和图书质量，总希望以多抢占市场，忽视图书的长期利润目标，致使图书重版率总体降低，并造成大量图书积压。

第二，我国出版物市场不公平竞争现象严重，特别是教育类、少儿类图书，由于“区域贸易壁垒”的存在，一些出版单位在自己的出版范围内，重复出版其他社的图书选题，不仅影响出版物整体质量的提高，而且造成出版资源的地域性垄断使用。

第三，尽管我国改革开放已进行了许多年，我国也已加入了相关的国际版权组织，但整体的图书版权意识仍然很薄弱。许多出版单位不重视图书的版权贸易，没有意识到版权贸易在图书版权中的重要地位。

第四，新技术的投入与开发还不够，生产手段落后，出版品种单一。磁、光、电等媒介的高附加值出版物还没有有效开发出来，使出版资源没得到多层次开发和综合利用。

第五，人力资源没有得到有效利用。许多出版单位只注重对现有人员的使用而忽视对从业人员的继续教育和培养，造成现有从业人员的知识结构老化。

（二）优化利用出版资源

1. 出版业产业结构调整

重视产业结构调整，提高出版业的产业化、集中化程度，有

利于形成统一、活泼、有序的图书市场

从经济学的角度讲，产业结构对资源的优化配置与使用有重大影响。作为国民经济的一个重要部分，加大出版业产业化、集中化程度，有利于克服出版资源的地区垄断与总量失衡，从而形成统一、活泼、有序的图书市场。

2. **从可持续发展观出发对出版单位进行调整**

从出版业可持续发展的角度来看，必须打破目前均衡发展的局面，才能使出版单位从总体上得到良性发展，这可以从以下几方面入手：

(1) 对那些重复建设，而人才、条件方面都不优良甚至不具备建社条件的出版单位应坚决予以淘汰。

(2) 调整出版结构，鼓励以优势出版单位为核心的兼并联合，使出版资源向高素质、高效率的出版单位倾斜，走出版产业集约化发展道路。在走调整出版产业结构这条路的时候，我们还需克服一些容易出现的问题：

• 出版管理部门对自己下属的出版单位，借调整结构之名，搞出版资源“扶贫”。比如，把热门的图书选题割让给其他经济效益较薄弱的出版社，而这些出版社又没有此类选题的编辑，从而形成新的资源浪费。

• 走集约化道路时，一些出版单位以有形资产的“大”“小”，搞兼并联合，忽视了在知识经济中的有形资产，如：高新技术的含量、管理水平的高低、从业人员的创新能力等才是第一决定因素，而不是有形资产的大小。在同等无形资产的条件下，增加有形资产必然可以增大出版业的效益，有利于综合利用出版资源，然而，如果不具备相应的无形资产，只是盲目的扩充有形资产，则只会在资源的使用中造成更大的浪费。

3. **提高图书选题的深层次开发利用**

出版产业作为知识信息产业，图书信息对出版业的发展至关重要。只有掌握了图书信息，才能有效地优化利用资源，使自己的出版物长久地占有市场。重视图书出版信息，可了解已出版的图书在市场上的需求情况，根据所获得的信息对已占有市场的图书选题进行深层次开发，使出版资源得到综合利用。对这些市场信息，可以从以下几方面加以利用：

(1) 根据市场信息，对已出版的有一定市场价值的图书，进行适时重印，持久地占有市场，这样既减少了不必要的库存，也避免了图书市场的“断档”情况，以免因“时间差”而造成市场流失。

(2) 根据市场反馈的信息，及时修订已出版的图书，注意吸纳新的研究成果和知识更新的部分，修订图书，使出版的图书对读者保持永久的吸引力。

(3) 根据市场信息，对已出版并有新的拓展方向的图书，可以在原出版图书的基础上，物色合适的作者，对其进行再创作，把书由大做小，或由小做大，产生图书出版的连环效应。比如将古代的“四大名著”重版，做出一系列的名著简装本，以宣传中国传统文化为主题，作为少年儿童的课外读物。

4. 重视图书的版权贸易工作，实现出版资源共享

进出口贸易已成为国民经济的重要命脉，而图书出版资源的共享也已成为现实。因此，重视图书的版权贸易工作，也成为出版业可持续发展的又一经济增长点。那么重视版权贸易工作须做到以下几点：

(1) 要克服认识上盲目自大的问题。许多出版社自认为经济效益不错，没有必要费事买卖版权。但实际上，我国出版社的整体实力和国外的出版社相比还相差很大。从国内外举办的大型图书博览会上看，国外的大出版社都非常重视版权贸易，而我国的大部分出版单位，还没有认识到版权所能带来的极大经济效益，只注重国内市场，而忽视国际的图书市场。一旦出版业和国际接轨，我们就会无法和国外的大出版社竞争抗衡。

(2) 深刻理解版权贸易的重要性。版权贸易的重要性，不仅是为了经济效益，还在于通过版权贸易，提高我国出版社的国际知名度，加强国际文化交流，从而打开国际市场。我们不仅要引进国外的优秀出版物，还要拓展、开发我们民族的优秀文化遗产及先进成果方面的图书选题，以高标准的出版物，打入国际图书大市场。

5. **加快新技术的投入，提高出版资源的综合利用能力**

加快对新技术的投入可以提高出版工作的质量与效益，为出版业的持续发展提供一个更加广阔的发展平台。

出版新技术主要是指电脑编排技术、多媒体出版技术、网络出版技术，其应用主要体现在：

- 由印刷版向数字版的转化不可逆转。
- 按需印刷技术将取代批量印刷。
- 电子书阅读器将更加普及，性能更好、更快，价格更便宜，功能更多，最重要的是可以方便地与网络连接。
- 出版社的成功将取决于管理网上版权的能力、保持和开发数据库的能力、与作者和中间商在达成商业合同方面具有灵活性的能力、再生和管理名牌的能力。
- 书店的成功将取决于和网络公司及信息中间商结盟来传输信息，并向顾客提供可靠的产品信息导航的能力。

从市场分析来看，加快对新技术的投入，具有可操作性。对出版社而言，在发展纸介质出版物的同时，积极发展磁、光、电等媒介的出版物，是培育新的经济增长点，促进出版业可持续发展的重要措施。

新技术在我国图书出版中还未得到有效实施。就目前情况看来，我国的图书出版和音像出版基本割裂。许多有音像出版权的单位，不了解市场，不知道哪些图书可以转化为音像出版物；而图书出版社想要将出版的图书转化为音像出版物时，却没有音像物的出版权。

从可持续发展的角度，加快对新技术的投入。针对我国图书出版未能有效利用新技术的情况，从长远的发展观点看，客观上需要出版管理部门出台相应的政策。图书出版单位和音像电子出版单位对图书资源转化方面都要有正确的认识，有效地实现出版资源在各媒介间的转化利用和多层次开发，促进出版业在新的增长点上向深度和广度发展，最大限度地挖掘出版资源的价值。

6. **重视出版人才的培养与使用**

就我国出版单位目前的现状来看，只有重视出版人才的培养与使用，才会为出版业的可持续发展提供有力的保证，这主要体现在以下几方面：

(1) 人才是企业发展的关键要素

知识经济作为可持续发展经济，是以知识为原动力的新的经济形态。在知识经济时代，具有知识经济发展所具备相应知识的人才，成为比原材料、资本等更重要的因素。而出版业作为知识经济的一个重要产业，其从业人员的素质，直接影响着出版业的可持续发展。出版单位的领导需要深刻认识到这一点，用具有长远的战略眼光，培养适合企业发展的人才。

(2) 出版人才在出版单位中还未得到充分重视

但现今，许多出版社在人才培养方面，缺乏战略眼光，没有意识到人才的危机。只考虑眼前利益，没有对现有人员提供培训、知识更新的条件和机会。这既是对人才的不负责任，也是对出版业可持续发展缺乏足够的认识，没有把人才资源的优化利用，放到整个出版业资源优化利用战略高度。

(3) 从可持续发展的观点出发，出版企业要重视培养人才

出版管理部门及出版社的领导，一定要用战略的眼光看待出版人才问题，制定出切实可行的政策，为出版社从业人员，特别

是为青年人才提供进修培训、知识更新的机会与条件，鼓励他们接触更多的新知识，掌握更多的高新技术。

三、重视出版文化安全战略的建立

当前，我国出版业的改革发展正处于关键时刻，无论是深化改革还是加快发展，都需要一个良好的环境，要始终牢记没有稳定的局面，什么事情也干不成，同样出版业的发展如果离开了文化安全，也谈不上可持续发展。出版文化安全战略的建立，应做好以下工作：

（一）坚持先进文化的前进方向，始终把握好出版导向

出版工作要牢固地树立政治意识、责任意识，自觉地为全党全国工作大局服务。因此必须做到：

第一，坚持正确的出版导向。坚持一手抓繁荣，一手抓管理的方针，出版好面向现代化、面向世界、面向未来的民族的科学的大众的优秀出版物，以此来不断地丰富人们的精神世界，增强人们的精神力量。

第二，要坚持用马列主义、毛泽东思想、邓小平理论和“三个代表”重要思想统领整个出版工作，坚持“双百”方针等一系列方针政策，使出版成为传播先进文化的思想阵地，决不给危害国家稳定、社会和谐的各种错误思想提供传播阵地。坚持正确的出版导向，要把出版好巩固马克思主义指导地位、宣传党和国家方针政策的出版物，以弘扬爱国主义为核心的民族精神和以改革开放为核心的时代精神的出版物作为出版工作的重要职责。

第三，要坚决抵制各种腐朽文化对出版的侵蚀，抵制低俗之风，坚决打击各种淫秽、色情、格调低下的出版物。要结合先进性教育和三项教育活动，始终关注导向问题，维护出版的良好态势。

第四，坚持正确的出版导向，要正确处理社会效益与经济效益的关系。必须明确出版工作，无论是事业还是企业，都是社会主义的出版工作，都必须坚持社会效益第一，坚持两个效益的统一。

（二）坚决查处买卖书号，严厉打击违规行为

1997年1月中共中央宣传部，新闻出版总署发布的《关于严格禁止买卖书号、刊号、版号等问题的若干规定》指出："凡是以管理费、书号费、刊号费、版号费或者其他名义收取费用，出让国家出版行政部门赋予的权力，给外单位或者个人提供书号、刊号、版号和办理有关手续，放弃编辑、校对、印刷、复制发行等任何一个环节的职责，使其以出版单位的名义牟利，均按买卖书号、刊号、版号查处。"要解决买卖书号的问题，就须：统一思想，认清危害。买卖书号的实质是出让国家赋予出版单位的专营权，是违规行为；买卖书号是造成坏书不时出版、低俗之风蔓延的重要原因之一。在现行出版管理体制的情况下，不坚决打击买卖书号的行为，整个出版物的质量会进一步下滑，更谈不上出版的繁荣发展。

坚决打击，决不姑息。查处买卖书号关键是真抓实干，用行动说话。查处工作是一件经常性的工作，需要常抓不懈。

深入调研，总结出打击书号买卖的办法。总结查处买卖书号的经验，在深入调查研究的基础上，制订可以操作的查处办法，规范合作出版，做到查处买卖书号有章可循，实事求是。

（三）严厉打击出版伪书行为，树立出版业良好形象

伪书败坏了出版界的形象和声誉，如果不坚决打击，从长远看，将会极大地影响读者对出版的信任，危害出版的严肃性、科学性。依据有关法律对伪书作出严肃处理，并且还要强化法律惩办伪书出

版这一手段，让出伪书的出版社在经济上受到严厉处罚；在行政管理上，要坚决核减书号，并在一定的年限内不增加新的书号；同时在舆论上谴责，让伪书形成不了气候。

思考题

1. 什么是出版资源，与一般经济资源相比，出版资源具有什么样的特点？
2. 什么叫出版资源的优化配置？它的基本标准是什么？
3. 出版资源的市场配置通常采取何种方式？
4. 出版资源配置应坚持哪些原则？
5. 为什么说出版产业化是我国出版业发展的必然选择？
6. 怎样实现出版的集团化经营？
7. 构建出版品牌的途径有哪些？
8. 怎样解决我国出版产业可持续化发展中出现的问题？

参考文献

毕伟. 出版产业的市场作用机制及产业调控政策. 中国出版，1998，(6).

卞彩虹. CI战略与出版品牌. 黑龙江教育学院学报，2004，23 (3).

蔡鸿程. 作者编辑手册. 北京：中国标准出版社，2004.

董中山. 出版资源的优化利用与出版业的可持续发展. 编辑之友，1998，(6).

高奇. 系统科学概论. 济南：山东大学出版社，2001.

和欢庆. 电子出版：树立新观念开拓新市场. 今日印刷，2007，(6).

黄阿妮. 中国出版产业化的内涵及其发展构想. 南华大学学报（社会科学版），2005，6 (6).

蒋顺. 音像出版的困境和出路. 编辑学刊，2006，(1).

来新夏，等. 中国古代图书事业史. 上海：上海人民出版社，1990.

李大刚. 音像电子出版选题策划的技术性与艺术性. 出版经济，2006，(2).

李苓，黄小玲. 编辑出版实务与技能. 成都：四川大学出版社，2006.

李毓兴. 简明编译审校指南. 沈阳：东北大学出版社，2001.

刘永红. 出版集团建设应正确处理核心竞争力与多元化经营的关系. 编辑之友，2005，(1).

罗紫初. 出版学基础研究. 太原：山西人民出版社，2005.

罗紫初. 出版学原理. 武汉：武汉大学出版社，1999.

毛娟. 出版产业发展与出版资源配置. 中国出版，2003，(2).

钱建国，田方斌. 论出版资源的政府配置. 图书情报知识，1998，(4).

赏书，海怡. 传统出版与网络出版的关系及其走势. 今传媒，2007，(1).

宋连生. 图书选题策划学. 北京：中国水利水电出版社，2006.

孙培镜．试论现代校对学体系的若干板块．出版科学，2001，(2).
王晨．产业组织优化与中国出版产业发展．改革与探索，2000，(2).
王晨．网络出版需要注意的几个问题．中国编辑，2007，(6).
魏彬．浅谈网络出版．现代企业教育，2007，(6).
魏隐儒．中国古籍印刷史．北京：印刷工业出版社，1984.
吴娟．品牌、人才与出版企业核心竞争力．出版发行研究，2006，(9).
吴世灯．认真进行出版资源的调查与开发．编辑学刊，1991，(4).
吴添汉．编辑应用写作．沈阳：辽宁教育出版社，1996.
徐建华．版权贸易新论．苏州：苏州大学出版社出版，2005.
姚福申．中国编辑史．上海：复旦大学出版社，1990.
于文胜．音像出版的困境与出路．新疆新闻出版，2007，(3).
张辉冠．论出版资源．出版发行研究，1996，(3).
张建霞．浅议印刷质量控制．晚晴，2005，(4).
张静庐．中国近代出版史料．上海：群联出版社，1953，1954.
张天定，郭奇．编辑出版学．开封：河南大学出版社，2003.
张志强．现代出版学．苏州：苏州大学出版社，2003.
朱静雯．出版业宏观调控中的经济手段运用．出版发行研究，2003，(12).
朱君．尽快实现出版信息网络化．印刷杂志，2003，(9).
朱胜龙．出版资源特点析．编辑之友，1999，(4).
新闻出版总署出版管理司．图书出版管理手册．北京：中国法制出版社，2006.
全国出版专业职业资格考试办公室．有关出版的法律法规选编．北京：中国大百科全书出版社，2004.
中国编辑学会，全国出版专业职业资格考试办公室．出版专业基础（初级）．武汉：崇文书局，2007.
中国编辑学会，全国出版专业职业资格考试办公室．出版专业实务（初级）．武汉：崇文书局，2007.
中国编辑学会，全国出版专业职业资格考试办公室．出版专业基础（中级）．上海：上海辞书出版社，2007.
中国编辑学会，全国出版专业职业资格考试办公室．出版专业实务（中级）．上海：上海辞书出版社，2007.

后记

出版学是一个新兴的交叉学科；出版业是专业性非常强的一个知识密集型产业；出版活动在我国具有意识形态和商品的二重属性，它决定了出版物不仅仅是一般的产品和商品，还是国家的思想舆论阵地，事关国家安全和政治稳定，负有重要的社会责任。这些特点，决定了出版专业不是一般的技能型专业，出版人员也不是一般的专业技术人员，而是具备政治意识、大局意识和责任意识的传播渠道把关人。因而，出版从业人员既需要一定的专业背景，掌握出版的专业技能，还需要三五年业界的熏陶，才能基本胜任出版的专业技术工作。

从2002年起，我国开展了出版专业从业人员职业资格考试，近期又颁布了几个非常重要的法规性文件，即《出版专业技术人员职业资格管理规定》《图书出版管理规定》《电子出版物出版管理规定》《音像制品制作管理规定》，与以前发布的一系列法规，对出版专业人员的素质、水平和能力提出了更高的要求。为了适应更多的社会人士，学校的本专科学生、研究生了解出版业的性质、功能，出版各环节的规律、特点，出版各个流程的操作技能、技巧，我们编写了这部《出版通论》。参加编写的作者都有丰富的出版工作经历，其中大部分作者具有出版专业的高级、中级职称，并且在出版第一线工作了多年。编写中注重实际，做到理论和实践相结合，二者均不偏废，相辅相成。全书信息量大，知识结构合理，可操作性强，对提高阅读者的出版策划水平，了解、熟悉出版规律，掌握出版专业基础知识都有所帮助。

全书的分工情况如下：由汪启明、陈国弟、张晓舟总体策划，讨论选题，拟定大纲和样章，商定编写思路，确定结构与体例设计，组织、协调全书的工作进度；汪启明负责第一章、第二章、第三章、第九章、第十二章统稿，张晓舟负责第四章、第五章、第六章、第七章、第八章、第十章、第十一章统稿，陈国弟审阅和修订了全部书稿。

各章执笔人分别是：第一章（汪启明、张金木），第二章（汪启明、郑源），第三章（汪启明、李保平），第四章（韩果），第五章（梁胜），第六章（张晶），第七章（杨丽贤、胡羽），第八章（黄新路），第九章（汪启明、程曾），第十章（汪萍），第十一章（王玮），第十二章（汪启明、符丹）。

本书为了与出版专业职业资格考试相辅助，许多提法和定义，尤其是涉及一些政策性非常强的内容，均主要参考了国家新闻出版总署图书出版管理司的《图书出版管理手册》（浙江教育出版社，1999）的相关法规和条例，以及全国出版专业职业资格考试办公室组织编写的全国出版专业职业资格考试指定教材《出版专业基础·初级》《出版专业实务·初级》和《出版专业基础·中级》《出版专业实务·中级》（2007年新版）的相关内容。另外，本书在写作过程中除参考文献所列外，还参考了国内外同行的研究成果，在此一并表示感谢。限于我们的水平，编写中一定存在不少的不足，希望得到同行的批评指正。

汪启明

2008年4月于西南交通大学艺术与传播学院